제월당집

이 책은 2016년도 정부(교육부)의 재원으로 한국고전번역원의 지원을 받아
수행된 '권역별거점연구소협동번역사업'의 결과물임.

This work was supported by Institute for the Translation of Korean Classics - Grant funded by the Korean Government.

한국고전번역원 한국문집번역총서 / 충남대학교 한자문화연구소

제월당집 1

霽月堂集

송규렴 지음
宋奎濂

강원모 이규춘 김문갑 옮김

일러두기

1. 이 책의 번역 대본은 한국고전번역원에서 간행한 한국문집총간 137집 소재《제월당집(霽月堂集)》으로 하였다. 번역 대본의 원문 텍스트와 원문 이미지는 한국고전종합DB(http://db.itkc.or.kr)에서 확인할 수 있다.
2. 내용이 간단한 역주는 간주(間註)로, 긴 역주는 각주(脚註)로 처리하였다.
3. 한자는 필요한 경우 이해를 돕기 위하여 넣었으며, 운문(韻文)은 원문을 병기하였다.
4. 맞춤법과 띄어쓰기는 한글 맞춤법과 표준어 규정을 따랐다.
5. 이 책에서 사용한 부호는 다음과 같다.
   ( ) : 번역문과 음이 같은 한자를 묶는다.
   〔 〕: 번역문과 뜻은 같으나 음이 다른 한자를 묶는다.
   " " : 대화 등의 인용문을 묶는다.
   ' ' : " " 안의 재인용 또는 강조 문구를 묶는다.
   「 」: ' ' 안의 재인용을 묶는다.
   『 』: 「 」 안의 재인용을 묶는다.
   《 》: 책명 및 각주의 전거(典據)를 묶는다.
   〈 〉: 책의 편명 및 운문·산문의 제목을 묶는다.

차례

제월당집 제1권

사辭

사詞

시詩

제월당집 제2권

시詩

제월당집 제3권

시詩

맑은 하늘의 달빛 같은 흉금을 추구한 유학자 송규렴[1]

정만호 | 충남대학교 한자문화연구소 책임연구원

1. 시작하는 말

제월당(霽月堂) 송규렴(宋奎濂, 1630~1709)은 송시열(宋時烈, 1607~1689)·송준길(宋浚吉, 1606~1672)과 함께 삼송(三宋)으로 일컬어지는 인물이다. 일생 동안 여러 관직을 역임하며 개인적인 문제로 처벌되는 일 없이 천수(天壽)를 누렸지만, 어려서 병자호란을 겪었고, 명(明)을 밀어낸 청(淸)이 중원을 차지하는 시기에 살았으며, 두 차례의 예송(禮訟)과 반복되는 환국(換局)의 과정에서 스승인 송시열과 송준길이 처벌되는 등 송규렴은 긴장된 환경 속에서 일생을 보냈다.

그의 《제월당집(霽月堂集)》은 원집 7권과 부록 1권으로 구성되어 전체 8권 4책이다. 서문은 없고 발문은 그의 현손 송기정(宋基鼎)이 1819년에 썼다. 권1~3까지는 사(辭)와 사(詞) 각 1편 외에 모두 시가 수록되었으며, 권4~7까지는 소장(疏狀)과 비지류(碑誌類) 문장이 주를 이룬다. "말을 남겨 후세에 드리우는 것에 마음을 두지 않았다."[2]라

1 이 글은 우리문학회의 《우리문학연구》 59집에 게재된 〈시문에 나타난 송규렴의 사유 고찰〉을 일부 수정한 것이다.

2 宋基鼎, 《霽月堂集》, 〈霽月堂集跋〉, "亦未嘗留心於立言垂後."

는 송기정의 기록처럼 《제월당집》의 내용은 풍부하거나 다양하다고는 할 수 없다. 그렇지만 "부군의 덕행과 기상을 여기에서 오히려 만에 하나라도 징험할 수 있다."[3]라는 말처럼 송규렴을 이해하기에 충분한 자료이다.

《제월당집》의 작품을 분석하면, 그는 강한 배청(排淸) 의식의 소유자였으며, 스승이었던 송시열과 송준길에 대한 존모(尊慕) 의식이 강하고, 염퇴(恬退)를 지향하는 인물임을 느낄 수 있는데, 이에 대해 자세히 살펴보고자 한다.

2. 배청(排淸) 의식

명(明)을 밀어내고 청(淸)이 중원을 차지한 사건은 중국의 지배 세력 교체를 넘어 동아시아의 국제 질서 변화를 의미한다. 임진왜란으로 망국(亡國)의 위기에 처했던 조선은 명의 도움으로 국난을 극복함으로써 이른바 재조지은(再造之恩)을 입었다. 그런 명이 밀려나고 오랑캐라고 여겼던 청이 등장함으로써 존화양이(尊華攘夷)의 관념이 투철했던 조선의 지식인들은 혼란을 겪을 수밖에 없었다. 중화(中華)로 인식했을 뿐만 아니라 재조지은까지 입은 명을 밀어낸 청은 조선의 지식인에게 오랑캐에 불과했고, 두 차례나 침략을 감행한 적국(賊國)이었다. 하지만 중원의 지배 세력으로 등장한 청을 무조건 부정할 수도 없었다. 때문에 당시 뿐 아니라 후대에도 표면적으로는 청을 대

3 위와 같은 글. "府君之德行氣像, 卽此而猶可徵其萬一焉."

국으로 인정하면서도 내적으로는 오랑캐이며 복수설치(復讐雪恥)의 대상으로 인식하는 기류가 일부에서는 지속되었다. 송규렴도 예외는 아니었던 듯 그의 작품 곳곳에서는 청에 대한 부정적 시각이 표출되었는데, 본장에서는 이 작품들을 중심으로 그의 배청 의식을 고찰해 보고자 한다.

송규렴의 아들 송상기(宋相琦, 1657~1723)의 기록에 의하면, 송규렴은 15세가 되던 1644년(인조22)에 명나라 수도가 함락되었다는 소식을 듣고, 다음과 같은 시를 지었다고 한다.[4]

온 세상이 오랑캐 땅 되다니	六合歸胡羯
하늘의 마음 알 수 없어라	天心未可知
중흥을 누군가 주도할까	中興誰有主
회복할 날 어찌 없으랴	恢復奈無期

이 시는 《제월당집》에 수록된 첫 번째 시이기도 한데, 청나라를 오랑캐라고 했을 뿐만 아니라 오랑캐가 중원을 차지하도록 한 천심(天心)조차 이해할 수 없다는 입장을 취하였다. 그러면서 중흥(中興)의 군주가 등장하여 중원 회복의 날이 오기를 바랐다.

청에 대한 부정적인 생각은 송규렴의 일생 동안 지속되는데, 심지어 자신의 소원 가운데 하나를 청의 멸망으로 들었다.

나는 바라노라 크나큰 빗자루를 손에 들고	我願手持億丈篲
먹구름과 짙은 안개 모조리 쓸어내	掃蕩頑雲與淫霧

4 宋相琦, 《霽月堂集》 附錄, 〈先府君行狀〉, "甲申, 府君年十五, 聞皇都淪沒, 賦詩曰……."

중천에 뜬 밝은 해 통쾌히 바라보고　　快覩白日當中天
다시 한 자루의 칼 들고 옥관을 벗어나　　還將尺劍出玉關
한 번 쳐서 연연산 무너뜨리고　　一擊碎倒燕然山
사막을 길이 맑게 하여 누린내 없애리라　　永淸沙漠無腥羶
(후략)

〈我願〉, 卷2.

1~3구는 조정의 간신들을 먹구름과 안개에 비유하여 그들을 쓸어내고 임금을 중천에 뜬 밝은 태양처럼 당당하게 만들고 싶다는 바람이다. 그렇게 내치(內治)가 안정되면 다시 칼을 들고 국경을 벗어나 누린내 나는 오랑캐를 없애겠다고 하였다. 연연산은 현재의 몽고에 있는 항애산(杭愛山)으로, 한나라 두헌(竇憲)이 흉노를 물리친 다음 공적비를 세웠던 곳이기도 하다. 성전(腥羶)은 누린내라는 뜻인데 오랑캐를 지칭할 때 사용하는 말로, 청을 가리킨다. 이렇게 안으로는 간신을 제거하고, 밖으로는 청나라를 없애 내외의 안정을 이루는 것이 자신의 소원임을 밝힐 정도로 송규렴의 배청 의식은 강렬하였다. "어찌하면 한 번 용정에 들어가 오랑캐 쓸어내고 개선가 부르며 돌아올까.〔何當一入龍庭去, 掃蕩腥塵奏凱還.〕(〈射帿〉, 卷1)"라고 읊은 것이나, "언제나 푸른 바다를 날듯이 건너서 난하의 제일교에 말을 세울까.〔幾時飛渡滄溟水, 立馬灤河第一橋.〕(〈秋夜有感〉, 卷2)"라고 읊은 것도 청을 소탕하고 싶은 의지의 표현이다. 이런 의식이 강했기 때문에 청으로 사신가는 이를 전송하는 시에서도 송규렴은 다음과 같이 읊었다.

사신으로 조천하던 성대한 시절 생각하면　　使節朝天憶盛時
그대 보내는 오늘 슬퍼할 만하여라　　送君今日可堪悲
마땅히 관로에서 오랑캐 말에 놀랄 테고　　只應關路驚胡語

다시 밝은 조정에서 한나라 위의 못 보겠지　無復明庭覩漢儀
옛 기둥에 천 년 신선의 학 오지 않고　古柱千年仙鶴遠
변성 만 리에 사냥하는 말 달리겠지　邊城萬里獵騎馳
중원의 부로들 혹여 묻거든　中原父老如相問
우리의 의관 아직 바뀌지 않았다 하오　東土衣冠獨未夷

〈金學士遠明以書狀官將赴燕京……〉, 卷1.

조천(朝天)하던 성시(盛時)는 명으로 사신 갈 때이다. 지금은 청이 중원을 차지하였으므로, 사행이 영광스럽고 축하할 일이 아니라 슬픈 일이 되고 말았다. 가는 길에 사람들의 말소리는 오랑캐의 소리이고, 중화의 문물은 다시 볼 수 없게 되었으니 안타깝고 슬퍼할 만하다. 행여 명나라 유민들을 만나면 우리가 의관(衣冠)을 보존하고 있다고 말하라는 내용에서 명은 망했지만 중화의 문물을 우리나라가 보존하고 있다는 소중화(小中華) 의식까지도 느껴진다.

기본적으로 이런 의식의 소유자였기에 청과 관련된 인물이나 사건을 접하게 되면 송규렴은 내면의 생각을 글로 나타냈다. 청음(淸陰) 김상헌(金尙憲, 1570～1652)은 병자호란 당시 척화(斥和)를 강력히 주장하였으며, 의정부에서 작성하는 화친(和親) 문서를 찢기도 하였다. 뒤에 청나라의 지목을 받아 심양(瀋陽)에 볼모로 잡혀갔다가 풀려났다.[5] 김상헌을 생각하며 지은 시에서 송규렴은 "이미 동해에 빠짐을 달게 여겼으니, 어찌 북풍이 분다고 두려워하랴.〔已甘東海蹈, 寧怕北風吹〕"라고 하여 죽음도 두려워하지 않았던 그를 노중련(魯仲連)에 비유하였다. 노중련은 진(秦)을 황제라고 칭하느니 차라리 동해에 빠져

5 宋時烈, 《宋子大全》 卷182, 〈石室金先生墓誌銘 幷序〉 참조.

죽겠다고 했던 인물이다. 이어서 "오랑캐들 오히려 놀라고 감탄하며, 이 노인 굴복시키기 어렵다 칭송했지.〔醜類猶驚歎, 爭稱此老難.〕"라고 하여 적들의 위협에도 기개와 지조를 지켜 오히려 적들에게까지 칭송을 들었다고 읊었다. 마지막에는 다음과 같이 김상헌을 기렸다.

육 년 동안 양을 치다가	六載看羊地
끝내 한나라 부절 잡고 돌아왔지	終持漢節歸
고상한 풍모 천고에 떨치리니	英風動千古
일월과 빛을 다툴 만하여라	日月可爭輝

〈偶思石室先生事感題〉, 卷3.

심양에 볼모로 가서 지조를 잃지 않았던 김상헌을 흉노에게 억류되었다가 돌아온 소무(蘇武)에게 견주고, 해와 달처럼 영원히 충신으로 기억될 것이라고 평가하였다.

시남(市南) 유계(兪棨, 1607~1664) 역시 척화를 주장하다가 임천에 유배된 인물이다. 그에 대해 송규렴은 "노련이 당년에 진을 황제로 인정하지 않았고, 담암이 천 년 뒤에 다시 그 정신 이었는데,〔王貌當年恥帝秦, 澹庵千載又精神.〕 시남의 소장에서 더욱 굳센 기상 볼 수 있으니, 우주가 생긴 이래 이들 몇 사람뿐이라오.〔市南一疏看逾壯, 宇宙歸來此數人.〕"라고 하여, 유계를 노중련이나 담암(澹庵)에 비견될 인물로 평가하였다. 담암은 호전(胡銓)의 호이며, 금(金)나라와의 화친을 주장하는 진회(秦檜)를 베자고 주장했던 인물이다.[6] 이어 다음과 같이 평가하였다.

6 《宋史》卷374, 〈胡銓列傳〉 참조.

건곤이 세운 도가 강상이지만 乾坤立道是綱常
오히려 우리 사람이 동량이 되지 尙賴吾人作棟樑
당시 동방에 이 어른 없었다면 當日大東無此老
지금 어찌 의관을 보존할 수 있으랴 至今那得保冠裳

〈讀市南先生南漢疏感題〉, 卷3.

강상이 유지되고 의관을 보존하여 오랑캐의 풍속에 물들지 않고 중화(中華)의 문물을 유지할 수 있었던 것은 유계와 같은 인물이 있었기 때문이라는 주장이다.

송규렴이 김상헌이나 유계를 이와 같이 평가한 것은 척화를 주장했던 그들의 태도를 옳다고 여겼기 때문이며, 이는 송규렴의 배청 의식에 기인한 것이다. 삼수(三水)와 갑산(甲山)의 백성들이 국경을 넘어 삼을 캐다가 청에 발각되어 체포된 일을 보면서 "우습다 변방의 늙은 태수, 장한 마음 아직도 은하수를 당기려 하네.〔堪笑邊城老太守, 壯心猶欲挽天河〕"(〈龍興江〉, 卷2)라고 하여 은하수 물을 끌어다가 청나라를 씻어버리고 싶은 마음을 읊은 것이나, 표투한 한인의 시를 차운하면서 "되놈의 백 년 운수 오래가지 않으리니, 언제나 한나라 위의를 다시 볼까.〔胡運百年應不久, 幾時重覩漢儀新.〕(〈次漂漢人韻〉, 卷1)"라고 하여 청이 망하고 중화가 회복되기를 바란 점도 그의 배청 의식을 보여주는 내용이다.

이처럼 송규렴은 청에 대한 부정적 시각을 가지고 있었으며, 청의 멸망을 소원한 인물이다. 이런 의식은 인물의 평가에까지 영향을 미쳤음을 알 수 있다. 이는 병자호란 이후 조선의 지식인들이 보편적으로 지녔던 의식인데, 그렇다고 청을 멸망시킬 구체적 방안을 모색하거나 제시한 것은 아니다. 다만 "천고의 흥망에 마음만은 장대한데, 백 년의 서검에 양쪽 귀밑머리 세었구나.〔千古興亡心獨壯, 百年書劍鬢雙凋.〕" (〈秋夜有感〉, 卷2)라는 표현처럼 평생 문무(文武)를 익혔지만 어찌하지 못하고 노년을 맞이하는 한과 울분을 나타냈을 뿐이다.

3. 송시열과 송준길 존모

우암 송시열과 동춘당 송준길은 양송(兩宋)이라 일컬어진다. 송시열은 조광조에서 이이, 김장생으로 이어지는 율곡학파의 학통을 계승하여 기호유학의 주류를 이룬 인물이다. 그는 효종(孝宗)을 도와 북벌(北伐)을 추진한 바 있고, 기해예송과 갑인예송의 중심에 섰던 인물이기도 하다.[7] 그는 문인들에 의해 "공자의 도는 주자에 이르러 크게 드러났고 주자의 도는 선생에 이르러 더욱 분명해졌으니, 주자는 뒤의 공자이고 선생은 뒤의 주자라고 할 만하다."[8]라고 칭송될 만큼 존숭 받았다. 송준길은 어려서부터 송시열과 교유하며 공부하였는데, 범진(范鎭)은 성이 같지 않은 형제라는 사마온공의 말을 들어 송시열 스스로 성이 같고 부모만 다르다고 했을 정도로 친분이 두터웠던 인물이다.[9] 송시열과 함께 김장생의 문인으로서 이유태(李惟泰),

7 김문준, 〈기호유학에서의 우암 송시열의 위상〉, 《유학연구》 16집, 유학연구소, 2007.

8 尹鳳九, 《屛溪集》 卷51, 〈尤菴宋先生墓誌〉, "蓋孔子之道, 至朱子而大著, 朱子之道, 至先生而益明, 此可謂朱子後孔子, 先生後朱子也歟."

9 宋時烈, 〈墓誌文〉(《同春堂集》 別集 卷9), "余與公自八九歲時, 傳服同案, 以至白首而相與切磨. 昔溫公有言吾與景仁, 姓不同兄弟也. 今公與余, 姓又同焉, 則是但父母不

윤선거(尹宣擧), 유계(兪棨) 등과 교유하였으며 서인(西人) 산림(山林)의 중추인물로 평가받는다.[10]

송규렴은 이 두 사람과 함께 삼송(三宋)으로 일컬어지지만 양송은 송규렴에 비해 선배이며 스승이다. 송상기는 "동춘 선생에게서 《상서》를 배우셨다."라고 하였을 뿐 송시열에게 배운 사실은 말하지 않았다. 그러나 송규렴 스스로 "지금 죄를 입은 신 송시열과 추죄 중인 신 송준길은 곧 신의 스승입니다."[11]라고 한 것으로 보아 송규렴은 양송을 모두 스승으로 섬겼음이 분명하다. 또 다음과 같이 말하였다.

> 신은 송준길, 송시열과 같은 집안사람이며 같은 고을에 살았습니다. 어려서부터 그들의 문하에서 배웠으니, 은혜로 따지자면 부자의 관계와 같고 의리로 따지자면 사제의 관계입니다. 존경하여 우러르고 독실하게 신뢰하는 마음이 늙어서도 변하지 않았습니다.[12]

송규렴에게 양송은 일가이며 동향(同鄕)일 뿐 아니라 은혜로는 부자와 같고 의리로는 사제 관계라서 만년(晩年)까지 그들을 존경하고 신뢰하였음을 임금에게 올리는 소장(疏狀)에서도 밝혔다. 그만큼 양송

同而已."

10 김문준, 〈동춘당 송준길의 춘추정신과 현실 대응〉 《한국철학논집》 50집, 한국철학사연구회, 2016.

11 송규렴, 〈辭執義兼陳所懷疏〉(卷4), "今之被罪臣宋時烈, 追罪臣宋浚吉, 卽臣之師也."

12 송규렴, 〈辭司諫兼陳所懷疏〉(卷4), "臣與宋浚吉宋時烈屬聯宗盟, 居同鄕井, 自在齠齔, 學於其門, 恩猶父子, 義是師生, 尊仰篤信, 至老靡替."

에 대한 송규렴의 존모 정신이 확고했음이 분명한데, 이러한 경향은 특히 갑인예송(甲寅禮訟) 이후의 작품에서 두드러진다.

효종(孝宗)이 승하했을 때 인조의 왕비인 자의대비(慈懿大妃) 조씨(趙氏)가 입을 상복을 두고 벌어진 것이 기해예송(己亥禮訟)이다. 이에 대해 송시열은 기년복(期年服)을 주장하여 관철하였다. 그러나 뒤에 효종의 비 인선왕대비(仁宣王大妃) 장씨(張氏)가 운명했을 때 자의대비 조씨가 어떤 상복을 입어야 하는가를 두고 갑인예송이 발생하였다. 당시 현종은 기해예송에서 송시열의 기년복은 잘못되었다고 판단한 뒤 승하하였다.[13] 이로 인해 송시열은 덕원(德源)으로 유배되었다가 장기(長鬐)로 이배되었으며,[14] 이미 고인이 된 송준길 역시 관작이 삭탈되는 처벌을 받았다.[15] 그러나 송규렴은 이런 처벌을 부당하게 생각하였다.

근심스레 한밤까지 말없이 앉았노라니	愁坐深宵默不言
창 가득 눈보라 몰아치고 등불 가물가물	滿窓風雪一燈昏
남아가 만고에 상심하는 일은	男兒萬古傷心事
밝은 해도 엎어진 동이 속은 비추지 못함이지	白日無由照覆盆

〈夜坐感懷〉, 卷2.

이 시의 두 수 앞에 을묘년(乙卯年), 즉 갑인예송이 발생한 1674년의

13 오항녕, 〈春秋大義와 禮訟의 기억〉, 《태동고전연구》 27집, 태동고전연구소, 2011, 135~136쪽.

14 尹鳳九, 앞의 글, "後數日, 兩司請對, 游辭固請, 上遂從之, 竄于德源. …… 鑴又使其徒, 請移先生遠惡地, 栫棘于長鬐."

15 宋時烈, 앞의 글, "而墓草再宿, 禮訟仍爲禍阱, 追謫之律, 遽加於泉壤."

이듬해에 지어진 〈송옥의 〈구변〉을 보고 감회가 있어서〔覽宋玉九辯有感〕〉가 있는 것으로 보아 이 시도 같은 해에 지어졌다. 몰아치는 눈보라와 가물거리는 등불은 실경의 묘사일 테지만 난국(難局)에 처한 현실의 반영이기도 하다. 눈보라 치는 밤에 늦도록 앉아 있는 송규렴을 마음 아프게 하는 것은 밝은 해도 엎어진 동이 속을 비추지 못하는 것이라고 했는데, 이는 아무리 총명한 임금이라도 신하의 억울함을 다 알아주지는 못한다는 비유적 표현이다. 양송이 예를 그르치고 정통을 어지럽혔다는 오례난통(誤禮亂統)의 죄목을 받았지만, 두 사람을 존모했던 송규렴의 입장에서는 밝은 해도 엎어진 동이 속을 비추지 못하듯 양송의 억울함을 알아주지 못하는 숙종의 처사에 상심만 늘어갈 뿐이었다. 〈봄날의 감회〔春日感懷〕〉(卷2)에서 "눈에 가득한 향기로운 꽃은 옛 모습 그대로인데, 가슴 아프게도 임금의 은혜 예전과 다르구나.〔滿目芳華依舊色, 傷心雨露異前年.〕"라고 하여 우로(雨露)와 같던 임금의 은혜가 예전과 같지 않음에 상심하는 모습도 같은 맥락이다. 이어서 "봄의 신이 화창한 기운 한껏 펼치는데, 오히려 두터운 구름이 하늘을 가렸네.〔東君剩布陽和氣, 猶遣重雲蔽九天.〕"라고 한 것은 양송을 공격한 무리들을 구름에 비유하여 하늘과 같은 임금의 총명을 가리는 무리로 규정하였다. 또 다른 시에서 아양 떠는 도리화를 차마 볼 수 없다고[16] 읊은 것도 동일한 인식의 발로이다.

16 송규렴, 〈敬次尤齋先生和人韻〉(卷2), "끝없는 봄 시름에 홀로 문 닫고 있나니, 복사꽃 오얏꽃 아양 떠는 꼴 차마 보랴. 응당 하늘 끝 외로운 신하의 눈물이 옛날 하사받은 화려한 초구 다 적시리.〔無限春愁獨掩扉, 忍看桃李鬪妍輝. 只應天末孤臣淚, 濕盡文貂舊賜衣.〕"

한편 〈적기편(赤氣篇)〉은 "기사년 신미월 계유일 정묘시.〔歲在黃蛇月白羊, 日値黑鷄時赤龍.〕"로 시작하는데, 이날은 송시열이 정읍에서 운명한 1689년 6월 8일이다.[17] 옥황상제와의 문답 형식으로 작성된 이 시는 송시열에 대한 송규렴의 인식이 가장 잘 나타난 작품이다.

(전략)
신은 본래 조선의 선비로　　臣本東韓下土士
마침 훌륭한 임금이 다스리는 때에 태어나　　生世適逢明聖主
천고에 없는 특별한 예우와 영광 누렸지요　　異禮殊榮曠千古
하지만 노둔한 자질로 재주와 능력 부족해　　顧此駑姿材力薄
평생 보답하려 해도 안타깝게 방법이 없어　　百年報答嗟無路
두터운 지우를 욕되게 하였으니 두려웠지요　　虛辱隆知是所懼
보잘것없는 어리석은 생각 스스로 헤아리지 못하고
　　區區愚計不自量
함부로 세도를 제 책임으로 삼아　　妄以世道爲己責
악을 물리치고 선을 권하느라 노력했지요　　激濁揚淸頗費力
만약 조금이라도 도움이 된다면　　謂若絲毫有所補
오히려 이것으로 은혜에 보답할 수 있다 여겼으니
　　猶可以此爲稱塞
저 자신의 화복이야 아깝지 않았지요　　一身禍福非所惜

효종의 지우를 입은 입장에서 미력이나마 최선을 다해 세도(世道)를 부지함으로써 임금의 은혜를 갚고자 했을 뿐 자신의 화복(禍福)은 전혀 돌보지 않았던 인물로 송시열을 평가하였다. 그러나 시기하는 사람들의 원한이 넘쳐나고 끝내 그들의 공격을 받아 애통하게 죽음에 이르고 말았다는 말로,[18] 송시열의 죽음에 대해 안타까운 심정을 말하였다.

17 尹鳳九, 앞의 글, "己巳正月……遂進藥, 就枕而逝, 是六月八日癸酉也."

그러면서 "네가 당한 일 진실로 참혹하고 너의 충정 내가 이미 아노라. 사람이 하늘 이기는 일 진실로 때가 있으니 예부터 이런 일 대단히 많아 나도 이 일에는 어찌할 수 없구나."[19]라는 옥황상제의 말을 통해 송시열의 충정, 그리고 그 죽음은 하늘도 어찌할 수 없었던 일이었다고 읊었다. 또한 옥황상제가 송시열의 강직한 태도를 지적하여 "네가 만약 철석같은 마음 조금만 고쳤다면, 약자가 어찌 원망하고 강자가 어찌 노여워하며, 누가 너 때문에 그물을 펼쳤겠는가."[20]라고 하자, 다음과 같은 말로 송시열의 입장을 대변하였다.

바람이 풀에 불면 풀은 쓰러지지만	風驅衆草草爲靡
눈이 외로운 솔에 쌓여도 솔은 굽히지 않나니	雪壓孤松松不屈
휘어지느니 차라리 꺾이지요	與其撓也寧受折
요컨대 남아는 당당하게 서서	男兒要自壯樹立
바른 도를 얻고 죽으면 그 뿐이니	得正而斃斯已矣
백대의 공론을 제가 장차 기다리렵니다	百世公論吾將俟

지조 없이 바람에 흔들리는 풀이 되기보다는 한겨울 차가운 눈이 쌓여도 굽히지 않는 소나무처럼 굳세게 지조를 지키며 휘어지느니 꺾

18 송규렴, 〈赤氣篇〉(卷2), "마침내 원한이 세상에 넘치고, 칼과 창으로 공격하지 않는 곳이 없어, 손바닥 뒤집듯 외로운 뿌리 베어 버렸죠.…… 아아 열 개의 도끼 날마다 모여드니, 끝내 쓰러진들 무엇이 괴이하며, 꺾인 줄기와 시든 가지를 누가 가여워하리오.〔遂令仇怨溢于世, 劍戟刀槍無不有, 剷去孤根如反手.……噫噫十斧日交集, 畢竟顚蹶何怪焉, 敗幹殘條誰復憐.〕"

19 위와 같은 글, "爾之所遭誠慘酷, 爾之衷情吾已燭. 人而勝天固有時, 古來此事何其多, 我亦於此無如何."

20 위와 같은 글, "爾苟少改鐵石肝, 弱豈生嗔强豈怎, 誰肯爲爾張網罟."

이겠다는 말은 송시열에 대한 송규렴의 평가이다. 그렇게 굳센 지조로 바른 도를 지키다가 죽어서 지금은 비록 꺾이는 신세가 되었지만 백대의 공론(公論)이 어떻게 정해지는지 기다리겠다는 것은 긍정적 역사의 평가를 기대한 말로, 송시열을 제사한 글에서도 같은 내용이 보인다.[21] 예송에서 패해 죽은 뒤이지만 송규렴은 송시열을 올곧은 지조로 정도(正道)를 지킨 인물이라 평가했으며, 공론에 의한 재평가를 확신하였다. 그러므로 1694년 갑술환국으로 서인들이 다시 집권하게 되자 "사문은 산이 무너지는 날 극진히 애통했고, 세상은 임금이 깨닫던 해에 함께 기뻐했네.〔斯文痛極山頹日, 擧世歡均主悟年.〕"(〈憶華陽洞有感〉, 卷3)라고 읊었다. 산이 무너지는 날, 즉 송시열이 죽었을 때 모두 슬퍼했지만 임금이 당시의 잘못을 깨달아 사태를 바로잡는 날, 즉 공론이 정해진 날 세상이 모두 기뻐했다고 읊은 것이다.

송준길에 대한 존모 의식은 송시열에 비해 간절하지 않은데, 이는 송규렴의 존모하는 마음이 송시열에 비해 덜했다기보다는 갑인예송 당시 송준길은 이미 고인이 되었기 때문으로 보인다. 그러나 "이승에는 천추의 한이 끝나지 않았고, 저승에는 부질없이 만고의 억울함이 남았으리.〔人間不盡千秋恨, 地下空留萬古冤.〕(〈法泉槐亭示宋子華〉, 卷2)"라는 내용에서 송준길의 삭탈관직에 대한 안타까운 심정을 알 수 있으며, 송준길이 생전에 거닐던 비래동에 누각을 세우고 송준길의 시구에서 취하여 옥류각(玉溜閣)이라 명명한 것은[22] 역시 송준길에 대한 존모

21 송규렴, 〈祭南澗先生文〉(卷7), "아 이런 일이 자고이래 얼마나 많았습니까. 한 시대의 사람들 입에 용납되기 어려우니, 오직 만세의 공론을 기다립니다.〔噫噫此事, 古來何限, 難容一時之口, 惟俟萬世之論.〕"

의 마음에서 나왔다 하겠다. 또 옥류각의 낙성을 축하하는 시에서 "푸른 하늘에 신선 수레 어디로 돌아갔나, 부질없이 높은 산 향해 큰 이름 우러른다."[23]라는 내용에서 송준길에 대한 존모의 마음을 볼 수 있다.

이상 살펴본 바와 같이 송규렴은 송시열과 송준길의 제자로서 평생 그들에 대한 존모의 마음을 간직하였으며, 그러한 마음은 그의 작품 곳곳에서 발견된다. 집의(執義)에 임명되었을 때 송시열의 죄를 종묘에 고해야 한다는 논의가 있음을 알고, 그와 같은 상황에서 출사하여 논의에 참여한다면 제자인 자신의 손으로 스승을 죽이는 격이라며 사직했던 것도[24] 같은 맥락에서 이해된다. 그러나 이러한 존모의 마음이 있음에도 송규렴이 예송에 적극적으로 참여하여 송시열을 옹호한 사실은 찾을 수 없다. 송시열이 유배되자 변호에 나섰다가 장살되었던 송상민(宋尙敏, 1626~1679)에 대해 "목숨을 기러기의 털처럼 가벼이 여겼고, 의리를 산보다 중히 여겼다네.〔生若鴻毛兮, 義重丘山.〕(〈祭宋子愼文〉, 卷7)"라고 하였지만, 송규렴은 종묘에 고하는 일을 반대하는 소장을 올렸을 뿐, 보다 적극적인 자세를 취하지는 않았다.

22 송규렴, 〈새로 지은 옥류각에 쓰다〔題玉溜新閣〕〉(卷2), "옥류각은 비래동에 있다. 비래동은 동춘 선생이 평소 거니시던 곳이다. 선생께서 일찍이 '층층바위에 맑은 물 흘러내리네.'라는 시를 지으셨다. 내가 젊은 친구들과 함께 계획하여 작은 누각을 세우고, 마침내 선생의 시구에서 따서 편액을 삼았다.〔閣在飛來洞, 洞是同春先生平生杖屨之地. 先生嘗有層巖飛玉溜之句, 余與少輩謀創建小閣, 遂以遺句爲扁.〕"

23 송규렴, 〈玉溜閣與諸人作落成小會用前韻〉(卷2), "碧霄仙駕歸何處, 空向高山仰大名."

24 송규렴, 〈辭執義兼陳所懷疏〉(卷4), "方以告廟之論發於臺閣之上, 道路傳說, 雖未必信, 而若或果爾, 則臣之師將不得生矣. 臣若挺身此際, 上下其論, 則是時烈之死出於臣手. 古今天下, 寧有以門生而戕其師者哉."

4. 염퇴(恬退) 지향의 출처(出處) 의식

일찍이 맹자(孟子)는 "사람이 어려서부터 배우는 까닭은 장성해서 그것을 행하고자 함이다.〔夫人幼而學之, 壯而欲行之.〕"(《孟子》〈梁惠王下〉)라고 말하였다. 학문을 통해 성인의 도를 익히고, 익힌 바를 토대로 세상에 나아가 경륜(經綸)을 펼치는 것은 유자(儒者)라면 누구나 꿈꾸는 일이다. 그것은 곧 개인의 수신(修身)을 바탕으로 평천하(平天下)의 이상을 실현하는 방법이기도 하다. 그러나 관직에 진출하기 위해서는 치열한 경쟁을 극복해야 하고 경륜을 펼치기 위해서는 뜻이 맞는 군주와 조력자를 얻어야 하므로 배운 것을 세상에 행하기란 녹록한 일이 아니다. 게다가 관직에 연연하면 명리(名利)를 추구한다는 비방을 듣기 쉽고, 세상과 담을 쌓으면 현실을 외면한 사람으로 일컬어져 진정한 유학자의 대접을 받기 어렵다. 경륜을 펼칠 만한 환경을 만나기도 어렵지만, 초야로 물러나 곤궁한 생활을 견디기도 쉬운 일이 아니다. 때문에 출세(出世)와 처세(處世)가 어떠했는가는 한 사람의 삶을 평가하는 데 매우 중요한 영향을 끼친다.

1654년에 과거에 합격하여 승문원 권지정자를 시작으로 관직에 진출한[25] 송규렴은 내외의 관직을 두루 역임하였다. 송규렴의 작품을 분석해 보면 관직에 진출하여 경륜을 펼치려는 의식과 초야로 돌아가 안주하려는 의식이 공존한다.

25 송상기, 〈先府君行狀〉(《霽月堂集》 附錄), "殿試擢乙科第四人, 卽分隸承文院權知正字."

새나 다니는 길 삼천 길이나 높고	鳥道三千丈
양 창자처럼 팔백 번이나 구불구불	羊腸八百盤
바람과 안개가 남북으로 나뉘고	風煙隔南北
자물쇠 잠근 듯 강산이 웅장해라	鎖鑰壯河山
지역 멀어 변방의 모습 엄숙하고	地逈邊容肅
하늘 음산하여 북방 기운 차가워라	天陰朔氣寒
평생 나라에 보답하려는 마음뿐이니	平生報國念
감히 이 길을 어렵다고 사양하랴	此路敢辭艱

〈鐵嶺〉, 卷2.

이 시는 "안변 부사로 부임했을 때〔安邊赴任時〕"라는 소주(小註)로 보아 1685년 송규렴이 안변 부사로 부임할 당시의 작품이다. 안변으로 가는 길에 철령을 넘으려니 고개는 한없이 높고 길은 양의 창자처럼 구불구불 뻗었다. 철령을 중심으로 남북의 기후조차 다르고 강산은 국방의 요새가 되기에 충분할 만큼 험난하다. 이런 곳을 지나면서도 송규렴은 국은에 보답하려는 마음이 앞서 그 험난함을 무릅쓰고 간다고 읊었다. 마치 한(漢)나라 왕존(王尊)이 험난한 구절판(九折阪)을 넘을 때 머뭇거리는 마부를 꾸짖어 "빨리 몰아라. 왕양은 효자요, 왕존은 충신이니라."[26]라고 했던 기상이 느껴진다. 그러나 한편으로 다음과 같이 관직에서 물러나 초야로 돌아가기를 희망하였다.

여기 오니 평소의 마음에 어긋난 줄 알아	此來深覺素心違
관인 던지고 일찍 돌아감을 생각하네	投印還思早拂衣
서울 소식 끊긴 것도 견디기 어려운데	叵耐日邊消息斷
변방에 벗마저 드무니 견딜 수 있으랴	可堪關外友朋稀

26 〈王尊傳〉, 《漢書》 卷76, "驅之, 王陽爲孝子, 王尊爲忠臣."

한 해의 절기는 봄이 장차 저물려 하고	一年節序春將暮
천 리 먼 고향으로 꿈만 돌아가네	千里家山夢獨歸
가장 그리운 건 필운봉 아래의 집	最憐弼雲峯下宅
옥계의 시냇물이 휘감아 도는 바위 문이라오	玉溪流水遶巖扉

〈府齋述懷〉, 卷2.

안변으로 부임하며 철령을 넘을 때는 험한 길도 마다않고 국은에 보답하고자 하는 의지를 피력했는데, 임지에 도착해서는 금세 관인(官印)을 버리고 돌아갈 생각에 잠긴다. 머나먼 관외의 땅에서 서울 소식도 끊기고 벗도 드물어 무료하기 그지없으니 고향으로 돌아가고픈 생각만 간절하다는 것이다.

이처럼 관직에 진출하여 국은에 보답하려는 마음과 초야로 물러나 자적하려는 마음이 공존하지만 기본적으로 송규렴은 출사(出仕)에 부정적이진 않았다. 자기 스스로 명리(名利)를 초월하여 고아하게 행동하는 무리가 아니라며, 나라의 은혜를 입었으니 견마의 수고를 다하여 작은 보답이라도 하려는 것이 평소의 마음[27]이라고 하였을 만큼 출사의 의지도 있었다. 또한 〈술회(述懷)〉(卷2)에서 "남아는 철석같은 마음 지녀야 하니, 험난한 구당협의 염예퇴인들 두려워하랴.〔男兒要作鐵心肝, 肯怕瞿塘灩澦難.〕"라고 했을 만큼 어떠한 어려움에도 신념을 굽히지 않겠다는 의지가 있었으며, "누가 알까 아홉 빛깔 지닌 단혈의 봉황이 평생 푸른 대나무 열매만 먹는 줄을.〔誰識九苞丹穴鳥, 一生唯食碧琅玕.〕"라는 내용처럼 지조도 확고했다. 다만 많은 유자(儒者)들과 마찬

27 송규렴, 〈辭修撰疏〉(卷4), "臣生於世祿之家, 本非高蹈之類, 發身科目, 厚蒙國恩, 唯殫犬馬之勞, 少效涓埃之報, 此乃素所蓄積也."

가지로 송규렴도 올바른 출처에 대해 고민하였다. 그는 "나아가고 물러남이 어찌 일정하랴. 오직 때와 의리를 볼 뿐이지.〔出處亦何常, 唯看時與義.〕"(〈敬次尤齋先生鳳棲寺巳字韻〉, 卷2)"다고 하여 출처의 기준이 시의(時義)임을 밝혔는데, 다음의 시도 같은 맥락에서 이해할 수 있다.

예부터 성패에는 각각 때가 있었으니	從古乘除各有機
지금의 출처는 시의를 따름이 중요하지	秖今行止貴隨時
어느 저녁 청우 타고 서관으로 떠났다가	西關一夕靑牛去
삼 년 만에 적석 신고 동국으로 돌아왔네	東國三年赤舃歸
입안의 음식 맵든 달든 내게 맞아야 하고	入口辛甘須自適
내 몸의 서늘하고 따뜻함을 남이 어찌 알랴	在身涼煥豈人知
여러 군자들에게 간곡히 당부하노니	丁寧寄語諸君子
작은 일도 헤아려 부디 어기지 말지어다	稱量錙銖愼莫違

〈偶吟〉, 卷1.

자고로 일의 성패는 적절한 시기가 있었음을 전제하고, 행지(行止) 즉 출처는 때를 따르는 것이 중요하다고 하였는데, 여기서의 때는 앞서 말한 시의(時義)를 의미한다. 나가서 경륜을 펼칠 만한 때를 만나야 뜻을 이룰 수 있고, 그렇지 않다면 관직에 나가더라도 뜻은 이루지 못한 채 명리(名利)만 추구하는 격이 된다는 인식이 확고함을 알 수 있다. 세 번째 구는 관직에서 물러났던 일을 노자(老子)가 청우(靑牛)를 타고 서관을 나갔던 일에 비유하였고, 네 번째 구는 다시 조정에 나온 것을 말하였다. 이 시의 앞쪽에 1666년 병오년에 지은 〈이사성 침 만사(李士誠忱挽)〉가 있고, 뒤에 〈선달 그믐날 밤에〔除夕〕〉가 있으므로 이 시는 1666년의 작품이다. 1663년 온담 현령으로 부임했던 송규렴은 1664년 회덕으로 돌아왔다가 1666년에 수찬, 정언 등에 임명되었는데,[28] 세 번째와 네 번째 구는 이러한 사실을 말한 것이다. 다음의 두 구는 모든 것의 판단 기준이 남에게 있지 않고 나에게 있음을 비유적으로 읊어서 무엇보다 자신의 신념과 지조가 중요함을 강조하였다. 결국 자신의 신념과 지조를 지키면서 뜻을 펼칠 수 있는 때인가를 면밀하게 따져서 진퇴를 결정하겠다는 의식이 명확하게 확립되어 있었다.

이처럼 신중한 입장을 취하였기에 송규렴은 나아감을 어렵게 여기고 물러남을 쉽게 여겨〔難進易退〕 관리 명단에 이름을 올린 60년 세월 동안 실제 관직에 머문 것은 10년에 불과하였다.[29] 그는 "시냇가의 두어 칸 집〔溪上數間楹〕", "책상 위의 옛 사람 책〔床上古人書〕", "병 속의 시골 막걸리〔壺裏貯村醪〕", "상자 속 거문고〔匣裏有幽琴〕", "꽃과 버들이 한창인 봄〔花柳十分春〕", "단풍과 국화가 한창인 가을〔楓菊十分秋〕"을 자신의 득의처(得意處)로 꼽았다.[30] 반면 1708년 지었을 것으로 보이는 〈인생(人生)〉에서 이른 나이에 과거에 합격하여 관직에 진출했지만 자신의 처지는 낮고 음습한 곳에 있는 것처럼 괴로웠고, 모욕을 받아 명예를 더럽힐까 두려웠다고 하였다. 그러면서 세속 사람들이 좋아하는 것과 달리 자신은 고인(古人)을 닮고자 하여 세상 밖의 세 칸 집에서 자연을 즐기며 사는 삶이 즐겁다는 만족감을 나타내기도 하였다.[31] 뿐

28 송상기, 앞의 글, "冬除龍潭縣令, 癸卯春赴任, 蓋欲因此却步, 爲退歸之漸也. 甲辰春, 拜副修撰, 遂奉先祖妣歸懷德, 累疏得褫. 自是以後, 除命無歲不下, 乙巳, 副修撰, 丙午, 修撰正言副修撰."

29 송상기, 앞의 글, "以難進易退四字, 爲安身立命之第一義. 故通籍六十年, 立朝僅十餘年."

30 〈漫題俳句作忘病抒悁資〉(卷3).

31 송규렴, 〈人生〉(卷3), "早歲忝科目, 世路漫浮沈. 名繮遂縛束, 雖慙脫穎錐. 反買無

만 아니라 "늙어서도 여전히 시 즐기는 버릇 있는데, 가난해도 오히려 녹 바라는 마음 없노라.[老來尙有耽詩癖, 貧去猶無慕祿心.](〈卽事述懷〉, 卷3)"라고 할 만큼 안빈(安貧)하는 자세를 보이기도 하였다. 특히 다음 시는 염퇴(恬退)를 지향하는 송규렴의 의식을 단적으로 보여 준다.

(전략)
벼슬길 험난하여　名途足險巇
걷기도 어렵고 넘어질 일도 많지　窘步多顚躓
예부터 좋은 수레 타는 영화가　從來軒駟榮
어찌 조랑말 타는 것과 같았던가　何似款段騎
산수 사이에서 유유자적하며　優游山水間
이 즐거움 죽을 때까지 누리리라　此樂期沒齒

〈敬次尤齋先生鳳棲寺已字韻〉

출사(出仕)의 의지도 있었지만 벼슬길은 곳곳에 위험이 도사리고 있었다. 때문에 송규렴은 곳곳에 파도가 일렁이는 환해(宦海)가 양의 창자처럼 구불거리는 길이나 촉으로 가는 험한 길보다 더 위험하다고 생각하였다.[32] 그런 곳에서 멋진 수레를 타는 영화를 누리는 것보다는 향리(鄕里)로 돌아가 조랑말을 타는 것이 더 좋다고 하면서 산수 사이

珠櫝, 處地苦卑湫, 身名怕汚辱. 所希在古人, 所樂乖時俗. 汨沒非素心, 歸來是初服. 間中七尺軀, 物外三椽屋. 秋晩菊綻崖, 春晴花滿谷. 松憐帶雪蒼, 柳愛和煙綠. 景物自無窮, 生涯亦云足."

32 송규렴, 〈除夕走筆……〉(卷3), "양 창자 같은 길도 험하지 않고 촉 땅 가는 길도 어렵지 않나니, 어찌 곳곳에 파도 이는 환해와 같겠는가.[羊腸不險, 蜀道非難. 何如宦海, 處處波瀾.]"

의 유유자적한 삶을 죽을 때까지 누리겠다고 하였다.

송규렴이 이처럼 염퇴(恬退)를 지향한 것은 숙종 당시의 반복되는 환국(換局)이 하나의 원인이었을 것이다. 그 과정에서 스승인 송시열은 죽음을 맞이하고 이미 고인이 된 송준길까지도 추죄(追罪)되는 현실을 보면서 조정의 치열한 정권 다툼에 염증을 느꼈을 것이다. 그가 염퇴를 지향한 원인을 특정할 수는 없지만, 명리(名利)에 연연하지 않았던 그는 결과적으로 스승들이 처벌되는 상황에서도 위기를 겪지 않았으며 천수를 누릴 수 있었다. 이런 송규렴에 대해 박필주(朴弼周, 1665~1748)는 다음과 같이 평가하였다.

> 공자께서 일찍이 말씀하시기를 "벼슬과 녹봉도 사양할 수 있다."라고 하셨다. 사양할 수 있다는 것은 쉽다는 것이 아니라, 다만 저 중용을 실천하기가 불가능한 것에 비하여 가능하다고 말한 것뿐이다. 그렇다면 벼슬과 녹봉을 사양하기가 어려운 것은 예부터 그러했던 것이다. 역사에 드러난 사실을 가지고 말하면, 그날로 해직을 청한 소광과 소수, 그리고 급류에서 용퇴한 전약수와 같은 사람들은 한・당・송의 천백 년 사이에 겨우 약간 명에 그치고 있다. 아, 어쩌면 그리도 한결같이 아득하여 볼 수 없는 것인가. 근세에서 그런 사람을 찾는다면 오직 제월당 문희 송공이 이런 분이다. 누가 옛사람과 지금 사람이 서로 미치지 못한다고 말하겠는가.[33]

벼슬과 녹봉을 사양하기는 옛사람도 어렵게 여겼지만 송규렴은 이

33 박필주, 〈神道碑銘 竝序〉(《霽月堂集》 附錄), "吾夫子嘗言爵祿可辭矣. 其謂之可辭者, 非以爲易也, 特視夫中庸之不可能者, 爲可能也云爾. 是則爵祿之難辭也, 從古而然矣. 以見於史者言之, 如疏廣受之卽日乞骸, 錢若水之急流勇退, 歷漢唐宋千百載間, 僅爲若而人而止. 噫, 一何其寥闊也. 於近世而求其人, 則惟霽月堂文僖宋公是已, 孰謂古今人不相及也哉."

를 사양하고 향리로 물러남을 지향하였으니, 그는 태자 태부로 있다가 태자 소부로 있던 조카 소수(疏受)를 데리고 물러난 소광(疏廣)과 견줄 만하며, 40세의 나이로 추밀원 부사(樞密院副使)에서 물러났던 전약수(錢若水)와 같은 사람이라는 것이다.

이처럼 송규렴은 관직에 연연하지 않고 염퇴를 지향한 인물이다. 하지만 그의 처세는 세상과의 단절을 의미하지는 않는다. 그는 조정에서 물러나 있을 때에도 "나라에 보답하려 해드 온몸 병들었고, 시대에 상심하여 눈물 마르지 않네.〔報國身全病, 傷時淚不乾.〕(〈三月〉, 卷2)"라고 하여 국은에 보답하려는 마음과 시대 상황을 아파하는 마음이 있었다. 세상에 대한 관심을 가지면서 백성을 구제하고자 하는 의식이 있었던 것이다. 그러므로 "예부터 조정에서 누가 백성 장수하게 하는 단약 만들었나.〔由來廊廟上, 誰煉壽民丹.〕"라고 읊어서 백성들을 구제하기 위한 방안을 마련하지 못하는 조정의 관리들에 대한 불만을 표현하기도 하였던 것이다.

그렇다면 송규렴은 시의(時義)에 맞게 출처를 결정하였으며, 출사한 경우에도 명예를 소중히 여겨 신념과 지조를 지키고자 했고, 과감히 물러나 안빈(安貧)의 삶을 살되 현실을 외면하지 않는 유학자로서의 태도를 견지한 인물이라고 하겠다. 그는 자신의 집에 제월당(霽月堂)이라는 편액을 건 다음, 물과 눈처럼 깨끗한 달을 마주하고서 자신의 흉중(胸中)이 그와 같지 않다면 제월당이라는 이름이 부질없을 것이라고 읊은 바 있다.[34] 세속에 물들지 않고 지조를 지키며 명예로운 삶을

34 송규렴, 〈扁所居堂曰霽月仍成一絶〉(卷2), "제월당에서 갠 달 마주하니, 달빛이 물 같고 또 눈 같네. 만일 가슴속이 이와 같지 않다면, 제월당이란 이름 부질없으리라.

지향한 그의 의지가 느껴지는 작품인데, 염퇴를 지향한 그의 삶은 그런 의지와 부합했다고 하겠다.

5. 맺는 말

제월당 송규렴은 양송(兩宋)으로 불리는 송시열, 송준길과 함께 삼송으로 일컬어지는 인물이다. 그는 충청 지역을 대표하는 유학자로 《제월당집》을 남겼는데, 그가 남긴 시문에 담긴 그의 사유를 정리하면 다음과 같다.

첫째, 송규렴은 강한 배청(排淸) 의식의 소유자였다. 불과 7세의 나이로 병자호란을 겪었기 때문에 전란의 참혹함을 느끼지는 못했을 테지만, 평생 존화양이(尊華攘夷)의 의식 속에서 청(淸)을 소탕해야 할 오랑캐로 인식하였다. 청의 소탕을 자신의 소원 가운데 하나로 거론할 만큼 그의 배청 의식은 강렬했지만, 이를 실천하기 위한 구체적 방안을 모색하거나 제시하는 데 이르지는 못하였다.

둘째, 양송에 대한 존모 의식이 송규렴의 시문 곳곳에 나타난다. 같은 가문의 사람으로 동향일 뿐만 아니라 스승이었던 양송을 은혜로는 부자, 의리로는 사제라 여겼던 송규렴은 갑인예송(甲寅禮訟)의 패배로 양송이 처벌되자 이를 부당하게 생각하였으며, 송시열을 옹호하다 처벌된 송상민(宋尙敏)을 칭송하였다. 그러나 송규렴 자신은 백대의 뒤라도 공론(公論)이 확립되리라는 기대와 소장을 통한 불만 제기

〔霽月堂中對霽月, 月光如水又如雪. 若敎胸次不如斯, 以月名堂却虛設.〕"

등 소극적 자세를 취했을 뿐 적극적으로 양승을 옹호하지는 않았다.

셋째, 송규렴은 출사를 부정적으로 생각하지는 않았으나 실제 관직에 머문 기간이 10년 정도에 그칠 만큼 염퇴(恬退)를 지향하였다. 일의 성패는 시기에 달렸다고 생각한 송규렴은 오직 시의(時義)에 따라 출처(出處)를 정하고자 하였으며, 명리(名利)를 추구하는 마음보다는 신념과 지조를 굽히지 않고 명예를 지키려는 의식이 강렬하였다. 비록 염퇴를 지향하였지만 현실에 대한 관심을 완전히 끊지는 않았으며, 국은에 보답하고 백성을 구제하고자 하는 마음을 항상 간직하였다.

제월당집

제1권

詩시　詞사　辭사

사辭

〈귀거래사〉에 화운하다 계축년(1673, 현종14)

和歸去來辭韻 癸丑

돌아가자	歸去來兮
나 이제 이곳 떠나 장차 어디로 가야 하나	我今去此將安歸
얻고 얻지 못함은 운명에 달렸으니	得不得曰有命兮
다시 무엇을 기뻐하고 무엇을 슬퍼하랴	復何喜而何悲
옛날 내가 서울에서 노닐 때	昔余遊乎上國兮
선현의 길을 따를 수 있으리라 여겼는데	謂前軌其可追
마음만 애탈 뿐 날로 졸렬해지니[1]	羌心勞而日拙兮
내 처지 장차 그릇될까 개탄했노라	慨身事之將非
관리 되어 먹고 마시기만 하였으니	徒簪裾而哺啜兮
임금이 주신 밥과 옷 욕되게 하였네	辱君食與君衣
비록 바다를 메우는 정성 독실한들	縱塡海之誠篤兮

1 선현(先賢)의……졸렬해지니 : 선현들의 모범적인 자취를 따르고자 했지만 그렇게 하지 못했다는 말이다. 《서경》 〈주관(周官)〉에 "덕을 행하면 마음이 편안하여 날로 아름다워지고, 거짓을 행하면 마음이 수고로워 날로 졸렬해진다.〔作德, 心逸, 日休, 作僞, 心勞, 日拙.〕"라고 한 말을 원용하였다.

산 짊어지는 힘 부족하니 어찌하랴[2] 奈負山之力微
이 고향 바라보며 睠玆鄕山
흘가분하게 달려왔더니 浩然來奔
물가의 그윽한 거처 幽居臨水
초가집에 사립문이네 草屋荊門
대그릇 밥 먹고 표주박 물 마셔도 簞食瓢飮
지극한 즐거움이 그 속에 있고[3] 至樂攸存
질그릇 술잔에 스스로 따르니 瓦杯自酌
금 술잔 필요 없어라 不用金樽
맑은 바람 쐬며 한껏 취하니 臨淸風而醉倒兮
상쾌한 공기가 얼굴 깨워 좋고 喜爽氣之醒顔
때로 흥이 나서 시구 찾으니 時乘興而覔句兮
읊조리며 글자 안배에 어렵지 않네 字不勞於吟安

2 비록……어찌하랴 : 나라를 위하는 정성은 지극하지만, 자신의 역량이 부족하여 중임(重任)을 감당하지 못함을 비유한 말이다. 바다를 메우는 정성이란, 원한을 반드시 갚고자 하는 경우나 큰일을 하고자 하는데 힘이 부족한 경우를 비유하는 말로 쓰인다. 전설에 따르면, 염제(炎帝)의 딸인 여와(女娃)가 동해에 빠져 죽어 정위(精衛)라는 새가 되었는데, 그 원한으로 항상 서산의 나무나 돌을 물어다가 동해를 메우려 했다고 한다.《山海經 卷3 北山經》한편,《장자(莊子)》〈추수(秋水)〉에 "모기에게 산을 지게하고 노래기에게 황하수를 치달리게 한다면, 반드시 책임을 감당하지 못할 것이다.〔使蚊負山, 商蚷馳河, 必不勝任矣.〕"라고 하였다.

3 대그릇……있고 : 청빈한 생활 속에서 지극한 즐거움을 누린다는 말이다. 단사표음(簞食瓢飮)은 "어질다, 안회여. 한 대그릇의 밥과 한 표주박의 음료로 누추한 시골에 있는 것을 다른 사람들은 그 근심을 견뎌내지 못하는데, 안회는 그 즐거움을 변치 않으니, 어질다, 안회여.〔賢哉, 回也, 一簞食一瓢飮, 在陋巷, 人不堪其憂, 回也不改其樂, 賢哉, 回也.〕"라고 한 공자(孔子)의 말씀에서 유래하였다.《論語 雍也》

들으니 지인은 세상에 있을 때	聞至人之在世兮
명관에 마음 둠을 귀히 여겨	貴遊心於冥關
천둥소리 들려도 들림이 없고	聆雷霆而莫聞兮
태산을 보아도 보임이 없다지	覩泰山猶無觀
아 세상 사람들은 어리석어	嗟時俗之貿貿兮
궤만 사고 구슬은 돌려주는 지경이니[4]	幾櫝買而珠還
기러기발에 아교 바름으로 조후에게 조롱하고	嗤膠柱於趙侯兮
수레바퀴 깎는 것으로 제 환공 비웃었지[5]	笑斲輪於齊桓
돌아가자	歸去來兮

4 궤만……지경이니 : 근본과 지엽을 잘 구분하지 못한다는 말이다. 《한비자(韓非子)》〈외저설(外儲說)〉에 "초나라 사람으로 정나라에 구슬을 파는 사람이 있었는데, 목란의 궤를 만들어 계수와 산초의 향을 입히고, 주옥을 엮어 장식하고, 붉은 옥으로 꾸미고, 비취의 깃을 엮어 장식하여 주었더니, 정나라 사람은 그 궤만 사 가고 그 구슬은 돌려주었다.〔楚人有賣其珠於鄭者, 爲木蘭之櫃, 薰以桂椒, 綴以珠玉, 飾以玫瑰, 輯以羽翠. 鄭人買其櫝而還其珠.〕"라고 하였다.

5 기러기발에……비웃었지 : 교주(膠柱)는 교주고슬(膠柱鼓瑟)의 준말로, 고지식하여 융통성이 없음을 비유하는 말이다. 조(趙)나라의 명신 인상여(藺相如)가 조괄(趙括)에 대해 "왕께서 명망이 있다는 이유로 조괄을 쓰는 것은 기러기발에 아교 칠을 하고서 거문고를 뜯는 것과 같습니다. 조괄은 한갓 그의 아비가 지은 책만 읽어서 임기응변할 줄을 모릅니다.〔王以名使括, 若膠柱而鼓瑟耳. 括徒能讀其父書傳, 不知合變也.〕"라고 말한 데서 유래하였다. 《史記 卷81 廉頗藺相如列傳》 착륜(斲輪)은 수레바퀴를 깎는다는 말이다. 제 환공(齊桓公)이 당 위에서 책을 읽고 있었는데, 당 아래에서 수레바퀴를 깎던 윤편이 "임금께서 읽고 계신 것은 옛사람의 찌꺼기입니다."라고 하고, 그 이유에 대해서 말하기를 "수레를 만들 때 너무 깎으면 헐거워서 튼튼하지 못하고 덜 깎으면 빡빡해서 들어가지 않습니다. 더 깎지도 덜 깎지도 않는 일은 손짐작으로 터득하여 마음으로 수긍할 뿐이지 입으로 말할 수가 없습니다.……전하께서 읽고 계신 것은 옛사람들의 찌꺼기일 뿐입니다."라고 하였다. 《莊子 天道》

삶 마치도록 한가롭게 노닐리라	且卒歲以優遊
이미 세상에 쓰이지 못했으니	旣莫足爲世用兮
초복을 버리고 무엇을 구하랴[6]	舍初服其焉求
누추한 곳에 살아도 스스로 즐겁고[7]	居陋巷而自樂兮
편안한 집에 처하니 근심 없어라[8]	處安宅而無憂
오직 농사를 보배로 여기며	惟稼穡之爲寶兮
항상 밭에서 힘써 일하리라	恒服力乎田疇
산에는 달 있고	維山有月
호수에는 배 있으니	維湖有舟
친구들 불러 수레를 타고	呼儔侶而命駕兮
여기저기 산수를 찾아가리라	指某水與某丘
동산의 기상을 따르고[9]	追東山之氣象兮

6 초복(初服)을……구하랴 : 초야로 돌아가 살겠다는 말이다. 초복은 벼슬에 나아가기 전에 착용하던 옷이다. 굴원(屈原)의 〈이소(離騷)〉에 "나아갔으나 이미 들어가지 못하고 허물만 입었으니, 물러나 다시 나의 초복을 손질하리. 연잎을 마름질해 저고리를 만들고, 부용을 모아 치마를 만들도다.〔進不入以離尤兮, 退將復脩吾初服. 製芰荷以爲衣兮, 集芙蓉以爲裳.〕"라고 한 데서 유래하였다.

7 누추한……즐겁고 : 안자(顔子)의 고사를 인용하여 안빈낙도(安貧樂道)하는 삶을 읊은 것이다. 56쪽 각주3 참조.

8 편안한……없어라 : 하늘이 부여한 인(仁)의 본성에 따라 산다는 말이다. 안택(安宅)은 인(仁)을 말하고 무우(無憂)는 불우(不憂)와 같은 말로, 《맹자》 〈공손추 상(公孫丑上)〉의 "인은 하늘의 높은 벼슬이요, 사람의 편안한 집이다.〔夫仁, 天之尊爵也, 人之安宅也.〕"라고 한 말과 《논어》 〈자한(子罕)〉의 "지혜로운 자는 의혹하지 않고, 인한 자는 근심하지 않고, 용맹한 자는 두려워하지 않는다.〔知者不惑, 仁者不憂, 勇者不懼.〕"라고 한 말에서 유래하였다.

9 동산(東山)의 기상을 따르고 : 진(晉)나라 사안(謝安)처럼 속세에 대한 마음을 접

북해의 풍류 끌어당기며[10]	挹北海之風流
그윽이 만물과 함께 봄을 느끼고[11]	汐與物而同春兮
그럭저럭 조화 따라 길이 쉬리라	聊任化而長休
그만 두어라 인생 젊은 날 얼마나 되랴	已矣乎人生少壯能幾時
세월이 흘러 머물지 않는구나	日月逝矣不曾留
남은 세월 아까우니	餘年足可惜
어찌 몸 닦고 천명 기다리지 않으랴[12]	曷不脩身以俟之
공명은 본래 내 분수에 없으며	功名本無分
부귀도 끝내 기약하기 어려워라	富貴終難期

고 유유자적하겠다는 말이다. 동산은 사안의 별칭이다. 그가 벼슬길에 나아가기 전에 회계(會稽)의 동산에 은거하면서 계속되는 조정의 부름에도 응하지 않고 유유자적했던 고와동산(高臥東山)의 고사가 전하는데, 동산에서 20여 년 동안 한가로이 은거할 때 "안석이 나오려 하지 않으니, 장차 창생을 어찌 할까.〔安石不肯出, 將如蒼生何.〕"라는 말을 듣기도 하였다. 안석은 사안의 자(字)이다. 《晉書 卷79 謝安列傳》

10 북해(北海)의 풍류 끌어당기며 : 후한(後漢)의 공융(孔融)처럼 풍류를 즐기며 살겠다는 말이다. 북해는 공융의 별칭이다. 일찍이 북해 상(北海相)을 지낸 공융이 "자리 위에 손님이 항상 가득하고, 술동이 속에 술이 늘 비지 않는다면, 내가 걱정할 것이 하나도 없다."라고 하면서 술과 빈객을 무척 사랑했다는 고사가 전한다. 《後漢書 卷70 孔融列傳》

11 만물과……느끼고 : 만물의 변화에 따라 그와 함께 즐거움을 누리겠다는 말이다. 《장자(莊子)》 〈덕충부(德充符)〉에 "마음이 잘 조화되어 있으면 시원하게 트여서 즐거움을 잃지 않으며, 밤이나 낮이나 변화가 끼어들 틈이 없게 하면 사물과 더불어 봄기운을 간직하게 된다.〔使之和豫, 通而不失於兌, 使日夜無郤, 而與物爲春.〕"라고 하였다.

12 어찌……않으랴 : 《맹자》 〈진심 상(盡心上)〉에 "요절하거나 장수함에 의심하지 않아, 몸을 닦고 천명을 기다림은 명을 세우는 것이다.〔殀壽, 不貳, 修身以俟之, 所以立命也.〕"라고 한 것을 원용하였다.

내 이미 구원의 땅에 난초 심었으니[13] 余旣滋蘭之九畹兮
때에 맞춰 김매고 가꾸리라 庶及時而耘耔
힘써 아침에 부지런하고 저녁에 두려워하며[14] 兢朝乾而夕惕兮
왼쪽에 《서경》 오른쪽에 《시경》 펼쳐 놓고 列左書與右詩
성현을 얻어 귀의하여 得聖賢而爲歸兮
실지에 발 디딜 뿐 다시 무엇을 의심하랴[15] 脚踏實地更何疑

붙임 **우재 선생(尤齋)의 소발(小跋)**[16]

종인(宗人) 송도원(宋道源)[17]이 〈귀거래사(歸去來辭)〉에 화운한 것을

13 내……심었으니 : 초야에 물러나 산다는 말이다. 전국 시대 초(楚)나라 굴원(屈原)이 조정에서 모함을 받고 쫓겨난 뒤에도 계속 인의(仁義)를 고수하겠다는 뜻을 밝히면서 "내가 구원의 땅에 이미 난초를 심어 놓고, 다시 백 묘의 땅에 혜초를 심었노라.〔旣滋蘭之九畹兮, 又樹蕙之百畝余.〕"라고 노래하였다. 《楚辭 離騷》

14 힘써……두려워하며 : 《주역》 〈건괘(乾卦) 구삼(九三)〉에 "군자가 종일토록 부지런히 힘쓰고 저녁까지 두려워하면 위태하나 허물이 없을 것이다.〔君子終日乾乾, 夕惕若, 厲, 無咎.〕"라고 한 것을 원용하였다.

15 실지에……의심하랴 : 몸소 실천함을 위주로 한다는 말이다. 《회암집(晦菴集)》 권31 〈답장경부(答張敬夫)〉에 "자연히 의미가 조화되고 도리가 명백해지는 가운데, 실지에 발을 딛고서 행동할 때에도 의거할 바가 있어, 남을 농락하거나 자신을 속이는 걱정이 없게 될 것이다.〔自然意味平和, 道理明白, 脚踏實地, 動有據依, 無籠罩自欺之患.〕"라고 하였다.

16 우재 선생(尤齋先生)의 소발(小跋) : 우재 선생은 송시열(宋時烈, 1607~1689)로, 본관은 은진(恩津), 아명은 성뢰(聖賚), 자는 영보(英甫), 호는 우암(尤菴) 또는 우재(尤齋)이다. 송시열의 소발은 《송자대전(宋子大全)》 권147에 수록되어 있는 〈서송도원차귀거래사후(書宋道源次歸去來辭後)〉이다.

17 송도원(宋道源) : 송규렴(宋奎濂, 1630~1709)으로, 본관은 은진(恩津), 자는 도원(道源), 호는 제월당(霽月堂), 시호는 문희(文僖)이다. 송준길(宋浚吉)의 문인이며,

내게 보여 주었는데, 그 말의 정치(情致)가 높고 예스러움은 도원 스스로도 도잠(陶潛)과 상하를 따질 수 없음을 잘 알 것이다. 오직 "종일 부지런히 힘쓰고 저녁까지 두려워한다."[13]라는 구절은 연명(淵明)도 말하지 못한 부분이다. 또한 연명이 대수롭지 않게 여긴 것은 단지 오두미(五斗米)의 녹을 받는 지위였으니,[19] 도원이 홍문관과 이조에 임명되었던 것과 비교한다면, 도리어 그 두 사람 사이에 우열을 따질 수 있겠는가. 만약 연명이 도원보다 후세에 태어났다면, 외로운 소나무를 어루만지며 이 글에 화답했을까. 아마도 속인과는 말하기 어려운 일일 것이다.

숭정(崇禎) 계축년[20](1673, 현종14) 저물어가는 봄날 화양동 주인(華陽洞主人)은 쓰노라.

회덕의 미호서원(美湖書院)에 제향되었다.

18 종일……두려워한다 : 위 글의 "아침에 부지런히 힘쓰고 저녁에 두려워하며.〔朝乾而夕惕〕"라고 한 부분을 가리킨다.

19 오두미(五斗米)의……지위였으니 : 오두미는 현령(縣令)의 녹봉을 말한다. 진(晉)나라 도잠(陶潛)이 팽택 현령(彭澤縣令)이 된 지 80여 일 만에 군(郡)에서 독우(督郵)를 파견하여 팽택현에 이르자, 아전들이 관복을 입고 뵈어야 한다고 하니, 도잠이 "내가 어찌 오두미 때문에 향리의 애송이에게 허리를 굽힌단 말이냐."라고 하고, 그날로 관직을 버리고 〈귀거래사〉를 읊으며 돌아왔다. 《晉書 卷94 陶潛列傳》

20 숭정(崇禎) 계축년 : 소양적분약(昭陽赤奮若)은 고간지(古干支)로, 소양은 계(癸)를 가리키고 적분약은 축(丑)을 가리킨다. 이 당시 청나라의 연호는 강희(康熙)였으나, 송시열은 청나라 연호를 쓰지 않고 명나라의 연호인 숭정을 계속 사용하였다.

사 詞

어초사 계유년(1693, 숙종19)

漁樵詞 癸酉

남쪽 시내에서 낚싯줄 드리우고 南澗兮垂綸
북쪽 기슭에서 땔나무 하노라 北崖兮採薪
나무 하고 낚시하여 무엇을 얻는가 採薪垂綸兮奚所得
마들가리 모아 물고기 삶나니 收榾柮兮煮銀鱗
살림이 마냥 가난한 것은 아니라네 生事兮未全貧
산을 병풍 삼고 물을 띠 삼으며 山爲屛兮水爲帶
하늘을 덮개 삼고 땅을 깔개 삼지 天作蓋兮地作茵
맑은 바람 불어와 방에 가득하고 淸風至而滿室
밝은 달이 떠올라 손님 되어 주네 明月來兮爲賓
솔과 매화와 대와 국화는 좋은 벗이요 松梅竹菊兮是佳友
사슴과 순록과 원숭이와 학을 길이 가까이 하네 鹿麋猿鶴兮長相親
붉은 연꽃과 푸른 버들과 백로와 꾀꼬리가 후원에 가득하고
紅蕖碧柳白鷺黃鶯兮充下陳
기타 한가한 꽃과 가는 풀과 푸른 절벽과 붉은 단풍과
시내 구름과 골짝의 새들이 其餘閒花細草翠壁丹楓溪雲谷鳥之屬

눈앞 여기저기에 펼쳐져 있네 莫不供眼底而紛繽
지난날 벼슬살이는 한갓 스스로 누가 되었으니 向來簪紱兮徒自累
돌아보며 눈살 한번 찌푸리네 回首兮一顰
세상의 명리 좇는 이들에게[21] 말하노니 寄語人間夸奪子
세속 밖에서 마음 즐겁게 함이 어떨까 何如物外怡心神
공명의 길은 위험 넘치고 名途兮足危險
세상사는 고된 일 많지 世味兮多酸辛
고된 일 많으니 多酸辛
꿈에서도 먼지 낀 도성에서 놀지 마오 莫敎魂夢兮更遊紫陌紅塵
낚싯줄 드리우다 땔나무 하고 垂綸兮採薪
땔나무 하다 낚싯줄 드리우며 採薪兮垂綸
날마다 그렇게 살다 한평생 마치리라 日復日兮終吾身

21 명리 좇는 이들에게 : 과탈자(夸奪子)는 명리를 추구하는 사람이다. 한유(韓愈)의 〈잡시(雜詩)〉에 "예전에 명리를 좇던 사람들, 만 개의 두덤이 되어 산봉우리를 누른다.〔向者夸奪子, 萬墳厭其巓.〕"라고 하였다.

시 詩

초가을에 감회가 있어서 갑신년(1644, 인조22)

新秋有感 甲申

온 세상이 오랑캐 차지가 되니 六合歸胡羯
하늘의 마음 알 수 없구나 天心未可知
중흥을 누군가 주도한다면 中興誰有主
회복할 날 어찌 없으랴 恢復奈無期
쌀쌀한 바람 나무에서 일고 颯颯風生樹
희미한 달빛 가지에 숨었네 曨曨月隱枝
시인은 본래 감회가 많아 騷人本多感
가을 되니 더욱 비통해지네 入秋更添悲

〈조조대명궁〉시에 화운하다

和早朝大明宮詩

새벽녘 궁궐에 꾀꼬리 지저귀고	禁城初曉囀黃鸝
산들바람 부는 태액지[22]에 궁중 버들 늘어졌네	太液微風御柳垂
상서로운 햇살 잠시 남쪽 궐문 비추고	瑞旭乍臨朱雀闕
맑은 구름 벌써 붉은 난기[23] 덮었네	晴雲已捧赤鸞旗
관리들 엄숙히 나열하여 용좌 우러르고	衣冠儼列瞻龍座
칼과 패옥소리 낭랑히 옥섬돌에 울리네	劍珮鏘鳴響玉墀
조회 마치자 시신들 천천히 걸어	朝罷侍臣仍緩步
화려한 풍잠 꽂고 봉황지[24]로 돌아오네	華簪歸到鳳凰池

22 태액지(太液池) : 지금의 북경시 안의 자금성(紫禁城) 서쪽에 있는 대규모의 호수인 북해(北海)와 중남해(中南海)의 옛 이름으로, 청나라 당시에는 황궁의 정원으로 쓰였다. 원래 고량하(高粱河) 수계(水系)에 속한 호수였는데, 요(遼)나라 때 요서행궁(瑤嶼行宮)을 수축한 이래 각 대의 왕조에서 황궁의 정원으로 사용하였다.

23 난기(鸞旗) : 난새 모양으로 생긴 방울을 매단 임금의 수레에 세우는 큰 깃발이다.

24 봉황지(鳳凰池) : 황제의 금원(禁苑) 속에 있던 못 이름으로, 당나라의 중서성(中書省)에 봉황지가 있었기 때문에 그 별칭으로 쓰였다.

신익륭[25] 어른의 새 정자 을유년(1645, 인조23)

申丈 翊隆 新榭 乙酉

새로 지은 초가에 사립문 없어도	新構茅廬不設扉
일신을 이곳에 의지할 만하네	一身於此可堪依
시내가 마을 감싸 물고기와 게 넉넉하고	川廻洞府饒魚蟹
산이 뜨락까지 들어와 고사리와 고비 자라네	山入庭除長蕨薇
술 깰 때 솔 사이의 달빛 차갑고	醉酒醒時松月冷
시 읊고 난 곳에 버들바람 산들 부네	哦詩罷處柳風微
세상에 발붙이기 어려움 안 지 오래라	久知世路難容跡
날마다 낚싯대 잡고 낚시터에 앉았네	日把長竿坐釣磯

25 신익륭(申翊隆) : 1602~1657. 본관은 평산(平山), 자는 군필(君弼), 호는 호량(濠梁)이다. 병자호란 때 빈궁(嬪宮)을 모시고 강화로 피난 갔다가 화약(和約)이 성립되자 벼슬을 버리고 30년 동안 유랑하던 중 회덕(懷德)에서 객사하였다. 송규렴에게 《당음(唐音)》을 가르쳤다.

한양에서 고향으로 돌아오다 3수○임진년(1652, 효종3)

自漢陽歸鄕 三首○壬辰

한강물 비 온 뒤에 맑게 일렁이고	漢水晴波雨後
긴 모래톱의 푸른 버들 바람에 살랑이네	長洲綠柳風前
날 저무는데 고향은 어디인가	日暮鄕關何處
구름 산 아득한 남쪽 하늘이라오	雲山杳杳南天

역참[26]은 아스라이 먼데 해는 지고	眼斷長亭落日
물가에 봄 깊어 넋이 빠졌네	魂迷水國深春
무슨 일로 남북으로 오가는가	北去南來何事
해마다 기로에 선 신세로다	年年岐路中人

향기로운 풀에 봄 수심 암담하고	黯黯春愁芳草
서쪽 하늘로 지는 해 쓸쓸해라	荒荒落日西天
어느 곳 시골 주막에 투숙할까	欲投何處村店
앞 숲에 밥 짓는 연기 피어오르네	前林新起炊煙

26 역참(驛站) : 장정(長亭)은 10리마다 설치한 역참을 말한다.

부질없이 읊다 계사년(1653, 효종4)

漫吟 癸巳

나그네 시름이 오래 되어 병이 되니　羈愁長與病相侵
월나라 소리로 앓는 장석의 고뇌를 누가 알까[27]　誰識莊生惱越吟
세상만사 지금은 불우한 신세 달게 여기지만　萬事如今甘落拓
한 동이 술로 다시 어디에 오를까　一樽何處更登臨
적수도 없는데 부질없이 바둑 솜씨 지녔고　人無敵手空藏奕
소리 알아주는 이 없으니 거문고 연주 않노라　世罕知音亦廢琴
객지에서 세모 만났으니 어이 견디랴　客裏可堪逢歲暮
궁도에 쓸쓸한 장년의 마음이네　窮途寂寞壯年心

27 월(越)나라……알까 : 향수(鄕愁)에 젖은 심정을 누가 알겠느냐는 말이다. 장생(莊生)은 월나라 사람 장석(莊舄)을 가리킨다. 장석이 초(楚)나라에서 벼슬하여 현달하였는데, 그가 병중에 있을 때 초왕이 말하기를 "장석은 예전에 월나라에서 미천한 사람이었는데, 지금 초나라에서 높은 벼슬을 하고 부귀하니 월나라를 생각하지 않겠지."라고 하며 사람을 시켜 살펴보게 하였더니, 여전히 월나라 소리로 앓고 있었다고 한다. 《史記 卷70 張儀列傳》

홍자용[28] 일우 의 운에 맞춰 짓다
次洪子容 一宇 韻

서리 찬 호서의 하늘에 기러기가 무리 부르는데　霜冷湖天雁叫群
이별의 시름 낙엽과 함께 어지럽기만 하네　離愁落葉共紛紛
고향의 경치 가을이 저물어가고　鄕關物色秋將晩
서울의 풍진 속에 해가 바뀌려 하네　京洛風塵歲欲分
마음은 천리 밖의 달을 함께 바라보니　心膽共看千里月
꿈속에서도 만 겹 산의 구름 넘노라[29]　夢魂猶度萬山雲
늙은이 반평생 의지할 이 없었는데　龍鍾半世渾無賴
말로에 마음 알아주는 그대 있어 기쁘라　末路知音喜有君

28 홍자용(洪子容) : 홍일우(洪一宇, 1628～?)로, 본관은 남양(南陽), 자는 자용이다. 1646년(인조24)에 진사시에 합격하였다.

29 마음은……넘노라 : 송규렴과 홍일우가 멀리 떨어져 있지만, 자나 깨나 서로 그리워한다는 말이다.

자용[30]의 시를 차운하다
次子容

가을 들어 고향 소식 끊겼는데	秋來鄉信斷
세모에 나그네 혼 놀라네	歲暮客魂驚
쓸쓸하게 희미한 등불 마주한 채	悄對殘燈影
근심스레 낙엽 소리 듣노라	愁聞落葉聲
일 년 중 오늘밤 달 보며	一年今夜月
천리 밖 벗을 그리는 마음이네	千里故人情
계절은 시름 속에 지나고	節序愁邊過
그대 모습 꿈에서 만나지	儀形夢裏迎
세상 인정은 말세의 풍속 슬프지만	世情悲末俗
교제의 도리 평생 그대에게 의지했네	交道托平生
눈앞의 즐거움 다 누릴 뿐	且盡眼前樂
어찌 죽은 뒤의 명성을 따지랴	寧論身後名
고향은 한강에 가로막혔는데	鄉關隔漢水
비바람만 도성에 가득하니	風雨滿秦城
장한 뜻 자주 칼을 바라보다가	壯志頻看劍
외로운 마음에 홀로 술잔 드노라	孤懷獨擧觥
몸은 물고기가 북쪽 문물 배우는 격이지만	身如魚北學

30 자용(子容) : 홍일우(洪一宇, 1628~?)로, 본관은 남양(南陽), 자는 자용이다. 1646년(인조24) 진사시에 합격하였다.

마음은 기러기 좇아 남쪽으로 가네[31] 心逐雁南征
문득 동쪽 울타리 국화 떠오르니 却憶東籬菊
지금쯤 한창 피어나고 있겠지 如今正向榮

31 몸은……가네 : 몸은 서울에 와 있지만 마음은 남쪽 고향으로 향하고 있다는 말이다. 어북학(魚北學)은 《관윤자(關尹子)》에 나오는 물고기의 우화와 《맹자》에 나오는 진량(陳良)의 일화를 조합한 말이다. 《관윤자》 〈우(宇)〉에 "동이로 못을 만들고 돌로 섬을 만들면, 물고기가 그 속을 헤엄치면서 몇 천만 리나 되는지 모르고 끝없이 노닌다.〔以盆爲沼, 以石爲島, 魚環遊之, 不知其幾千萬里而不窮也.〕"라고 하였는데, 이는 물고기의 견문이 좁음을 비유한 것이다. 《맹자》 〈등문공 상(滕文公上)〉에 "진량은 초나라 태생이니, 주공과 중니의 도를 좋아하여 북쪽으로 중국에 와서 공부하였다.〔陳良, 楚產也, 悅周公仲尼之道, 北學於中國.〕"라고 하였다.

우연히 짓다

偶題

나는 심히 완고하고 어리석으며	我生苦頑癡
소심하니 훌륭한 자질 아니지	齪齪非良姿
게다가 바로잡는 공부 없었으니	況無矯揉功
돌아보면 문제점 많다네	顧省多瑕疵
행실은 전례에 어긋나	行身背典禮
모두 거칠고 경솔하며	一任荒而嬉
말은 법도가 없어	出言無法度
방탕하고 편벽됨을 면하지 못하네[32]	未免淫且詖
대도는 지향할 바 잃어	大道失所向
나아가려 해도 도리어 망설이니	欲進還躕踟
마치 길잡이 없는 소경이	正如瞽無相
갈팡질팡 갈 길 헤매는 격이지	倀倀迷所之
어두운 방에 누가 불 밝혀 줄까	暗室孰能燭
짙은 안개 헤쳐 주는 이 없네	苦霧無人披

32 말은……못하네 : 잘못하는 말이 많았다는 말이다. 음피(淫詖)는 《맹자》 〈공손추상(公孫丑上)〉의 "한쪽으로 치우친 말에서 그의 마음이 가려 있음을 알며, 지나친 말에서 마음이 빠져 있음을 알며, 부정한 말에서 마음이 도와 멀리 떨어져 있음을 알며, 회피하는 말에서 논리가 궁함을 알 수 있다.〔詖辭知其所蔽, 淫辭知其所陷, 邪辭知其所離, 遁辭知其所窮.〕"라고 한 데서 유래한 말로, 피사(詖辭)는 편파적인 말이고, 음사(淫辭)는 실속이 없이 방탕한 말이다.

어느덧 이십 년	居然二十年
고지식하게 무엇을 했던가	亢亢何所爲
평생 대장부의 뜻	平生丈夫志
어긋남을 면하지 못했지만	未免成差池
다행히 이 추로의 고을에서 태어나	幸玆鄒魯鄕
옷자락 걷어잡고 배울 수 있었고[33]	可以摳衣裳
게다가 인정을 받아	況復蒙許與
몇 길의 담장 바라보았네[34]	欣瞻數仞墻
선생께서 날마다 이끌어서	函丈日誘掖
간곡하고 자상하게 가르쳐 주셨으나	敎誨諄且詳
어기지 않은 안연에게 부끄럽고[35]	不違愧顔淵

33 다행히……있었고 : 송준길(宋浚吉)과 송시열(宋時烈) 같은 훌륭한 학자들이 사는 회덕(懷德)에서 태어나 그들에게 가르침을 받아 다행이라는 말이다. 추로향(鄒魯鄕)은 공자(孔子)와 맹자(孟子)의 고향이란 뜻으로, 유학자가 많이 배출되고 문화가 아주 창성한 고장을 의미한다. 구의상(摳衣裳)은 옷자락을 걷는다는 말로, 스승이나 어른 앞에서 몸가짐을 공손히 하는 태도를 가리킨다. 《예기》 〈곡례 상(曲禮上)〉의 "옷자락을 추슬러 올려 구석을 향해 종종걸음으로 가서 앉고, 반드시 응대를 삼가야 한다.〔摳衣趨隅, 必愼唯諾.〕"라고 한 말에서 유래하였다.

34 게다가……바라보았네 : 학덕이 높은 스승을 바라볼 수 있었다는 말이다. 수인장(數仞墻)은 공자의 학덕이 높아서 도저히 따라갈 수 없다는 뜻으로, 자공(子貢)이 "선생님의 담장은 여러 길이어서 그 문을 얻어 들어가지 못하면 종묘의 아름다움과 백관의 많음을 볼 수가 없다.〔夫子之牆數仞, 不得其門而入, 不見宗廟之美, 百官之富.〕"라고 한 데서 유래하였다. 《論語 子張》

35 어기지……부끄럽고 : 안연(顔淵)의 경지에 오르지 못했다는 말이다. 공자가 안연을 칭송하여 "내가 회와 함께 온종일 이야기하였으나 내 말에 이의를 제기하지 않아 어리석은 것 같더니, 물러간 뒤에 그 사생활을 살펴보았는데 그대로 행하니, 회는 어리

스승을 일으키는 복상도 아니었네[36]	起予非卜商
마루에도 오르지 못했는데	升堂且未能
방에 들어가기를 어찌 바라랴[37]	入室那可望
문하에 모인 많은 선비들과	及門更多彥
날마다 어울려 노니니	日與參翺翔
쑥이 난초와 두형 사이에 끼고	蓬蒿間蘭蘅
모래와 자갈이 규장에 섞인 격이네[38]	沙石混圭璋
사우들과의 즐거움에 푹 빠졌으니	陶然師友樂
예전에도 비견될 사람 없었네	在古無與方
훈도가 어찌 적었으랴만	薰陶豈云少
구습을 여전히 버리지 못하고	舊習猶未忘
끝내 자질구레한 사람 되었으니	終成伎倆人

석지 아니하구나.〔吾與回言終日, 不違如愚, 退而省其私, 亦足以發, 回也不愚.〕"라고 하였다. 《論語 爲政》

36 스승을……아니었네 : 스승을 흥기하고 분발시킬 만큼 훌륭한 제자가 되지 못했다는 말이다. 복상(卜商)은 공자의 제자인 자하(子夏)의 이름이다. 공자께서 《시경》을 가지고 자하와 문답하면서 자하를 칭찬하여 "나를 일으키는 자는 상이로다. 이제 너와 더불어 시를 말할 수 있겠구나.〔起予者, 商也. 始可與言詩已矣.〕"라고 하셨다. 《論語 八佾》

37 마루에도……바라랴 : 학문에 조예가 깊지 못하다는 말이다. 공자께서 자로(子路)를 칭찬하면서 "유는 마루에 올랐고 방에만 들지 못했을 뿐이다.〔由也升堂矣, 未入於室也.〕"라고 하셨다. 《論語 先進》

38 쑥이……격이네 : 보잘것없는 자신이 훌륭한 인재들 사이에 끼어 있었다는 겸사이다. 난초(蘭草)와 두형(杜衡)은 향초의 일종으로서 군자(君子)와 현인(賢人)을 비유하는 말로 쓰인다. 규장(圭璋)은 옥으로 만든 귀중한 예기(禮器)로, 고상한 품행과 덕을 비유하는 말로 쓰인다.

가련하게도 슬픔과 상심 더했네　自憐增悲傷
그러나 나도 병이의 본성 똑같이 받았으니　顧我同秉彝
오히려 양지에 어둡지 않아서[39]　猶不昧良知
악행 미워하기를 끓는 물을 만진 듯이 하고　嫉惡若探湯
선행 좋아하기를 단 엿을 먹듯이 하지　嗜善如呑飴
진실로 이 마음 넓힌다면　苟能擴此心
기질을 어찌 바꾸지 못하랴　氣質何難移
하면 또한 그와 같이 되나니　有爲亦若是
성현이 어찌 나를 속이셨으랴　聖賢豈我欺
순 임금은 누구인가　大舜是何人
문왕 역시 나의 스승이지[40]　文王亦吾師
내 나이 아직 늙지 않았고　我年尙不耄
내 기력 아직 쇠하지 않았으니　我力尙不衰
기반을 단단히 하여　庶幾立脚固

39 그러나……않아서 : 자신도 남들과 똑같이 본성을 타고나서 양지(良知)를 지녔다는 말이다. 병이(秉彝)는 하늘이 부여한 떳떳한 본성을 말한다. 《시경》〈증민(蒸民)〉에 "하늘이 사람을 이 세상에 내실 적에……사람이 떳떳한 본성을 가진지라 이 아름다운 덕을 좋아하도다.〔天生蒸民,……民之秉彝, 好是懿德.〕"라고 하였다. 양지는 사람들이 생각하지 않고도 아는 것, 즉 본연의 지혜를 말한다 《孟子 盡心上》

40 하면……스승이지 : 노력만 하면 누구나 성인이 될 수 있다는 말이다. 안연(顔淵)이 "순 임금은 어떤 사람이며 나는 어떤 사람인가. 훌륭한 일을 하는 자는 또한 이 순 임금과 같다.〔舜何人也, 予何人也, 有爲者亦若是.〕"라고 말한 것과 공명의(公明儀)가 "(주공이) 문왕은 나의 스승이라고 하셨으니, 주공이 어찌 나를 속이셨겠는가.〔文王我師也, 周公豈欺我哉.〕"라고 한 말을 원용하였다. 《孟子 滕文公上》

성인의 경지에 들어가기를 기약하리라　聖域以爲期
임금과 신하는 의와 경을 귀히 여기고　君臣貴義敬
아들과 아버지는 마땅히 효도하고 자애로워야 하며　子父當孝慈
멀리 가려면 반드시 가까운 데서 말미암고　行遠必由近
높이 오르려면 또한 낮은 데서 시작해야 하니[41]　登高亦自卑
사람의 도리가 어찌 예서 벗어나랴　人道豈外斯
덕의 진보도 진실로 여기에 있네　進德誠在玆
내가 이제 이것을 아노니　我今知如此
어찌 독실하지 않으랴[42]　胡不慥慥爾
이미 백척간두에 올랐어도　既登百尺竿
다시 나아감을 그만둘 수 없지[43]　復進不自已
내 어찌 저를 두려워하랴　吾何畏乎彼
한걸음에 이를 수 있으리니　一蹴斯可至
이외에 다시 무엇을 구하랴　餘外復何求

41 멀리……하니 : 《중용장구》 제15장에 "군자의 도는 비유하면 먼 곳에 감이 반드시 가까운 데로부터 함과 같으며, 높은 곳에 오름이 반드시 낮은 데로부터 함과 같다.〔君子之道, 辟如行遠必自邇, 辟如登高必自卑.〕"라고 하였다.

42 어찌 독실하지 않으랴 : 《중용장구》 제13장에 "말할 때는 행할 것을 돌아보고 행할 때는 말한 것을 돌아보아야 하니, 군자가 어찌 독실하지 않으랴.〔言顧行, 行顧言, 君子胡不慥慥爾.〕"라고 한 구절에서 인용하였다.

43 이미……없지 : 부단히 노력하지 않을 수 없다는 말이다. 초현대사(招賢大師)의 게송(偈頌)에 "백척이나 되는 장대 끝에서 모름지기 한 걸음 더 나아갈 수 있어야, 시방세계의 이치가 이 몸에 온전해질 것이라네.〔百尺竿頭須進步, 十方世界是全身.〕"라고 하였다. 《傳燈錄》

기약한 바가 오직 여기에 있지	所期惟在是
이 다짐 조금이라도 나태해질까봐	此志恐少怠
띠에 새겨 스스로 맹세하노라	書紳聊自矢

용인 가는 길에

龍仁道中

여린 풀과 갓 핀 꽃에 봄기운 가득한데	細草新花滿意春
필마로 먼 길 가는 지친 나그네	長程匹馬倦遊人
몽혼은 산하에 막히지 않아	夢魂不道關河隔
밤마다 분명히 노친에게 절하지	夜夜分明拜老親

법성포에서 해대 안덕초[44] 후직 함평 현감 오자서[45] 이익 와 함께 공무로 머물면서[46] 덕초의 운에 맞춰 짓다 무술년(1658, 효종9)

法聖浦 與安海臺德初 後稷 吳咸平子舒 以翼 因公留連 次德初韻 戊戌

과장에서 당년에 만났을 때　試院當年會
온화한 인품[47] 기쁘게 바라보았는데　欣瞻座上春
한 동이 술을 다시 먼 지역에서 나누니　一樽還絶域
천리 먼 땅에 모두 지방관으로 나왔네　千里共王人
대궐 그리워 자주 놀라 꿈 깨고　戀闕頻驚夢
고향 생각 간절해도 돌아가지 못하네　思鄕未返身

44 안덕초(安德初) : 안후직(安後稷, 1620~1713)으로, 본관은 광주(廣州), 자는 덕초이다. 해대(海臺)는 미상이다.

45 오자서(吳子舒) : 오이익(吳以翼, 1618~1666)으로, 본관은 나주(羅州), 자는 자서이다. 《승정원일기》 효종 8년 2월 9일 기사에 "함평 현감 오이익이 하직하였다."라는 기록이 있다. 《三淵集 卷28 咸平縣監吳公墓誌銘 并序》

46 공무로 머물면서 : 송규렴은 1657년(효종8) 7월부터 1658년 가을까지 무장 현감(茂長縣監)으로 근무하였다. 《승정원일기》 효종 8년 7월 26일 기사에 송규렴을 무장 현감에 임명한 기록이 있다.

47 온화한 인품 : 좌상춘(座上春)은 자리 위의 봄바람이란 뜻으로, 상대방의 덕을 미화하는 말인데, 여기서는 안후직의 인품을 의미한다. 《근사록(近思錄)》 권40에 "주공섬(朱公掞)이 여주(汝州)에 가서 명도(明道) 선생을 뵙고 돌아와서 사람들에게 말하기를 '내가 한 달 동안이나 봄바람 속에 앉아 있었다.〔某在春風中坐了一箇月〕' 했다."라는 말이 나온다.

속내를 다 털어놓으니　　襟期輸已盡
다정한 친구의 우정 더욱 느끼네　　轉覺舊情親

내가 급제할 때 덕초가 대간(臺諫)으로서 과장(科場)에 들어왔다.[48]

48 내가……들어왔다 : 송규렴이 문과에 합격한 것은 1654년(효종5)의 일이다. 안후직은 당시 사헌부 지평(持平)으로서 감시관(監試官)으로 선발되었다.《承政院日記 孝宗 5年 9月 16日》

다시 앞의 운자로 지어서 자서[49]에게 주고 화운하게 하다
又用前韻 呈子舒 求和

부평초처럼 떠돌다 서로 만난 곳	萍水相逢處
강산에 봄 저물어 가는데	湖山欲暮春
좋은 밤 좋은 경치 속에	良宵仍勝地
맑은 담화 정든 사람과 나누네	淸話更情人
전원으로 돌아갈 계획도 이루지 못하고	未遂歸田計
나라에 바친 몸도 도리어 부끄러우니	還慙許國身
어찌하면 인끈 던지고 가서	何當投紱去
갈매기와 날마다 친하게 지낼까	鷗鷺日相親

49 자서(子舒) : 오이익(吳以翼, 1618~1666)으로, 본관은 나주(羅州), 자는 자서이다.《三淵集 卷28 咸平縣監吳公墓誌銘 幷序》이때 오이익은 함평 현감(咸平縣監)으로 있었고, 송규렴은 무장 현감(茂長縣監)으로 있었다.

고창 현감 이세경[50] 유상 과 동백정에서 만나 출발하는 전선을 구경하기로 했는데 세경이 사정이 있어 오지 않았다

與高敞李使君世卿 有相 約會冬柏亭 觀發戰船 世卿有故不來

아득히 푸른 바다 드넓고	浩渺滄溟闊
아스라이 섬들 푸르건만	微茫島嶼青
약속한 사람 오지 않아	有期人不至
저물녘에 홀로 정자에 오르네	斜日獨登亭

50 이세경(李世卿) : 이유상(李有相, 1623~1673)으로, 본관은 연안(延安), 자는 세경, 호는 동둔(東芚)이다. 《芝村集 卷24 從祖叔父應教贈都承旨東芚公墓碣銘 幷序》

학사 김원명[51] 익렴 이 서장관으로 연경에 가게 되었는데, 멀리 있는 내게 이별하는 시를 지어달라고 하므로 근체시 두 수를 지어 주다

金學士遠明 益廉 以書狀官將赴燕京 遠索別章 以近體二首贈行

지난해엔 그대가 남쪽 가는 나를 전송했는데 去年君送我南行
오늘은 내가 북쪽 간다는 그대 소식 들었네 今日吾聞子北征
만남과 헤어짐 본래 운수 있다지만 聚散從來元有數
이별할 때마다 모두 마음에 걸리네 別離隨處摠關情
가을 깊어 호수와 바다에 천 겹 물결 일 테고 秋深湖海千重浪
해 저무는 요하 길은 만 리의 여정이겠지 日落遼河萬里程
그대 돌아올 때 기다려 고을 수령 사직하고 會待歸旌投縣紱
꽃피고 달 밝은 한성에서 웃으며 맞이하리 漢城花月笑相迎

사신으로 조천하던 성대한 시절 생각하면 使節朝天憶盛時
그대 보내는 오늘 슬퍼할 만 하여라[52] 送君今日可堪悲
마땅히 관로에서 오랑캐 말에 놀랄 테고 只應關路驚胡語
다시 밝은 조정에서 한나라 위의 못 보겠지 無復明庭覩漢儀

51 김원명(金遠明) : 김익렴(金益廉, 1622~?)으로, 본관은 광산(光山), 자는 원명, 호는 적곡(赤谷)이다. 1659년(효종10)에 동지사의 서장관으로 청나라에 다녀왔다.

52 사신(使臣)으로……하여라 : 명(明)나라가 망하고 청(淸)나라가 중원을 차지했기 때문에 이렇게 말한 것이다.

옛 기둥에 천 년 신선의 학 오지 않고[53] 古柱千年仙鶴遠
변성 만 리에 사냥하는 말 달리겠지 邊城萬里獵騎馳
중원의 부로들 혹여 묻거든 中原父老如相問
우리의 의관 아직 바뀌지 않았다 하오 東土衣冠獨未夷

53 옛……않고 : 요동의 화표주(華表柱)에 학이 돌아오지 않는다는 말로, 명나라가 망한 것을 상징적으로 표현한 것이다.

참의를 지낸 종숙[54] 만사 경자년(1660, 현종1)

參議從叔挽 庚子

공은 가셔도 서운함 없겠지만	公逝固無憾
내 마음은 오히려 서글프오	我心猶有悲
향년 육십 짧지는 않지만	六十縱非夭
어찌 백 년[55] 살지 못하셨나	胡不享期頤
당상관[56]의 지위 영예로워도	緋玉世所榮
덕에 비하면 관직 오히려 낮았네	視德官猶卑
예전에 공께서 의관 바르게 하여	昔公整冠佩
붓 들고 대궐에 달려 나오실 제[57]	秉筆趨丹墀
풍채가 조정에 돋보여	風彩聳朝端
난새가 벽오동에 우뚝 선 듯 했지[58]	鸞峙碧梧枝

54 참의(參議)를 지낸 종숙(從叔) : 송국택(宋國澤, 1597~1659)으로, 본관은 은진, 자는 택지(澤之), 호는 사우당(四友堂)이다. 형조(刑曺), 공조(工曹), 병조(兵曹)의 참의를 역임하였다. 《錦谷集 卷17 四友堂宋先生諡狀》

55 백 년 : 기이(期頤)는 나이 백세를 뜻한다. 《예기》 〈곡례 상(曲禮上)〉의 "100세를 기이라고 한다.〔百年曰期頤〕"라는 말에서 유래하였다

56 당상관(堂上官) : 비옥(緋玉)은 붉은빛의 관복과 옥관자(玉冠子)로, 당상관의 품계를 뜻한다. 참의는 정3품에 해당한다.

57 예전에……제 : 송국택은 1624년(인조2) 명경과(明經科)에 합격하여 승문원(承文院)에 소속되었고, 정묘호란 때에 회덕(懷德)으로 돌아왔다가, 1628년에 사국(史局)에 들어가 검열(檢閱)이 되었다. 《錦谷集 卷17 四友堂宋先生諡狀》

58 풍채가……했지 : 송국택의 풍채가 빼어났음을 읊은 것이다. 한유(韓愈)의 글에

청요직에 몇 번이나 올랐던가　　清要幾歷敭
성대하게 명성 드날렸네　　藹蔚聲華馳
깊고 넓은 낭묘 위를　　潭潭廊廟上
한 걸음에 기약할 수 있었는데　　一蹴斯可期
어버이 살아 계셨기에　　爲是親在堂
항상 효성으로 모실 생각 간절하여　　恒深烏哺思
공명은 나의 바람 아니라며　　功名非我願
외직 구해 지방관으로 나갔네[59]　　乞外聊一麾
고을살이로 영예롭게 부모님 모시니　　專城備榮養
맛난 음식 빠지지 않았지　　甘旨無闕遺
노래자의 색동옷과 순 임금의 사모함으로　　萊衣與舜慕
기쁘고 즐겁게 해드렸네[60]　　愉愉復怡怡

"물러 나와 소부를 보니, 푸른 대나무와 벽오동나무에 난새와 고니가 우뚝 서 있는 것 같았으니, 그 업을 능히 지킬 만한 사람이었다.〔退見少傅, 翠竹碧梧, 鸞鵠停峙, 能守其業者也.〕"라고 하였다. 《韓昌黎集 卷33 殿中少監馬君墓誌銘》

59 지방관으로 나갔네 : 일휘(一麾)는 지방관이 되어 나가는 것을 의미한다. 진(晉)나라 완함(阮咸)이 순욱(荀勗)의 배척을 받아 시평 태수(始平太守)로 나간 일을 두고, 남조 송(南朝宋) 안연지(顔延之)의 〈오군영(五君詠)〉에 "여러 차례 천거에도 벼슬길에 못 오르다, 손 한 번 내저으매 태수로 나갔다오.〔累薦不入官, 一麾乃出守.〕"라고 표현한 데에서 유래하였다. 《文選 卷21 五君詠 阮始平》 송국택은 1638년(인조16)에 온성부사(穩城府使), 1642년에 강계 부사(江界府使), 1650년(효종1)에 정평 부사(定平府使)에 임명되었으나 어버이가 연로하다는 이유로 모두 부임하지 않다가, 1654년에 어버이 봉양을 위해 옥천 군수를 구하였다. 《錦谷集 卷17 四友堂宋先生諡狀》

60 노래자(老萊子)의……해드렸네 : 송국택이 지극한 효성으로 부모님을 봉양했다는 말이다. 내의(萊衣)는 노래자의 색동옷이라는 말로, 춘추 시대 초나라의 은사(隱士) 노래자가 70의 나이에도 부모님을 기쁘게 해 드리기 위하여 색동옷을 입고 재롱을 떨었

가시나무는 봉황이 깃들 곳 아니라서　枳棘非鳳棲
오래지 않아 부름 받았네[61]　宣召未曾遲
임금 가까이에서 모시는 승정원　咫尺喉舌地
왕명 출납에 공이 적임자였네　出納公其宜
효성이 임금도 감동시켜　孝思感九重
한 번 하소연에 큰 은혜 입었지　一籲蒙恩私
공로 미루어 선대에 미치니[62]　推榮及先代
사람들 찬탄하며 아름답다 하였네　嘖嘖人稱奇
세 구슬 모두 광채 찬란하니　三珠竝璀璨
훌륭함이 집안에 걸맞았네[63]　嶷嶷稱家兒

다는 고사가 전한다.《初學記 卷17 引 孝子傳》 순모(舜慕)는 순 임금의 사모하는 마음이라는 뜻으로, 《맹자》〈만장 상(萬章上)〉에 "대효는 종신토록 부모를 사모하나니, 50세까지 부모를 사모하는 것을 나는 대순에게서 보았다.〔大孝終身慕父母, 五十而慕者, 予於大舜見之矣.〕"라고 하였다.

61 가시나무는……받았네 : 송국택은 훌륭한 인재라서 지방의 한직에 머문 지 얼마 지나지 않아 내직으로 소명(召命)을 받았다는 말이다. 송국택은 1639년(인조17)에 광주 목사(光州牧使)와 동래 부사(東萊府使)를 역임하고, 1642년에 승지(承旨)가 되었다.《錦谷集 卷17 四友堂宋先生謚狀》

62 공로……미치니 : 1651년(효종1)에 송국택은 자신의 생부(生父)가 80이 되었으므로, 노인을 우대하는 은전을 요청하여 가자(加資)를 허락받았고, 1654년에는 가선대부(嘉善大夫)에 오르게 하였으며, 3대의 조상이 추증되었다.《錦谷集 卷17 四友堂宋先生謚狀》

63 세 구슬……걸맞았네 : 송국택의 세 아들이 훌륭하여 집안의 명성에 잘 어울린다는 말이다. 송국택은 본래 네 명의 아들을 두었으나, 셋째 아들 규장(奎章)은 요절하였다. 장남 규광(奎光)은 현감(縣監), 차남 규휘(奎輝)는 감역(監役), 막내 규명(奎明)은 현감이었다.《錦谷集 卷17 四友堂宋先生謚狀》

사위가 후비 길러내니	東床育聖姒
임금님 등극하자 중전의 위의 드리웠네[64]	御極垂壼儀
적선한 집에 진실로 보답 있으니	積善固有報
남은 경사가 마땅히 끝이 없으리[65]	餘慶應無涯
높고 영화로움 세상에서 한창 부러워했지만	尊榮世方艷
삼가고 조심하며 더욱 자신을 단속했지	謹約愈自持
보잘것없는 내가 친족이 되어	鯫生忝親屬
어른을 얼마나 따랐던가	杖屨幾追隨
쌍청당에 달 밝던 밤과	淸堂月明夜
비래동에 꽃 만발했을 때[66]	飛洞花發時

64 사위가……드리웠네 : 송국택의 외손녀(外孫女)가 현종(顯宗)의 비(妃)가 된 것을 말한다. 송국택의 딸은 청풍부원군(淸風府院君) 김우명(金佑明)에게 출가하였다. 김우명은 4남 2녀를 두었는데, 장녀(長女)가 현종(顯宗)의 비(妃) 명성왕후(明聖王后)로 숙종(肅宗)의 어머니이다.《錦谷集 卷17 四友堂宋先生諡狀》 동상(東床)은 사위로, 여기서는 김우명을 가리킨다. 왕희지(王羲之)가 어려서부터 행실이 뛰어났는데, 치감(郗鑒)이라는 명망가가 왕씨 집안의 자제들이 뛰어나다는 소문을 듣고 왕씨 집에 가서 사윗감을 찾게 하였다. 다른 형제들은 모두 의관을 차려 입고 기다리는데 반해 왕희지는 배를 드러낸 채 동상 위에 누워 있었다. 이에 치감이 왕희지의 그릇을 알아보고 사위로 삼았다는 고사가 전한다.《晉書 卷80 王羲之列傳》 성사(聖姒)는 현숙한 후비(后妃)를 가리킨다. 주 문왕(周文王)의 모친 태임(太任)과 주 무왕(周武王)의 모친 태사(太姒)를 임사(任姒)로 병칭하여 현비(賢妃)의 대명사로 쓰게 된 데에서 비롯되었다.

65 적선(積善)한……없으리 : 송국택의 음덕(陰德)으로 자손들이 복을 받을 것이라는 말이다. 《주역》〈곤괘(坤卦) 문언(文言)〉에 "선을 쌓은 집안에는 반드시 남은 경사가 있고, 불선을 쌓은 집안에는 반드시 남은 재앙이 있다.〔積善之家, 必有餘慶, 積不善之家, 必有餘殃.〕"라고 하였다.

흉금 열고 안색 너그럽게 하며　開襟假顏色
속마음이 어찌나 평탄하시던지　胸中何坦夷
맑은 담소에 해학도 곁들이고　淸談雜諧謔
간간이 풍자의 말씀도 붙이셨지　間寓規諷辭
음성과 모습 어제처럼 생생하게　音容怳如昨
또렷이 가슴에 새겨졌네　耿耿銘肝脾
세월이 얼마나 지났나　日月能幾何
어느덧 여기에 이르렀네　居然而至斯
막다른 길에 우러를 분 잃었으니　窮途失所仰
통곡하며 장차 어디로 갈까　痛哭將安之
마침 어머니 병환 위독하여　屬此親癠危
상여 부여잡지 못하니　未得攀靈輀
깊은 슬픔 가슴에 맺혀　深悲結中腸
눈물만 줄줄 흐르네　但有雙涕洏
애사를 다 지었지만　哀辭一題罷
내 마음 아는 이 없어라　我懷無人知

66 쌍청당(雙淸堂)에……때 : 송규렴이 송국택과 어울리던 때를 회상한 것이다. 쌍청당은 대전광역시 대덕구 중리동에 있는 건물이다. 은진 송씨(恩津宋氏) 가운데 회덕으로 이주한 입향조(入鄕祖)라고 할 수 있는 송유(宋愉, 1389~1446)의 별당(別堂)이다. 비동(飛洞)은 대전광역시 대덕구 비래동 일대를 가리킨다.

무료하던 참에 심회를 써서 청평도위[67]의 책상 아래에 드리고 화운을 구하다 신축년(1661, 현종2)

無聊中寫懷 呈青平都尉案下 求和 辛丑

종일토록 사립문 조용히 닫아 두니	盡日荊扉掩寂寥
나그네 마음 무료하고 부슬부슬 비 내리네	客心無賴雨蕭蕭
일 년 내내 서울에 소식 끊어지고	一年京國音書斷
천 리 밖 고향 땅은 길도 멀어라	千里湖山道路遙
세상일에 병든 몸 내몰자니 가련하고	供世自憐驅病骨
몸가짐은 허리 굽히는 법 배우지 못했네[68]	將身不學屈長腰
고향에 가을 풍경 지금 아름다우리니	故園秋色今應好
바위 사이 단풍 잎 시들기 전에 돌아가리라	歸及巖楓葉未凋

67 청평도위(青平都尉) : 심익현(沈益顯, 1641～1683)으로, 본관은 청송(青松), 자는 가회(可晦), 호는 죽오(竹塢)이다. 1650년(효종1) 효종의 둘째딸 숙명공주(淑明公主)와 결혼하여 청평위(青平尉)에 봉해졌다. 《西河集 卷14 青平尉沈公墓誌銘》

68 몸가짐은……못했네 : 자신의 지조를 굽히면서 관직에 연연하고 싶지 않다는 뜻으로 말한 것이다. 도잠(陶潛)이 팽택 현령(彭澤縣令)으로 있을 때 군(郡)에서 파견한 독우(督郵)의 시찰을 받게 되었는데, 독우에게 절할 수 없다며 관직을 그만두고 고향으로 돌아간 일이 있다. 61쪽 각주19 참조.

활쏘기
射帿

활쏘기 배울 때 마음가짐 어찌 소홀했으랴　學射初心豈等閒
세 화살로 천하 안정시키려 했네[69]　欲將三箭定天山
어찌하면 한 번 용정에 들어가　何當一入龍庭去
오랑캐 쓸어내고 개선가 부르며 돌아올까[70]　掃蕩腥塵奏凱還

69 활쏘기……했네 : 활쏘기를 처음 배울 때 하찮게 여기지 않고 천하를 안정시키려는 다짐을 했었다는 말이다. 당나라 설인귀(薛仁貴)가 천산(天山)의 돌궐(突厥)을 공격할 때 화살 세 발을 발사하여 세 명을 잇달아 사살하자, 10여 만이나 되는 돌궐의 군사들이 사기가 꺾여 모두 항복하였는데, 이에 군중(軍中)이 "장군이 화살 셋으로 천산을 평정하니, 장사들이 길게 노래하며 한관에 들어가네.〔將軍三箭定天山, 壯士長歌入漢關.〕"라고 했다는 고사가 전한다.《新唐書 卷111 薛仁貴列傳》

70 어찌하면……돌아올까 : 청(淸)나라를 쓸어버리고 싶다는 말이다. 용정(龍庭)은 흉노의 선우(單于)가 5월에 큰 회합을 갖고 천지 귀신에게 제사를 올리던 곳인데, 여기서는 청나라의 조정을 가리킨다.

금강산 유람을 떠나는 벗을 전송하다

送友人遊金剛山

내 들으니 금강산은	我聞金剛山
옥 같은 천 봉우리 쪽머리처럼 늘어섰다지	玉削千峯羅髻鬟
평생 꿈에서도 볼 수 없었는데	平生夢想不可見
마침내 결단해 떠나는 그대 부럽구나	却羨君行端着便
이 산은 천하에서 가장 아름다우니	玆山奇絶天下最
예부터 선계의 물건인양 신비한 것 많아	由來仙物多靈怪
분분하게 만고에 전설로 전해지는데	紛紛萬古共傳說
불사약 캐러온 것은 진과 한이라네[71]	採藥曾聞秦漢代
당시 만승의 천자도 보지 못한 것을	當年萬乘所不見
오늘 그대는 멋진 풍경 다 보겠네	此日君能窮勝槩
아마도 제일 높은 비로봉에서	遙應毗盧第一峯
우뚝 홀로 서서 흉금 펼치겠지	軒然獨立開心胸
높은 데서 드넓은 세상 유쾌히 바라보면	憑空快眺浩無極
만 리의 천지가 한 눈에 들어오겠지	萬里乾坤輸一目
부상과 약목이 지팡이 아래 있을 테고[72]	扶桑若木卽杖下

71 불사약(不死藥)……한(漢)이라네 : 《사기(史記)》 권28 〈봉선서(封禪書)〉에 봉래(蓬萊), 방장(方丈), 영주(瀛洲)의 삼신산에 선인(仙人)과 불사약이 있다는 방술사(方術士)의 말을 듣고 진 시황(秦始皇)과 한 무제(漢武帝)가 직접 동해(東海)까지 갔다가 돌아왔다는 기록이 보인다.

72 부상(扶桑)과……테고 : 비로봉에서 동쪽 끝과 서쪽 끝을 바라볼 수 있을 것이라

북극과 남명이 모두 자리 옆에 있으리	北極南溟皆座側
영랑재 위에서 옥피리 비껴 불고	永郎岾上玉笛橫
만폭동 안에서 휘파람 길게 불겠지	萬瀑洞中長嘯劃
이런 여행 예전에도 드물었던 줄 아노니	益知玆行古亦罕
평생의 장관 보게 되었구나	百年壯觀從可辨
강산의 멋진 감상 진정으로 즐김이 제일이니	江山勝賞貴眞樂
한갓 경물에만 빠지지 마시게	莫使徒爲景物役
문공은 남악에서 흉금 씻었고[73]	文公南嶽爲蕩胸
공자는 동산에서 노나라 작다 하셨지[74]	孔聖東山小魯國
모름지기 천지를 시 바구니에 넣고	須將天地入牢籠

는 말이다. 부상은 전설상의 해가 뜬다는 곳이고, 약목(若木)은 해가 진다는 곳이다. 《십주기(十洲記)》에 "부상은 푸른 바다 가운데 있는 나무인데, 높이가 수천 장이고, 천여 아름이나 된다. 두 줄기가 같은 뿌리에서 나와 서로 의지하고 있으니, 해가 나오는 곳이다.〔扶桑在碧海中樹, 長數千丈, 一千餘圍, 兩幹同根, 更相依倚, 日所出處.〕"라고 하였고, 《산해경(山海經)》에 "회야의 산에 나무가 있는데, 잎은 푸르고 꽃은 붉다. 약목이라고 부르니, 해가 들어가는 곳이다.〔灰野之山有樹, 靑葉赤華, 名曰若木, 日所入處.〕"라고 하였다. 《名義考 卷2 天部 扶桑若木》

73 문공(文公)은……씻었고 : 문공은 송(宋)나라 주희(朱熹)를 가리킨다. 남악(南嶽)은 중국의 오악(五嶽) 가운데 하나인 형산(衡山)을 말한다. 태산(泰山)은 동악(東嶽), 화산(華山)은 서악(西嶽), 항산(恒山)은 북악(北嶽), 숭산(嵩山)은 중악(中嶽)이라 한다. 1167년 8월에 주희가 장사(長沙)로 남헌(南軒) 장식(張栻)을 방문하고, 11월에 함께 남악을 유람하면서 140여 수의 시를 지었다. 명(明)나라 때 등회(鄧淮)가 이 시들을 모아 《남악창수집(南岳唱酬集)》을 엮었다

74 공자(孔子)는……하셨지 : 《맹자》 〈진심 상(盡心上)〉에 "공자께서 동산에 올라 노나라를 작게 여기고, 태산에 올라 천하를 작게 여기셨다.〔孔子登東山而小魯, 登太山而小天下.〕"라고 하였다.

만상을 잡아 가슴에 담으시길	更攬萬象藏胸中
어진 산이 이로부터 더욱 높아지리니[75]	仁山自此益高峙
수립한 바가 장차 우뚝함을 보리라	所立要將看卓爾
안타깝다 나는 진세에 묻혀	嗟我汨沒走塵土
반평생 속만 끓이며 살았네	半世只爲勞腸肚
그대 지금 날 버리고 단구로 들어가니	君今捨我入丹丘
달 마주하고 나를 생각이나 하려는가	對月倘可相思不
세상의 만남과 이별 사연도 많지만	世間離合故多端
가고 머무는 이때 마음 아프게 하네	還將去留摧心肝
갈림길에서 말없이 다시 수건 적시며	臨岐脈脈更添巾
서글피 바라볼 뿐 뒤쫓아 갈 수 없네	悵望無路追行塵
돌아올 때 시 주머니 넘치길 고대하리니	歸來佇見錦囊富
풍진의 초췌한 이에게 보내 주길 바라오	願寄風塵憔悴人

75 어진……높아지리니 : 금강산 유람을 떠나는 벗의 인품이 더욱 고매해질 것이라는 말이다. 인산(仁山)은 "어진 사람은 산을 좋아하고 지혜로운 사람은 물을 좋아한다.〔仁者樂山, 智者樂水.〕"라는 공자의 말을 원용한 것이다.《論語 雍也》

대전 춘첩자 3수

大殿春帖子 三首

봄 돌아온 도성 거리에 버들가지 싱그럽고	春回紫陌柳絲新
상서로운 빛이 대궐 감쌌네	瑞色祥光遶玉宸
왕의 정치는 연초부터 시작함이 마땅하고	王政端宜從歲首
성군의 공업은 하늘의 인을 본받음이 귀하지	聖功元貴體天仁
세상에 봄기운 두루 퍼진 것을 이미 보았는데	已看宇內陽和遍
백성들 고르게 은택 입어 더욱 기쁘구나	更喜民生惠澤均
이제부터 팔방에 기쁨 넘치리니	從此八方歡意洽
성대하게 태평한 봄 함께 누리리라	藹然同囿太平春

상서로운 햇살 궁궐 동쪽에 처음 떠올라	瑞旭初昇紫禁東
상림의 봄 눈 이미 다 녹았어라	上林春雪已全融
궁궐에서 신년 축하하고 관리들 물러가니	彤墀賀罷千官退
합전에 향기롭게 한바탕 바람 불어오네[76]	合殿香飄一陣風

금원에 봄빛 일찍 찾아오고	禁苑春光早
용루[77]에 상서로운 해 처음 올랐네	龍樓瑞旭初

76 합전(合殿)에……불어오네 : 궁궐에 봄바람이 부는 것을 읊은 것이다. 《문선(文選)》에 "황제(皇帝)의 명당(明堂)은 풀로 덮어서 이름을 합궁이라 하고 순(舜)의 명당은 풀로 덮어서 이름을 총장(總章)이라 하였다."라고 하고, 두보(杜甫)의 시에 "향기 날리는 합전에 봄바람 불어오네.〔香飄合殿春風轉〕"라고 하였다.

복숭아 꽃망울 터져 붉은 빛 돌아오고　　紅歸桃眼綻
눈썹 같은 버들잎 푸르게 돋아나네　　青着柳眉舒
아름다운 기운 황금 대궐에 넘치고　　佳氣浮金殿
상서로운 구름 옥섬돌을 둘렀어라　　祥雲繞玉除
백성들 이미 구휼하였으니　　蒼生已賑貸
한나라의 글 필요치 않아라[78]　　不用漢朝書

77 용루((龍樓) : 천자의 궁궐을 봉궐(鳳闕) 혹은 용루라고 하는데, 대궐을 의미한다.

78 백성들……않아라 : 춘곤(春困)의 시기가 되었지만 염려하지 않아도 된다는 말이다. 한 문제(漢文帝) 원년 3월에 "지금은 바야흐로 봄빛이 화창한 시절이다. 그래서 초목과 뭇 생물들이 모두 스스로 즐거워하고 있다. 그런데 우리 백성들 가운데 의지할 곳 없는 사람들과 곤궁한 사람들이 죽음의 구렁에 떨어지기도 하는데, 이를 걱정하면서 보살펴 주지 않고 있다. 백성의 부모가 된 임금의 입장에서는 장차 어떻게 해야 하겠는가. 이들을 구제할 대책을 논의하여 아뢰어라.〔方春和時, 草木群生之物皆有以自樂, 而吾百姓鰥寡孤獨窮困之人, 或阽於死亡, 而莫之省憂, 爲民父母將何如, 其議所以賑貸之.〕"라고 조서를 내린 일이 있다.《漢書 卷7 文帝本紀》

설날에 우연히 읊어 청평[79]에게 적어 보내다 임인년(1662, 현종3)

新正偶吟 錄寄青平吟案 壬寅

객지에서 세모의 쓸쓸함 어찌 견디랴	客裏那堪歲律窮
고향 소식조차 알기 어려워라	故園消息杳難通
매화 혼이 산들바람에 돌아왔고	梅魂已返輕風外
꽃소식이 이슬비에 막 전해 왔네	花信初傳小雨中
늙을수록 시상이 떨어져 가련하고	投老自憐詩力退
시름 달래려니 술통 비어 애석하네	遣愁還惜酒樽空
듣자니 저택에 음악 소리 한창이라니	忽聞甲第琴歌鬧
선옹의 흥취 무르익는 때인 줄을 알겠네	知是仙翁興正融

79 청평(青平) : 심익현(沈益顯, 1641~1683)으로, 본관은 청송(青松), 자는 가회(可晦), 호는 죽오(竹塢)이다. 90쪽 각주67 참조.

청평도위[80]와 이 내한 차산[81] 혜 에게 주어 화답을 구하다

贈靑平都尉李內翰次山 嵇 求和

평소의 우의 난초처럼 향기로워[82]	平生交契臭如蘭
자연히 깊은 정 속마음 비추었네	自是深情照肺肝
도위의 풍류 천하를 압도하고	都尉風流傾海內
한림의 문채 조정에 우뚝하네	翰林文彩聳朝端
술 마시고 장기 두던 지난밤 흥취 회상하니	回思飮博前宵興
풍진 속에 이런 모임 어려워 애석해라	却惜風塵此會難
다시 숲 속 정자에 봄 무르익기를 기다려	更待林亭春爛漫
밝은 달빛 아래 한 동이 술로 취해 바라보세나	一樽花月醉相看

80 청평도위(靑平都尉) : 심익현(沈益顯, 1641~1683)으로, 본관은 청송(靑松), 자는 가회(可晦), 호는 죽오(竹塢)이다. 90쪽 각주67 참조.

81 이 내한(李內翰) 차산(次山) : 이혜(李嵇, 1635~1715)로, 본관은 덕수(德水), 자는 차산, 호는 현포(玄圃)이다. 효종이 승하한 뒤에 복상(服喪) 문제로 예송(禮訟)이 치열할 때, 성균관 유생으로서 3년상을 주장하는 윤선도(尹善道)를 통렬히 비판하는 소를 올림으로써 이름이 알려지기 시작하였다. 1660년(현종1) 증광 문과에 급제하였고 이듬해 봉교(奉敎)에 임명되었다.

82 평소의……향기로워 : 심익현, 이혜와의 우정이 깊다는 말이다. 《주역》 〈계사전 상(繫辭傳上)〉에 "마음을 함께 하는 말은 그 향기로움이 난초와 같다.〔同心之言, 其臭如蘭.〕"라고 한 말을 변용하였다.

객지에서 명절을 맞다 3수○한식날

客裏逢佳節 三首○寒食日

객지에서 명절 맞아 客裏逢佳節
하늘 끝 고향 생각하네 天涯憶故山
쓸쓸한 옛 무덤 길에 凄涼古墓路
몇 명이나 성묘하고 돌아갈까 拜掃幾人還
거친 묘역 밖에는 나무 우거지고 亂樹荒塋外
낮은 무덤 사이에 잔디 시들었겠지 殘莎短壟間
평생 아버지 여읜 슬픔 간절하기에 平生孤露痛
남쪽 바라보며 눈물만 하염없이 흐르네 南望淚空潸

이상은 선친[83]의 무덤을 생각한 것이다.

객지에서 명절 맞아 客裏逢佳節
하늘 끝 고향 생각하네 天涯憶故鄕
고당에 해가 벌써 저무니[84] 高堂日已暮
타향의 아들 한스러운 마음 그지없네 遊子恨偏長

83 선친(先親) : 송규렴의 부친은 송국전(宋國銓, 1595~1649)으로, 자는 방형(邦衡)이다. 송규렴이 스무 살 때 별세하였다.《宋子大全 卷175 贈吏曹參判宋公墓碣銘幷序》

84 고당(高堂)에……저무니 : 송규렴의 어머니가 이미 연로하다는 말이다. 고당은 흔히 어머니를 가리키는 시어로 쓰인다. 송규렴의 어머니는 안경인(安敬仁)의 딸 순흥안씨(順興安氏)이다.

오랜 병에 늘 약이 필요하건만　病久恒須藥
가난한 살림이라 지게미도 배불리 못 먹네　家貧不厭糠
조석으로 문안드리지 못해 마음 아픈데　傷心定省廢
누가 다시 따뜻하고 서늘함 조절할까[85]　誰復適溫涼

이상은 어머니를 생각한 것이다.

객지에서 명절 맞아　客裏逢佳節
하늘 끝 고향 생각하네　天涯憶故園
형님과 함께 한 지 몇 년인가　幾年聯雁序
오늘은 형님과 떨어져 있네[86]　今日隔鴒原
장공예처럼 같은 집에 살며 즐거웠고[87]　張舍同居樂

85 조석으로……조절할까 : 어머니를 정성껏 모시지 못함을 안타까워한 말이다. 《예기》 〈곡례 상(曲禮上)〉에 "자식이 된 자는 어버이에 대해서, 겨울에는 따뜻하게 해 드리고 여름에는 시원하게 해 드려야 하며, 저녁에는 잠자리를 보살펴 드리고 아침에는 문안 인사를 올려야 한다.〔凡爲人子之體, 冬溫而夏凊, 昏定而晨省.〕"라고 하였다.

86 형님과 떨어져 있네 : 영원(鴒原)은 형제를 뜻하는 척령재원(鶺鴒在原)의 준말로, 송규렴의 맏형인 송규연(宋奎淵)을 가리킨다. 《시경》 〈상체(常棣)〉에 "할미새가 언덕에 있으니, 형제가 급난을 구원하도다.〔脊令在原, 兄弟急難.〕"라고 한 말에서 유래하였다.

87 장공예(張公藝)처럼……즐거웠고 : 맏형 송규연과 함께 지낼 때가 즐거웠다는 말이다. 장사(張舍)는 9대가 함께 살면서도 화목하게 지낸 장공예의 집안을 가리킨다. 《소학》 〈선행(善行)〉에 "장공예가 9대에 걸쳐 함께 사니, 북제(北齊), 수(隋), 당(唐) 등 세 왕조에서 그 집에 정표(旌表)를 내렸다. 인덕(麟德) 연간에 당나라 고종(高宗)이 태산(泰山)에 봉선(封禪)을 하고 나서 그 집에 행차하여 친족 간에 화목하게 지낼 수 있는 방법을 물었더니, 장공예가 지필묵을 꺼내어 참을 인(忍)자 100여 자를 써서 올렸다."라고 하였다.

강굉처럼 이불 함께 덮고 따뜻하게 잠들었지[88] 姜衾幷宿溫

평소 매우 그립던[89] 터에 平生孔懷地

옛일 회상하니 더욱 마음 슬프구나 回首更消魂

이상은 큰형님[90]을 생각한 것이다.

88 강굉(姜肱)처럼……잠들었지 : 강굉처럼 형제가 이불을 같이 덮으며 우애 있게 지냈다는 말이다. 강금(姜衾)은 강굉의 이불이라는 뜻으로, 형제간의 우애를 의미한다. 강굉은 후한(後漢) 사람으로 자가 백회(伯淮)인데, 두 아우인 중해(仲海)·계강(季江)과 우애가 돈독하여 항상 한 이불을 덮고 잤으므로 강굉공피(姜肱共被)라는 고사가 생겼다. 《後漢書 卷53 姜肱列傳》

89 매우 그립던 : 공회(孔懷)는 서로를 몹시 걱정하고 그리워하는 것으로, 형제간의 정을 말한다. 《시경》 〈상체(常棣)〉에 "죽음에 대한 두려움에 형제간이 심히 걱정한다.〔死喪之威, 兄弟孔懷.〕"라고 하였다.

90 큰형님 : 송규연(宋奎淵, 1620~1685)으로, 본관은 은진, 자는 자정(子靜)이다. 《霽月堂集 卷6 伯氏延安府使府君墓誌》

정승 심지원[91] 만사

沈政丞 之源 挽

평생 누린 복록 누가 비견될까	福祿生平孰與京
멀리 천 년 전 곽 분양이리라[92]	千秋遠邁郭汾陽
재상 자리에서 활약하며 은총 찬란했고	翶翔鼎席恩光爛
조정에서 부지런히 힘써 사업 빛났네	密勿巖廊事業煌
남은 경사 빼어난 자제에서 다시 보겠고[93]	餘慶更看蘭玉秀
성대한 명성 다시 책에 길이 기록되겠지	盛名還入簡編長
선을 쌓으면 하늘이 보답함을 알겠으니	從知積善天應報
칠십 평생 즐겁고 평안하셨네	七十人間樂且康

91 심지원(沈之源) : 1593~1662. 본관은 청송(青松), 자는 원지(源之), 호는 만사(晩沙)이다. 청평도위(青平都尉) 심익현(沈益顯)의 아버지이다. 《南溪集 卷79 議政府領議政沈公墓誌銘》

92 평생(平生)……곽 분양(郭汾陽)이리라 : 당(唐)나라 곽자의(郭子儀, 697~781)처럼 심지원이 복록을 누렸다는 말이다. 곽자의는 안녹산(安祿山)의 난이 일어나자 많은 공로를 세워 분양왕(汾陽王)에 봉해졌다. 수(壽)와 복을 누리고 자손이 번성하였으므로 역사상 가장 팔자 좋은 사람의 대명사로 인용되곤 한다. 《新唐書 卷137 郭子儀列傳》

93 남은……보겠고 : 심지원이 음덕(陰德)을 쌓아 자손들이 훌륭하다는 말이다. 난옥(蘭玉)은 지란옥수(芝蘭玉樹)의 준말로, 남의 집안의 우수한 자제(子弟)를 예찬하는 말이다. 진(晉)나라 사안(謝安)이 자제들에게 어떤 자제가 되겠느냐고 묻자, 그의 조카 사현(謝玄)이 대답하기를 "비유하자면 지란옥수가 뜰 안에 자라게 하고 싶습니다.〔譬如芝蘭玉樹, 欲使其生於階庭耳.〕"라고 한 말에서 유래하였다. 《世說新語 言語》

벗의 시에 맞춰 짓다

次友人韻

변방 길에 산은 세로로 물은 가로로 막혔는데	關路山縱水復橫
북방 구름 찬 국화에 이별의 마음 괴롭구나[94]	朔雲寒菊惱離情
밤새 그리운 한 끝이 없건만	無端一夜相思恨
기러기 사라진 서쪽 하늘에 달만 밝구나	雁盡西天月獨明

94 북방……괴롭구나 : 두보(杜甫)의 시에 "변방 구름 찬 국화가 이별 시름 더하누나.〔朔雲寒菊倍離憂〕"라는 표현이 있다.《杜詩詳註 卷23 長沙送李十一》

미촌의 시에 맞춰 짓다[95]

次美村韻

한가롭게 종일토록 사립문 닫아걸고	閒居盡日掩柴門
분분한 세상일 쉽게 논하지 않네	世故紛紛未易論
성패가 어찌 인력에 달렸으랴	成毁豈容人力致
주재하는 조화옹이 있을 뿐이지	主張唯有化翁存
본래 비방 막으려면 변명 말아야 하고[96]	由來止謗宜無辨
예부터 재주 감추려고 말을 삼갔지	從古韜光貴不言
다른 산의 돌로 아름다운 옥 다듬을 만하고[97]	他石正堪攻美玉
겸손으로 끝내 도가 더욱 높아짐 보리라[98]	鳴謙終見道逾尊

95 미촌(美村)의……짓다 : 미촌은 윤선거(尹宣擧, 1610~1669)로, 본관은 파평(坡平), 자는 길보(吉甫), 호는 미촌·노서(魯西)이다. 송규렴이 차운한 시는 《노서유고(魯西遺稿)》 권2에 수록된 〈증초려(贈草廬)〉이다.

96 비방(誹謗)……하고 : 수(隋)나라 경학가인 왕통(王通, 584~617)의 말을 원용하였다. 《격몽요결(擊蒙要訣)》 〈접인장(接人章)〉에 "옛날에 어떤 사람이 비방을 종식시키는 방법을 묻자, 문중자가 대답하기를 '자신을 수양하는 것 만한 것이 없다.' 하였다. 더 말해 달라고 하자 '변명하지 않는 것이다.' 하였다.〔昔者, 或問止謗之道, 文中子曰, 莫如自修. 請益, 曰無辨.〕"라고 하였다. 문중자(文中子)는 왕통의 사시(私諡)이다.

97 다른……만하고 : 다른 사람의 언행이 자기의 지식이나 인격을 닦는 데 도움이 될 수 있다는 뜻이다. 《시경》 〈학명(鶴鳴)〉에 "다른 산의 돌을 가지고도 옥을 다듬을 수 있다네.〔他山之石, 可以攻玉.〕"라고 하였다.

98 겸손으로……보리라 : 겸손한 태도를 견지해야 중정(中正)의 덕이 쌓여 도가 높아진다는 말이다. 명겸(鳴謙)은 《주역》 〈겸괘(謙卦) 육이(六二)〉의 "겸손함이 밖으로 드러나 정하고 길하다.〔鳴謙, 貞吉.〕"라고 한 데서 유래하였다.

서울에서 고향으로 돌아와 독락정에 오르다
自京歸鄉 登獨樂亭

외로운 정자 우뚝하게 강기슭에 서 있으니	孤亭突兀枕江湄
들판과 하늘 넓게 펼쳐져 전망 아름답네	大野長天面勢奇
구름 사이 솟은 산들 창칼처럼 늘어섰고	雲際亂峯森劍戟
난간 앞 흐르는 물은 유리처럼 빛나네	檻前流水映琉璃
천 겹의 험한 길도 익히 다녔는데[99]	慣經畏道千重險
백 척의 높은 난간 어찌 두려우랴	寧怕高欄百尺危
석양 가에 배회하는 무한한 흥취를	徙倚夕陽無限興
모래톱의 갈매기는 알리라	汀洲唯有白鷗知

99 천 겹의……다녔는데 : 관직 생활 동안 겪었던 어려움을 말한 것이다.

고향으로 돌아와 우연히 읊다

歸鄕偶吟

십 년 세월 풍진세상에서	十載風塵裏
궂은 일 좋은 일 얼마나 겪었던가	辛甘幾備嘗
고향에 돌아오니 만사가 만족스러운데	歸田萬事足
나라에 보답하자니 이 한 몸 가벼워라	報國一身輕
산자락의 아담한 집 고요하고	小築依山靜
섬돌 가득 꽃 피어 향기롭다	幽花滿砌香
여기서 여생 보낼 만하니	玆焉可卒歲
덧없는 명예 필요 없다오	不必用浮名

부질없이 짓다
漫題

눈 있어도 태산 모습 보지 못하고　有目不見泰山形
귀 있어도 우레 소리 듣지 못하지　有耳不聞雷霆聲
손 있다고 권세 향해 데이지 말고　有手莫向權門炙
발 있다고 요직 따라 가지 말라[100]　有足莫遵要津行
머리 있어도 숙이지 말고　有頭不肯俯
꼬리 있어도 흔들지 말라　有尾不肯搖
노쇠하니 팔이야 자주 부러진다지만　龍鍾屢折臂
꼿꼿하니 허리야 어찌 굽히랴　骯髒寧屈腰
더욱이 이 세 치 혀는　況此三寸舌
끝내 온갖 재앙의 근본이지　終成萬禍本
그대 보지 못했나 예부터 현달한 이는 그 몸을 보전하니
君不見古來賢達保其身
명철한 어느 누가 겸손을 말하지 않았던가[101]　明哲何人不言遜

100　손……말라 : 권세를 가까이 하지 말라는 뜻이다. 두보(杜甫)의 〈여인행(麗人行)〉에 "손대면 데일만큼 뜨거운 권세 비길 데 없으니, 삼가 가까이 말라 승상이 노여워할라.〔炙手可熱勢絶倫, 愼莫近前丞相嗔.〕"라는 표현이 있다. 《杜少陵詩集 卷2》 요진(要津)은 중요한 나루라는 뜻으로, 벼슬의 요직을 말한다. 〈고시(古詩)〉에 "어찌 고족을 채찍질하여, 먼저 요로의 나루를 차지하지 못했는가.〔何不策高足, 先據要路津.〕"라고 하였다. 《藝文類聚 卷39》

101　더욱이……않았던가 : 말조심해야 자신의 몸을 보전할 수 있다는 말이다. 《중용

장구》 제27장에 "윗자리에 있어서는 교만하지 않고 아랫사람이 되어서는 배반하지 않는다. 나라에 도가 있을 때에는 그 말이 충분히 흥기(興起)할 수 있고, 나라에 도가 없을 때에는 그 침묵이 충분히 몸을 용납할 수 있다. 《시경》에 '이미 밝고 또 밝아, 자기 몸을 보전한다.' 하였으니, 이것을 말함일 것이다.〔居上不驕, 爲下不倍, 國有道, 其言足以興, 國無道, 其默足以容. 詩曰 旣明且哲, 以保其身, 其此之謂與.〕" 하였다.

수재 성기동 만사 2수

成秀才 奇童 挽 二首

안회보다도 사 년 먼저 죽으니[102]	壽比顔回少四年
선한 이에게 복 주는 이치 알 수 없구나[103]	從來福善理茫然
가련하다 옥수를 어디에 묻을까[104]	可憐玉樹埋何處
눈 쌓인 황량한 언덕 묵은 풀로 뒤덮였네	積雪荒原宿草連
이어갈 사람 쓸쓸하게도 아들 하나뿐	嗣續凄涼只一兒
외로운 미망인[105] 누구를 의지할까	鏡鸞孤孑更何依

102 안회(顔回)보다도……죽으니 : 《논어》 〈옹야(雍也)〉에 "안회라는 자가 배움을 좋아하여 노여움을 남에게 옮기지 않으며 같은 잘못을 두 번 다시 하지 않았는데, 불행히도 수명이 짧아 죽었습니다.〔有顔回者好學, 不遷怒, 不貳過, 不幸短命死矣.〕"라고 하였고, 주희(朱熹) 주(註)에 "안자가 32세에 죽었다.〔顔子三十二而卒也〕"라고 하였으니, 성기동은 28세에 죽었음을 알 수 있다.

103 선한……없구나 : 선한 사람에게 복을 준다는 말이 허망하다는 한탄이다. 《서경》 〈탕고(湯誥)〉에 "하늘의 도는 선한 자에게 복을 내리고 음탕한 자에게 화를 내린다. 그래서 하나라에 재앙을 내려 그 죄를 드러낸 것이다.〔天道, 福善禍淫. 降災于夏, 以彰厥罪.〕"라고 하였다. 이러한 한탄은 당나라 두보(杜甫)의 〈입형주(入衡州)〉에 "선한 이에게 복을 준다는 이치가 전도되었다.〔福善理顚倒〕"라고 한 말에서도 볼 수 있다. 《杜詩詳註 卷23》

104 가련하다……묻을까 : 자질이 뛰어난 성기동의 죽음에 대해 안타까운 마음을 읊은 것이다. 진(晉)나라 유량(庾亮)이 땅에 묻힐 즈음에 하충(何充)이 "옥수를 땅속에 묻으니, 사람의 슬픈 정을 어찌 억제할 수 있으리오.〔埋玉樹於土中, 使人情何能已已.〕"라고 했다는 고사가 전한다. 《世說新語 傷逝》

일마다 마음 아파 눈물 뿌리지만 傷心萬事堪揮淚
고당의 백발 모친 가장 안타까워라 最是高堂鶴髮垂

105 미망인(未亡人) : 경란(鏡鸞)은 일반적으로 남편을 잃은 부인의 슬픔을 뜻하는데, 여기서는 성기동의 부인을 가리킨다. 남조 송(南朝宋) 범태(范泰)의 〈난조시서(鸞鳥詩序)〉에 "계빈국의 임금이 준기산에 그물을 쳐서 난조 한 마리를 잡아 애지중지하였는데, 울게 하려고 했으나 할 수 없었다.……3년 동안 울지 않자, 부인이 말하기를 '들으니 새는 자기와 같은 무리를 보면 운다고 하니, 거울을 걸어서 비추면 좋겠다.' 하므로, 왕이 그 말을 따랐다.……난조가 슬피 울다가 하늘로 한번 날아오르더니 죽었다.〔罽賓國王, 結罝峻岐之山, 獲一鸞鳥, 王甚愛之, 欲其鳴而不能致,……三年不鳴, 夫人曰, 聞鳥見其類而後鳴, 可懸鏡以映之, 王從言.……悲鳴哀響, 中宵一奮而絶.〕"라고 하였다.《駢志 卷18》

백제 회고

百濟懷古

저물녘 옛 나라의 누대에 올라	斜日登臨故國臺
산수 풍광 바라보노라니 절로 서글퍼라	水光山色自生哀
어디서 피리 소리 봄바람에 실려 오나	一聲何處春風笛
강가 성에 핀 이월의 매화 다 떨어졌네	落盡江城二月梅

민덕이 백재 모부인 만사 갑진년(1664, 현종5)
閔德而 伯才 母夫人挽 甲辰

일찍이 명가의 훈육을 받고	早服名家訓
훌륭한 집안으로 출가하셨네	仍歸右族門
상부의 슬픔 오래 간직했는데[106]	城崩餘舊慟
새 무덤에 합장되네[107]	劍合卽新原
아름다운 덕 삼종의 도리[108]로 드러났고	淑德三從著

106 상부(喪夫)의……간직했는데 : 민백재(閔伯才)의 어머니가 남편을 잃고 오랫동안 홀로 살았다는 말이다. 성붕(城崩)은 남편의 죽음을 뜻한다. 《열녀전(列女傳)》에 "제나라 장공이 거나라를 공격할 때 기식이 전사하였다.……자식도 없고 일가친척 하나 없는 기량의 처는 갈 곳이 없었다. 이에 성 아래에서 남편의 시체 옆에 엎드려 곡을 하자……10일 만에 그 성이 무너졌다.〔齊莊公襲莒殖戰而死……杞梁之妻無子, 內外皆無五屬之親, 旣無所歸. 乃枕其夫之屍於城下而哭,……十日而城爲之崩.〕"라고 하였다. 《古今列女傳 卷2》 양(梁)은 기식(杞殖)의 자(字)이다.

107 새 무덤에 합장(合葬)되네 : 부인이 죽어서 남편과 합장된다는 말이다. 진(晉)나라 무제(武帝) 때 두성(斗星)과 우성(牛星) 사이에 자기(紫氣)가 뻗치자, 장화(張華)의 부탁으로 뇌환(雷煥)이 풍성현(豐城縣)의 옛 옥사(獄舍)에서 용천검(龍泉劍)과 태아검(太阿劍)이라는 두 보검을 발굴해 낸 뒤, 용천검은 장화에게 보내고 태아검은 자신이 차고 다녔다. 훗날 장화가 복주(伏誅)되고 나서 용천검의 소재가 알려지지 않았고, 태아검은 뇌환이 죽고 나서 그 아들이 차고 다녔는데, 어느 날 그 아들이 연평진(延平津)을 지날 때 태아검이 손에서 벗어나 물에 떨어지기에 사람을 시켜 물속에 들어가 찾게 하였으나, 두 마리 용만 서리어 있고 물결이 세차게 일 뿐 보검은 보이지 않았다고 한다. 《晉書 卷36 張華列傳》 이 고사에서 유래하여 부부가 합장되는 것을 검이 합해진다고 한다.

108 삼종(三從)의 도리 : 일생을 3기(期)로 나누어, 어렸을 때는 어버이를 따르고〔從

팔순의 장수 누렸네	遐齡八袠尊
죽은 뒤의 경사 살펴보니	試看身後慶
어진 아들과 어진 손자 있구나	賢子又賢孫

父〕, 출가해서는 지아비를 따르고〔從夫〕, 지아비가 죽으면 자식을 따랐던〔從子〕 옛날 여인의 길을 말한다. 《儀禮 喪服傳》

부질없이 읊다 2수
漫吟 二首

하늘에 올라가 손으로 별 따기는 쉬워도	升天手摘星辰易
살아가며 비방 피하기는 어려워라	處世身無毁謗難
모르겠다 향원[109]은 어떤 사람이기에	不識鄕原何似者
평생 사람들의 환심 얻는가	一生贏得衆人歡
구당의 물과 구의산 쯤이야	瞿塘之水九疑山
인정에 비한다면 아무것도 아니지[110]	若比人情不是難
오직 스스로 평탄한 길 걸어야	唯有自家行坦道
눈앞에 험함도 어려움도 없으리라	眼中無險又無艱

109 향원(鄕原) : 자기 속마음을 감추고 시류에 영합하면서 덕이 있는 사람으로 행세하며 인심을 얻는 위선자를 말한다. 공자(孔子)께서 말씀하시기를 "향원은 덕의 적이다.〔鄕原, 德之賊也.〕"라고 하였다. 《論語 陽貨》

110 구당(瞿塘)의……아니지 : 인정(人情)을 알기도 어렵고 감내하기도 어렵다는 말이다. 구당은 구당협(瞿塘峽)의 준말로, 협구(峽口)의 강물 한복판에 염예퇴(灩澦堆)가 우뚝 솟아 있어서 물살이 급하기 때문에 무사히 건너기가 거의 불가능할 정도로 험악하다는 장강(長江)의 여울물 이름이다. 구의산(九疑山)은 지금의 호남성 영원현(寧遠縣) 남쪽에 있는 주명(朱明)·석성(石城)·석루(石樓)·아황(娥皇)·순원(舜源)·여영(女英)·소소(蕭韶)·계림(桂林)·자림(梓林) 등 아홉 봉우리의 산이다. 아홉 봉우리의 모습이 같아서 보는 사람마다 어느 봉이 어느 봉인지 어리둥절하여 의심을 하게 되므로 구의(九疑)라고 했다 한다.

애자[111] 박계현 만사

朴哀 繼賢 挽

슬프다 그대가 갑자기 이렇게 되다니	痛哭君今遽至斯
가련해라 어머니 상 일 년도 안됐어라	可憐親制未周朞
이승에는 외로운 부인 남았지만	人間獨有孤嫠在
저승에서 다시 모자가 만나겠지	地下還看母子隨
육십 년 세월 허무하게 지났어도	一甲光陰泡幻盡
문채 나는 쌍주에 전형 남았네[112]	雙珠文彩典刑遺
어찌 차마 눈물 닦으며 만사 지으랴	那堪拭淚題哀挽
지금도 지난봄의 만남 생생하여라	尙記前春對晤時

111 애자(哀子) : 《예기》 〈잡기(雜記)〉에는 "초상에는 애자라 칭한다." 하였으나, 《가례(家禮)》에서는 부친의 상에는 고자(孤子), 모친의 상에는 애자라 칭하며, 삼년상 안에 부모가 모두 별세했을 때에는 고애자(孤哀子)라 칭하였다. 박계현이 어머니를 잃고 상기를 마치기도 전에 사망하였으므로 이렇게 표현한 것이다.

112 문채(文彩)……남았네 : 훌륭한 두 아들이 남았다는 말이다. 한(漢)나라 공융(孔融)의 〈여위단서(與韋端書)〉에 "최근에 늙은 대합 속에서 두 개의 진주가 튀어나올 줄은 생각지도 못하였다.〔不意雙珠, 近出老蚌.〕"라고 하여, 그의 두 아들을 칭찬한 데서 유래하였다. 《冊府元龜 卷826》

이사성 침 만사 병오년(1666, 현종7)

李士誠 忱 挽 丙午

젊어서부터 일찍 교류하며 結髮從遊早
서로 맺은 우정 깊었지 論交許與深
스승의 문하에서 책 상자 함께 지고 師門同負笈
절에서 한 이불 덮었지[113] 僧舍更連衾
그대 건강해 늘 좋았고 每喜君身健
병든 내 신세 매우 안타까웠는데 偏憐我病侵
생사로 문득 길을 달리하니 存亡忽異路
늘그막에 이 마음 어찌하나 垂老若爲心

113 스승의……덮었지 : 송규렴과 이침(李忱)이 같은 스승 밑에서 배우고 절에서 함께 공부했다는 말이다.

안근 어른 만사

安丈 慬 挽

세상살이 명리 마다하고　　世路辭名利
시골에서 성정 기르셨네　　丘園養性靈
곤륜산에 옥의 광채 감추고　　崑岡藏玉彩
깊은 골짜기에 난초 향기 숨기셨지　　深谷貯蘭馨
자취 감췄어도 마음 더욱 태평하고　　迹屈心逾泰
몸 한가하니 생각 절로 평안하셨네　　身閒意自寧
풍류는 북해를 압도하였고[114]　　風流傾北海
오래 살아 남성[115]에 부응하셨네　　壽考應南星
선을 쌓으면 하늘이 보답하여　　積善天應報
복 내리는 이치 어둡지 않으니　　垂休理不冥
임금의 은혜에 대로[116]로 추앙되고　　恩波推大老

114 풍류는 북해(北海)를 압도하였고 : 후한(後漢)의 공융(孔融)을 능가할 정도로 풍류를 즐기며 살았다는 말이다. 북해는 후한의 건안칠자(建安七子) 가운데 한 사람으로, 북해 상(北海相)을 지낸 공융을 가리킨다. 공융은 성품이 너그럽고 거리낌이 없었으며, 선비들을 좋아하고 후생 가르치기를 좋아하였다. 한직(閑職)으로 물러난 다음에는 빈객들이 언제나 집에 가득하였는데, 항상 말하기를 "좌상에는 손님이 항상 가득하고 주전자엔 술이 빌 때가 없으니, 나는 걱정할 것이 없다."라고 하였다. 《後漢書 卷70 孔融列傳》

115 남성(南星) : 인간의 수명을 관장한다는 수성(壽星)으로, 노인성(老人星), 남극성(南極星) 또는 남극노인(南極老人)이라고도 한다. 이 별이 나타나면 그 고장의 사람들이 장수하고 그 나라가 잘 다스려진다고 한다. 《史記 卷27 天官書》

초옥으로 늘그막을 빛내셨지[117] 貂玉耀高齡
인간 세상의 복 모두 누리다가 備享人間福
온전하게 지하로 돌아가셨네 全歸地下形
영혼은 밝은 가을 달에 남아 있고 精留秋月白
넋은 푸른 저문 산으로 들어갔지 氣入暮山青
팔십에 끝내 거품처럼 사라졌지만 八袠終泡幻
전형 간직한 세 아들[118] 두셨네 三珠是典刑
평소에 뵙고 싶었는데 平生拜床願
황천길 이미 겹겹으로 닫혔구나 泉路已重扃

116 대로(大老) : 덕과 명망이 높은, 나라의 큰 어른을 가리킨다. 《맹자》 〈이루 상(離婁上)〉에 "(백이와 태공) 두 노인은 천하의 대로인데 문왕에게 돌아갔으니, 이는 천하의 아버지가 문왕에게 돌아간 것이다. 천하의 아버지가 문왕에게 돌아갔으니, 그 자제들이 어디로 가겠는가.〔二老者, 天下之大老也, 而歸之, 是天下之父歸之也. 天下之父歸之, 其子焉往.〕"라고 하였다.

117 초옥(貂玉)으로 늘그막을 빛내셨지 : 자식이 잘되어 높은 벼슬에 추증된 것으로 보이는데, 자세하지 않다. 초옥은 높은 관원을 뜻한다. 초(貂)는 초선관(貂蟬冠)으로, 담비 꼬리와 매미 날개 모양으로 장식한 관인데, 삼공(三公)들이 썼으므로 현귀(顯貴)한 대신을 가리킨다. 옥은 옥관자(玉貫子)로, 이 역시 대신들이 썼기 때문에 대신의 반열에 오름을 말한 것이다.

118 세 아들 : 삼주(三珠)는 전설 속의 진귀한 나무인 삼주수(三珠樹)를 말하는데, 측백나무 잎과 비슷하며 모두 진주가 된다고 한다. 《山海經 海外南經》 당나라 때 왕거(王勮), 왕면(王勔), 왕발(王勃) 3형제가 모두 재사(才士)로 이름이 높아 당시에 이들을 삼주수라고 일컬었다고 한다. 여기서는 훌륭한 아들 셋을 두었다는 뜻이다.

시월 초열흘 밤 꿈에 원회 김징[119]을 만나 잠깐 글에 대해 논하였는데, 깨어나자 서글픈 마음이 들어 짓다

十月初十日夜 夢見金元會 澄 乍與論文 覺來悵然有作

산천에 막혀 오랫동안 만나지 못하고 久別關河隔

그리워할 뿐 소식도 뜸하네 相思消息稀

어찌 알았으랴 오늘 밤 꿈에 那知今夜夢

갑자기 벗 만날 줄을 忽對故人儀

온화한 기운 봄바람을 쐰듯하고 和氣春風襲

맑은 의표 설월처럼 빛났지 清標雪月輝

문장을 반도 논하지 못했는데 論文差未半

나비는 갑자기 어디로 가버렸나[120] 蝴蝶遽何之

119 김징(金澄) : 1623~1676. 본관은 청풍(淸風), 자는 원회(元會), 호는 감지당(坎止堂)이다. 《寒水齋集 卷25 觀察使贈領議政金公澄神道碑銘 幷序》

120 나비는……가버렸나 : 꿈에서 깨어났다는 말이다. 《장자(莊子)》〈제물론(齊物論)〉에 "옛날 장주가 꿈에 나비가 되었다. 훨훨 나는 나비인지라 스스로 즐거워하며 유쾌할 뿐 자신이 장주인 줄 몰랐다. 갑자기 꿈을 깨니, 자신이 분명 장주였다. 장주의 꿈속에 나비가 된 것인지, 나비의 꿈속에 장주가 된 것인지 알지 못하였다.〔昔者, 莊周夢爲蝴蝶, 栩栩然蝴蝶也, 自喩適志與, 不知周也. 俄然覺, 則蘧蘧然周也. 不知周之夢爲胡蝶與, 胡蝶之夢爲周與.〕"라고 하였다.

우연히 읊다

偶吟

예부터 성패[121]에는 각각 때가 있었으니	從古乘除各有機
지금의 출처는 시의를 따름이 중요하지	秖今行止貴隨時
어느 저녁 청우 타고 서관으로 떠났다가[122]	西關一夕青牛去
삼 년 만에 적석 신고 동국으로 돌아왔네[123]	東國三年赤舃歸
입안의 음식 맵든 달든 내게 맞아야 하고	入口辛甘須自適
내 몸의 서늘하고 따뜻함을 남이 어찌 알랴	在身涼燠豈人知

121 성패(成敗) : 승(乘)과 제(除)는 모두 산수(算數)의 용어로, 승은 곱셈이며 제는 나눗셈인데, 인간의 일에 있어 승은 잘 되는 일을, 제는 잘못되는 일을 가리키는 말로 쓰인다.

122 어느……떠났다가 : 벼슬에서 물러나 은둔했다는 말이다. 청우(青牛)는 노자를 가리킨다. 노자가 서쪽으로 가 함곡관(函谷關)에 이르렀을 때, 관의 영(令)으로 있던 윤희(尹喜)가 이에 앞서 함곡관 위에 자색 기운이 떠 있는 것을 보았으며, 그로부터 얼마 뒤에 노자가 동쪽에서 푸른 소를 타고 왔다고 한다.《山堂肆考 卷30 乘青牛度關》

123 삼 년……돌아왔네 : 다시 조정으로 복귀하여 정사에 종사하게 되었다는 말이다. 적석(赤舃)은 면복(冕服)에 착용하는 신발이다. 주공의 형인 관숙(管叔)과 채숙(蔡叔)이 무경(武庚)에게 붙어서 주공을 지목하여 “장차 유자에게 불리할 것이다.〔將不利於孺子〕”라는 유언비어를 국중(國中)에 퍼뜨리자, 주공은 마침내 성왕의 의심을 받고 동(東)으로 물러가 있었다. 그 후 성왕이 주공의 〈치효(鴟鴞)〉를 보고, 또 뇌풍(雷風)의 변고를 당하자 크게 뉘우치며 의심을 풀고 주공을 맞이하였다. 주공은 동으로 가서 무경과 관숙, 채숙 등을 치고 3년 만에 돌아왔다.《시경》〈낭발(狼跋)〉에 “공이 큰 아름다움을 사양하시니, 붉은 신이 편안하시도다.〔公孫碩膚, 赤舃几几.〕”라며, 주공의 덕을 찬미한 구절이 있다.

여러 군자들에게 간곡히 당부하노니	丁寧寄語諸君子
작은 일도 헤아려 부디 어기지 말지어다	稱量錙銖愼莫違

부질없이 읊다

漫吟

벼슬할 뜻 해마다 줄어드니　　宦意隨年減
인정을 늙어서야 알겠노라　　人情到老知
일신의 계획 너무 졸렬하여 안타깝고　　謀身憐太拙
세상살이 완전히 어리석어 우스워라　　涉世笑全癡
술 즐기다 도리어 병들었고　　嗜酒還成病
벼슬살이해도 굶주림 면치 못했네　　爲官不救飢
푸른 솔은 본래 외롭고 곧아　　蒼松本孤直
홀로 서서 세한을 기약한다네[124]　　獨立歲寒期

2

한 번 취하여 이내 신세 잊으니　　一醉忘身世
슬픔도 기쁨도 전혀 모르겠네　　悲歡摠不知
어느덧 한 해가 저물려는데　　看看歲欲暮
우두커니 바보처럼 앉아 있네　　兀兀坐如癡
오랫동안 소갈병 앓아　　久抱文園病

124 푸른……기약한다네 : 벼슬에서 물러나 외롭고 궁하게 살지만, 소나무처럼 꼿꼿하게 지조를 지키며 살겠다는 다짐을 피력한 말이다. 세한(歲寒)은 한 해가 저물어 추워지는 것으로, 공자는 "한 해가 저물어 추워진 뒤에야 소나무와 측백나무가 뒤늦게 시드는 것을 안다.〔歲寒然後, 知松柏之後凋也.〕" 하였는데, 이는 곤궁함을 당하여도 변치 않는 지사(志士)의 지조를 비유한 것이다. 《論語 子罕》

도리어 누항의 굶주림 달가워라[125] 還甘陋巷飢
평소 〈산수곡〉을 타려 하지만 平生山水曲
어디에서 종자기를 찾을까[126] 何處覓鍾期

125 오랫동안……달가워라 : 소갈병이 있는 몸이라 오히려 가난한 삶이 즐겁다는 말이다. 문원(文園)은 효문원 영(孝文園令)을 지낸 한(漢)나라 사마상여(司馬相如)를 말한다. 그는 문장이 탁월하였는데, 소갈증으로 벼슬을 그만두고 무릉(茂陵)에서 살다가 죽었다. 《史記 卷117 司馬相如列傳》 누항(陋巷)의 굶주림은 안빈낙도한 안회(顔回)의 삶을 뜻한다. 《논어》 〈옹야(雍也)〉에 공자께서 "어질다, 안회여. 한 그릇 밥과 한 표주박 물을 마시며 누항에 사는 것을 사람들은 근심하며 견뎌 내지 못하는데, 안회는 그 낙을 바꾸지 않으니, 어질다, 안회여.〔賢哉, 回也. 一簞食, 一瓢飮, 在陋巷, 人不堪其憂, 回也, 不改其樂, 賢哉, 回也.〕"라고 하셨다.

126 평소……찾을까 : 자신을 알아주는 사람이 없다는 말이다. 〈산수곡(山水曲)〉은 춘추 시대 백아(伯牙)가 타고 그의 벗 종자기(鍾子期)가 들었다는 거문고 곡조인 〈아양곡(峨洋曲)〉을 말한다. 종기(鍾期)는 종자기를 가리킨다. 백아가 마음속에 높은 산을 두고 거문고를 타면 종자기는 이를 알아듣고 "아, 훌륭하다. 높기가 태산과 같다.〔善哉, 峨峨兮若泰山.〕"라고 하였으며, 백아가 마음속에 흐르는 물을 두고 거문고를 타면 종자기는 이를 알아듣고 "아, 훌륭하다. 드넓은 흐름이 강하와 같다.〔善哉, 洋洋兮若江河.〕"라고 하였다. 친구 간에 서로 상대의 포부나 경륜을 알아줌을 비유하는 말로 사용한다. 《列子 湯問》

우언

寓言

하늘이 낸 두 그루 아름다운 나무　天生兩嘉木
뒤얽혀 한 그루 되었으니　蟠結爲一株
가지는 비록 다른 모습이나　枝條雖各狀
뿌리와 줄기 곧 한 몸일세　本幹卽同軀
나누려 해도 뜻대로 되지 않을 터　柝之意不克
나무꾼은 어찌 그리 어리석은가　樵者何其愚
더불어 추위와 더위 겪으며　相將閱寒暑
천년토록 영고성쇠 함께하겠지　千載共榮枯

신만천[127] 만 과 황주경[128] 세정 이 서로 만나 함께 잤다는 소식을 듣고 장난 삼아 읊다

閒申曼倩 曼 黃周卿 世楨 相遇連枕 戲吟

하늘이 두 명인 만나게 하였으니	天敎邂逅兩名人
한 배 탄 이곽은 비교도 안되네[129]	李郭同舟未足倫
어지러운 세상만사 꿈만 같은데	萬事糾紛如夢寐
깜빡이는 등불이 정신 비추겠지	一燈明滅照精神
동쪽 서쪽 어찌 굳이 말하랴	東頭西畔何須說
오랜 우의 새 기쁨 더욱 절로 가까워라	舊誼新歡轉自親
내일 청대에서 마땅히 아뢰리라	來日淸臺應有奏
덕성이 오늘밤 남쪽에 모였노라고[130]	德星今夜聚南垠

127 신만천(申曼倩) : 신만(申曼, 1620~1669)으로, 본관은 평산(平山), 자는 만천, 호는 주촌(舟村)이다. 《寒水齋集 卷29 舟村處士申公曼墓誌銘 幷序》

128 황주경(黃周卿) : 황세정(黃世楨, 1622~1705)으로, 본관은 회덕(懷德), 자는 주경, 호는 제곡(霽谷)이다. 《陶菴集 卷32 同知黃公墓碣》

129 하늘이……안되네 : 이곽(李郭)은 후한(後漢)의 명사(名士) 이응(李膺)과 곽태(郭泰)의 병칭이다. 곽태가 고향으로 돌아가기 위해 하수(河水)를 건널 때, 전송 나온 많은 사람들을 제쳐두고 오직 이응하고만 배를 타고 건너는데, 사람들이 그 광경을 보고 부러워하며 신선과 같다고 찬탄하였다는 이곽선주(李郭仙舟)의 고사가 전한다. 《後漢書 卷68 郭泰列傳》 여기서는 이 고사를 인용하여 신만과 황세정의 만남이 이응과 곽태의 만남보다 더 멋지다고 읊은 것이다.

130 내일……모였노라고 : 청대(淸臺)는 관상감(觀象監)을 가리키고, 덕성(德星)은 곧 경성(景星), 세성(歲星) 등을 일컫는 말로, 국가에 도덕이 있는 사람, 다복한 사람,

만천(曼倩)이 농담으로 주경(周卿)에게 말하기를 "그대와 나는 모두 명인(名人)이다."라고 하였으므로 첫 구에서 언급하였다.

또는 현인이 세상에 나왔을 때에 나타난다고 한다. 후한(後漢)의 진식(陳寔)이 원방(元方), 계방(季方) 두 아들과 손자 장문(長文)을 데리고 순숙(荀淑)의 집에 가자 하늘에 덕성이 모이는 상서(祥瑞)가 나타났고, 태사(太史)가 "오백 리 안에 현인(賢人)이 모였을 것입니다."라고 상주(上奏)하였다는 고사가 전한다. 《太平御覽 卷384》 여기서는 신만과 황세정이 만난 것을 이렇게 말한 것이다.

병중의 회포

病懷

겨우내 앓아누웠더니	一病三冬臥
덧없이 한 해가 저물려 하네	無端歲欲窮
마음은 영욕의 밖으로 벗어났는데	心超榮辱外
몸은 시비 가운데 늙어가네	身老是非中
세는 머리 막을 수 없음 아는데	白髮知難禁
맑은 술동이 쉬 비어 한스럽다	淸樽恨易空
시 지어 외로움 위로하는데	題詩慰幽獨
기쁘게도 시구 멋지네	差喜句還工

선달 그믐날 밤에

除夕

오늘밤 또 깊어가니	今宵又將半
올해 얼마나 남았나	此歲能幾時
새벽닭 일찍 울까 두려운데	却怕鷄聲早
등잔불 꺼져가니 안타까워라	還憐燈影微
남은 해를 고적은 한스러워했고[131]	殘年高適恨
긴 밤을 두보는 슬퍼했지[132]	永夜杜陵悲
앉아서 평생의 일 헤아려 보니	坐算平生事
사십 년의 잘못 알겠네[133]	空知四十非

131 남은……한스러워했고 : 고적(高適)은 당(唐)나라 시인으로, 나이 50세에 비로소 시를 짓기 시작하였는데 특히 칠언고시(七言古詩)에 뛰어났다. 송규렴이 인용한 내용은 고적의 어느 작품을 말하는지 자세하지 않다.

132 긴……슬퍼했지 : 두릉(杜陵)은 당나라 시인 두보(杜甫)를 말한다. 그의 시에 "긴 밤 뿔피리 소리 서글피 울리는데, 중천의 어여쁜 달을 누가 볼까.〔永夜角聲悲自語, 中天月色好誰看.〕"라고 하였다.

133 사십……알겠네 : 《회남자(淮南子)》 〈원도훈(原道訓)〉에 "거백옥이 나이 오십에 49년 동안의 잘못을 깨달았다.〔蘧伯玉年五十, 而知四十九年非.〕"라고 한 말을 원용하였다.

상사 정수준[134]과 이별하며 주다 정미년(1667, 현종8)

贈別鄭上舍 壽俊○丁未

벗을 사귐에 단정한 선비 구하고 取友要端士
우정 논함에 진심 알아줌이 중요하지 論交貴賞音
다정히 나눈 하룻밤의 대화 慇懃一夜話
진중한 백 년의 마음이었네 珍重百年心
역로에 매화 처음 피어나고 驛路梅初放
강산에 눈이 한창 깊으리라 湖山雪政深
돌아가는 여정 편안하리니 歸程行李穩
몇 곳에서 고상한 시 읊조릴까 幾處動高吟

2

앓아누워 전송도 못했으니[135] 病負河橋別
이별하는 마음 어떠한가 離懷問若何
풍진세상에 사람들 쉬 흩어지니 風塵人易散

134 정수준(鄭壽俊) : 1637~? 본관은 광주(光州), 자는 인수(仁叟)이다.

135 앓아누워 전송도 못했으니 : 송규렴이 병이 나서 정수준을 전송하지 못했다는 말이다. 하교(河橋)는 하량(河梁)과 같은 말로 황하의 다리인데, 아쉬운 이별의 장소를 뜻한다. 당(唐)나라 송지문(宋之問)의 〈별두심언(別杜審言)〉에 "병들어 누워 인사도 못하는데, 아 그대 만 리 길 떠나는가. 하수 다리에서 전송도 못하다니, 강가 나무에 멀리 정이 어렸네.〔臥病人事絶, 嗟君萬里行. 河橋不相送, 江樹遠含情.〕"라고 하였다. 《全唐詩 卷52》

그리운 한[136] 유난히 많아라 雲樹恨偏多

호서의 길에 눈은 개고 雪霽湖天路

한강 물에 얼음도 풀렸겠지 氷消漢水波

다시 만날 날 있을 터 重逢應有日

슬픈 노래 부를 필요 없어라 不必動悲歌

136 그리운 한 : 운수(雲樹)는 벗을 그리워하는 마음을 뜻하는 말로, 두보(杜甫)의 〈춘일억이백(春日憶李白)〉에 "위수 북쪽 봄날의 나무 한 그루, 장강 동쪽 해질녘 구름이로다.〔渭北春天樹, 江東日暮雲.〕"라고 한 데서 유래하였다.

병석에서 일어나다
病起

앓고 나자 봄 저물었으니	病起三春暮
아름다운 풍광 얼마나 남았으랴만	韶光能幾時
남은 꽃 다 떨어지지 않았으니	殘花飛不盡
아마도 늙은이의 시 기다렸으리	應待老夫詩

일곱 사람이 유배에서 방면되었다는 소식을 듣고 기쁜 마음에 내키는 대로 읊다. 독우 이여로[137] 수만 가 준 시에 맞춰 짓다

聞七竄蒙放 感喜漫吟 次李督郵汝老 壽曼 所贈韻

비와 이슬 뒤에는 다시 눈과 서리 내리니　雨露之餘更雪霜
천시는 본래 염량의 변화 있지[138]　天時元自有炎涼
뜬 구름이 문 덮는 것은 잠깐의 일이라　浮雲蔽闥須臾事
마침내 궁벽한 곳에 태양이 비쳤네[139]　終見窮荒照太陽

137 이여로(李汝老) : 이수만(李壽曼, 1630～?)으로, 본관은 고성(固城), 자는 여로이다.

138 비와……있지 : 임금이 총애하다가도 위엄을 보여 처벌하는 때도 있음을 비유적으로 읊은 것이다.

139 뜬……비쳤네 : 소인배들이 임금의 총명을 가리기도 하지만, 결국 순리대로 이루어져 유배에서 풀려났다는 말이다.

동춘[140] 선생을 모시고 비래동을 유람하였다. 옥천 군수 김수창[141]의 운에 맞춰 짓다

陪同春函丈 遊飛來洞 次沃川金使君 壽昌 韻

한가한 날 선생님 모시고	暇日陪函丈
술동이 들고 바위에 앉았네	携樽坐石臺
벼랑은 온통 푸른 나무 우거졌고	有崖皆綠樹
오솔길은 전부 이끼로 덮였네	無逕不蒼苔
비는 천 숲에 안개를 보내고	雨送千林靄
시내는 만 골짝에 우레 소리 울리네	泉鳴萬壑雷
너울너울 날개 돋아나	飄飄欲羽化
이내 몸 날아오를 듯하네	身世訝飛來

140 동춘(同春) : 송준길(宋浚吉, 1606~1672)로, 본관은 은진(恩津), 자는 명보(明甫), 호는 동춘당, 시호는 문정(文正)이다.《宋子大全 卷182 同春堂宋公墓誌》

141 김수창(金壽昌) : 1599~1680. 본관은 안동(安東), 자는 천휴(天休), 호는 만휴당(晩休堂)이다. 1663년에 옥천 군수(沃川郡守)가 되었다.《節谷集 卷4 祖考晩休堂府君行狀》

만천[142]에게 장난 삼아 지어 주다

戲贈曼倩

곧은 듯하나 곧지도 않고	似直還非直
어리석은 듯하나 어리석지도 않네	如愚却不愚
비록 혜강과 완적 사모하지만	雖然慕嵇阮
또한 정자와 주자를 벗어나지도 않네	且莫外程朱
실로 잘못 없다면	實地如無過
미친 체해도 탓할 필요 없지[143]	佯狂不必誅
왕골과 삼 본래 쓰임이 같으니	菅麻本同用
마침내는 우리의 무리라네[144]	畢竟是吾徒

142 만천(曼倩) : 신만(申曼, 1620~1669)으로, 본관은 평산(平山), 자는 만천, 호는 주촌(舟村)이다. 《寒水齋集 卷29 舟村處士申公曼墓誌銘 幷序》

143 비록……없지 : 인간의 도리에 어긋나는 행동을 하지 않는다면, 비록 예속(禮俗)에 얽매이지 않는 삶을 산다고 해도 탓할 필요가 없다는 말이다. 혜강(嵇康)과 완적(阮籍)은 산도(山濤), 상수(向秀), 완함(阮咸), 왕융(王戎), 유령(劉伶)과 함께 예속에 얽매이지 않고 노장(老莊)의 학설을 말하기 좋아하고 술을 즐기며 죽림(竹林)사이에 모여 놀았으므로, 당시 사람들이 죽림칠현(竹林七賢)이라고 칭하였다. 신만은 병자호란 당시 아버지를 따라 강화도로 피난하였는데, 강화도가 함락되면서 어머니와 부인이 죽자 그도 죽으려 하였으나 아버지 때문에 차마 죽지 못하였다. 그 뒤로 신만은 세상에 뜻을 두지 않았는데, 이 시의 내용으로 보면 그가 술을 마시며 미친 사람처럼 지냈던 듯하다.

144 왕골과……무리라네 : 신만이 미친 사람처럼 행동하지만 결국은 유자(儒者)라는 말이다. 관마(菅麻)는 왕골과 삼으로, 왕골은 노끈을 꼬는 데 사용하고 마는 포백(布帛)을 짜는 데 사용한다. 《춘추좌씨전》 성공(成公) 9년 기사에 "비록 명주실과 삼실이 있더라도, 왕골이나 띠풀을 버리지 말라.〔雖有絲麻, 無棄菅蒯.〕"라고 하였다.

비래대 위에서 옛 유람이 떠올라 앞의 운[145]을 사용하여 짓다
飛來臺上 憶舊遊 用前韻

가을의 회포 절로 서글퍼	秋懷自惆悵
천천히 걸어 홀로 비래대에 올랐네	散步獨登臺
골 깊어 구름이 골짝에서 피어나고	谷邃雲生壑
오솔길 비어 새가 이끼에 내려앉네	蹊虛鳥下苔
붉은 벼랑은 그림 병풍 펼쳐 놓은 듯	丹崖開畫障
맑은 폭포 우레처럼 울리네	晴瀑吼鳴雷
당시의 모임 떠올려 보니	却憶當時會
풍류 아는 태수[146] 왔었지	風流太守來

145 앞의 운 : 이 시보다 두 수 앞에 있는 〈동춘 선생을 모시고……(陪同春函丈……)〉를 가리킨다.

146 태수(太守) : 당시 옥천 군수(沃川郡守) 김수창(金壽昌)이 모임에 함께 했었다. 133쪽 각주142 참조.

부질없이 읊다
漫吟

나무 베는 데 어찌 뿌리까지 베랴	伐木何須幷木根
먼지 썼으면 털면 그만이지	蒙塵只可拂塵痕
말에 허물 많으면 후회하기 마련이고	言多過處心應悔
일이 마땅함 얻으면 죄를 용서받기도 하지	事得當時罪或原
힐문 받은 팽공은 끝내 입 다물었고[147]	被問彭公終結舌
금 훔친 직노는 해명하지 않았지[148]	偸金直老不伸冤

147 힐문(詰問)……다물었고 : 팽공(彭公)은 송(宋)나라 사람 팽사영(彭思永)을 가리킨다. 장지기(蔣之奇)가 음사(陰事)를 들어 구양수(歐陽脩)를 탄핵하자 팽사영이 동조한 일이 있었다. 송 신종(宋神宗)이 즉위하여 구양수를 견책하려고 옛날 동궁(東宮)의 신하 손사공(孫思恭)에게 물어보니, 손사공이 구양수를 위해 변명하였고 구양수도 문을 닫고 들어앉아 치죄(治罪)해 줄 것을 청하였다. 신종이 팽사영과 장지기에게 그 말을 어디서 들었는지 추궁하자, 팽사영이 말하기를 "어사로 하여금 풍문을 듣고 탄핵하도록 한 것은 듣고 보는 것을 넓히려고 한 것입니다. 그런데 지금 그 말의 진원지를 물어보고 이어 처벌한다면, 이후로는 풍문을 들을 수 없을 것입니다. 신은 차라리 중한 처벌을 달게 받고 말지 감히 국가가 제정한 언로의 법을 폐지할 수 없습니다."라고 하고, 누구에게 들었는지 말하지 않았다. 《續資治通鑑長編 卷209 英宗》 그러나 여기서 팽사영이 한 말을 다른 곳에서는 간관(諫官) 오규(吳奎)의 말로 기록하고 있어서 어느 것이 옳은지 확실하지 않다.

148 금(金)……않았지 : 직로(直老)는 한 문제(漢文帝) 때의 직불의(直不疑)를 가리킨다. 그가 낭관(郎官)으로 있을 때에, 함께 근무하는 사람이 휴가를 가면서 같이 있는 사람의 금을 자기 것으로 잘못 알고 가져갔다. 금을 잃은 사람은 직불의가 가져간 것으로 오해하였는데, 직불의는 변명하지 않고 그것을 보상해 주었다. 휴가 갔던 사람이 돌아와 금을 돌려주자, 직불의를 의심했던 사람은 사과하며 매우 부끄러워했다는

간곡히 모든 군자에게 당부하노니	丁寧寄語諸君子
이런 의리 원래 힘쓸 일이로다	此義由來在所敦

고사가 전한다.《漢書 卷46 直不疑傳》

여로[149]에게 주다

贈汝老

젊어서부터 동갑계 맺어	小少同庚契
부침의 세월 십 년이 넘었네	升沈十載餘
붉은 거문고 줄에 사귀는 도 남았는데	朱絃交道在
백발 되니 세간의 정 멀어지네	白髮世情疏
말년에 거문고 곡조 타고	末路琴中曲
평소에는 뱃속에 시서[150] 간직했지	平生腹裏書
서로 보며 한 번 웃고 파하니	相看一笑罷
밝은 달이 밤 창에 밝구나	明月夜窓虛

149 여로(汝老) : 이수만(李壽曼, 1630~?)으로, 본관은 고성(固城), 자는 여로이다.

150 뱃속에 시서(詩書) : 복리서(腹裏書)는 뱃속의 시서를 가리킨다. 한유(韓愈)의 〈부독서성남(符讀書城南)〉에 "사람이 사람일 수 있음은, 뱃속에 시서가 있기 때문이다. 시서는 부지런해야 소유할 수 있고, 부지런하지 못하면 뱃속이 비게 된다.〔人之能爲人, 由腹有詩書. 詩書勤乃有, 不勤腹空虛.〕"라고 하였다.

여로와 중경[151] 등 여러 벗들과 흥계산 누각에서 만나다
與汝老重卿諸友 會興溪山閣

처음에 밝은 달밤에 만나기로 약속했는데	初將明月以爲期
해질녘에 왔으니 늦지는 않았네	始到黃昏不是遲
누가 알랴 늙은이가 좋은 경치 즐겨	誰識老夫耽景物
말 멈추고 곳곳에서 새 시구 찾은 줄을	停鞭處處覓新詩

여러 벗들이 내가 늦게 왔다고 책망하기에 언급하였다.

151 중경(重卿) : 이상길(李相吉, 1629~?)로, 본관은 함평(咸平), 자는 중경이다. 송준길의 문인으로, 송준길이 "무너진 세파 속에 우뚝이 서서 자신을 굳게 지킨다.〔特立頹派, 挺然自守.〕"라고 칭찬하였다. 춘문사걸(春門四傑) 중의 한 사람으로 일컬어진다. 《同春堂集 續集 卷12 門人錄》

초 양왕의 일[152]을 보고 감회가 있어서

覽楚襄王事有感

군왕이 밤낮으로 양대에서 술에 취해	君王日夜醉陽臺
운우의 정에 빠져 꿈 깨지 못했는데	雲雨關心夢不回
글 짓는 신하 부질없이 〈고당부〉 지었을 뿐	詞臣漫作高唐賦
옥섬돌에 끝내 간하는 소장 없었구나	玉陛終無諫疏來

152 초 양왕(楚襄王)의 일 : 초 양왕은 전국 시대 초 회왕(楚懷王)의 아들이다. 송옥(宋玉)의 〈고당부(高堂賦)〉 서문에 양왕과 송옥이 유람하다가 회왕의 일을 회고한 내용이 보인다. 그 글에 의하면 회왕이 고당(高唐)에서 놀다가 낮잠이 들어 꿈속에서 무산(巫山)의 여신과 동침하였는데, 그 여신이 떠나면서 "첩은 무산 남쪽 높은 봉우리에 사는데, 아침에는 구름이 되고 저녁에는 비가 되어, 매일 아침저녁 양대 아래에 있습니다.〔妾在巫山之陽高丘之阻, 旦爲朝雲, 莫爲行雨, 朝朝莫莫陽臺之下.〕"라고 하였다는 것이다. 그 말을 듣고 양왕이 송옥에게 부탁하여 〈고당부〉를 짓게 하였다.《文選 卷19 高唐賦》

저물녘에 서시포[153]에 정박하였는데 임피 현령 조봉원[154]이 먼저 와서 기다리고 있었다. 한산 군수 김하현[155]과 상사 김상현이 기포[156]로부터 배를 타고 뒤이어 도착하였다. 함께 같은 배를 타고 가는데 옅은 구름도 다 사라지고 흰 달이 하늘에 떠 있었으니, 술을 마시며 대단히 즐거웠다. 김 상사의 운자에 맞춰 짓다 2수○무신년(1668, 현종9)

暮泊西施浦 臨陂趙使君 逢源 先待 韓山金使君 夏鉉 暨金上舍 尙鉉 自岐浦乘舟追至 同登一船 纖雲卷盡 素月流空 飮酒樂甚 次金上舍韻 二首○戊申

안개 낀 강에 목란 배[157] 떠있고 煙波江上木蘭舟
구름 없는 높은 하늘에 흰 달빛 흐르네 雲盡長空素月流
아득한 숲 어부의 집에 날 저물고 樹色蒼茫漁戶暮

153 서시포(西施浦) : 전라북도 군산시 나포면 서포리에 있는 포구이다.

154 조봉원(趙逢源) : 1608~1691. 본관은 함안(咸安), 자는 사달(士達), 호는 파서(坡西)이다. 임피 현령(臨陂縣令)을 역임하였다. 《三淵集 卷29 同知中樞府事趙公墓碣銘 幷序》

155 김하현(金夏鉉) : 1620~1694. 본관은 경주(慶州), 자는 중구(重九), 호는 삼옥당(三玉堂)이다. 《海左集 卷26 通訓大夫行兵曹正郎金公墓碣銘》 1665년(현종6)에 한산 군수(韓山郡守)가 되었다. 《承政院日記 顯宗 6年 3月 6日》

156 기포(岐浦) : 충청남도 서천군 한산면에 있던 포구 이름이다. 《신증동국여지승람(新增東國輿地勝覽)》 권17 〈충청도(忠淸道) 한산군(韓山郡)〉 기사에 기포는 군의 동쪽 12리에 있다고 하였다.

157 목란(木蘭) 배 : 춘추 시대 노반(魯般)이 목란 나무를 깎아 배를 만든 데서 유래한 말로, 이후 배의 미칭(美稱)이나 뱃놀이를 의미하게 되었다. 《述異記 下》

조수 소리 철썩이는 바다 어귀에 가을 왔네　潮聲淅瀝海門秋
말년에 분방한[158] 우리들만　淸狂末路唯吾輩
평생 기막히게 멋진 유람 즐기네　奇絶平生此勝遊
노 저어 정처 없이 가며 흥취 무한하니　鼓枻飄飄無限興
이 신세 떠도는 부평초와 함께 하리　欲將身世共萍浮

금 술잔과 옥피리를 외로운 배에 실었는데　金樽玉笛載孤舟
십 리 잔잔한 호수 맑고 흐르지 않네　十里平湖淡不流
임술년과 무신년 해는 달라도　壬戌戊申前後歲
바람 맑고 달 밝은 고금의 가을일세[159]　淸風明月古今秋
오늘 저녁 푸른 강의 흥취가　誰知此夕滄江興
당시 적벽의 유람 못지않음을 누가 알까　不讓當年赤壁遊
떠돌다보니 천지 넓은 줄 더욱 알겠는데　放浪益知天地闊
고개 돌려 북쪽 바라보니 오색구름 떠 있네[160]　北望稽首五雲浮

158 분방한 : 청광(淸狂)은 방종하여 거리낌이 없음을 말한다. 두보(杜甫)의 〈견흥(遣興)〉에 "하공은 고상하게 사투리를 쓰고, 벼슬할 땐 늘 거리낌 없이 방종했는데, 상소하여 벼슬을 사퇴하더니, 황관 쓰고 고향으로 돌아갔네.〔賀公雅吳語, 在位常淸狂, 上疏乞骸骨, 黃冠歸故鄕.〕"라고 하였다.

159 임술년(壬戌年)과……가을일세 : 임술년은 소식의 〈적벽부(赤壁賦)〉에 "임술년 가을 7월 16일에, 내가 빈객과 함께 적벽의 아래에 배를 띄우고 놀았다.〔壬戌之秋七月旣望, 蘇子與客泛舟遊於赤壁之下.〕"라고 하였으므로, 소식이 적벽에서 놀았던 때를 의미하고, 무신년(戊申年)은 송규렴이 이 시를 지은 해이다. 따라서 소식이 적벽에서 놀던 때와 지금 송규렴이 배를 타고 유람하는 시기는 전후로 다르지만, 계절적으로 청풍(淸風)과 명월(明月)이 함께하는 가을은 같다는 의미이다.

160 고개……있네 : 임금을 생각하는 것이다. 오운(五雲)은 오색구름으로, 본래 신선이 머무는 곳을 의미하는데, 여기서는 제왕의 처소를 비유하는 말로 쓰였다.

새벽에 돌아가는 배를 띄웠다가 다시 웅포[161]에 정박하다

曉放歸舟 還泊熊浦

밤 되자 찬 조수 빠르게 들어오는데	入夜寒潮急
비로소 달 아래 타던 배 돌렸네	初回月下舟
피리 소리가 잠든 백로 깨우고	篴聲驚宿鷺
돛 그림자가 자는 갈매기 스치네	帆影拂眠鷗
문득 산음의 저녁과 흡사하고[162]	却似山陰夕
정말 적벽의 가을과 동일하네[163]	眞同赤壁秋
아련히 배 가는대로 두니	悠然信棹去
돌아오는 흥 푸른 물가에 가득하다	歸興滿滄洲

161 웅포(熊浦) : 전라북도 익산시 웅포면에 있는 포구이다.

162 문득……흡사하고 : 송규렴 일행의 유람을 왕희지(王羲之)의 난정 모임에 비유하여 한 말이다. 왕희지의 〈난정기(蘭亭記)〉에 "영화 9년 계축년 3월 초에 회계 산음의 난정에 모였으니, 계사를 행하기 위해서이다.〔永和九年, 歲在癸丑, 暮春之初, 會于會稽山陰之蘭亭, 修禊事也.〕"라고 하였다.

163 정말……동일하네 : 송규렴 일행이 배 타고 논 것을 소식이 적벽(赤壁)의 아래에서 배를 타고 놀았던 일에 견주어 말한 것이다. 142쪽 각주159 참조.

용안[164]으로 가는 길에

龍安途中

이 날은 중양절(重陽節)이었다.

물가에 가을 깊어 기러기가 서리 속에 울고	水國秋深雁叫霜
스산한 갈바람이 차갑게 옷섶 파고드네	金風蕭瑟透衣涼
가련하다 객지에서 중양절 보내게 되어	可憐客裏重陽過
노란 국화 띄운 막걸리 마시지 못하네[165]	孤負黃花白酒觴

164 용안(龍安) : 현재의 전라북도 익산시 용안면 일대이다.

165 가련하다……못하네 : 중양절(重陽節)을 객지에서 보내는 심회를 읊은 것이다. 중양절에 국화 꽃잎을 술잔에 띄워 마셔서 장수(長壽)를 기원하는 풍속이 있었기에 황화백주(黃花白酒)를 말한 것이다.

신정에 감회가 있어서 기유년(1669, 현종10)

新正有感 己酉

내 생애 벌써 마흔이니	吾生已四十
이제 젊은이 아니로다	非復少年身
만사가 다 그대로인데	百事渾依舊
백발만 새로 돋았구나	唯看白髮新

우재[166] 선생이 서울을 떠난다는 소식을 듣고 감회가 있어서
聞尤齋先生去國有感

고국에 꽃 시들고 봄도 이미 저무니	故國花殘春已歸
성에 가득한 벌과 나비 누구를 의지할까	滿城蜂蝶欲誰依
소호의 경치는 그래도 변함없어	蘇湖物色還無恙
천 가닥 버들이 푸르게 덮였으리[167]	楊柳千條擁翠微

166 우재(尤齋) : 송시열(宋時烈, 1607~1689)로, 본관은 은진(恩津), 자는 영보(英甫), 호는 우암(尤菴)·우재이다. 《寒水齋集 卷31 尤菴先生墓表》

167 소호(蘇湖)의……덮였으리 : 송시열이 서울을 떠나 돌아가는 곳의 풍경을 읊은 것이다. 소호는 송시열의 남간정사(南澗精舍)가 대전광역시 동구 소제동에 있었으므로, 그 주변을 가리키는 것으로 보인다.

남파 도 상사 효원 형제의 책상 아래에 부치다

寄南坡都上舍 孝元 聯璧案下

팔원이 당시에 요순 도왔는데[168]	八元當日佐華勳
천 년 뒤에 또 칠원이 있구나	千載歸來又七元
밝은 세상에 부지런히 그물 짜서	昭代卽今勤結網
기린과 봉황 중원에서 나가지 못하게 하라	莫教麟鳳漏中原

도효원(都孝元)에게 일곱 형제가 있었는데 이름에 모두 원(元) 자를 사용하였다.[169]

168 팔원(八元)이……도왔는데 : 팔원이 요순(堯舜)을 도왔다는 말이다. 팔원은 여덟 명의 선량한 사람을 의미한다. 중국 고대 고양씨(高陽氏)의 팔재자(八才子)와 고신씨(高辛氏)의 팔재자를 합하여 팔원과 팔개(八愷)라고 하였다.《春秋左氏傳 文公11年》 화훈(華勳)은《서경》〈요전(堯典)〉에 "옛 제요를 상고하건대, 공이 크시다.〔曰若稽古帝堯, 曰放勳.〕"라고 하고, 〈순전(舜典)〉에 "옛 제순을 상고하건대, 거듭 빛남이 제요에게 합하였다.〔曰若稽古帝舜, 重華協于帝.〕"라고 한 데서 유래하여 요순의 별칭으로 사용한다.

169 도효원(都孝元)에게……사용하였다 : 현재의 전라북도 익산시 용안면에서 출생한 도거원(都擧元, 1605~1677)의 아우들로, 도효원, 도무원(都武元), 도선원(都善元), 도명원(都命元), 도상원(都相元), 도필원(都弼元)이다. 도거원은 초려(草廬) 이유태(李惟泰)와 잠곡(潛谷) 김육(金堉)의 문하에서 수학하였다.

남파[170]에게 주다

呈南坡

듣자하니 자네 집은 경치가 좋아	聞說君家勝
붉은 연꽃이 푸른 연못에 가득하고	紅蕖被綠塘
멀리 불어오는 바람도 사리 알아	長風亦解事
때때로 맑은 향기 보내온다지	時復送淸香

170 남파(南坡) : 앞 시에 보이는 도효원(都孝元)이다.

표류한 한인의 운자에 맞춰 짓다 2수

次漂漢人韻 二首

한인 10여 명이 호남 지역으로 표류해 왔다. 그 가운데 한 사람이 시를 지어 보여 주었는데, 말이 대단히 슬프고 괴로웠다. 도성으로 압송하여 옥에 가두려는데, 장차 연경으로 보내질 것을 알고 모두들 통곡하며 가슴을 치니, 보는 사람들이 불쌍하게 여겼다.

소무는 마침내 한나라 사람 되었고[171]	蘇武曾爲漢國人
자산은 북조의 신하 되기를 부끄러워했지[172]	子山羞作北朝臣
뗏목 타고 바다 건넌 것은 장건과 같은데[173]	乘槎過海同張使
칼 들고 연나라로 간 극신과 다르구나[174]	杖劍趨燕異劇辛

171 소무(蘇武)는……되었고 : 흉노(匈奴)에 사신으로 갔다가 사로잡혔던 소무가 19년 동안이나 온갖 고초를 겪으면서도 절의(節義)를 굳게 지키다가, 한나라가 흉노와 화친을 맺자 돌아온 고사가 전한다. 《漢書 卷54 蘇武傳》

172 자산(子山)은……부끄러워했지 : 자산은 북주(北周)의 시인 유신(庾信)의 자이다. 그는 본래 남조(南朝) 양(梁)나라의 신하였는데, 서위(西魏)로 사신 갔다가 억류되었다. 그 뒤 북주가 서위를 대신해 서자, 유신이 북주에서 벼슬하여 고관(高官)이 되었으나, 마음속으로는 항상 자신의 고향이 있는 강남(江南)을 그리워하였다. 이에 〈애강남부(哀江南賦)〉를 지어 고향을 떠나 사는 처량한 신세를 한탄하였다. 《周書 卷41 庾信列傳》

173 뗏목……같은데 : 한인들이 배를 타고 표류해 왔기에 한 말이다. 장사(張使)는 박망후(博望侯)에 봉해진 한(漢)나라의 장건(張騫)을 가리킨다. 무제(武帝)가 장건으로 하여금 대하(大夏)에 사신으로 가서 황하(黃河)의 근원을 찾게 하였는데, 장건이 뗏목을 타고 은하수에 도착하여 견우(牽牛)와 직녀(織女)를 만났다는 전설이 전한다. 《荊楚歲時記》

174 칼……다르구나 : 표류한 한인들이 초빙되어 연(燕)나라에 갔던 극신(劇辛)과는

외국에 갇힌 신세만으로도 스스로 괴로운데　絶域羈囚徒自苦
대국에 하소연하려 해도 누구에게 의지할까[175]　大邦控訴竟誰因
하늘 끝에 다시 봄바람 불어오니　天涯又見春風至
고개 돌려 강남 바라보면 풀빛 싱그러우리[176]　回首江南草色新

가련하다 본래 대국의 사람이　憐渠自是大邦人
어찌 원수 조정에 포로 되겠는가　肯向讎庭作擄臣
통곡하며 울어도 하늘은 적막하고　痛哭聲中天錯莫
슬픈 노래 목메는 곳에 귀신도 괴롭네　哀歌咽處鬼悲辛
신서는 초나라 보존했는데 안타깝게 방법 없고[177]　申胥存楚嗟無術
선계는 진나라 도망쳤는데 그럴 수도 없구나[178]　先季逃秦未有因

다른 입장이라는 말이다. 전국 시대 연나라 소왕(昭王)이 사방의 어진 인재를 불러들이기 위해 대(臺)를 쌓고 인재를 불러 모았다. 그러자 위(魏)나라에서 악의(樂毅)가 달려가고, 제(齊)나라에서 추연(鄒衍)이 달려가고, 조(趙)나라에서 극신이 달려가는 등 선비들이 다투어서 연나라로 달려간 고사가 전한다. 《戰國策 燕策1》《史記 卷34 燕召公世家》

175 대국(大國)에……의지할까 : 명(明)나라는 멸망하고 청(淸)나라가 섰기 때문에 한인들이 도움 받을 곳이 없다는 말이다. 《시경》〈재치(載馳)〉에 "대국에 하소연하고 싶다마는, 누구를 의지하며 누구를 찾아가나.〔控于大邦, 誰因誰極.〕"라고 하였다.

176 하늘……싱그러우리 : 계절이 순환하여 봄이 돌아오듯이 중원(中原)이 오랑캐의 수중에서 벗어나는 때가 올 것이라는 말이다.

177 신서(申胥)는……없고 : 표류한 한인들이 명나라를 보존할 방법이 없음을 말한 것이다. 신서는 춘추 시대 초(楚)나라의 대부 신포서(申包胥)를 가리킨다. 오(吳)나라가 초나라를 침략하자, 신포서가 진나라에 가서 구원병을 청하였는데, 7일 동안 음식을 먹지 않으면서 조정의 담에 기대어 통곡하였다. 이에 진나라 애공(哀公)이 감동하여 원병을 내주었고, 초나라는 국난을 극복하였다. 《淮南子 修務訓》

되놈의 백 년 운수 오래가지 않으리니　　胡運百年應不久
언제나 한나라 위의를 다시 볼까[179]　　幾時重覩漢儀新

178 선계(先季)는……없구나 : 표류한 한인들이 청나라로 송환될 것이므로, 청나라로부터 도망칠 방법이 없음을 말한 것이다. 선계는 진나라의 학정을 피했던 사람을 가리키는 것으로 보이는데, 누구인지 미상이다.

179 되놈의……볼까 : 청나라가 망하고 중화(中華)의 문명이 다시 밝아지기를 희망한 말이다.

버들은 식물 중 가장 사랑스러워 고금에 이것을 완상하고 읊은 시인들 또한 많았다. 우연히 《석주집》을 보았는데, 소나무, 매화나무, 대나무, 국화, 연꽃을 읊은 다섯 수의 시가 있었지만[180] 버들에는 미치지 못하였다. 내키는 대로 그 형식을 본떠 이 시를 지어서 빠진 것을 보충한다

柳於植物中最可愛者 古今騷人翫賞吟諷亦多矣 偶閱石洲集 有松梅竹菊蓮五詩而不及於柳 漫效其體 作此以補闕漏云

버들	柳
버들	柳
꽃의 벗이며	花朋
매화 친구지	梅友
대제[181]의 주변과	大堤邊
장대[182]의 우측에	章臺右
바람 앞에 하늘대고	弄態風前
비온 뒤에 단장하네	粧容雨後
헝클어지면 산발한 늙은이 같고	鬖如散髮翁

180 석주집(石洲集)을……있었지만 : 권필(權韠)의 《석주집》 권8에 실려 있다.

181 대제(大堤) : 호북성(湖北省) 양양현(襄陽縣)에 있는 제방(堤防)이다. 악부(樂府)에 〈대제곡(大堤曲)〉이 있다.

182 장대(章臺) : 한(漢)나라 때 장안(長安)에 있던 궁전 이름인데, 그 궁전 아래에는 화류가(花柳街)가 형성되어 있었으며, 버드나무를 많이 심었다고 한다.

정리되면 허리 가녀린 아낙 같네	裏若纖腰婦
흩으면 만 가닥 푸른 실낱이고	離披萬縷青絲
합하면 천 갈래 푸른 인끈이네	合沓千條綠綬
화려한 자리에 스치는 고운 가지 반갑고	最喜瓊枝拂綺筵
술잔에 아른대는 비취빛 그림자 어여쁘다	更憐翠影搖樽酒
떨어지는 솜털 빙빙 나는 나비인가 하고	落絮還疑狂蝶飛回
푸른 잎은 꾀꼬리의 멋진 방이 되어 주네	碧葉好作黃鶯房牖
이별 아파하며 시인이 몇 번이나 꺾었나[183]	惜別離幾經騷人折來
홍취 부치려 고상한 선비가 심어 놓았지[184]	寄興趣曾被高士種取
좋은 봄날 맑게 감상할 수 있으면 그뿐	只可三春佳節兮供清賞
가을 서리에 쉬 꺾이고 썩음 관심 없네	不關九秋嚴霜之易摧朽

183 이별……꺾었나 : 이별할 때 버들가지를 꺾어 주는 풍습이 있었기에 한 말이다. 한(漢)나라 사람들이 이별할 때 장안(長安) 동쪽에 있던 파교(灞橋)에 이르러 버들가지를 꺾어 주었던 데서 유래하였고, 석별의 마음을 노래한 〈절양류(折楊柳)〉라는 고대의 악곡이 있다. 남조(南朝)부터 당나라 때까지 많은 시인들이 작품을 남겼는데, 봄날을 상심하고 이별을 슬퍼하거나 정별 나간 사람을 그리워하는 내용이었다.

184 홍취……놓았지 : 동진(東晉)의 처사 도잠(陶潛)은 팽택 영(彭澤令)을 지냈는데, 벼슬을 버리고 은거하면서 자기 집 앞에 버드나무 다섯 그루를 심어놓고 스스로 오류선생(五柳先生)이라 하였다고 한다. 《宋書 卷93 陶潛列傳》

아내가 술을 줄이라고 경계하기에 재미삼아 답하다 경술년 (1670, 현종11)

家人戒酒戲答 庚戌

그대 잠시 말 멈추고	君言且暫停
내 말 좀 들어보게	我言須一聽
옛날에 취한 유령도 있었고	古有劉伶醉
또한 술 깬 굴원도 있었지[185]	亦有屈子醒
깬 사람이 취한 사람보다 낫지 못하고	醒不賢於醉
취한 사람이 깬 사람보다 못나지 않으니	醉不歉於醒
아무것도 아닌 깨고 취한 사이에서	區區醒醉間
우열을 나눌 수는 없다네	未可分劣優
내가 깨었어도 그대 좋아 말고	我醒君莫喜
내가 취했어도 그대 걱정 말게	我醉君莫憂
내가 취했어도 그대에게 진정 해로움 없고	我醉於君固無害
내가 깨었다고 그대가 또한 무엇이 기쁘랴	我醒於君亦何快

185 옛날에……있었지 : 술을 좋아한 사람도 있었고 그렇지 않은 사람도 있었다는 말이다. 유령(劉伶)은 진(晉)나라 죽림칠현(竹林七賢)의 한 사람으로 〈주덕송(酒德頌)〉을 지은 인물인데, 늘 술병을 들고 다니면서 종으로 하여금 삽을 메고 따라오게 하여 자기가 죽으면 그 자리에 파묻도록 한 고사가 전한다.《晉書 卷49 劉伶列傳》굴자(屈子)는 초(楚)나라의 굴원(屈原)을 가리키는데, 그의 〈어부사(漁父辭)〉에 "세상은 모두 혼탁한데 나만 홀로 맑고, 사람들 모두 취했는데 나만 혼자 깨어 있네.〔舉世皆濁我獨淸, 衆人皆醉我獨醒.〕"라고 하였다.

마셔도 많지 않으면 마신들 해로울 것 없고	飮而不多飮無妨
취해도 멀쩡하면 취한들 무엇이 문제이랴	醉而不亂醉何傷
내가 언제 소처럼 마신 적 있었으며[186]	我飮何曾似牛飮
내가 언제 질탕하게 취한 적 있었나	我醉何曾似泥醉
취해봐야 며칠 밤에 불과했고	一醉不過連數夜
마셔봐야 몇 사발뿐이었지	一飮不過傾數器
게다가 때에 따라 마시고 취했으니	況復飮與醉有時
애초 쓸데없이 술잔 들지 않았지	把杯初非徒爾爲
한가한 시름 생기면 진정 마실 만하고	閒愁生處固可飮
좋은 손님 찾아오면 또한 마실 만하지	好客來時亦可酌
시름겨울 때 마시지 않으면 어찌 풀며	愁來不飮何以寬
손님 올 때 마시지 않으면 어찌 즐길까	客至不酌何以樂
손님 환대와 시름 풀 때 가장 관계되니	歡賓遣懷最關事
내가 술 끊기 어찌 쉬우랴	令我捨此豈容易
그대 이제 맛난 술이나 준비하고	君今但可供美酒
내게 다시는 그런 말 하지 마오	不須向我更云云
마시고 싶으면 마시고 아니면 안 마시니	欲飮則飮否則否
조절은 내게 달렸지 그대에게 있지 않네	操縱在我非在君

186 내가……있었으며 : 흠뻑 취하도록 과음한 적이 없다는 말이다. 우음(牛飮)은 소처럼 엎드려 술을 마시는 것이다. 《한시외전(韓詩外傳)》에 "걸이 술로 못을 만들어 배도 띄울 만하였고, 술지게미 언덕은 높기가 10리를 바라볼 만하였는데, 소처럼 술을 마시는 자가 3천 명이나 되었다.〔桀爲酒池, 可以運舟 糟丘足以望十里, 而牛飮者三千人.〕"라고 하였다.

장난 삼아 짓다 4수
戲作 四首

한스럽고 한스럽다	可恨復可恨
후대에 태어나 한스럽다[187]	恨此生苦晩
요순은 아득하여 따르기 어렵고	唐虞邈難追
공자와 맹자도 문득 너무 멀어	孔孟忽已遠
덕업은 원개를 저버리고[188]	德業負元凱
문학은 자하 자유에게 부끄럽네[189]	文學愧商偃

187 후대에 태어나 한스럽다 : 성인(聖人)이 다스리는 세상에 태어나지 못한 것을 안타까워한 말이다.

188 덕업(德業)은 원개(元凱)를 저버리고 : 덕망과 사업이 훌륭하지 못하다는 말이다. 원개는 팔원(八元)과 팔개(八凱)로, 재덕(才德)을 겸비한 사람을 뜻한다. 《춘추좌씨전》 문공(文公) 18년 조에 "옛날 고양씨(高陽氏)에게 재주와 덕이 있는 아들이 여덟이었다. 이들은 마음가짐이 중정(中正)하고 모든 일에 통달하며 도량이 넓고 사려가 깊으며 사리에 밝고 신의가 있으며 후덕하고 성실하니, 백성들이 팔개라고 불렀다. 고신씨(高辛氏)에게 재주와 덕이 있는 아들이 여덟이었다. 이들은 충직하고 경근(敬謹)하며 공손하고 아름다우며 사려가 주밀하고 인자하며 은혜롭고 온화하니, 백성들이 팔원이라 불렀다. 순(舜) 임금이 요(堯) 임금의 신하가 되었을 때, 이들의 자손들을 등용하여 후토(后土)를 주관해 다스리게 하고 백사(百事)를 헤아려 처리하게 하니, 모든 일이 적시에 처리되고 질서가 있었다."라고 하였다.

189 문학(文學)은……부끄럽네 : 송규렴의 문장이 공자의 제자인 자하(子夏)와 자유(子游)보다 못하여 부끄럽다는 말이다. 《논어》 〈선진(先進)〉에 공자의 제자들을 장점에 따라 네 가지로 분류하였는데 "문학에는 자유와 자하가 있다.〔文學, 子游子夏.〕"라고 하였다. 자하의 이름은 복상(卜商), 자유의 이름은 언언(言偃)이다.

대도는 고금의 차이 없으니 　大道無今古
귀한 것은 잘 돌이키는 데 달렸건만 　所貴在善反
어찌하여 오랫동안 길을 헤매며 　胡爲久迷路
갈팡질팡 돌아올 줄 모르나 　倀倀不知返
내가 백 묘의 땅에 혜초 심고 　余樹蕙百畝
구원의 땅에 난초 심었으니[190] 　又滋蘭九畹
오직 날마다 매진하여[191] 　唯思日征邁
인의의 동산에 들어가리 　步入仁義苑

우습고 우습다 　可笑復可笑
보잘것없는 모습 우습다 　笑此形眇小
신장은 칠 척 단신 　身長七尺短
주량은 석 잔 뿐 　酒量三杯少
게다가 병으로 고생하여[192] 　兼爲二豎困

190 내가……심었으니 : 송규렴이 벼슬길에서 물러나 인의(仁義)를 실천하며 고고하게 살겠다는 말이다. 초(楚)나라 굴원(屈原)이 조정에서 모함을 받고 쫓겨난 뒤에, 〈이소(離騷)〉를 지어 인의를 고수하겠다는 뜻을 밝히면서 "내가 구원의 땅에다 이미 난초를 심어 놓고, 다시 백묘의 땅에다 혜초를 심었노라.〔余旣滋蘭之九畹兮, 又樹蕙之百畝.〕"라고 노래하였다.

191 매진하여 : 정매(征邁)는 《시경》 〈소완(小宛)〉의 "내 날마다 나아가니, 너도 달마다 나아가라.〔我日斯邁, 而月斯征.〕"라는 말에서 유래하였다.

192 병으로 고생하여 : 이수(二豎)는 병마(病魔)를 지칭하는 말이다. 《춘추좌씨전》 성공(成公) 10년 조에 "진(晉)나라 경공(景公)이 병이 심하여 진(秦)나라의 명의(名醫)를 청하였는데, 그가 오기 전에 경공의 꿈에 두 수자(豎子)가 서로 말하기를 '내일 명의가 오면 우리를 처치할 것이다. 그러니 우리가 고(膏)의 밑과 황(肓)의 위로 들어가

가파른 산처럼 파리하네　瘦骨如山峭
나는 이미 병들고 허약하여　余旣病且孱
늘 호걸들의 책망 받지만　每被豪客誚
내 본성만은 어둡지 않고　余性獨不昧
마음은 제법 총명하지　胸中頗了了
사람을 보는 방법 있으니　觀人自有術
외모만 보지 말라　且莫徒以貌
예전에 장자방은　從來張子房
얼굴이 여인을 닮았었지[193]　顔與婦人肖

부끄럽고 부끄럽다　可愧復可愧
좋은 직함 부끄럽다　愧此官銜美
질그릇에 향기로운 술 따르고　黃流注瓦缶
옥 주발에 개똥 담은 격이네[194]　玉椀盛狗矢

면 명의도 어찌 하지 못할 것이다.' 하였다. 이튿날 명의가 와서 진찰하더니 '병이 고황의 사이에 들어갔으니 치료할 수 없습니다.' 하였다."라고 하였다.

193 예전에……닮았었지 : 장자방(張子房)은 한(漢)나라의 개국공신(開國功臣) 장량(張良)으로, 그의 자가 자방이다. 사마천(司馬遷)의 글에 "나는 그가 아주 장대하고 뛰어난 인물인 줄로 알았는데, 그의 초상을 보니, 그의 모습이 마치 부인과 미녀 같았다.〔余以爲其人計魁梧奇偉, 至見其圖, 狀貌如婦人好女.〕"라고 하였다. 《史記 卷55 留侯世家》

194 질그릇에……격이네 : 송규렴 자신이 능력도 없으면서 높은 벼슬에 오른 것을 비유하였다. 황류(黃流)는 제사에 쓰기 위하여 울금향(鬱金香)을 넣어 만든 술이다. 《시경》 〈한록(旱麓)〉에 "치밀한 저 옥 술잔에, 울창주가 담겨 있도다.〔瑟彼玉瓚, 黃流在中.〕"라고 하였다. 옥 주발에 개똥이 담겼다는 것은 《자치통감(資治通鑑)》 〈주기(周紀)〉에 "손성이 평소 풍연기를 경멸하여 어떤 사람에게 말하기를 '금 술잔, 옥 주발에다

수레 탄 학과 통발의 사다새[195]　　軒鶴與梁鵜
예부터 많은 조롱 받았지　　自古多譏刺
어찌 사람들만 미워하고 성내랴　　猜嗔豈徒人
귀신도 노여워하고 꾸짖으리　　怒責應有鬼
묻노니 어울리지 않는 자리에 있는 것이　　借問冒匪據
어찌 본분으로 돌아감만 같으랴[196]　　何如返素履
도리도 모르고 살아온 지난날의 잘못 깨달았으니[197]　　冥行悟昨非

개똥을 담는단 말인가.' 했다.〔孫晟素輕馮延己, 謂人曰 金盃玉盌, 乃貯狗矢乎.〕"라고 한 데서 유래하였다.

195 수레……사다새 : 송규렴이 능력도 없으면서 임금의 총애를 받아 높은 벼슬자리를 차지하고 있음을 비유한 것이다. 헌학(軒鶴)은 수레를 탄 학이라는 뜻으로, 특별한 능력도 없이 임금의 총애를 받아 국록을 먹는 자를 비유하는 말로 쓰인다. 춘추시대 위 의공(衛懿公)이 학을 매우 좋아하여 학에게 벼슬을 내리고 수레에 태워 함께 다녔다는 데서 유래하였다.《春秋左氏傳 閔公2年》 양제(梁鵜)는 무능한 자들이 걸맞지 않은 총애를 입어 조정의 벼슬을 차지하고 있음을 비유한 것이다. 사다새는 원래 물속에 들어가 직접 물고기를 잡는 새인데, 어량에 있으면서 사람이 잡아 놓은 물고기를 먹어 제 소임을 다하지 못함을 비판한 것이다.《시경》〈후인(候人)〉에 "사다새가 어량에 있으니, 그 부리를 적시지 않도다. 저 사람이여, 그 총애에 걸맞지 않도다.〔維鵜在梁, 不濡其咮, 彼其之子, 不遂其媾.〕"라고 하였다.

196 어울리지……같으랴 : 벼슬에 대한 욕심을 버리고 자기 분수를 편안히 지키는 것이 낫다는 말이다. 비거(匪據)는 차지해서는 안 될 자리를 말한다.《주역》〈계사전하(繫辭傳下)〉에 "앉을 곳이 아닌데 앉으니, 몸이 반드시 위태로울 것이다.〔非所據而據焉, 身必危.〕"라고 하였다. 소리(素履)는 본분대로 행함을 말한다.《주역》〈이괘(履卦) 초구(初九)〉에 "본분대로 행하면 허물이 없으리라.〔素履往, 無咎.〕"라고 하였다.

197 도리도……깨달았으니 : 분수도 모르고 밤길 가듯 살아온 지난날이 잘못된 줄을 알겠다는 말이다. 명행(冥行)은 명행적식(冥行擿埴)의 준말로, 맹인(盲人)이 지팡이로 땅을 짚으면서 어렵게 길을 찾는 것을 말하는데, 사람이 도리를 알지 못하고 억측(臆

과감히 물러남이 이제 옳은 줄 알겠네 勇退知今是
한가로이 지내며 성정 기르면 閒居養性靈
얻음이 진실로 많으리라 所得良已侈

즐겁고 즐겁다 可樂復可樂
소박한 살림 즐겁다 樂此生事薄
아침밥 배도 안 차고 朝食不盈腸
겨울옷 다리도 못 가리네 冬衣不掩脚
푸른 산에 두어 칸 오두막을 青山數椽廬
힘겹게 손수 지었지 辛苦手自縛
온종일 인적 볼 수 없으니 盡日不見人
사립문 늘 적막한데 柴扉長寂寞
바위 사이 꽃들이 내 방을 비추고 巖花照我室
산새가 내 손님 되어 주네 山鳥爲我客
한가하면 더러 낚시질도 하고 閑來或垂釣
병 앓고 나면 약초도 캐지 病起仍採藥
한가로이 세월 보내고 優游以卒歲
잠 깨어도 남에게 말하지 않으리라[198] 寤言期不告

測)으로 생각하여 행동함을 비유한다. 양웅의 《법언(法言)》 〈수신편(修身篇)〉에 "맹인이 지팡이로 땅을 짚으면서 길을 찾아다니는 것과 같을 뿐이다."라고 하였다.

198 잠……않으리라 : 은거하기로 작정했다는 말이다. 《시경》 〈고반(考槃)〉에 "시냇가 언덕에 은거할 곳 마련하니, 석인의 마음이 넉넉하도다. 홀로 자고 깨어 말하나, 길이 잊지 않기로 맹세하도다.……홀로 자고 깨었다가 다시 누웠으나, 길이 이 즐거움을 남에게 말하지 않기로 맹세하도다."라고 하였다.

봄날 동쪽 냇가를 거닐다

春日步出東澗

두건 젖히고 소리 높이 읊조리며 岸幘高吟處
지팡이 짚고 홀로 걷노라 扶筇獨步時
골 깊어 봄날 고요하고 洞深春寂寂
꽃 피니 해는 더디고 더디네 花暖日遲遲
높은 벼슬 내 일이 아니요 軒冕非吾事
산수의 삶 본래의 소망이지 林泉是素期
태연히 시냇가에 앉았노라니 夷然坐溪上
물고기와 새도 의심하지 않네 魚鳥不相疑

늦가을에 즉흥적으로 읊다

暮秋卽事

획획 찬바람 소리 일며	淅瀝寒聲起
어슴푸레 어둠 몰려오네	蒼茫暮色催
어느덧 가을 저물려 하니	看看秋欲盡
착잡하여 마음 가눌 길 없네	忽忽意難裁
국화 언덕에는 노란 꽃 흐드러지고	菊塢金花亂
단풍 숲에는 비단 잎 한창이네	楓林錦葉堆
세월을 저버릴 수 없어	年光不可負
단정히 앉아 가득한 술잔만 기울이네	端坐倒深杯

이세기의 시에 맞춰 짓다
次李生 世箕 韻

괴로운 가을 소회 표현하자니　　欲寫秋懷苦
시상 메말라 시 쓰기 두렵네[199]　　枯腸怯彩牋
거친 시 한 수 짓고는　　荒詞一題罷
쓸쓸히[200] 강 하늘 마주하네　　搖落對江天

2
홀로 앉아 근심 속에 잠 못 이루는데　　孤坐悄無睡
뜰 가득 가을 달빛 밝구나　　滿庭秋月多
그대 그리워도 만날 수 없으니　　懷君不可見
이 좋은 밤을 어찌할까　　奈此良夜何

199 시상(詩想)……두렵네 : 고장(枯腸)은 시상이 고갈된 것을 말한다. 당(唐)나라 시인 노동(盧仝)이 차를 보내 준 간의대부(諫議大夫) 맹간(孟諫)에게 사례하며 지은 〈다가(茶歌)〉에서 "셋째 잔은 메마른 창자를 더듬어서, 뱃속엔 오직 문자 오천 권만 남아 있을 뿐이다.〔三碗搜枯腸, 惟有文字五千卷.〕"라고 읊은 데에서 유래하였다.《古文眞寶 前集 卷8》 채전(彩牋)은 채색의 무늬를 새긴 종이로, 시를 쓰는 시전지(詩牋紙)를 말한다.

200 쓸쓸히 : 요락(搖落)은 숙살지기(肅殺之氣)가 몰아쳐서 나뭇잎이 다 떨어지는 가을철의 분위기를 표현한 말이다. 전국 시대 초나라 시인 송옥(宋玉)이 지은 〈구변(九辯)〉에 "슬프다, 가을 기운이여. 쓸쓸히 초목은 낙엽지고 쇠한 모습으로 바뀌었네.〔悲哉, 秋之爲氣也. 蕭瑟兮, 草木搖落而變衰.〕"라고 하였다.《文選 卷13》

고을 수령[201]이 보내온 시에 맞춰 짓다 5수○임자년(1672, 현종13)
次地主見寄韻 五首○壬子

산 구름 막 개고 저녁 비둘기 울더니 山雲初晴喚晩鳩
밤 되자 숲과 골짝 더욱 맑고 그윽하네 夜來林壑轉淸幽
어쩌다 문득 서로 그리운 한 일어나 無端忽起相思恨
달빛도 시냇물 소리도 시름겹기만 하네 月色溪聲摠是愁

게으른 성품 원래 비둘기 같아서[202] 懶性從來似拙鳩
사립문 늘 닫아 두니 온 산이 고요하네 柴扉一掩萬山幽
이제 세상사에 관심 끊은 지 오래인데 秖今世事無心久
아직도 뜬 구름이 해 가려 시름겹네[203] 尙有浮雲蔽日愁

201 고을 수령 : 《승정원일기》 현종 12년 8월 18일 기사에 "회덕 현감 윤징하가 하직하였다.〔下直, 懷德縣監尹徵夏.〕"라는 기록이 있는 것으로 보아, 당시 고을 수령은 윤징하(尹徵夏, 1629~?)였을 것으로 추정된다. 그의 본관은 파평(坡平), 자는 문경(文卿)이다.

202 게으른……같아서 : 졸구(拙鳩)는 졸렬한 비둘기라는 뜻으로, 비둘기의 별칭으로 쓰인다. 《시경》 〈작소(鵲巢)〉에 "까치가 지은 집에 비둘기가 살도다.〔維鵲有巢, 維鳩居之.〕"라고 하여 비둘기의 무능함을 말하였는데, 비둘기는 집을 짓는 재주가 없어 까치가 지어놓은 집에서 산다고 한다.

203 뜬……시름겹네 : 뜬 구름이 해를 가린다는 것은 소인들이 임금의 총명을 가린 것을 비유한 말이다. 이백(李白)의 시에 "온통 뜬구름이 해를 가려, 장안이 보이지 않아 시름겹게 하네.〔總爲浮雲能蔽日, 長安不見使人愁.〕"라고 한 것을 원용하였다. 《李太白文集 卷18 登金陵鳳凰臺》

궁벽한 시골에서 병들어 손님도 끊겼으니	病來窮巷斷逢迎
빈집에서 잠 깨자 그대 더욱 그립네	睡起虛堂倍憶兄
한 골짝 맑은 이내 비 내린 뒤 축축하고	一壑晴嵐經雨濕
산 중턱 저녁 햇살 구름 뚫고 밝게 빛나네	半峯殘照漏雲明
산속 벌들은 꿀 지키느라 분주하고	山蜂護蜜還多事
골짜기 새들의 벗 부르는 소리 다정하네	谷鳥呼朋轉有情
어찌하면 그대와 이 밤을 함께 하며	安得與君同此夕
술통 마주하고 연거푸 두세 잔 마시려나	對樽連倒兩三觥

보내온 시에 공무(公務)로 여가가 없어 오랫동안 찾아오지 못했다는 말이 있었다. 그러므로 산속 벌들이 꿀을 지킨다는 말로 본 대로 비유하였다.

세상에서 정신으로 사귀는 이 누구인가	四海神交竟誰是
평생의 지기 그대라네	百年知己使君兄
고요한 거처의 풍경 푸른 산 가깝고	幽居物色靑山近
만년의 마음 속 기약 밝은 해처럼 분명하지	晩節心期白日明
제갈량은 큰 꿈 깰 필요 없었고[204]	諸葛不須驚大夢
도잠도 한가한 정 노래하지 말았어야지[205]	陶潛且莫賦閒情

204 제갈량(諸葛亮)은……없었고 : 유비(劉備)가 남양(南陽)의 초당(草堂)으로 제갈량을 방문했을 때 "큰 꿈 누가 먼저 깨어났나, 평소에 나 스스로 아노라. 초당에 봄잠이 넉넉하고, 창밖의 해는 더디더디 기운다.〔大夢誰先覺, 平生我自知. 草堂春睡足, 窓外日遲遲.〕"라고 하였다. 그러나 이익(李瀷)은 이 시가 과연 제갈량의 작품인지는 알 수 없다고 하였다. 《星湖僿說 卷29 詩文門 武侯草廬詩》 여기서는 제갈량이 초당의 한가한 생활을 영위하고 유비를 따라 세상에 나가지 말았어야 한다는 뜻으로 말한 듯하다.

205 도잠(陶潛)도……말았어야지 : 《도연명집(陶淵明集)》 권6 〈한정부(閒情賦)〉의 서문에, 장형(張衡)의 〈정정부(定情賦)〉와 채옹(蔡邕)의 〈정정부(靜情賦)〉 전통을 이

평소 습관 지금도 남아 平生習氣今猶在
맑은 시와 많은 술 좋아하네 詩愛淸篇酒巨觥

문 앞엔 팽택의 버들 심었고 門前彭澤柳
길가엔 소후의 오이 가꾸노라[206] 路傍邵侯瓜
이른 계획 추진하다 몸만 온통 병들었고 夙計身全病
웅대한 도모 이루려다 귀밑머리 세려 하네[207] 雄圖鬢欲華
천지 사이에 이 몸 살아가니 乾坤有此物
산과 물이 곧 내 집이라네 山水卽吾家
앉아서 석양 속 바라보니 坐看夕陽裏
봉우리마다 고운 노을 빛나네 萬峯明彩霞

어 사심(邪心)을 억제하고 풍간(諷諫)에 일조(一助)하기 위해 역대로 문인들이 이러한 계통의 작품을 지었다고 하면서, 자신이 〈한정부〉를 짓는 이유를 밝히고 있다. 작품의 내용은 아름다운 여인이 임의 곁에 머물고 싶지만 그렇게 되지 않는 상황을 말하고 있다. 아마도 송규렴은 임금의 총애를 갈구하지 않겠다는 입장에서 이렇게 말한 듯하다. 〈한정부〉는 도잠의 글 가운데 백옥(白玉)의 티와 같다는 평가를 받았다.

206 문……가꾸노라 : 고향에서 지내는 은자적 삶의 모습을 읊은 것이다. 팽택류(彭澤柳)는 팽택현(彭澤縣)의 버들이라는 말로, 도잠을 가리킨다. 그가 일찍이 팽택 현령(彭澤縣令)으로 있다가 그만두었고, 또 그의 집 앞에 버드나무 다섯 그루를 심었기에 이렇게 말한 것이다. 《晉書 卷94 陶潛列傳》 소후과(邵侯瓜)는 소후(邵侯)의 오이라는 말로, 소평(邵平)의 고사에서 유래하였다. 소평은 동릉후(東陵侯)였는데, 진나라가 망하자 포의(布衣)가 되어 장안성(長安城) 동쪽에서 오이를 가꾸며 생활했다. 《史記 卷54 邵平列傳》

207 이른……하네 : 젊었을 때는 세상에 나아가 큰일을 이루고 싶었지만, 병만 얻어 아무것도 이루지 못한 채 세월이 흘러 늙어가고 있다는 말이다.

병중에 장난 삼아 읊어 고을 수령에게 주고 화답을 구하다 2수
病中戲吟 奉呈地主 求和 二首

천고의 마음 지니고 칠 척의 몸 가진　千古心胸七尺身
태평성대의 한가한 백성이네　百年昭代一閒民
거문고에는 옛 〈산수곡〉[208] 전하고　琴中舊曲傳山水
새로 쓴 시에 귀신도 울겠네[209]　筆下新詞泣鬼神
내가 남을 거스르지 않으니 남도 성내지 않고　我不忤人人不怒
남이 나를 침해하지 않으면 나도 화내지 않네　人無侵我我無嗔
몸소 밭 갈아 밥 먹고 우물 파서 물마시니[210]　耕而食力鑿而飮
잎 지면 가을이고 꽃 피면 봄이라오　葉落爲秋花發春

못난 사람 한 가지 일도 감당 못한 채　殘生萬事一無堪
사십삼 년 세월 헛되이 보냈네　虛度光陰四十三
사헌부와 사간원에서 부질없이 힘만 들었고[211]　柏府薇垣空折臂

208 산수곡(山水曲) : 춘추 시대 백아(伯牙)가 타고 그의 벗 종자기(鍾子期)가 들었다는 거문고 곡조이다. 123쪽 각주126 참조.

209 새로……울겠네 : 두보(杜甫)가 이백(李白)을 칭찬하여 "붓 내려 쓰면 비바람을 놀라게 하고, 시를 이루면 귀신을 울리도다.〔筆落驚風雨, 詩成泣鬼神.〕"라고 하였다. 《御選唐宋詩醇 卷14 寄李十二白》

210 몸소……물마시니 : 요(堯) 임금이 다스리던 시대에 어떤 노인이 길에서 땅을 치며 노래하기를 "나는 날마다 해가 뜨면 일어나고 해가 지면 쉬면서, 우물 파서 물마시고 밭 갈아서 밥 먹는데, 임금의 힘이 나에게 도대체 무슨 상관인가.〔吾日出而作, 日入而息, 鑿井而飮, 耕田而食, 帝力於我何有哉.〕"라고 하였다. 《通志 卷2》

이조와 홍문관에서 마냥 부끄러움만 있었지[212] 天曹玉署只懷慙
가슴속에 본래 백성 안정시킬 방법 없으면서 胸中素乏安民術
입으로는 오히려 세상 거스르는 말 많았지 舌下猶多迕俗談
오직 갈매기만 나를 싫어하지 않으니 唯有白鷗相不厭
기꺼이 이내 몸 강남에 맡기리라[213] 好將身世付江南

옛날 위(衛)나라의 현인이 시를 지어 스스로를 칭찬하였는데, 주문공(朱文公)이 그 시를 풀이하여 "실제로는 스스로를 조롱한 것이다."라고 하였다.[214] 지금 그 뜻을 본받아 농담 삼아 두 수의 시를 지었으니, 하나는 스스

211 사헌부(司憲府)와……들었고 : 부족한 능력으로 그 일을 담당하느라 어려웠다는 말이다. 백부(柏府)는 어사대(御史臺), 즉 사헌부의 별칭이다. 한(漢)나라 때 어사대에 측백나무를 많이 심었으므로, 백부 혹은 백대(栢臺)라고 불렀다는 고사가 전한다. 《漢書 卷83 朱博傳》 미원(薇垣)은 사간원(司諫院)의 별칭이다. 절비(折臂)는 팔이 부러졌다는 뜻으로, 어려움을 겪었다는 말이다. 《초사(楚辭)》 〈구장(九章) 석송(惜誦)〉에 "나는 충성스러운 말을 했다가 원망만 자초했다는 말을 듣고서 지나친 말이라고 생각했는데, 아홉 번 팔이 부러져 의원이 된 지금에 와서야 그 말이 참으로 맞는다는 것을 확신하게 되었다.〔吾聞作忠以造怨兮 忽謂之過言 九折臂而成醫兮 吾至今乃知其信然〕"라고 하였다. 송규렴은 1657년(효종8)에 사헌부 지평, 사간원 정언을 지냈다.

212 이조(吏曹)와……있었지 : 천조(天曹)는 이조의 별칭이고, 옥서(玉署)는 홍문관(弘文館)의 별칭이다. 송규렴은 1662년(현종3)에 홍문록(弘文錄)에 들었으나, 도승지 김수항(金壽恒)의 처남이라는 이유로 서필원(徐必遠)의 비난을 받았고, 1664년에 홍문관 부수찬이 되었으나 상소하여 체차되었다. 1670년에 이조 좌랑(吏曹佐郎)이 되었으나 나아가지 않았다.

213 오직……맡기리라 : 세상사에 얽매이지 않고 자연에 은거하여 갈매기와 벗을 삼겠다는 말이다. 이백의 시에 "그저 갈매기나 날아와서, 길이 그대와 친하리라.〔白鷗兮飛來, 長與君兮相親.〕"라고 하였다. 《李太白集 卷6 鳴皐歌送岑徵君》

214 옛날……하였다 : 《시경》 〈간혜(簡兮)〉에 "간략하며 간략하여, 바야흐로 만으로 춤을 추노라. 해가 바야흐로 중천에 떠있거늘, 앞의 상처에 있노라.〔簡兮簡兮, 方將萬舞. 日之方中, 在前上處.〕" 하였는데, 이에 대해 주희(朱熹)가 "현자가 뜻을 얻지 못하

로를 칭찬한 것이고, 하나는 스스로를 조롱한 것이다. 익살스러운 뜻에서 스스로 웃고 병을 잊는 자료로 삼으려 하였으니, 만약 자랑삼아 지었다고 여긴다면 본뜻이 아니다.

여 영관으로 벼슬함에 세상을 가볍게 여기고 뜻을 방자하게 하는 마음이 있었다. 그러므로 그 말이 이와 같았으니, 스스로 칭찬한 것 같지만 실제로는 스스로 조소한 것이다.〔賢者不得志而仕於伶官, 有輕世肆志之心焉, 故其言如此. 若自譽而實自嘲也.〕"라고 풀이하였다.《詩傳大全 卷2》

판서 민유중 부인[215] 만사

閔判書 維重 夫人挽

훌륭한 우복공과 춘당공	愚伏春堂兩鉅公
두 명문가는 외손 친손 가풍 성대했네[216]	名門內外盛家風
꽃다운 자태 넉넉히 길러 규방의 태도 빼어났고	芳姿剩毓閨儀秀
훌륭한 가르침 특별히 받아 부덕 높았지	美訓偏敎婦德崇
영예로운 봉호 일찍 받아 기뻐했더니[217]	却喜榮封方太早
문득 이렇게 운명하시니 놀라워라	忽驚遐算此長終
마음 아프게도 끝없는 애통함 또 있으니	傷心別有無窮痛
부모와 자식이 닷새 사이에 돌아가셨네	父子同亡五日中

부인이 먼저 별세하고 닷새 만에 동춘 선생께서 또 별세하셨다.[218]

215 민유중(閔維重) 부인 : 민유중(1630~1687)의 본관은 여흥(驪興), 자는 지숙(持叔), 호는 둔촌(屯村)이다. 인현왕후(仁顯王后)의 아버지로, 여양부원군(驪陽府院君)에 봉해졌다. 민유중은 부인이 셋이었는데, 여기서는 송준길(宋浚吉)의 딸이며 인현왕후의 어머니인 은성부부인 송씨(恩城府夫人宋氏)를 가리킨다. 《寒水齋集 卷24 驪陽府院君文貞閔公維重神道碑銘 幷序》

216 훌륭한……성대했네 : 우복(愚伏)은 정경세(鄭經世, 1563~1633)로, 본관은 진주(晉州), 자는 경임(景任), 호는 우복이다. 《愚伏集 別集 卷9 愚伏鄭先生神道碑銘 幷序》 춘당(春堂)은 송준길(宋浚吉, 1606~1672)로, 본관은 은진(恩津), 자는 명보(明甫), 호는 동춘당(同春堂)이다. 《同春堂集 別集 卷9 附錄 墓誌文》 은성부부인 송씨가 송준길의 딸이며 정경세의 외손녀이므로 이렇게 말하였다.

217 영예로운……기뻐했더니 : 이여(李畬)의 글에 "직접 정부인의 봉고를 받고, 뒤에 정경부인에 추증되었으며 은성부부인에 가증되었다.〔親受貞夫人封誥, 後贈貞敬夫人, 加贈恩城府夫人.〕"라고 하였다. 《睡谷集 卷15 驪陽府院君閔公謚狀》

218 부인이……별세하셨다 : 은성부부인은 1637년(인조15)에 태어나 1672년(현종13) 11월 28일에 운명하였고, 송준길은 1672년 12월 2일에 운명하였다.《睡谷集 卷15 驪陽府院君閔公諡狀》《同春堂集 別集 卷9 附錄 墓表陰記》

낙화대[219]에서

落花臺

꽃 다 떨어져 봄 자취 없고　花落春無迹
바위 쓸쓸한데 달빛만 누대에 가득하다　巖空月滿臺
시냇물 소리 한을 호소하는 듯하고　溪聲如訴恨
산색은 슬픔을 머금은 듯해라　山色似含哀
눈물이 아침구름 속으로 들어가 맺히고　淚入朝雲結
넋은 밤비 따라 내리겠지　魂隨夜雨來
이제는 노래하고 춤추던 자리에　秪今歌舞地
차가운 낙엽만이 푸른 이끼 덮었구나　寒葉覆蒼苔

219 낙화대(落花臺) : 지금의 충청북도 영동군 영동읍 계산리에 있다. 전해오는 이야기에 의하면 "계주(稽州) 때 사람들이 서로 전송하고 작별하던 곳으로, 기생이 어느 남자와 헤어지기 서러워 떨어져 죽었기 때문에 후세 사람들이 이로 인하여 이름을 지었다."라고 하였다. 《新增東國輿地勝覽 卷16 忠淸道 永同縣》 계주는 고려 시대에 불렸던 영동의 지명이다. 《세종실록》 〈지리지(地理志) 부여현(扶餘縣)〉 기사를 보면 현재 부소산에 있는 낙화암(落花巖)을 낙화대로 표기하고 있는데, 다음 시에 호호정이 있는 것으로 보아 여기의 낙화대는 영동의 낙화대로 보인다.

호호정[220]에서

浩浩亭

호호정에 올라보니 浩浩亭上客初到
그 앞에 흐르는 강물 어여쁘다 浩浩亭前江可憐
아득한 백사장에 가을 기러기 모였고 平沙渺渺集秋雁
어슴푸레한 먼 산에 저녁연기 피어나네 遠岫蒼蒼生暮煙
강가에 집 짓는 것은 이 지역 풍속인데 臨流爲屋此地俗
해질녘 지나는 배는 뉘 집 배인가 落日過帆誰家船
허공 향해 홀로 서자 신선 되고프니 憑虛獨立欲羽化
오색구름 어디에서 신선들 따를까 五雲何處追群仙

220 호호정(浩浩亭) : 충청북도 영동군 심천면 금정리에 있는 호서루(湖西樓)이다. 원래 읍청(挹淸) 박사종(朴嗣宗)이 심천면 약목리 장승산(長承山)에 호호정을 지었으나, 임진왜란 때 불탄 것을 밀양 박씨 종중에서 1959년 이곳에 다시 짓고 호서루로 이름을 바꾸었다.

관어대[221]에서

觀魚臺

해는 저물어 푸른 강에 어둠 내리고 日落滄江暮
쓸쓸히 낙엽 지는 가을 蕭蕭黃葉秋
사람은 누대 위에 앉았고 人從臺上坐
물고기는 물속에서 헤엄치네 魚在水中游
우거진 숲 천 길 절벽 위에 있고 雲樹千尋壁
연기 낀 백사장 십 리 물가에 펼쳐졌네 煙沙十里洲
해 지며 더욱 절경 자아내니 斜陽轉奇絶
가려다가 다시 머무네 欲去更遲留

221 관어대(觀魚臺) : 충청북도 영동군 심천면 금정리에 있다. 박사종(朴嗣宗)의 문인 석계(石溪) 민욱(閔昱, 1559~1625)이 고기가 노니는 것을 한눈에 볼 수 있다 하여 관어대라 이름했다고 한다.

환선루[222]에 올라

登喚仙樓

골짝에 맑은 강 흐르고 그 위에 누대 있어　　峽裏澄江江上樓
누대 앞 푸른 절벽에서 강물 바라보네　　樓前翠壁臨江流
난새 타고 떠난 소사는 언제 돌아오며　　驂鸞蕭史幾時返
학으로 변한 영위는 어디에서 노니는가[223]　　化鶴令威何處遊
한 골짝 푸른 노을이 동부를 감싸고[224]　　一壑青霞鎖洞府

222 환선루(喚仙樓) : 충청북도 영동군 양산면 봉곡리에 있다. 하천(霞川) 고맹영(高孟英, 1502~?)이 옥천군을 다스릴 때 이 누각 이름을 지었다고 한다. 《木齋集 卷1 次喚仙樓韻》《損窩遺稿 卷12 喚仙樓記》

223 난새……노니는가 : 환선루가 신선을 부른다는 의미이기에 이렇게 읊은 것이다. 소사(蕭史)는 진 목공(秦穆公) 때에 피리를 잘 불었던 사람이다. 목공의 딸 농옥(弄玉)이 소사에게 시집가 날마다 그에게 피리를 배워 난봉(鸞鳳)의 소리를 내니, 난봉이 그 집에 와서 머물렀다. 목공이 봉대(鳳臺)를 지어 주어 부부가 그 위에서 머물며 몇 년이나 내려오지 않다가 하루아침에 봉황을 따라 날아가 버렸다고 한다. 《列仙傳 卷上 蕭史》 영위(令威)는 요동(遼東) 사람 정 영위(丁令威)를 말한다. 정 영위가 신선이 된 뒤 천 년 만에 학으로 변해 다시 고향을 찾아와 요동 성문의 화표주(華表柱) 위에 내려앉았는데, 소년 하나가 활을 쏘려고 하자 허공으로 날아올라 배회하면서 "옛날 정 영위가 한 마리 새가 되어, 집 떠난 지 천 년 만에 이제 처음 돌아왔소. 성곽은 의구한데 사람은 모두 바뀌었나니, 어찌 신선술 안 배우고 무덤만 이리도 즐비한고.〔有鳥有鳥丁令威, 去家千年今始歸, 城郭如故人民非, 何不學仙冢纍纍.〕"라고 탄식하고 사라졌다는 전설이 전한다. 《搜神後記 卷1》

224 한 골짝……감싸고 : 환선루 주위의 풍경이 선경(仙境)이라는 말이다. 동부(洞府)는 도교(道敎)의 용어로, 본래 신선이 산다는 선경을 가리킨 말인데, 여기서는 산촌의 풍광을 선경에 빗대어 한 말이다.

온 산의 붉은 단풍이 모래톱 밝게 비추네	萬山紅葉明沙洲
갈바람 부는 오늘 채색 구름 속 나그네	秋風此日彩雲客
홀로 붉은 난간에 기대 갈매기 보노라	獨倚朱欄看白鷗

고당포[225]에서 달밤에 배를 띄우다

高唐浦月夜泛舟

해 떨어져 어촌에 날 저물고	日落漁村暮
서리 차갑고 물가에 가을 깊어 가는데	霜寒水國秋
강 위에 피리 소리 흐르고	一聲江上笛
달빛 가운데 외로운 배 저어 가네	孤棹月中舟
당시에는 운우의 꿈 꾸었을 것이고[226]	雲雨當年夢
오늘밤에는 거문고와 술로 노니는데	琴樽此夕遊
당시와 오늘밤을 비교한다면	相將較今昔
언제가 더 즐거울까	樂事果誰優

225 고당포(高唐浦) : 충청북도 영동군 심천면 고당리에 있는 포구이다.

226 당시에……것이고 : 춘추 시대 초(楚)나라 회왕(懷王)이 고당(高唐)에서 노닐다가 꿈속에 신녀(神女)를 만나 동침한 고사가 있는데, 송규렴이 배를 띄운 포구의 이름도 고당이기에 이렇게 읊은 것이다. 140쪽 각주152 참즈.

문중의 서얼 송국주 만사
門孼宋 國柱 挽

가련하고 가련하다	可憐復可憐
박복한 그대 운명 가련하다	憐君賦命薄
거친 몇 이랑 밭과	荒蕪數頃田
낡은 세 칸 집	破落三椽屋
제대로 입지도 못하고	有身不得衣
배불리 먹지도 못하니	有口不得食
아내는 살을 에는 추위에 통곡하고	妻寒泣裂肌
자식은 배를 곯아 울었지	子飢啼枵腹
시름겹게 가난에 시달리며	慼慼困貧窶
허둥지둥 남북으로 떠돌았으니	棲棲走南北
칠십 평생에	人間七十年
즐거운 날 하루도 없었네	一日無歡樂

2

가련하고 가련하다	可憐復可憐
순박한 그대 성품 가련하다	憐君性純慤
처신은 거짓이 없었고	行身絶詭詐
남들과 다투지도 않았지	與物無迕逆
학문은 짧았어도	雖云少學文
지식이 많았으니	自能多知識

문중의 어른들이　所以諸門老
일마다 부탁했지　有事輒付托
그래도 성심성의를 다할 뿐　唯思盡吾心
싫은 내색 없었는데　不曾存厭色
보답도 받지 못했으니　有此不食報
하늘 이치 알 수 없구나　神理終難測

3

가련하고 가련하다　可憐復可憐
그대 갑자기 죽다니 가련하다　憐君遽寂寞
서글피 평소 모습 떠올리고　惻惻念平生
아련히 묵은 자취 더듬어 보니　茫茫撫陳跡
동풍 부는 봄날 버들 아래와　東風百柳春
달 밝은 밤 쌍청당[227]에서　明月雙淸夕
문 나서면 서로 만나 어울렸고　出門卽提携
한자리에 앉아 농담 주고받았는데　幷席相讙謔
만사가 이미 부질없게 되었으니　萬事已成空
구원으로 간 사람 어찌 일으키랴[228]　九原安可作

227 쌍청당(雙淸堂) : 현재의 대전광역시 대덕구 중리동에 있다. 89쪽 각주66 참조.

228 구원(九原)으로……일으키랴 : 이미 죽은 송국주(宋國柱)가 다시 살아올 수 없음을 한탄한 말이다. 구원은 전국 시대 진(晉)나라 경(卿)·대부(大夫)의 묘지가 있었던 곳으로, 일반적으로 무덤을 뜻한다. 춘추 시대 조문자(趙文子)가 숙향(宿向)과 구원에 가서 노닐다 말하기를 "죽은 이가 만약 일어날 수 있다면, 나는 누구와 더불어 돌아갈까.〔死者若可作也, 吾誰與歸.〕"라고 하였다.《國語 卷14 晉語》

시 지어 괴로운 마음 토로하니	題詩寫苦懷
눈물만 부질없이 가슴 적시네	有淚空沾臆

김정평[229]의 운자에 맞춰 지어 후운정 주인 남원 부사 홍석기[230] 어른께 부쳐 드리다

次金正平韻 寄贈後雲亭主人洪南原丈

당시에 홍석기(洪錫箕) 어른이 사헌부의 탄핵을 받고 파면되어 돌아와 있었다.[231]

이별한 뒤 소식 드무니 어찌 견디랴	那堪消息別來稀
꿈이 푸른 산색 가득한 후운정에 맴도네	夢繞雲亭入翠微
영욕이야 덧없는 세상의 일이니 말할 것도 없지	榮辱莫論浮世事
장차 우리의 도 잘못되지 않음을 보리라	且看吾道未曾非

229 김정평(金正平) : 김만균(金萬均, 1631~?)으로, 본관은 광산(光山), 자는 정평, 호는 사휴(思休)·취선(醉仙)·이호(梨湖)이다.

230 후운정(後雲亭)……홍석기(洪錫箕) : 후운정은 청주(淸州)의 검단산(檢丹山) 아래에 있는 정자이다. 홍석기(1606~1680)의 본관은 남양(南陽), 자는 원구(元九), 호는 만주(晩州)이다. 남원 부사(南原府使)를 지냈기 때문에 홍남원(洪南原)이라고 하였다. 홍석기가 고운(孤雲) 최치원(崔致遠)이 노닐던 곳에 정자를 짓고, 최치원의 뜻을 계승한다는 의미에서 후운정이라고 명명했다고 한다. 후운정은 화양동에서 30리 떨어진 곳에 있으며, 홍석기는 이곳에 머물면서 화양에 와 있던 송시열(宋時烈)과 교유하였다.《寒水齋集 卷26 參議洪公錫箕墓碣銘 幷序》

231 당시에……있었다 : 홍석기가 후운정을 지은 것은 남원 부사의 임기를 마치고 돌아온 뒤의 일이고 탄핵을 받은 것은 남원 부사로 가기 전의 일이어서 일의 선후가 맞지 않는다. 홍석기의 묘갈명에 의하면 "기유년에 영광 군수로 있을 때, 감사 김징수의 연회에 연루되어 탄핵을 받아 파직되었다.〔己酉爲靈光郡守, 以監司金澄壽宴事, 株連劾罷.〕"라고 하였다.《寒水齋集 卷26 參議洪公錫箕墓碣銘 幷序》

제월당집

제2권

詩시

김정평[1]에게 부쳐 주고 함께 동대를 구경하러 가자고 요청하다

寄贈金正平 要與共賞東臺

골짜기 강이 첩첩 산을 천 리나 지나 峽江千里透重巒
누대 앞으로 흘러 굽이를 이루었네 流到臺前曲作彎
산이 마을을 둘러싸 별천지 열리고 山抱洞天開別界
땅은 바람과 달빛 간직해 속세와 떨어졌네 地慳風月隔塵寰
원래 공무는 늘 있는 일이고 從來吏役尋常事
여기서 선경까지는 지척인데 此去仙區咫尺間
어찌하면 그대와 함께 짬을 내어 安得與君偸暇日
푸른 산 붉은 골짝 마음껏 올라 볼까 碧峯丹壑恣登攀

1 김정평(金正平) : 김만균(金萬均, 1631～?)으로, 본관은 광산(光山), 자는 정평, 호는 사휴(思休)·취선(醉仙)·이호(梨湖)이다. 김만균은 1672년(현종13)부터 1675년(숙종1) 병조 참지(兵曹參知)로 임명될 때까지 옥천 군수로 있었다. 《승정원일기》 현종 13년 9월 10일 기사에 "옥천 군수 김만균이 하직하였다.〔下直, 沃川郡守金萬均.〕"라고 하였으며, 숙종 원년 9월 18일 기사에 "김만균을 병조 참지로 삼았다.〔金萬均爲兵曹參知〕"라고 하였다.

삼가 우재[2] 선생의 강가에서의 작별시를 차운하다 계축년(1673, 현종14)

敬次尤齋先生江上留別韻 癸丑

지난날의 이별 다 떠올려 보아도 細數平生別
오늘처럼 시름겨운 적 없었지 無如此日愁
여주[3]는 바라보아도 보이지 않아 黃驪不可望
가을 깊어가는 산들을 한하네 恨入萬山秋

2 동춘(同春)[4] 선생을 애도하다.

예전에 모시고 노닐던 곳 夙昔陪遊地
물결 바라보며 시름 끝이 없네 臨流不盡愁
강산은 옛 경치 그대로인데 江山舊物色
쓸쓸해라 누구를 위한 가을인가 寥落爲誰秋

2 우재(尤齋) : 송시열(宋時烈, 1607～1689)로, 본관은 은진(恩津), 자는 영보(英甫), 호는 우암(尤菴)·우재이다. 《寒水齋集 卷31 尤菴先生墓表》

3 여주(驪州) : 황려(黃驪)는 경기도 여주의 옛 이름이다. 황마(黃馬)와 여마(驪馬)가 물에서 나왔기 때문에 고을 이름을 황려라고 했다고 한다. 《新增東國輿地勝覽 卷7》

4 동춘(同春) : 송준길(宋浚吉, 1606～1672)로, 본관은 은진(恩津), 자는 명보(明甫), 호는 동춘당이다. 《同春堂集 別集 卷9 附錄 墓誌文》

원운[5] 영릉을 옮길 때 소명을 받고[6] 동춘 형의 궤연에 인사하고 신탄강가에 이르러 도원 학사 여러 공들과 작별하다

석양에 늘그막의 이별은	落日衰年別
임금 천장 걱정 때문인데[7]	蒼梧葬聖愁
동춘당 위해 한 줌 눈물을	春堂一掬淚
다시 가을 큰 강에 뿌리네	更灑大江秋

5 원운(原韻) : 송시열의 《송자대전(宋子大全)》 권2에 수록되어 있다.

6 영릉(寧陵)을……받고 : 영릉은 효종(孝宗)의 능으로, 본래 현재의 경기도 동구릉(東九陵) 자리에 있었는데, 1637년(현종14) 5월 이익수(李翼秀)의 상소를 계기로 여주군 영릉(英陵) 옆으로 천장(遷葬)하게 되었다. 그러나 논의 과정에서 송시열이 소를 올려 능을 옮기지 말고 개봉(改封)하기를 청함으로써 현종으로부터 질책을 받기에 이르렀다. 이에 대해 송시열을 비난하는 자들은 그가 애초에 효종의 능을 정하는 일을 주관했기 때문에 자신의 과오를 덮기 위해 이렇게 말했다고 주장하였다. 《顯宗實錄 14年 3月 24日, 6月 20日》《燃藜室記述 卷31 顯宗朝故事本末 寧陵遷奉時事》

7 늘그막의……때문인데 : 효종의 천장 문제로 이별하게 되었다는 말이다. 창오(蒼梧)는 지명으로, 순(舜) 임금을 장사한 곳이다. 여기서는 영릉의 천장을 염두에 둔 시어이다.

영릉[8]을 천장할 때의 만사 3수

寧陵遷葬挽 三首

성대한 덕 천고에 빼어나고	盛德超千古
깊은 사랑 온 백성에게 미쳤네	深仁浹萬民
사람들 한창 요순 시대 기원했는데	人方祝堯舜
하늘이 문득 그 경륜 거두었구나	天遽輟經綸
승하하시던[9] 날 통곡하였고	痛哭攀髯日
천장하는 날 놀라 울부짖으니	驚呼改隧辰
외로운 신하의 십 년 눈물이	孤臣十年淚
다시 피눈물로 수건 적시네	更作血沾巾

지난날 받들어 모실 때 떠올려 보니	憶昔趨承地
외람되이 두터운 은혜 받았지	叨蒙寵渥垂
옥음이 여전히 귀에 생생한데	玉音猶在耳

8 영릉(寧陵) : 효종(孝宗)과 그의 비(妃) 인선왕후(仁宣王后)의 능(陵)이다. 경기도 여주시 능서면에 있다. 187쪽 각주6 참조.

9 승하하시던 : 반염(攀髯)은 수염을 붙잡는다는 뜻으로, 임금의 죽음을 뜻하는 말이다. 하늘에서 용이 내려와 황제(黃帝)를 태우고 승천하였는데, 이때 신하와 후궁 70여 명이 용을 타고 함께 하늘로 올라갔다. 나머지 사람들이 용의 수염을 잡았으나 수염이 뽑혀 떨어지면서 황제의 활과 검(劍)이 함께 떨어졌다. 이에 남은 백성들은 그 활과 검, 용의 수염을 끌어안고 하늘을 우러르며 통곡하였다는 전설에서 유래하였다. 《史記 卷28 封禪書》

승하하시니[10] 따를 길 없구나　仙馭杳難追
음악 끊고 삼년 동안 통곡했으며[11]　遏密三年慟
부여잡고 부르짖으니 만고의 슬픔이어라　攀號萬古悲
능침[12]에서 오늘　喬山當此日
차마 다시 애사를 바칩니다　忍復獻哀詞

숲 울창한 여주[13] 골　鬱鬱黃驪洞
가장 좋은 터에 능[14] 조성하니　珠丘第一堆
붕홍이 천세토록 단단히 버티고　崩洪千歲固
백령이 호위해 모시네[15]　拱衛百靈陪

10 승하하시니 : 선어(仙馭)는 신선이 타고 오르는 수레인데, 임금의 죽음을 의미하는 말로 쓰인다.

11 음악……통곡했으며 : 부모상을 당한 것처럼 슬퍼했다는 말이다. 알밀(遏密)은 임금이 승하하여 온 세상에 음악 소리가 끊어져 고요하다는 뜻이다. 《서경》 〈순전(舜典)〉에 "요 임금이 돌아가시니 백성들은 부모를 잃은 것처럼 슬퍼하였고, 삼 년 동안 온 세상에 음악소리가 끊어져 고요하였다.〔帝乃殂落百姓如喪考妣, 三載四海遏密八音.〕"라고 하였다. 여기서는 효종의 승하를 뜻한다.

12 능침(陵寢) : 교산(喬山)은 옛날 황제(黃帝)를 장사 지냈다는 산 이름인데, 왕릉(王陵)을 가리키는 말로 쓰인다. 여기서는 영릉을 가리킨다.

13 여주(驪州) : 황려(黃驪)는 경기도 여주 지역의 옛 지명이다. 186쪽 각주3 참조.

14 능(陵) : 주구(珠丘)는 왕릉을 이른다. 옛날 창오(蒼梧)의 들에 순(舜) 임금을 장사 지낸 후에, 빙소(憑霄)라는 새가 수시로 청사주(靑砂珠)를 물어다가 창오의 들에 쌓아 언덕을 이루었는데, 이것을 주구라고 이름하였다. 《拾遺記 虞舜》

15 붕홍(崩洪)이……모시네 : 영릉의 묏자리를 읊은 것이다. 붕홍은 풍수지리에서 수구(水口)를 막아 물이 휘돌아 흐르게 하는 바위나 언덕을 가리킨다. 백령이 호위한다는 것은 무덤 주위의 산세와 구릉이 무덤을 호위하는 것처럼 배치되어 있다는 의미이다.

전부터 천심이 있는 줄 알았는데	久識天心在
마침내 성택 옮김을 보네[16]	終看聖宅開
이제 능에 참배하며	從今拜陵地
임금에 대한 슬픔 조금이나마 풀려 하네	少抒九重哀

16 전부터……보네 : 금상(今上)인 현종(顯宗)이 영릉을 옮기려는 마음을 갖고 있었음을 오래전부터 알았는데, 이제 마침내 천장하게 되었다는 말이다. 천심(天心)은 현종의 마음을, 성택(聖宅)은 효종의 능묘를 가리킨다.

서천 군수로 임명되었다는 소식을 듣고 사은을 겸하여 천릉하는 기일에 맞춰 가다가, 도중에 사은하지 않아도 된다는 명령이 있어 곧장 임지로 돌아가다[17]

聞舒川之命 爲謝恩兼赴遷陵之期 行到中路 有除朝辭之教 徑歸任所

성주께 당시 총애 받았으니	聖主當年寵
외로운 신하 오늘 심정 간절하네	孤臣此日情
창오에서 지난 일 슬퍼하며	蒼梧悲往事
백발로 남은 생 아파하려 했는데[18]	白首痛餘生
북쪽 바라보고 하염없이 눈물 흘리다가	北望千行淚
군수[19]로 부임하러 남쪽으로 돌아오네	南來五馬行
능침[20]에 곡하려던 계획 어긋났으니	喬山乖一哭
애통한 정성 어디에 펼칠까	何處展哀誠

17 서천(舒川)……돌아가다 : 이 내용은 송규렴의 아들 송상기가 지은 〈선부군행장(先府君行狀)〉에 자세히 보인다. 《玉吾齋集 卷15》

18 창오(蒼梧)에서……했는데 : 영릉(寧陵)을 참배하여 효종이 생전에 주신 총애를 떠올리며 백발노인이 되어 홀로 남겨진 자신의 서글픈 심정을 토로하고 싶었다는 말이다. 창오는 순(舜) 임금이 남쪽으로 순행(巡行) 중에 승하하여 묻힌 곳이다. 《사기(史記)》 권1 〈오제본기(五帝本紀)〉에 "순이 제위(帝位)에 오른 지 39년에 남쪽으로 순수(巡狩)하다가 창오의 들판에서 죽었으므로 강의 남쪽 구의산(九疑山)에 장사지냈다."라고 하였다. 여기서는 효종의 영릉을 가리킨다.

19 군수 : 오마(五馬)는 한(漢)나라 때 태수(太守)가 다섯 필의 말이 끄는 수레를 타고 부임하였던 데에서 유래하여 지방 수령을 뜻한다.

20 능침(陵寢) : 교산(喬山)은 옛날 황제(黃帝)를 장사 지냈다는 산 이름인데, 왕릉(王陵)을 가리키는 말로 쓰인다. 여기서는 영릉을 가리킨다.

한산 가는 길에

韓山道中

이때에 어머니를 문안하기 위해 큰형님[21]의 영동(永同) 임소로 향하였다.

이른 아침에 오래된 객관 출발하여	侵晨發古館
말을 몰아 앞 등성이 오르네	策馬上前岡
들판은 하늘 멀리까지 펼쳐졌고	野勢兼天遠
강물은 길게 바다로 흘러가네	江流入海長
임금께 하직한 지 몇 해던가	幾年辭玉陛
오늘 관인 받았네[22]	今日領銅章
우습다 떼로 날아가는 기러기들	却笑群飛雁
정신없이 모이 찾는구나[23]	營營爲稻粱

21 큰형님 : 송규연(宋奎淵)으로, 본관은 은진(恩津), 자는 자정(子靜), 호는 한산(閒山)이다. 영동 현감(永同縣監)을 지냈다. 《霽月堂集 卷6 伯氏延安府使府君墓誌》

22 임금께……받았네 : 송규렴은 1663년(현종4) 용담 현령(龍潭縣令)에 부임했다가 1664년 부수찬(副修撰)을 시작으로 여러 관직에 임명되었으나, 1673년 서천 군수에 임명될 때까지 모두 사양하고 나아가지 않았다. 옥폐(玉陛)는 대전(大殿) 앞의 섬돌로, 대궐이나 조정을 의미한다. 여기서는 임금의 뜻으로 풀이하였다. 동장(銅章)은 구리로 만든 관인(官印)으로, 당대(唐代) 이후 군현(郡縣)의 장관(長官)이나 그에 상응하는 관직을 이르는 말로 썼다.

23 우습다……찾는구나 : 형제가 함께 지방관으로 종사하는 상황을 모이 찾느라 바쁜 기러기에 비유하여 자조한 말이다. 도량(稻粱)은 쌀과 기장으로, 기러기가 곡식을 찾아 이리저리 날아다니는 것을 말하는데, 사람이 지절(志節) 없이 의식(衣食)을 탐하여 여기저기 기웃거리고 다님을 비유하기도 한다. 두보(杜甫)의 시에 “황곡은 쉬지 않고

날아가면서, 슬피 울어라 그 어디에 의지할꼬. 그대는 양지쪽 따르는 기러기를 보았나, 각각 먹을 것을 구하는 꾀가 있다네.〔黃鵠去不息, 哀鳴何所投. 君看隨陽雁, 各有稻粱謀.〕"라고 하였다. 《杜詩詳註 卷2 同諸公登慈恩寺塔》

큰형님[24]을 모시고 동대에서 노닐다

陪伯氏遊東臺

본래 좋은 경치 제일로 꼽는 곳	形勝由來第一丘
요대와 지척에 높은 누대도 있네	瑤臺咫尺又高樓
온 산의 붉은 단풍으로 가을 골짝 환하고	萬山紅樹明秋壑
십리의 맑은 백사장이 저녁 물가 비추네	十里晴沙映晩洲
오마 형제 한 쌍의 수레 타고[25]	五馬弟兄雙皁蓋
이년 간 동이 술로 여섯 번 맑게 놀았으니	二年樽酒六淸遊
응당 좋은 일 끝없이 전해져	唯應好事傳無極
긴 강물과 함께 영원히 흐르리라	留與長江萬古流

24 큰형님 : 송규연(宋奎淵)으로, 본관은 은진(恩津), 자는 자정(子靜), 호는 한산(閒山)이다. 영동 현감(永同縣監)을 지냈다. 《霽月堂集 卷6 伯氏延安府使府君墓誌》

25 오마(五馬)……타고 : 송규렴과 그의 형이 모두 지방관이기에 한 말이다. 오마는 한(漢)나라 때 태수(太守)가 다섯 필의 말이 끄는 수레를 타고 부임하였던 데에서 유래하였다. 조개(皁蓋)는 흑색의 수레 덮개라는 뜻으로, 역시 지방관을 가리킨다. 《후한서(後漢書)》 〈여복지 상(輿服志上)〉에 "중 2000석과 2000석은 모두 수레 덮개를 흑색으로 한다.〔中二千石, 二千石, 皆皁蓋.〕"라고 하였다.

영산[26]에서 서림[27]으로 출발하며 우화루에 올라 큰형님[28]과 이별하다

自永山向西林 登羽化樓 別伯氏

갈림길에 이별하며 말문이 막히고	脈脈臨岐別
민둥산에 오르는 근심[29] 아득해라	悠悠陟屺愁
해 지는데 차마 떠나지 못하고	斜陽不忍去
다시 굽은 난간머리에 기대네	更倚曲欄頭

26 영산(永山) : 충북 영동(永同)의 옛 이름이다.

27 서림(西林) : 충남 서천(舒川)의 옛 이름이다.

28 큰형님 : 송규연(宋奎淵)으로, 본관은 은진(恩津), 자는 자정(子靜), 호는 한산(閒山)이다. 영동 현감(永同縣監)을 지냈다. 《霽月堂集 卷6 伯氏延安府使府君墓誌》

29 민둥산에 오르는 근심 : 척기(陟屺)는 자식이 부모를 애틋하게 그리워하는 마음을 비유한 것이다. 《시경》 〈척호(陟岵)〉는 효자가 부역을 나가 어버이를 잊지 못하는 심정을 노래한 것인데, 그 둘째 장에 "저 민둥산에 올라가 어머님 계신 곳을 바라본다.〔陟彼屺兮, 瞻望母兮.〕"라고 한 데서 유래하였다. 여기서는 송규렴의 어머니가 송규연의 임소(任所)에 있었기 때문에 한 말이다.

정평[30]의 시에 맞춰 짓다

次正平韻

해질녘에 서로 이별하려는데	落日人將別
호수와 산에 눈 많이 쌓였네	湖山雪正深
서로 바라보매 둘 다 늙었으니	相看俱老大
떠나고 머무는 심정 어떠할까	去住若爲心

30 정평(正平) : 김만균(金萬均, 1631~?)으로, 본관은 광산(光山), 자는 정평, 호는 사휴(思休)·취선(醉仙)·이호(梨湖)이다. 김장생(金長生)의 증손으로, 송시열(宋時烈)의 문인이다. 《승정원일기》 현종 13년 09월 10일 기사에 "옥천 군수 김만균이 하직하였다.〔下直, 沃川郡守金萬均.〕"라는 기사가 있는 것으로 보아, 송규렴이 서천 군수로 부임하기 전에 김만균과 자주 만난 것으로 보인다.

서천 관사에서 앓아누워 감회를 쓰다 갑인년(1674, 현종15)

舒川郡齋病臥述懷 甲寅

온종일 빈 관아에 추적추적 비 내리고	空齋盡日雨蕭蕭
열흘이나 쓸쓸히 앓아누웠네	一病經旬臥寂寥
푸른 산 마주한 문으로 아침에 안개 보고	門對碧峯朝見霧
바닷가 고을이라 밤에 조수 소리 들리네	地隣滄海夜聞潮
하늘 끝에 머문 자취 이 몸은 나그네	天涯蹤跡身如寄
객지에서 세월 보내니 귀밑털 세려 하네	客裏光陰鬢欲凋
불현듯 생각하니 고향에 봄 이미 저물어	却憶故園春已晚
지는 꽃 향기로운 풀 앞 다리에 가득하겠지	落花芳草滿前橋

관사에서 부질없이 읊다

郡齋漫吟

늙은 홰나무 그림자 흔들리고 작은 집 그윽하니	古槐搖影小軒幽
긴 여름의 풍광이 깊은 가을 같구나	長夏風光似九秋
주렴에 든 푸른 산 빛 무르익어 방울지려 하고	山翠入簾濃欲滴
못물 위로 나온 연잎은 초록빛 막 떠오르네	池荷出水綠初浮
나그네 시름 석 잔 술로 달랠 수 없고	客愁無賴三杯酒
시흥은 도리어 백 척의 누각이 좋구나	詩興還宜百尺樓
기쁘게도 앞들에 단비 흠뻑 내리니	却喜前郊甘雨足
난간에 기대어 온종일 농부가 듣노라	倚欄終日聽農謳

이때 오랜 가뭄 끝에 비가 내렸다.

가을밤에 감회가 있어서

秋夜有感

심회(心懷)를 서술한 앞 시의 운자를 사용해 지었다.[31] 당시 연경이 몽고의 압박을 받아 장차 무너질 형세에 놓여 있다는 소식을 들었다.

팔월 거센 바람이 억새밭 휘젓고　八月高風捲荻蕭
가을 들어 나그네 마음 갈수록 쓸쓸하네　秋來客思轉寥寥
연기가 숲 감싸 밤 풍경 흐릿하고　蒼茫夜色煙含樹
파도 소리 차갑게 철썩이네　淅瀝寒聲海送潮
천고의 흥망에 마음만은 장대한데　千古興亡心獨壯
백 년의 서검에 양쪽 귀밑머리 세었구나[32]　百年書劍鬢雙凋
언제나 푸른 바다를 날듯이 건너서　幾時飛渡滄溟水
난하의 제일교에 말을 세울까　立馬灤河第一橋

난하(灤河)는 달리 통주(通州)로도 쓴다.

31 심회(心懷)를……지었다 : 〈서천 관아에서 앓아누워 감회를 쓰다[舒川郡齋病臥述懷]〉의 운자와 이 작품의 운자가 동일하다.

32 천고(千古)의……세었구나 : 반복되는 왕조의 흥망성쇠에도 불구하고 아직 마음만은 씩씩한데, 문(文)과 무(武) 어느 것도 이루지 못한 채 늙어가는 삶에 회한(悔恨)이 든다는 말이다.

송옥의 〈구변〉[33]을 보고 감회가 있어서 을묘년(1675, 숙종1)
覽宋玉九辯有感 乙卯

송옥은 굴원을 애도하기만 하고	宋玉徒能弔屈原
어찌 끝내 임금께 부르짖지 않았던가	如何終不叫天閽
만일 당시에 말이 도움 될 수 있었다면	若令當日言爲補
일찍이 원통한 사정 죄다 말했겠지	極口唯應早說冤

33 송옥(宋玉)의 구변(九辯) : 송옥은 전국 시대 초(楚)나라 사람으로 굴원(屈原)의 제자이다. 〈구변〉은 임금에게 충성을 바치고도 쫓겨난 스승 굴원의 처지를 가을이 되어 영락하는 초목에 빗대어 한탄한 것이다. 《楚辭 卷6 九辯》

우재 선생이 어떤 이에게 준 시[34]를 삼가 차운하다

敬次尤齋先生贈人韻

머리 돌려 강남 바라보니 길이 얼마나 먼가　回首江南路幾長
고개 구름과 변방 숲에 생각 아득하네　嶺雲關樹思茫茫
그대는 강남의 일 말하지 마시게　憑君莫說江南事
강남 일 말하면 마음 쉽게 상한다네　說到江南意易傷

34 우재(尤齋)……시 : 우재는 송시열(宋時烈)로, 본관은 은진(恩津), 자는 영보(英甫), 호는 우암(尤菴)·우재이다. 송시열의 시는 《송자대전(宋子大全)》 권2에 수록된 〈이태경 동형이 신백고와 함께……〔李泰卿東亨與申白固……〕〉의 둘째 수이다.

밤에 앉아 있다가 감회가 있어서
夜坐感懷

근심스레 한밤까지 말없이 앉았노라니	愁坐深宵默不言
창 가득 눈보라 몰아치고 등불 가물가물	滿窓風雪一燈昏
남아가 만고에 상심하는 일은	男兒萬古傷心事
밝은 해도 엎어진 동이 속은 비추지 못함이지[35]	白日無由照覆盆

35 밝은……못함이지 : 억울한 죄상이 밝혀지지 않음을 말하는 것인데, 여기서는 송시열(宋時烈)의 일을 말한 것으로 보인다. 《포박자(抱朴子)》〈변문(辨問)〉에 "해와 달도 비치지 못하는 곳이 있고, 성인도 알지 못하는 것이 있다. 어찌 성인이 하지 않는 것이라고 해서 천하에 선도가 없다고 하겠는가. 이것은 삼광이 엎어진 동이의 안을 비추지 못한다고 책망하는 것과 같다.〔日月有所不照, 聖人有所不知. 其可以聖人所不爲, 便云天下無仙. 是責三光不照覆盆之內也.〕"라고 하였다.

꿈을 기록하다

記夢

을묘년 십일월[36]	蒼兎月之復
칠일 밤 자정쯤에	七日夜未央
문득 한 젊은이 만났는데	忽遻一年少
문채가 어찌나 눈부시던지	文彩何煌煌
재자 가의라고 하기에	云是賈才子
이끌고 중당에 올라	引揖蹐中堂
부들방석 깔고 마주 앉아	蒲團坐相對
즐겁게 술 마시며	款洽同杯觴
웅걸한 이야기 천고의 옛 일까지 미치고	雄談扢千古
깊은 의론 삼황까지 이르렀네	邃論傾三皇
그러다가 천국[37]의 일 말했는데	因言芊國事
혀를 차며 더욱 격앙되었지	咄咄增激昂
소인배들 멋대로 임금의 총명 가려	群陰恣蔽日
곧은 선비가 끝내 재앙에 걸렸네	直士終罹殃
재앙에 걸린 이유 어찌 따로 있으랴	罹殃豈有他

36 을묘년(乙卯年) 십일월 : 창토(蒼兎)는 을묘년을 뜻하므로, 여기서는 1675년(숙종1)에 해당한다. 《宋子大全 隨箚 卷1 卷之四詩》 십일월은 《주역》의 복괘(復卦)에 해당한다.

37 천국(芊國) : 초(楚)나라 왕실이 천씨(芊氏)였으므로, 천국은 초나라를 가리킨다.

다만 올곧은 마음 지녔기 때문이었지	只爲懷剛腸
슬프고 슬프다 멱라연	哀哀汨羅淵
옥 같은 달 그 숭고한 빛 잠겼네[38]	璧月沈精光
지금도 물고기 뱃속에	至今魚腹裏
한 가득 충혼 간직하였으리	鬱鬱忠魂藏
서글퍼 말 끝나기도 전에	悽然語未竟
두 줄기 눈물을 줄줄 흘리네	有淚雙滂滂
나도 근심스레 말 못하고	余亦悄無言
계속해서 부질없이 눈물로 옷 적셨네	脈脈空沾裳
이 일을 진실로 지사들 아파하지만	斯固志士痛
경중은 헤아려보아야지	輕重要商量
일개 외로운 신하의 죽음이	一介孤臣死
어찌 온 초나라가 망함과 같으랴	何如全楚亡
사람들 모두 굴원을 애도하지만	人皆弔屈子
나는 홀로 회왕을 슬퍼하노라	我獨悲懷王
괴이하다 그대는 문부를 지어	怪君作文賦
부질없이 상강에 던졌네[39]	漫爾投江湘
상강은 본래 마음 없으니	湘水本無情
그대 마음 누가 알랴	子意誰能詳

38 멱라연(汨羅淵)……잠겼네 : 초(楚)나라 굴원(屈原)이 죽은 것을 말한다. 멱라연은 굴원이 쫓겨나 상강(湘江) 가에서 배회하다가 빠져 죽은 곳이다.

39 괴이하다……던졌네 : 가의(賈誼)가 〈조굴원부(弔屈原賦)〉를 지어 상강에 던진 일을 말한다.

내가 보건대 그대의 한이　吾觀子之恨
영균과 비교해 누가 더 클까[40]　孰與靈均長
영균이 혼매한 군주 섬겼으니　靈均事暗主
쫓겨나는 것 당연하지만　放逐乃其常
그대는 성명한 군주 모셨는데　子有聖明君
어찌하여 거친 장사로 쫓겨났나[41]　曷爲長沙荒
초란[42]은 진실로 소인이니　椒蘭固小人
헐뜯는 말을 막기 어렵지　讒口宜難防
강관은 어떤 사람이기에　絳灌是何者
이에 다시 선량한 사람 내쳤나[43]　迺復擠善良

40 그대의……클까 : 가의의 한보다는 굴원(屈原)의 한이 더 컸을 것이라는 말이다. 영균(靈均)은 굴원을 가리킨다. 《초사(楚辭)》 〈이소(離騷)〉에 "나의 이름을 정칙이라 지어 주셨고, 자를 영균이라 지어 주셨다.〔名余曰正則兮, 字余曰靈均.〕"라고 하였다.

41 그대는……쫓겨났나 : 가의는 문제(文帝)와 같은 훌륭한 임금을 모셨지만, 모함을 받아 장사왕(長沙王)의 태부(太傅)로 좌천되었다. 《史記 卷84 賈生列傳》

42 초란(椒蘭) : 초(楚)나라 대부(大夫) 자초(子椒)와 초 회왕(椒懷王)의 동생 사마자란(司馬子蘭)의 병칭으로, 두 사람은 모두 간사한 소인이었다. 〈이소(離騷)〉에 이 두 사람이 시속을 따라 변절한 것을 풍자하여 "진실로 시속을 따라 흐르다 보면, 또 뉘라서 변하지 않을까. 산초와 난초가 이와 같음을 보노니, 하물며 게거와 강리 따위야 말해 뭐하랴.〔固時俗之流從兮, 又孰能無變化. 覽椒蘭其若玆兮, 又況揭車與江離.〕"라고 하였다.

43 강관(絳灌)은……내쳤나 : 강관은 한(漢)나라의 개국공신 강후(絳侯) 주발(周勃)과 영음후(潁陰侯) 관영(灌嬰)의 병칭이다. 가의가 20세 때 문제의 부름을 받고 조정에 들어가 1년도 안 된 사이에 태중 대부(太中大夫)에 이르면서 예악(禮樂)에 입각한 문치(文治)의 정책을 과감하게 건의하자, 문예를 잘 모르는 주발과 관영 등 대신들이 이를 시기하여 가의를 조정에서 쫓아냈다. 《史記 卷84 賈生列傳》

그대의 재주 빼어나 君才克雋逸
스물에 문장 잘 지었지 二十能文章
치안을 위한 만언 소장으로[44] 治安萬言疏
계획 아뢰니 얼마나 분명했던가 籌策何明昌
그러고도 때를 만나지 못했으니 有此不遇時
하늘의 뜻 끝내 알기 어려워라 天意終茫茫
내가 들으니 현달한 사람은 吾聞賢達人
예부터 불우한 이들 많았다지 自古多棲遑
당시 노나라 공자는 當年魯宣聖
수레로 사방을 떠돌았고 轍環游四方
또한 추나라 맹자는 亦有鄒孟氏
가고 머묾 장창에게 막혔지[45] 行止困臧倉
그러나 사라지지 않은 것은 然其不亡者

44 치안(治安)을……소장으로 : 가의가 비통한 심정으로 문제에게 올린 치안을 위한 대책문(對策文)을 말한다. 그 대책문 첫머리에 "오늘날의 상황을 살펴보건대, 통곡할 일이 하나요, 눈물을 흘릴 일이 둘이요, 장탄식할 일이 여섯이며, 그 밖에 도리에 어긋난 것들은 이루 헤아릴 수 없이 많다.〔臣竊惟事勢可爲痛哭者一, 可爲流涕者二, 可爲長太息者六, 若其它背理而傷道者, 難徧以疏擧.〕"라고 전제하고, 하나하나 정치의 득실을 설명하였다. 《漢書 卷48 賈誼傳》

45 가고……막혔지 : 행지(行止)는 일반적으로 출처(出處), 진퇴進退)의 뜻으로 쓰인다. 노 평공(魯平公)이 맹자(孟子)를 만나려고 하자, 장창(臧倉)이 만나지 못하게 하였다. 악정자(樂正子)가 그 사실을 맹자에게 고하자, 맹자께서 "길을 감은 누가 혹 시켜서이며, 멈춤은 누가 혹 저지해서이다. 그러나 가고 그침은 사람이 시킬 수 있는 것이 아니다. 내가 노나라 임금을 만나지 못함은 천명이니, 장씨의 자식이 어찌 나로 하여금 만나지 못하게 할 수 있겠는가.〔行或使之, 止或尼之, 行止, 非人所能也. 吾之不遇魯侯, 天也, 臧氏之子, 焉能使予, 不遇哉.〕"라고 하였다. 《孟子 梁惠王下》

분명히 무궁한 후대까지 드리웠네	赫奕垂無疆
오직 저 명리만 좇는 자들은	惟彼夸奪子
뒷날 부월이 추상처럼 매서웠으니[46]	後鉞嚴秋霜
곤궁과 영달 어찌 굳이 물으랴	何須問窮達
악취와 향기에서 보아야 하리라[47]	且可看臭芳
영균과 그대	靈均與吾子
도는 펴지 못했지만 이름 드러났으니	道屈名則彰
근심 만났어도 원망할 필요 없고[48]	離騷不必怨
복조 날아와도 상심할 필요 없지[49]	鵩鳥不必傷

46 오직……매서웠으니 : 생전에 명리(名利)만 추구하던 사람들은 후대에 냉혹한 평가를 받았다는 말이다. 과탈자(夸奪子)는 명리를 추구하는 사람이다. 한유(韓愈)의 〈잡시(雜詩)〉에 "예전의 명리만 추구하는 자들은, 만 개의 무덤이 되어 산봉우리를 누른다.〔向者夸奪子, 萬墳厭其巓.〕"라고 하였다.

47 곤궁과……하리라 : 인물이 살아 있을 때의 현달 여부가 중요한 것이 아니고, 그 사람에 대한 평가는 후세의 평판에 있다는 말이다. 취방(臭芳)은 악취와 향기로, 악취는 악명(惡名)을, 향기는 훌륭한 명성을 의미한다. 진(晉)나라 때 대사마(大司馬) 환온(桓溫)이 제위 찬탈의 음모를 꾀하면서 말하기를 "이미 후세에 좋은 명성을 남기지 못하게 되었지만, 또한 족히 만 년 뒤까지 악명도 남기지 못한단 말인가.〔既不能流芳後世, 亦不足復遺臭萬載耶.〕"라고 했던 데서 유래하였다.《晉書 卷98 桓溫列傳》

48 근심……없고 : 굴원이 쫓겨났어도 원망할 필요가 없다는 말이다. 이소(離騷)는 근심을 만났다는 말로, 굴원이 〈이소〉를 지었기에 한 말이다.

49 복조(鵩鳥)……없지 : 죽음을 예고하는 불길한 조짐이 나타나도 상심할 필요가 없다는 말이다. 가의가 유배되어 장사왕(長沙王)의 태부(太傅)로 있을 때 복조가 지붕 위에 날아와 모였다. 당시 민간에 전하는 말로는 복조가 지붕에 앉으면 그 집 주인이 죽는다고 하였으므로, 가의가 슬퍼하여 〈복조부(鵩鳥賦)〉를 지은 일이 있기에 한 말이다.《史記 卷84 賈生列傳》

가 태부 묵묵히 아무 말도 못한 채　　賈傅默不語
휘둥그레 두 눈 크게 뜨네　　盱然雙目張
갑자기 호접이 흩어지더니　　無端蝴蝶散
홀로 찬 창가에 누워 있네[50]　　獨臥寒窓傍

50 갑자기……있네 : 꿈에서 깨어났다는 말이다. 《장자(莊子)》 〈제물론(齊物論)〉에 사람의 꿈속에 호랑나비가 되었는지, 아니면 호랑나비의 꿈속에 사람이 되었는지 모르겠다는 물화(物化)의 비유가 있기에 원용하여 말한 것이다.

우재 선생이 다른 사람에게 화답한 시[51]에 삼가 차운하다

2수○병진년(1676, 숙종2)

敬次尤齋先生和人韻 二首○丙辰

누가 가시나무로 겹 사립문 에워서	誰將棘柵鎖重扉
푸른 하늘 밝은 햇살 막았나	蔽却青天白日輝
비록 눈물 참을 만한 강심장 있어도	縱有剛腸能制淚
이 상황에서 몇이나 옷깃 적시지 않으랴	幾人於此不沾衣

끝없는 봄 시름에 홀로 문 닫고 있나니	無限春愁獨掩扉
복사꽃 오얏꽃 아양 떠는 꼴 차마 보랴	忍看桃李鬪姸輝
응당 하늘 끝 외로운 신하의 눈물이	只應天末孤臣淚
옛날 하사받은 화려한 초구 다 적시리[52]	濕盡文貂舊賜衣

51 우재(尤齋)……시 : 우재는 송시열(宋時烈)의 호이다. 송시열의 시는 《송자대전(宋子大全)》 권2에 수록된 〈차증송계흥(次贈宋季興)〉으로, 전문은 다음과 같다. "산속에서 몇 년이나 솔 대문 닫았던가, 주자가 남긴 글 해와 달처럼 빛나네. 오늘 눈서리 내리는 가시울타리 속에서도, 그대를 만나 심의에 대해 말하네.〔山中幾歲閉松扉, 晦父遺書日月輝. 今日雪霜荊棚裏, 逢君猶說舊深衣.〕"

52 응당……적시리 : 송시열이 효종에게 초구(貂裘)를 하사받은 일이 있기에 한 말이다.

3월 3일에 술을 조금 마시고 감회가 있어서
三月三日 小酌有感

일 년 중 좋은 명절 바로 삼짇날	一年佳節屬三三
꽃들 한창 곱고 버들 빛 절정이네	花意方濃柳色酣
술잔 멈추고 시름 쌓임을 문득 느끼니	忽覺停杯愁思集
모르겠다 어디에서 강남을 바라볼까	不知何處望江南

차운하여 이은식에게 이별 선물로 주다

次韻贈別李生 殷植

술잔 들어도 즐겁지 않나니	把酒自不樂
저무는 봄날에 그대 떠나보내네	送君春暮時
근심은 푸른 풀빛에 이어지고	愁連碧草色
한은 푸른 버들가지에 들어가네	恨入綠楊枝
이별할 때 선배들에게 부끄럽지만[53]	贈處慙前輩
즐거운 일 추억하며 다시 만날 날 묻네	追歡問後期
알겠노라 이 이별	應知此離別
꽃 질 때 그리움 더할 줄을	花落倍相思

53 이별할……부끄럽지만 : 떠나는 이은식(李殷植)에게 도움말을 주지 못해 부끄럽다는 말이다. 증처(贈處)는 친구 간에 헤어질 때 서로 권면(勸勉)하는 말을 주고받는 것을 의미한다. 자로(子路)가 노(魯)나라를 떠날 때 안연(顔淵)에게 "나에게 무엇을 주어 전별하겠는가.〔何以贈我〕"라고 하였고, 안연은 또 자로에게 "나에게는 무엇을 남겨 주겠는가.〔何以處我〕"라고 한 데서 유래하였다. 《禮記 檀弓下》

늦봄의 감회

暮春感懷

외로운 심사 문득 즐겁지 않아	孤懷忽不樂
시름하며 중문 닫았네	悄悄掩重門
꽃 지고 봄 저물려는데	花落春將暮
깊은 숲에서 새들 지저귀네	林深鳥自喧
사람 마음을 어찌 알랴	人心那可測
세상일 말하고 싶지 않구나	世事欲無言
묻노라 하늘 끝 유배 생활이	爲問天涯謫
지하의 원혼과 비교해 어떠한가	何如地下冤

집의 조의망[54] 세환 의 운자에 맞춰 짓다
次趙執義嶷望 世煥 韻

달은 한밤에 얼마나 둥글어졌나 桂魄中宵問幾團
세월 속에 귀밑털 다 센 줄 알겠네 年光渾覺鬢俱闌
푸른 산 절로 천추의 빛깔 있건만 青山自有千秋色
바다는 부질없이 만 길 물결 일렁이네 碧海空翻萬丈瀾
그 의기 오직 우리들만 알 뿐이니 意氣惟憑吾輩識
시편을 세상 사람들에게 보이지 마시길 詩篇莫使俗人看
살면서 넓은 천지 필요하지 않으니 將身不必乾坤闊
초가삼간도 스스로 평안하다오 茅屋三間亦自安

54 조의망(趙嶷望) : 조세환(趙世煥, 1615~1683)으로, 본관은 임천(林川), 자는 의망, 호는 수촌(樹村)이다. 1674년(현종15)에 집의(執義)에 임명되었다. 《宋子大全 卷169 全羅監司趙公神道碑銘 幷序》

법천[55]의 괴정에서 송자화[56] 병하 에게 보이다
法泉槐亭 示宋子華 炳夏

그윽한 정자 말끔하여 세속과 떨어져 있고	幽亭蕭灑絶塵紛
골짝의 맑은 흐름 마을 어귀 둘렀네	一壑淸流繞洞門
해 닿을 듯한 늙은 회화나무 새 잎 빽빽하고	拂日老槐新葉密
갠 날 희롱하는 예쁜 새 저물녘에 지저귀네	弄晴嬌鳥晩聲喧
이승에는 천추의 한이 끝나지 않았고	人間不盡千秋恨
저승에는 부질없이 만고의 억울함이 남았으리[57]	地下空留萬古冤
마음속 수많은 사연들 말하고 싶지만	欲說胸中多少事
멍하니 마주하고 말하지 않노라	嗒然相對却無言

55 법천(法泉) : 계족산(鷄足山) 남쪽에 있던 법천사(法泉寺)로 보인다. 《新增東國輿地勝覽 卷18 懷德縣》

56 송자화(宋子華) : 송병하(宋炳夏, 1646~1697)로, 본관은 은진(恩津), 자는 자화, 호는 수오재(守迃齋)이다. 송시열(宋時烈)의 문인이다. 《開靜堂集 卷8 仲祖掌樂院正府君行狀》

57 저승에는……남았으리 : 당시 송준길(宋浚吉)은 별세한 상황이었는데, 삭탈관직을 당했기에 이렇게 말한 것이다.

한가롭게 지내며 부질없이 읊다
閒居漫吟

푸른 산이 집 두르고 시내가 문을 에웠는데	青山繞屋水圍門
물고기는 사람 경계 않고 새도 울지 않네	魚不驚人鳥不喧
나도 무심하게 온종일 앉아	我亦無心坐終日
몸도 잊고 세상도 잊고 말조차 잊었노라	忘身忘世又忘言

우연히 율시 한 수를 지었기에 기록하여 우재[58] 선생의 책상 아래에 올리다

偶得一律 錄上尤齋先生案下

책 속에서 성인 대하고	黃卷中間對聖人
단전 가까이에 밝은 정신 지키네	丹田咫尺護明神
근본을 먼저 배양하고	根基且自先培壅
사용할 때는 거짓과 참을 구분해야지	發用要須辨妄眞
작은 성취에 안주하면 학문 아니니	安歇小成非是學
전체를 관통해야 비로소 인이 되지	貫通全體始爲仁
조용히 공부 무르익기 기다리면	從容待到工夫熟
천지 만물이 차례로 새롭겠지	天地群形次第新

58 우재(尤齋) : 송시열(宋時烈, 1607～1689)로, 본관은 은진(恩津), 자는 영보(英甫), 호는 우암(尤菴)·우재이다. 《寒水齋集 卷31 尤菴先生墓表》

동춘[59] 선생의 묘소를 옮긴 뒤에 우재 선생이 보내 준 시[60]를 삼가 차운하다

同春先生遷墓後 敬次尤齋先生下示韻

대궐에서는 임금의 은혜 끊어지고	北闕天恩斷
남쪽 언덕에 선비의 상여[61] 돌아왔네	南阡士翣歸
사문의 영원한 슬픔이니	斯文萬古慟
몇 사람이나 옷자락에 눈물 뿌릴까	涙灑幾人衣

59 동춘(同春) : 송준길(宋浚吉, 1606～1672)로, 본관은 은진(恩津), 자는 명보(明甫), 호는 동춘당(同春堂)이다. 《同春堂集 別集 卷9 附錄 墓誌文》

60 우재(尤齋)……시 : 우재는 송시열(宋時烈, 1607～1689)의 호이다. 송시열의 시는 《송자대전(宋子大全)》 권2에 수록된 〈동춘형을 ○ 장하던 날에 회포를 써서 자정 송규연 중경 이상길 계흥 송규창 제군에게 보여주고 호답을 구하다〔同春兄遷葬日 書懷寄示子靜宋奎淵重卿李相吉季興宋奎昌諸君 求和〕〉이다.

61 상여 : 삽(翣)은 발인(發引)할 때 상여의 앞뒤에서 들고 가는 치장 제구의 하나로, 죽은 사람의 영혼을 좋은 곳으로 인도해 달라는 염원을 담고 있는 도구라고 한다. 보삽(黼翣), 불삽(黻翣), 운삽(雲翣) 등이 있는데, 보삽은 자루가 없는 도끼 모양의 문양을, 불삽은 아(亞) 자 모양의 문양을, 운삽은 구름 모양의 문양을 그린다. 여기서는 상여를 뜻하는 말로 쓰였다.

풍월정[62]에서 부질없이 읊다
風月亭漫吟

서리 내리는 물가에 기러기 처음 날고	霜寒水國雁初飛
가을 지난 들녘에 제비 이미 돌아갔네	秋盡郊墟燕已歸
꿈에도 성시 못 본 지 몇 년인가	城市幾年魂夢斷
구름 낀 고개 너머 천 리의 소식 드물구나	嶺雲千里信書稀
끊임없이 흐르는 강물은 고금의 차이 없건만	江流滾滾無今古
어지러운 세상일은 시비가 있구나	世事紛紛有是非
쓸쓸한[63] 저물녘에 이런저런 생각 많아	搖落暮天多少思
한 동이 술로 외로운 누각 석양에 기대노라	一樽孤閣倚斜暉

62 풍월정(風月亭) : 대전광역시 대덕구 목상동에 있었던 송국사(宋國士, 1612~1690)의 정자이다.

63 쓸쓸한 : 요락(搖落)은 숙살지기(肅殺之氣)가 몰아쳐서 나뭇잎이 다 떨어지는 가을철의 분위기를 표현한 말이다. 전국 시대 초나라 시인 송옥(宋玉)이 지은 〈구변(九辯)〉에 "슬프다, 가을 기운이여. 쓸쓸히 초목은 낙엽지고 쇠한 모습으로 바뀌었네.〔悲哉, 秋之爲氣也. 蕭瑟兮, 草木搖落而變衰.〕"라고 하였다. 《文選 卷13》

상사 이사명[64]의 운자에 맞춰 짓다

次李上舍 師命 韻

쓸쓸한 집에서 열었던 송별연	寥落寒齋送別筵
지금까지도 꿈속에 생생하네	至今唯有夢依然
가물거리는 등불 긴긴 밤 시름겹고	青燈翳翳愁長夜
헝클어진 백발에 늘그막이 서러워라	白髮蕭蕭感暮年
쓸모없는 상수리나무 감히 옥수와 같다 하랴[65]	散櫟敢言同玉樹
거친 글로 경편에 화운하기 부끄럽네[66]	蕪詞却愧和瓊篇

64 이사명(李師命) : 1647~1689. 본관은 전주(全州), 자는 백길(伯吉), 호는 포암(蒲菴)이다. 서인(西人)으로서 경신대출척(庚申大黜陟) 때 남인을 몰아내는 데 가담하여 보사 공신(保社功臣) 2등으로 완녕군(完寧君)에 봉해졌다. 1689년(숙종15) 기사환국(己巳換局)으로 남인이 득세하자 사형 당했다.《晦泉集 卷33 兵曹判書李公諡狀》

65 쓸모없는……하랴 : 산력(散櫟)은 재목이 될 수 없는 쓸모없는 나무라는 뜻으로, 산목(散木)이라고도 하는데, 주로 재능이 없는 사람이나 세상에 쓰이지 못한 사람을 비유한다.《장자(莊子)》〈인간세(人間世)〉에 "장석이 제나라로 가다가 곡원에 이르러 신사(神社)의 상징으로 심은 상수리나무를 보았다.…… 이것으로 배를 만들면 가라앉고 널을 짜면 곧 썩을 것이며, 기물을 만들면 곧 망가지고 문을 만들면 진이 흐를 것이며, 기둥을 만들면 좀이 생길 것이다. 이것은 재목이 되지 못하는 나무이다. 아무 소용도 없기 때문에 이처럼 오래 살 수 있었던 것이다."라고 한 데서 유래하였다. 옥수(玉樹)는 아름다운 나무이다. 여기서는 송규렴 자신을 산력에, 이사명을 옥수에 비유하여 읊은 것이다.

66 거친……부끄럽네 : 이사명의 훌륭한 시에 화운하기가 부끄럽다는 말이다. 경편(瓊篇)은 상대방이 보내 준 아름다운 시를 뜻한다.《시경》〈모과(木瓜)〉에 "나에게 모과를 던져 주기에, 아름다운 옥으로써 갚는다.〔投我以木瓜, 報之以瓊琚.〕" 하였다.

언제나 달빛 어린 봄 강에 배를 띄워	何時其泛春江月
오래된 고란사[67] 가에서 한 번 취해 볼까	一醉皐蘭古寺邊

67 고란사(皐蘭寺) : 충청남도 부여읍에 있는 절로, 조룡대(釣龍臺) · 낙화암(落花巖) · 자온대(自溫臺) 등과 함께 백제(百濟)의 고적(古跡)으로 유명하다.

봄날의 감회. 앞의 〈법천괴정〉의 운자를 써서 짓다 정사년 (1677, 숙종3)

春日感懷 用前法泉槐亭韻 丁巳

뜨락에 비바람 한창 어수선하고	一庭風雨政紛紛
끝없는 시름 속에 낮에도 문 닫아두노라	無限閒愁晝掩門
시든 버들은 봄 되자 다시 푸르러지고	衰柳入春還復色
괴이한 새는 종일토록 지저귀네	怪禽終日自相喧
영균은 초택에서 부질없이 한 남겼고[68]	靈均楚澤空留恨
가부는 장사에서 홀로 원한 품었지[69]	賈傅長沙獨抱冤
사람이 더러 하늘 이기지만 하늘도 사람 이기니	人或勝天天亦勝
신포서는 천고에 명언을 남겼구나[70]	申胥千古有名言

68 영균(靈均)은……남겼고 : 초택(楚澤)은 굴원(屈原)이 초 회왕(楚懷王)에게 버림받은 몸이 되어 멱라수(汨羅水)에 빠져 죽기 직전까지 배회하던 소상강(瀟湘江) 일대를 말하며, 영균은 그의 자(字)이다. 부질없이 한을 남겼다는 것은 그가 죽기 직전에 지었던 〈회사부(懷沙賦)〉를 비롯하여 〈이소(離騷)〉 등 많은 작품에 담겨 있는 내용을 말한다. 《史記 卷84 屈原列傳》

69 가부(賈傅)는……품었지 : 가부는 전한(前漢) 장사왕(長沙王)의 태부(太傅)를 지낸 가의(賈誼)이다. 가의가 문제(文帝)의 부름을 받아 20세에 박사(博士)를 거쳐 중대부(中大夫)까지 되었다가 대신의 시기로 장사왕의 태부로 쫓겨난 뒤, 〈조굴원부(吊屈原賦)〉를 지어 굴원을 조상하는 동시에 자신을 그에 비유하였다. 스스로 상심하여 33세의 나이로 죽었다. 《史記 卷84 賈生列傳》

70 사람이……남겼구나 : 신서(申胥)는 춘추 시대 초(楚)나라의 신포서(申包胥)이다. 신포서와 오원(伍員)은 친구 사이였다. 오원이 가족을 잃고 오(吳)나라로 달아나며

신포서에게 "나는 반드시 초나라를 멸망시키겠다.〔我必覆楚〕" 하자, 신포서가 "나는 반드시 초나라를 지키겠다.〔我必存之〕" 하였다. 그 뒤 오원이 오나라 군사를 이끌고 초나라 서울인 영(郢)으로 침입하여 평왕(平王)의 무덤을 파고 시신을 꺼내 채찍으로 300번을 때렸다. 신포서는 산중으로 도망하여 사람을 시켜 말하기를 "그대가 원수를 갚는 방법이 어찌 그리 심한가. 내가 들으니 '사람이 많으면 하늘을 이기지만, 하늘이 안정되면 또한 사람을 이길 수 있다.' 하였다. 그대는 예전에 신하로서 북면하여 평왕을 섬기다가 이제 죽은 자를 욕보이기까지 하니, 어쩌면 이리도 무도함이 극에 달했는가.〔子之報讐, 其以甚乎. 吾聞之, 人衆者勝天, 天定亦能破人. 今子故平王之臣, 親北面而事之, 今至於僇死人, 此豈其無天道之極乎.〕"라고 하였다.《史記 卷66 伍子胥列傳》

봄날의 감회

春日感懷

머나먼 봉산 어디에 있나	渺渺蓬山何處邊
봄바람에 머리 돌리니 생각만 아득해라[71]	春風回首思茫然
꽃 만발한 골짝엔 붉은 꽃잎 비단처럼 쌓였고	花明洞裏紅堆錦
버들 하늘대는 둑엔 푸르게 연무 엉겼네	柳拂堤頭翠織煙
눈에 가득한 향기로운 꽃은 옛 모습 그대로인데	滿目芳華依舊色
가슴 아프게도 임금의 은혜 예전과 다르구나	傷心雨露異前年
봄의 신[72]이 화창한 기운 한껏 펼치는데	東君剩布陽和氣
오히려 두터운 구름이 하늘을 가렸네[73]	猶遣重雲蔽九天

봉산(蓬山)은 곧 장기(長鬐)이다.

71 머나먼……아득해라 : 원주(原註)에서 봉산(蓬山)은 장기(長鬐)라고 밝히고 있다. 효종비의 상으로 인한 제2차 예송에서 패한 송시열(宋時烈)은 1675년(숙종1) 덕원(德源)으로 유배되었다가, 이때에 경상북도 장기로 이배되어 있었다. 따라서 이 구는 송시열을 떠올린 것이다.

72 봄의 신 : 동군(東君)은 봄을 맡은 신 이름이다. 봄은 동방(東方)과 청색(青色)으로 대표되기 때문에 동제(東帝), 동황(東皇), 청황(青皇), 청제(青帝) 등으로 불렸다.

73 오히려……가렸네 : 봄이 돌아왔지만 간신배들이 임금의 총명을 가려서 송시열이 해배되지 못하고 있다고 읊은 것이다.

달밤에 두견새 소리를 듣다

月夜聞杜鵑

적막한 빈산에 달 밝은 밤	寂寂空山月明夜
애절한 원한 아는 이 누구인가	哀哀怨恨知爲誰
날아왔다 날아가니 생각 있는 듯하고	飛來飛去若有意
끊어질 듯 이어지는 소리 더욱 슬퍼라	乍斷乍連聲轉悲
어디에서 떠도는 신하 고향 그리고[74]	何處羈臣憶狐首
몇 집이나 임 생각하는 아낙 눈물 흘릴까	幾家思婦啼蛾眉
무심코 듣는 사람도 콧등 시큰할 텐데	無心聽者尙酸鼻
하물며 하늘 끝에 있는 사람 그리는 내 마음이랴	況我懷人天一涯

74 떠도는……그리고 : 기신(羈臣)은 유배되어 객지를 떠도는 신하를 말한다. 호수(狐首)는 고향으로 돌아가고 싶어 하는 마음을 뜻한다. 《예기》 〈단궁 상(檀弓上)〉에 "여우가 죽을 때는 머리를 자기가 살던 토굴을 향하고 죽는다."라고 한 말에서 유래하였다. 여기서는 유배지에 있는 송시열(宋時烈)을 염두에 둔 말로 판단된다.

삼가 당숙부 계담[75]의 풍월정 시를 차운하다

敬次堂叔父桂潭風月亭韻

푸른 숲이 북쪽 감싸고 시내가 남쪽 에웠으며	青林繞北水圍南
소나무 아래 섬돌 있고 대숲 너머에 연못 있네	松下階連竹外潭
너른 들판이 집에 가까워 맑은 기운 들어오고	平野近軒來灝氣
뭇 산이 문과 마주해 맑은 남기 보내오네	亂峯當戶送晴嵐
가슴속 기약은 바람 소리와 함께 멀어지는데	襟期剩與風聲遠
마음속에 도리어 달빛 젖어드네	胸次還將月色涵
지난날 우리 선조의 무한했던 정취를	吾祖昔年無限趣
후손들이 여기에서 다시 찾을 수 있으리	後孫於此可重探

75 당숙부(堂叔父) 계담(桂潭) : 송국사(宋國士, 1612~1690)로, 본관은 은진(恩津), 자는 일경(一卿), 호는 계담이다. 풍월정은 그의 정자이다. 송국사는 송규렴의 당숙부이다. 송규렴이 차운한 시는 송시열(宋時烈)의 《송자대전(宋子大全)》 권4에 수록된 〈계담의 풍월정에 쓰다〔題桂潭風月亭〕〉와 운자가 같지만, 직접 이 시를 차운했는지, 아니면 송국사의 시가 별도로 있는지는 미상이다.

감회. 앞서 우재 선생께서 보여 주신 시[76]의 운자를 써서 짓다

感懷 用前尤齋先生下示韻

서리가 서걱서걱 뜨락 나뭇가지에 내리니	飛霜淅淅灑庭柯
근심 속에 흐르는 세월 매우 놀라노라	愁裏偏驚歲月過
푸른 바다에 만 겹 물결 거세고	滄海萬重波浪急
하늘은 천 리 밖까지 운무 자욱하네	碧空千里霧雲多
천시는 예부터 이와 같은데	天時從古有如此
세도는 이제 어찌할 수 없구나	世道卽今無奈何
무엇보다 강남 머리 돌려 바라보는 곳	最是江南回首處
습한 연무 궂은비가 슬픈 노래에 들어오네	瘴煙蠻雨入悲哦

76 우재(尤齋)……시 : 우재는 송시열(宋時烈)의 호이다. 송시열의 시는 1676년(숙종2)에 지은 〈칠석에 손자 주석의 운자를 써서 지어 도원 부자에게 보여 주고 화답을 구하다〔七夕 次疇孫韻 示道源父子 求和〕〉이다.

요성행[77] 무오년(1678, 숙종4)

妖星行 戊午

지난해에 동쪽에 나타나더니[78]	去年出東方
금년에도 동쪽에 나타났구나	今年又東方
해마다 오뉴월이면	年年五六月
밤마다 불꽃 길게 내뿜으며	夜夜光焰長
산마루에 나타나자마자	纔看闖峯頂
하늘 복판으로 점차 옮겨가지	漸移天中央
등불이 어찌 비견되랴	燈火豈足比
큰 횃불이 바람 속에 일렁이듯 하네	大炬風中揚
이따금 문득 빛을 잃기도 하지만	有時忽掩彩
금세 다시 빛을 토하네	頃刻還吐芒
사라졌다 나타났다 함은 또 무슨 뜻인가	隱見亦何意
농간 부리니 정말 미친 것 같네	幻弄眞若狂
너 이미 괴이한 짓 다했으니	爾旣逞怪異

77 요성행(妖星行) : 요성은 요망한 별이라는 뜻으로 요성이 나타나면 온갖 재앙이 발생한다고 여겼다. 요성은 21가지인데, 종류에 따라 재앙의 형태도 다르다. 이 시에서 시인은 혜성(彗星)이 나타난 것으로 묘사하고 있으나, 가뭄으로 인한 재앙을 말하고 있으므로 실제로는 천창(天槍)이 나타난 것으로 보인다. 천창이 나타나면 한재와 기근이 들고 폭질(暴疾)이 돈다고 하였다.《記言 卷62 續集 天地日月星辰3》

78 지난해에 동쪽에 나타나더니 :《숙종실록》3년 4월 2일 기사에 혜성이 간방(艮方)에 나타났다는 기록이 있다.

지닌 덕 어찌 그리 일정하지 않은가	秉德胡不常
알겠다 귀신이 포학한 짓 하여	應知魃爲虐
요망한 넋 여기에 숨겨 놓고	妖魄於斯藏
흉악한 위세 멋대로 열고 닫으며	凶威恣闔捭
성난 눈 감았다 떴다 하는 것을	怒眼瞑復張
너 때문에 비 내리지 않아	雨澤爲爾竭
너 때문에 전답이 황폐하네	田疇爲爾荒
너 때문에 농기구 거두고	鋤耰爲爾輟
너 때문에 농사 망쳤네	稼穡爲爾痒
너 때문에 창고가 비었고	倉廩爲爾空
너 때문에 백성들 죽었지	億兆爲爾亡
너 때문에 온갖 신령 굶주려	百神爲爾餒
너 때문에 궁궐에서 상심하네	九重爲爾傷
한 번도 이미 심한데	一之旣云甚
거듭 나타나니 더욱 불길하다	再斯彌不祥
내 들으니 아득한 옛날에는	余聞邃古世
경성[79]이 휘황하게 밝으면	景星明煌煌
때맞춰 비 내리고 날 개어	雨暘克以時
온갖 곡식이 풍성하게 여물어	百穀登穰穰
만백성들 배 두드리며 노래하고	萬姓歌扣腹
큰 길에서 춤을 추었다지[80]	蹈舞於康莊

79 경성(景星) : 상서로운 별로, 대성(大星), 덕성(德星)이라고도 하며 도(道)가 있는 나라에 나타난다고 한다.

세대가 내려오며 도가 쇠한 말세에는　降而衰季後
혜성이 비로소 요망한 재앙 드러내어　彗始呈妖殃
음양이 법도를 잃고　陰陽失其度
세상에 한재 많았으니　海內多旱蝗
백성들 먹을 것 없어　齊民無所養
길에 굶어 죽은 시체만 즐비했네　道殣空相望
하늘과 사람이 본래 한 가지 이치라서　天人本一理
화복이 선악에 따라 다르니　休咎隨否臧
그 기틀 그림자나 메아리보다 빨라　其機捷影響
털끝만큼도 어긋남 없지　未有毫髮爽
우리 왕은 인자하고 거룩하시어　吾王仁且聖
지극한 덕 요순보다 훌륭한데　至德超虞唐
도리어 사악한 기운 이르니　反致乖戾氣
그 이치 알기 어렵구나　斯理難可詳
고개 들어 저 하늘에 묻지만　擧首問彼蒼
저 하늘은 어찌 저리 아득하기만 한가　彼蒼何茫茫

80 배 두드리며……추었다지 : 백성들이 아주 태평스럽게 살았다는 말이다. 강장(康莊)은 툭 트인 큰 길을 뜻한다. 다섯 방향으로 통하는 길을 강(康)이라 하고 여섯 방향으로 통하는 길을 장(莊)이라 한다.《爾雅 釋宮》요(堯) 임금이 천하를 다스린 지 50년이 되어 강구에 나가 유람할 때, 한 노인이 땅을 두드리며 노래하기를 "해가 뜨면 나가서 일하고 해가 지면 들어가서 쉬도다. 우물 파서 물 마시고 밭 갈아서 밥 먹으니, 임금의 힘이 나에게 무슨 상관이 있으랴.〔日出而作, 日入而息, 鑿井而飮, 耕田而食, 帝力於我何有哉.〕"라고 했다는 고사가 전한다.《御批歷代通鑑輯覽 卷1 陶唐氏》

조진숙[81] 세휘 이 부쳐 온 시를 차운하다

次趙進叔 世彙 寄贈韻

남쪽 호수에 풍경 따뜻해지자	南湖風景暖
수면에 어린 물고기 흩어지고	水面魚兒散
은빛 물결이 햇살에 일렁이며	銀波漾日輪
구름 그림자와 함께 어지럽네	雲影相淩亂
나루 정자는 바닷가 저자에 접하여	津亭接海市
오가는 사람들 개미떼처럼 이어지고	去來人如蟻
밤 되어 강에 달 떠오르면	入夜江月生
어부들 노래 곳곳에서 일어나네	漁歌處處起
강 건너 민가들 연기에 잠기고	煙沈隔岸戶
긴 둑의 숲에 안개 어리니	霧宿長堤樹
그윽한 흥취 이런 때에 많아	幽興此時多
객지 생활의 괴로움도 느끼지 못하네	未覺羈棲苦
시 보내와 이렇게 말하고	詩來爲說玆
또 오래도록 그리웠다 하네	且道長相思
빙그레 한 번 웃고 그만두니	逌然一笑罷
그대는 누구이며 나는 또 누구인가	子誰吾又誰

81 조진숙(趙進叔) : 조세휘(趙世彙, 1623~1681)로, 본관은 한양(漢陽), 자는 진숙(進叔)이다. 《국조문과방목(國朝文科榜目)》에는 진숙(晉叔)으로 되어 있다.

2

초가집 처마에 햇살 정말 따뜻하고 茅簷日正暖
꽃 그림자 섬돌에 아른대네 花影當階散
문 앞에 버들 그늘 성기고 門前柳陰疏
집 모퉁이에 새소리 요란하다 屋角禽聲亂
문득 생각하니 한양의 저잣거리에 忽憶洛陽市
부산하게 사람들이 개미처럼 많았지 擾擾人似蟻
큰 거리가 중요한 나루에 이어지고 通衢接要津
으리으리한 집들이 구름에 닿았지 甲第連雲起
집집마다 아름답게 꾸미고 家家錦繡戶
여기저기 복사꽃 자두꽃 피었지 處處桃李樹
자고로 육식하는 사람들이 由來肉食者
어찌 쓴 나물 씹는 맛 알랴[82] 豈識咬菜苦
그대의 시가 마침 여기에 미쳤으니 君詩正及玆
내 마음에 진실로 생각이 있어 我心良有思
바람 맞으며 한 번 탄식하노니 臨風一歎息

82 육식(肉食)하는……알랴 : 부유한 사람들이 백성들의 고통을 알지 못한다는 말이다. 육식자(肉食者)는 고기 먹는 자들이라는 뜻으로 보통 벼슬아치들을 낮춰 부르는 말인데, 여기서는 부유한 사람들을 가리킨다. 《춘추좌씨전》 장공(莊公) 10년 기사에 의하면, 제(齊)나라가 노(魯)나라를 공격해 오자 장공이 응전하려 하니 조귀(曹劌)가 알현을 청하였다. 마을 사람이 묻기를 "고기를 먹는 자들이 잘 알아서 할 텐데, 또 무엇 때문에 끼어드는가.〔肉食者謀之, 又何間焉.〕" 하자, 조귀가 대답하기를 "고기를 먹는 높은 분들은 식견이 낮아서 멀리 꾀하지 못하니까.〔肉食者鄙, 未能遠謀.〕"라고 하였다.

이 한을 누가 알까　　此恨知爲誰

3

천시에는 춥고 더움 있고　　天時有寒暖
기기[83]는 합하고 흩어짐 다양하지　　氣機多合散
푸른 봄날 눈서리 흠뻑 내리기도 하고　　青春雪霜繁
대낮에 비바람 요란하기도 하지　　白日風雨亂
우주가 하나의 텅 빈 저자라면　　宇宙一虛市
인간은 한 마리 작은 개미라오　　人生一微蟻
봉황새는 떠나 돌아오지 않고　　鳳鳥去不返
시름겨운 구름만 부질없이 사방에 이네　　愁雲空四起
처량하다 상국의 문이여　　凄涼相國戶
쓸쓸하다 장군의 나무[84]여　　蕭瑟將軍樹
명리를 탐하는 무리[85]를 어찌하랴　　奈何夸奪子

83 기기(氣機) : 천지의 일정한 질서에 따라 운행하게 하는 자연의 기능을 가리키는데, 주희(朱熹)의 〈감흥시(感興詩)〉에 "사람의 마음은 오묘하여 헤아릴 수 없으니, 드나드는 데 기기를 탄다.〔人心妙不測, 出入乘氣機.〕"라고 하였다.

84 장군의 나무 : 장군수(將軍樹)는 후한(後漢)의 대수장군(大樹將軍) 풍이(馮異)에 관한 고사이다. 《후한서(後漢書)》 권17 〈풍이열전(馮異列傳)〉에 "편장군(偏將軍) 풍이는 인품이 겸손하여 자신의 공로를 자랑하지 않았고 적과 접전하지 않을 경우에는 부하들로 하여금 항상 제군(諸軍)의 뒤에서 행군하도록 하였다. 전투가 끝나고 여러 장수를 논공행상할 때마다 풍이는 항상 나무 아래 있었기 때문에 군중(軍中)에서 대수장군으로 호칭하였다."라고 하였다.

85 명리(名利)를 탐하는 무리 : 과탈자(夸奪子)는 명리를 탐하는 무리를 뜻한다. 한유(韓愈)의 〈잡시(雜詩)〉에 "지난날 명리를 탐하는 사람들, 만 개의 무덤이 되어 산봉우

세상살이 늘 어렵고 힘들다네　　在世長辛苦

그만두자 이런 것 따지지 말자　　已矣勿論玆

부귀는 내가 생각하는 바 아니지　　富貴非我思

〈아양곡〉이나 한 번 연주하려 하지만　　峨洋欲一奏

세상에 소리 알아줄 이 누구인가[86]　　海內知音誰

리를 누르네.〔向者夸奪子, 萬墳厭其巓.〕" 하였다.

86 아양곡(峨洋曲)이나……누구인가 : 아양곡은 춘추 시대 백아(伯牙)가 타고 그의 벗 종자기(鍾子期)가 들었다는 거문고 곡조로, 〈고산유수곡(高山流水曲)〉 또는 〈유수곡(流水曲)〉이라고도 한다. 백아가 거문고를 잘 탔는데 종자기는 이것을 잘 알아들었다. 그리하여 백아가 마음속에 높은 산을 두고 거문고를 타면 종자기는 "아, 훌륭하다. 험준하기가 태산과 같다.〔善哉, 峨峨兮若泰山.〕" 하였으며, 백아가 마음속에 흐르는 물을 두고 거문고를 타면 종자기는 "아, 훌륭하다. 광대히 흐름이 강하와 같다.〔善哉, 洋洋兮若江河.〕" 하였다. 이를 지음(知音)이라 하여, 친구 간에 서로 상대의 포부나 경륜을 알아줌을 비유하게 되었다. 《列子 湯問》

조진숙[87]에게 주다

贈趙進叔

형에게 사회시(四懷詩)가 있다는 말을 들었다. 시는 비록 보지 못했지만 그 뜻은 상상할 만하다. 이에 그 뜻을 반대로 하여 농담 삼아 오언 율시를 지어 위로하는 뜻을 바친다.

세상 피한다고 산으로 들어갈 수 없고	避地山休入
시세에 마음 아파하면서 바다에 뜰 수 없네[88]	傷時海莫浮
본래 천고의 일이	由來千古事
어찌 네 가지 시름[89]뿐이랴	豈獨四般愁
굴원은 깨 있어도 이로울 것 없었고[90]	楚澤醒無益

87 조진숙(趙進叔) : 조세휘(趙世彙, 1623~1681)로, 본관은 한양(漢陽), 자는 진숙이다.

88 시세(時世)에……없네 : 세상이 어지러우나 그렇다고 나라를 버리고 떠날 수 없다는 말이다. 《논어》 〈공야장(公冶長)〉에 공자가 난세를 개탄하면서 "도가 행해지지 않으니, 뗏목을 타고 바다를 항해하려 한다.〔道不行, 乘桴, 浮于海.〕"라고 하였다.

89 네 가지 시름 : 후한의 장형(張衡)이 하간왕(河間王)의 상(相)으로 있을 때, 하간왕이 교만하고 사치하여 법도(法度)를 준행하지 않는 데다 시국(時局)도 몹시 불안함을 근심한 나머지, 장(章)마다 칠언(七言), 칠구(七句)씩 엮은 4장(章)의 〈사수시(四愁詩)〉를 지어 스스로 우수 번민(憂愁煩悶)의 정을 토로한 데서 유래하였다. 《後漢書 卷59 張衡列傳》

90 굴원(屈原)은……없었고 : 초택(楚澤)은 굴원이 초 회왕(楚懷王)에게 버림받고 멱라수(汨羅水)에 빠져 죽기 직전까지 배회하던 소상강(瀟湘江) 일대를 말한다. 굴원

가의는 눈물을 거두어야 했네[91] 長沙涕可收
천변만화하는 저 구름을 보라 看他雲萬變
천도는 본래 종잡을 수 없다오 天道本悠悠

의 〈어부사(漁父辭)〉에 "온 세상이 다 탁하거늘 나 홀로 맑고, 온 세상이 다 취했거늘 나 홀로 깨었다.〔擧世皆濁, 我獨淸, 擧世皆醉, 我獨醒, 是以見放.〕"라고 하였다.

91 가의(賈誼)는……했네 : 장사(長沙)는 가의를 가리킨다. 가의가 장사왕(長沙王)의 태부(太傅)로 있을 때 복조(鵩鳥)가 지붕 위에 날아와 모였는데, 당시 민간에 전하는 말로는 복조가 지붕에 앉으면 그 집 주인이 죽는다고 하였으므로, 가의가 슬퍼하여 〈복조부(鵩鳥賦)〉를 지었다고 한다. 《史記 卷84 賈生列傳》

회포를 서술하다
述懷

남아는 철석같은 마음 지녀야 하니	男兒要作鐵心肝
험난한 구당협의 염예퇴[92]인들 두려워하랴	肯怕瞿塘灩澦難
곧은 도로도 유하혜는 세 번 쫓겨났다 들었고[93]	直道曾聞三黜柳
빈 말이라도 한유는 다섯 가지로 곤궁했었네[94]	空言亦有五窮韓
슬픔과 기쁨을 진창 속 거북에서 징험하고[95]	悲歡且把塗龜驗

92 구당협(瞿塘峽)의 염예퇴(灩澦堆) : 사천성(四川省) 봉절현(奉節縣) 서남쪽 양자강(揚子江) 구당협의 어귀에 큰 암석이 우뚝 서 있는 곳을 이르는데, 이 부근은 격류(激流)가 극심하여 배가 다니기 매우 어려운 곳으로 유명하다. 흔히 세상길의 험난함을 염예퇴의 격류에 비유한다.

93 곧은……들었고 : 노(魯)나라의 유하혜(柳下惠)가 사사(士師)가 되어 세 번 내침을 당하자, 어떤 사람이 말하기를 "그대는 아직 떠날 만하지 않은가." 하였다. 그러자 유하혜가 대답하기를 "도를 곧게 하여 사람을 섬긴다면 어디를 가더라도 세 번 내침을 당하지 않겠으며, 도를 굽혀 사람을 섬긴다면 어찌 굳이 부모의 나라를 떠나겠는가.〔直道而事人, 焉往而不三黜, 枉道而事人, 何必去父母之邦.〕"라고 하였다. 《論語 微子》

94 빈……곤궁했었네 : 오궁(五窮)은 당(唐)나라 한유(韓愈)의 〈송궁문(送窮文)〉에 나오는 말로, 한유가 자신을 궁하게 만드는 지궁(智窮), 학궁(學窮), 문궁(文窮), 명궁(命窮), 교궁(交窮) 등 다섯 궁귀(窮鬼)가 있다고 하였다. 《昌黎先生集 卷36》

95 슬픔과……징험하고 : 세속적인 출세나 명예에 구속됨이 없이 소요자재(逍遙自在)하는 것을 말한다. 초(楚)나라에서 죽은 지 3천 년 되는 신령스러운 거북이의 뼈를 묘당(廟堂)에 모셔 놓았는데, 장자(莊子)가 이를 빗대어 "죽어서 뼈다귀로 남아 귀하게 되려 하겠는가. 아니면 살아서 흙탕물 속에 꼬리를 끌고 싶어 하겠는가.〔寧其死爲留骨而貴乎, 寧其生而曳尾於塗中乎.〕"라고 하였다. 《莊子 秋水》

얻고 잃음을 변방의 말에서 보아야지[96]	得失須憑塞馬看
누가 알까 아홉 빛깔 지닌 단혈의 봉황이	誰識九苞丹穴鳥
평생 푸른 대나무 열매만 먹는 줄을[97]	一生唯食碧琅玕

96 얻고……보아야지 : 사람의 길흉화복(吉凶禍福)은 상황에 따라 바뀌기 때문에 정확하게 예측할 수 없다는 말이다. 새마(塞馬)는 새옹지마(塞翁之馬)의 준말이다. 《회남자(淮南子)》 〈인간훈(人間訓)〉에 "변방에 사는 어떤 노인의 말이 도망쳐 오랑캐 땅으로 들어갔다. 사람들이 위로하니, 노인이 '이것이 도리어 복이 될지 어찌 알겠는가.' 하였다. 몇 달 뒤에 그 말이 오랑캐의 준마 여러 마리를 데리고 돌아왔다. 사람들이 축하하니, 노인은 '이것이 화가 될지 어찌 알겠는가.' 하였다. 그의 아들이 말을 타다가 떨어져 다리가 부러졌다. 사람들이 위로하니, 노인이 '이것이 복이 될지 어찌 알겠는가.' 하였다. 1년 뒤에 오랑캐가 대거 침입하자 남자들이 모두 전쟁에 징발되어 열에 아홉은 죽었다. 그런데 그의 아들은 다리가 불구였기 때문에 징발되지 않고 살아남을 수 있었다."라고 하였다.

97 아홉……줄을 : 봉황과 같은 영물(靈物)도 탐욕을 부리지 않고 대나무 열매만 먹고 산다는 말이다. 구포(九苞)는 봉황의 미칭(美稱)으로 쓰이는 말인데, 봉황의 깃에 아홉 가지의 빛깔이 나타난다고 한다. 단혈(丹穴)은 봉황이 산다는 전설상의 산 이름이다. 《산해경(山海經)》 권1 〈남산경(南山經)〉에 "단혈산에……새가 사는데, 그 모양은 닭과 같고 오색 무늬가 있으니, 이름을 봉황이라고 한다.〔丹穴之山……有鳥焉, 其狀如雞, 五采而文, 名曰鳳凰.〕"라고 하였다.

금강에서. 문곡 김수항[98] 공이 이별하며 남겨 준 시를 차운하다

錦江 次文谷金公 壽恒 留別韻

당시 문곡(文谷)이 영암(靈巖)에서 철원(鐵原)으로 양이(量移)되었다.[99]

해질 녘 정담 나누는 자리[100]	落日班荊地
금강 물가에 갈바람 부네	秋風錦水涯
쇠잔한 인생 각각 머리 세었고	殘生頭各雪
아름다운 계절에 국화 한창이구나	佳節菊方花
남국에서 보낸 세월 오래인데	南國星霜久
동관으로 가는 길 멀기만 하구나	東關道路賒
이별의 회포는 말할 것도 못되니	離懷不足說
세상일에 한번 장탄식하노라	世事一長嗟

98 문곡(文谷) 김수항(金壽恒) : 1629~1689. 본관은 안동(安東), 자는 구지(久之), 호는 문곡이다. 《農巖續集 卷上 先府君行狀》

99 당시……양이(量移)되었다 : 섬이나 변방으로 멀리 유배되었던 사람의 죄를 참량(參量)하여 내지로 배소(配所)를 옮기는 것이다. 김수항은 윤휴(尹鑴)를 배척하고 종실 복창군(福昌君) 이정(李楨), 복평군(福平君) 이연(李㮒) 형제의 처벌을 주장하여 영암에 유배되었다가 1678년(숙종4) 철원으로 이배되었다. 《農巖集 續集 卷上 先府君行狀》

100 정담(情談) 나누는 자리 : 반형(班荊)은 반형도구(班荊道舊)의 준말로, 길에서 옛 친구를 만나 싸리를 깔고 앉아 정담을 나눔을 이른다. 춘추 시대 초(楚)나라 오거(伍擧)가 채(蔡)나라 성자(聲子)와 세교(世交)를 맺고 있었는데, 두 사람이 우연히 정(鄭)나라 교외에서 만나 형초(荊草)를 자리에 깔고 앉아〔班荊〕 옛날이야기를 주고받았다는 고사에서 유래하였다. 《春秋左氏傳 襄公26年》

아들 상기[101]가 문곡[102]과 이별한 시를 차운하다

次琦兒別文谷韻

손잡으며 겨우 만났는데	握手纔團會
가슴 아프게 다시 헤어지네	傷心又去留
행장 꾸려 더운 바닷가로 멀리 갔다가	行裝炎海遠
돌아오는 길에 고개의 구름도 시름겨웠지	歸路嶺雲愁
강가 고을의 밤은 비 내려 눅눅하고	雨濕江城夜
수향의 가을은 날이 차구나	天寒水國秋
국화와 한 동이 술로	黃花一樽酒
애오라지 풍류나 즐기려네	聊復作風流

2

이 술 많이 마셔야 하니	此酒須多酌
엄한 일정 잠시나마 머뭇거릴 수 있도다	嚴程可少留
희미한 등불 아래 밤새 이야기 나누니	殘燈一夜話
머나먼 곳에서 사 년이나 시름했다네	絶國四年愁
기러기는 새벽 강가에서 울고	雁叫江天曉

101 송상기(宋相琦) : 1657~1723. 본관은 은진(恩津), 자는 옥여(玉汝), 호는 옥오재(玉吾齋)이다. 송규렴(宋奎濂)의 아들이며 송시열(宋時烈)의 문인이다. 《玉吾齋集 卷18 神道碑銘 幷序》

102 문곡(文谷) : 김수항(金壽恒, 1629~1689)으로, 본관은 안동(安東), 자는 구지(久之), 호는 문곡이다. 《農巖續集 卷上 先府君行狀》

벌레는 가을 여관에서 우네 蟲鳴旅舍秋
우연히 만났다가 갈 길 가니 萍逢任所適
굳이 순조로운지 물을 것 없겠지 不必問安流

3

〈여구가〉[103] 한 곡조 끝나니 一曲驪駒闋
나그네 다시 머물 수 있으랴 征人可復留
동이 트자 외로운 촛불 다하고 天明孤燭盡
서리 차가워 귀뚜라미[104] 시름겹다 霜冷候蟲愁
역로는 천리나 멀고 驛路仍千里
시절은 또 깊은 가을이라 年光又九秋
평생 눈물 참을 줄 알았는데 平生解制淚
여기에 이르자 금할 길 없어라 到此不禁流

103 여구가(驪駒歌) : 여구(驪駒)는 일시(逸詩)의 편명으로, 손님이 떠나려고 할 때 부르는 노래이다. 그래서 보통 이별가의 뜻으로 쓰인다. 그 가사에 "검은 망아지 문에 있으니, 마부들이 갖추어져 있도다. 검은 망아지 길에 있으니, 마부들이 멍에를 얹도다.〔驪駒在門, 僕夫具存. 驪駒在路, 僕夫整駕.〕"라고 하였다. 손님이 이 노래를 부르면 주인은 "손님은 돌아가지 마오.〔客毋庸歸〕"라고 노래하여 만류하였다고 한다. 《樂府詩集 卷84》

104 귀뚜라미 : 후충(候蟲)은 철따라 생기는 벌레를 뜻하는데, 예컨대 봄에는 나비, 여름에는 매미, 가을에는 귀뚜라미 등을 이른다. 여기서는 가을이므로 귀뚜라미로 풀이하였다.

아들과 사위와 조카에게 경계하다

戒子壻姪

남아의 사업 태산 같으니　男兒事業泰山如

아홉 길의 공부 소홀히 하랴[105]　九仞工夫可忽諸

의마 달아나기 쉬우니 엄히 단속해야 하고　意馬易奔宜猛制

심전 일구기 힘드니 어찌 정성껏 김매지 않으랴[106]　心田難闢盍精鋤

덕성 온전히 하려면 술을 멀리해야 하고　要全德性須疏酒

입신양명하려면 책을 읽어야 하지　欲立身名在讀書

세월은 지나가면 돌이킬 수 없으니　歲月一過追不得

헛되이 늙어 오두막에서 탄식하지 말라[107]　莫敎虛老歎窮廬

105 아홉……하랴 : 끝까지 최선을 다하여 공부해야 한다는 말이다. 구인(九仞)은 아홉 길 높이의 산을 가리킨다. 《서경》 〈여오(旅獒)〉에 "이른 새벽부터 밤늦도록 혹 부지런하지 않음이 없게 하소서. 작은 행실에 신중하지 않으면 마침내 큰 덕에 누를 끼쳐, 아홉 길의 산을 만드는데 공이 한 삼태기 때문에 무너질 것입니다.〔夙夜, 罔或不勤, 不矜細行, 終累大德, 爲山九仞, 功虧一簣.〕"라고 하였다.

106 의마(意馬)……않으랴 : 마음을 잘 단속하고 닦아야 한다는 말이다. 의마는 생각이 마구 일어나 제어하기 어려운 것을 말에 비유한 것이다. 《참동계(參同契)》 주에 "마음은 원숭이처럼 안정되지 못하고, 뜻은 말처럼 사방으로 달린다.〔心猿不定, 意馬四馳.〕"라고 하였고, 《돈황변문집(敦煌變文集)》의 〈유마힐경강경문(維摩詰經講經文)〉에 "마음의 원숭이와 생각의 말이 미쳐 날뛰기를 그쳤다.〔心猿意馬罷顚狂〕"라고 하였다. 심전(心田)은 마음에서 모든 법(法)이 생겨나는 것이 마치 밭에서 온갖 식물이 나고 자라는 것과 같다 하여 붙인 이름으로 심지(心地)라고도 한다. 《心地觀經》

107 세월은……말라 : 궁려(窮廬)는 가난한 사람이 사는 궁색한 오두막이다. 삼국시대 제갈량(諸葛亮)의 〈계자서(誡子書)〉에 "나이는 때와 함께 달리며 뜻은 해와 함께

가버려서, 마침내 마르고 시들거든 궁색한 오두막에서 슬피 한탄한들 장차 다시 어찌 미칠 수 있겠는가.〔年與時馳, 意與歲去, 遂成枯落, 悲歎窮廬, 將復何及也.〕"라고 하였다.《戒子通錄 卷3 諸葛亮家戒》 여기서는 젊은 시절에 자신의 본업에 힘쓰지 않으면 마침내 이런 신세가 될 수 있으니 부지런히 힘쓰라는 뜻으로 쓰였다.

사문 박회장[108]의 시를 차운하다

次朴斯文 晦章 韻

한쪽이 옳으면 한쪽은 그른 줄 아노니	一是應知也一非
백 년의 공론 끝내 누구에게 돌아갈까[109]	百年公案竟誰歸
대궐 문 삼천 리도 더 떨어져 있고	天門不啻三千隔
세상일 십중팔구 어긋나니 어찌하랴[110]	世事其如八九違
예부터 시장에서 호랑이 만들기는 쉬웠는데	從古市街成虎易
이제는 뇌우에서 용 일어남도 어렵구나[111]	秪今雷雨起龍稀

108 박회장(朴晦章) : 본관은 충주(忠州), 자는 가정(可貞)이다. 황간(黃澗)에서 거주하였으며 우암(尤庵) 송시열(宋時烈)의 문인이다. 1677년(숙종3) 송시열을 사면할 것을 청원하는 상소를 올려 같은 해 12월에 벽동군(碧潼郡)으로 유배되었다가 1680년 경신환국이 일어나 풀려났다.

109 한쪽이……돌아갈까 : 서인과 남인이 예송 논쟁으로 대립하다가 결국 남인이 승리하였음을 말한다. 1674년(현종15) 자의대비(慈懿大妃)가 며느리인 인선왕후(仁宣王后)의 상(喪)에 어떤 상복을 입을 것인가 하는 문제를 두고 벌어진 갑인예송(甲寅禮訟)에서 현종(顯宗)은 15년 전 기해예송(己亥禮訟)의 결과를 뒤엎고 남인의 편을 들었다. 얼마 뒤에 현종이 승하하고 숙종이 즉위하여 송시열에게 현종의 묘지문(墓誌文)을 짓도록 명하였는데, 남인이 기해년에 송시열이 효종(孝宗)을 서자로 봐도 좋다고 했던 일을 트집잡아 묘지문을 짓지 못하게 하고, 죄를 물어 덕원(德源)에 유배하도록 하였다. 이를 계기로 서인(西人) 측의 인사들은 조정에서 쫓겨나고, 허적(許積) 등 남인 측 인사들이 대거 등용되어 요직을 차지하였다.

110 대궐……어찌하랴 : 박회장이 벽동으로 유배되어 대궐과 멀리 떨어져 있어 호소할 수 없을 뿐만 아니라, 세상 일이 대개 뜻대로 되지 않으니 뜻을 이룰 수 없다는 말이다.

동산 만 리 먼 곳에 소식 없으니	東山萬里無消息
슬프구나 언제 곤의 볼 수 있으랴[112]	惆悵何時睹袞衣

111 예부터……어렵구나 : 거짓이 횡행하여 진실이 통하기 어렵다는 말이다. 성호(成虎)는 삼인성호(三人成虎)와 같은 말로, 근거 없는 낭설도 많은 사람이 전하면 진짜로 믿게 된다는 뜻이다. 전국 시대 위(魏)나라 방총(龐葱)이 태자와 함께 조(趙)나라의 수도 한단(邯鄲)에 볼모로 보내질 때, 자신들이 멀리 떠나 있는 동안 근거 없는 참소가 일어날 것을 우려하여 위나라 임금에게 진위를 잘 살피도록 충고한 고사에서 유래하였다. 방총이 "지금 어떤 사람이 시장에 범이 있다고 하면 왕께서는 믿겠습니까?" 하고 묻자, 임금이 "아니다." 하였다. "두 사람이 말하면 믿겠습니까?" 하자, 임금이 "의심해 볼 것이다." 하였다. "세 사람이 말하면 믿겠습니까?" 하자, 임금이 "믿겠다." 하였다. 이에 방총이 "시장에 범이 없다는 사실이 분명한데도 세 사람이 말하면 있다고 믿게 됩니다.〔夫市之無虎明矣, 然而三人言而成虎.〕"라고 하였다. 《戰國策 魏策2》 용은 뇌우와 더불어 하늘에 오르는데, 뇌우 속에서도 용이 오르지 못한다는 말은 진실이 통하지 못하는 당시의 상황을 비유한 것이다.

112 동산(東山)……있으랴 : 먼 곳에 유배 중인 박회장에게서 소식도 없고 만날 기약도 없음을 한탄한 말이다. 동산만리(東山萬里)는 박회장의 유배지인 함경북도 벽동군을 가리킨다. 곤의(袞衣)는 현인 또는 상대방을 높여 지칭하는 말로 쓰인다. 주공(周公)이 동쪽 지방에 머물 때, 그곳 사람들이 주공의 덕화(德化)를 흠모하여 계속 머물게 해 주기를 바라며 "이러므로 곤의를 입으신 분이 계시더니, 우리 공을 데리고 돌아가지 말아, 내 마음 슬프게 하지 말지어다.〔是以有袞衣兮, 無以我公歸兮, 無使我心悲兮.〕"라고 노래한 데서 유래하였다. 《詩經 九罭》 여기서는 박회장을 가리키는 말로 쓰였다.

풍월정[113]에서

風月亭

작은 정자 강가에 있어 전망 탁 트이고	小閣臨江敞
새로운 시들 벽에 가득 적혔네	新詩滿壁題
난간 앞에 평야 드넓고	當軒平野闊
문에 들어오는 뭇 산들 낮구나	入戶亂峯低
대숲 달은 술잔에 어려 차갑고	竹月侵杯冷
솔바람은 난간 휘감아 서늘하네	松風繞檻凄
마음 절로 시원하고 깨끗하니	心源自灑落
어찌 한 티끌인들 깃들게 하랴	肯許一塵棲

113 풍월정(風月亭) : 대전광역시 대덕구 목상동에 있었던 송국사(宋國士, 1612~1690)의 정자이다.

삼월에 신유년(1681, 숙종7)

三月 辛酉

삼월에도 바람 차가워 三月風威冷
한밤[114]에는 섣달처럼 춥네 重陰似臘寒
매화 혼 아직 돌아오지 않으니 梅魂猶未返
봄빛을 어찌 보랴 春色若爲看
나라에 보답하려 해도 온몸 병들었고 報國身全病
시대에 상심하여 눈물 마르지 않네 傷時淚不乾
예부터 조정에서 由來廊廟上
누가 백성 장수하게 하는 단약 만들었나[115] 誰煉壽民丹

114 한밤 : 중음(重陰)은 야반(夜半)을 가리킨다. 낮은 양이고 밤은 음인데, 야반은 음 중의 음이기 때문에 중음이라고 한다. 《영추경(靈樞經)》 〈영위생회(營衛生會)〉에 "야반에는 음기가 가장 왕성하니 중음이 된다.〔夜半而陰隴爲重陰〕" 하였다.

115 예부터……만들었나 : 조정에서 백성들에게 혜택을 줄 수 있는 좋은 정책을 마련하는 사람이 드물다는 탄식이다. 수민(壽民)은 여러 가지 선정을 베풀어 백성들을 오래 살도록 하는 것을 말한다. 정이(程頤)의 글에 "지극한 정성은 조화와 통하고 약은 신과 통하니, 멀리 노쇠한 늙은이에게 부쳐 병든 몸을 구제하네. 내게도 또한 단약 있음을 그대는 믿겠는가, 때맞춰 쓰면 이 백성 장수하게 할 수 있으리라.〔至誠通化藥通神, 遠寄衰翁濟病身. 我亦有丹君信否, 用時還解壽斯民.〕"라고 하였다. 《二程遺書 卷18 寄謝王子眞》

고의

古意

뉘 집 젊은 아낙인가 나이는 열여섯 誰家少婦年二八
고운 자태 구름 사이로 내민 달인 듯 婥約容姿吐雲月
청동거울 손에 들고 새로 단장하니 手把青銅理新粧
촉촉한 보조개에 연지 향기롭네 寶靨半濕臙脂香
한가로이 와서 푸른 난간에 기댔는데 閒來徙倚碧欄干
어느덧 봄철 저무니 깜짝 놀라네 忽驚節序三春闌
향기로운 바람이 화창하게 사창을 스치고 香風澹蕩拂窓紗
옥섬돌에 붉은 복사꽃 어지러이 떨어지네 玉階亂落紅桃花
복사꽃 쉬 지고 얼굴도 쉬 바뀌니 桃花易衰顏易改
애석해라 좋은 시절 기다려 주지 않네 可惜芳華不相待
푸른 못가에 원앙이 서로 목을 부비고 鴛鴦交頸綠池邊
아름다운 나무 앞에 나비들 쌍쌍이 날아 蛺蝶雙飛琪樹前
이를 대하는 사람들 절로 슬프게 하니 令人對此自惆悵
깊은 내실 쓸쓸한데 공연히 비단 휘장 걸렸네 洞房寂寂空羅帳
이런 정서 품고 녹기금 한 번 뜯노라니 含情一彈綠綺琴
곡조 속 그윽한 난초 원망 소리 많구나[116] 曲裏幽蘭多怨音

116 이런……많구나 : 님을 만나지 못한 아가씨의 원망이 거문고 곡조에 담겨 있다는 말이다. 녹기금(綠綺琴)은 한나라 사마상여(司馬相如)가 〈옥여의부(玉如意賦)〉를 지어 양왕(梁王)에게 바치자, 양왕이 기뻐하여 사마상여에게 하사했다는 명금(名琴)의

그대 보지 못했나 상림원의 연리지　君不見上林園中連理枝
그 위에 비취새 한 쌍 살고 있는 것을[117]　上有翡翠棲雄雌

이름이다. 《古琴疏》 후세에는 일반적으로 좋은 거문고의 뜻으로 쓰인다. 유란(幽蘭)은 빈 골짝에 피어난 난초로, 세상이 알아주지 않지만 홀로 향기를 내뿜는 초야의 군자(君子)를 상징한다. 굴원(屈原)의 〈이소(離騷)〉에 "집집마다 쑥을 허리춤에 가득 차고 다니면서 유란은 찰 것이 못 된다고 한다네.〔戶服艾以盈腰兮, 謂幽蘭其不可佩.〕"라고 하였다. 여기서는 쓸쓸히 지내는 젊은 아낙을 가리키는 말로 쓰였다.

117 그대……것을 : 부부간의 두터운 애정을 비유한 말이다. 상림(上林)은 황제의 궁궐 정원이다. 백거이(白居易)의 〈장한가(長恨歌)〉에 "칠월 칠석 장생전에서, 한밤중 아무도 없이 둘이서만 속삭거릴 때, 하늘에선 비익조 되고, 땅에선 연리지 되자고 하셨죠. 장구한 천지도 끝이 있지만, 저의 한은 끝없어 끊어질 기약 없어요.〔七月七日長生殿, 夜半無人私語時, 在天願作比翼鳥, 在地願爲連理枝. 天長地久有時盡, 此恨綿綿無絶期.〕"라고 하였다. 비익조는 자웅(雌雄)이 각각 눈 하나, 날개 하나씩만 있기 때문에 항상 서로 떨어지지 않고 일체를 이루어 날아다닌다는 데서 붙여진 이름이고, 연리지는 뿌리와 줄기가 서로 다른 두 나무의 결이 서로 붙어서 하나가 된 것이다.

장자의 〈제물론〉[118]을 읽어 보니 거짓되고 허황하여 옳은 것 같아도 실상은 그르다. 애오라지 두 편의 시를 지어 처음엔 긍정하고 나중엔 부정하여 이단을 물리치는 뜻을 부친다

覽莊生齊物論 詼詭闊誕 似是而實非 聊成二詩 始與終奪 以寓闢異端之意

무성하고 번성하며[119] 다시 번성하나니	沄沄職職復蘂蘂
만물이 비록 번성해도 고작 한 떨기라네	萬彙雖繁只一叢
강건한 건과 유순한 곤의 공용 합하고	乾健坤柔功用合
더딘 음과 빠른 양의 성정 통하네	陰遲陽速性情通
이를 통해 눈과 서리와 얼음과 우박이	從知霰雪霜氷雹
구름과 우레와 비와 이슬과 바람과 같음을 알겠네	不異雲雷雨露風
해와 달과 별들 모두 반짝반짝 빛나고	日月星辰齊煥燿
곤륜산도 언덕도 모두가 높다랗네	崑崙丘垤竝穹窿
오행이 본질 달라도 작용은 고르고	五行殊質均爲用

118 장자(莊子)의 제물론(齊物論) : 장자는 장주(莊周)로, 전국 시대 몽종(蒙從) 사람이며, 노자(老子)의 사상을 계승하였다. 몽(蒙) 땅 칠원(漆園)의 관리(官吏)로 있었기 때문에 칠원옹(漆園翁)이라고도 부른다. 〈제물론〉은 《장자(莊子)》에 나오는 편명(篇名)으로, 만물은 본래 평등하다는 사상이 주된 내용을 이루고 있다.

119 무성하고 번성하며 : 운운(沄沄)과 직직(職職)은 모두 만물이 무성하게 자라는 모습을 형용하는 말이다. 《노자(老子)》에 "무릇 만물은 무성하다가도 각각 그 뿌리에 복귀한다.〔夫物芸芸, 各復歸其根.〕"라고 하였고, 《장자(莊子)》 〈지락(至樂)〉에 "아득하고 아련하여 그 근원을 알 수 없고, 아련하고 아득하여 그 형체를 알 수 없다. 만물이 번성하나, 모두 무위로부터 자라는 것이다.〔芒乎芴乎而無從出乎, 芴乎芒乎而無有象乎. 萬物職職, 皆從無爲殖.〕"라고 하였다.

육합의 방위가 나뉘어도 가운데로 모이네	六合分方摠會中
떠난 것은 오고 온 것은 떠나며	去者是來來者去
끝은 시작이고 시작은 끝이라네	終兮爲始始兮終
팔음이 번갈아 연주되어 성음이 조화 이루고	八音迭奏聲音叶
오미가 서로 어울려 기미가 융화되네[120]	五味交和氣味融
태산과 가을터럭 무엇이 크고 무엇이 작으며	泰岳秋毫誰巨細
시냇물과 바다 무엇이 가늘고 무엇이 넓은가	涓流滄海孰纖洪
길고 짧음이 제 몸에 맞음 오리와 학이 같고[121]	短長適體梟猶鶴
추위와 더위에 때를 따름 제비와 기러기도 같지[122]	寒暑隨時燕亦鴻
뱁새나 붕새나 모두 새이고[123]	斥鷃溟鵬皆是鳥
교룡이나 지렁이나 다 벌레이지	蛟螭螻蚓莫非蟲
새벽 알리는 닭과 도둑 막는 개 원래 서로 돕고	鷄晨犬盜元相濟

120 팔음(八音)이……융화되네 : 팔음과 오미(五味)가 차별 없이 각자의 소리와 맛으로 조화를 이룬다는 말이다. 팔음은 아악(雅樂)에 연주되는 여덟 가지 악기(樂器)나 그 소리로, 금(金)·석(石)·사(絲)·죽(竹)·포(匏)·토(土)·혁(革)·목(木)이다. 오미는 다섯 가지 맛으로, 신맛〔酸〕·쓴맛〔苦〕·단맛〔甘〕·매운맛〔辛〕·짠맛〔鹹〕을 말한다.

121 길고……같고 : 학과 오리의 다리처럼 길고 짧음은 각자의 본성에 맞을 뿐, 본래 차별이 없다는 말이다. 《장자(莊子)》〈변무(駢拇)〉에 "오리의 다리가 비록 짧지만 늘이면 우환이 되고, 학의 다리가 비록 길지만 자르면 슬픔이 된다.〔鳧脛雖短, 續之則憂. 鶴脛雖長, 斷之則悲.〕"라고 하였다.

122 추위와……같지 : 제비는 여름 철새이고, 기러기는 겨울 철새이다.

123 뱁새나……새이고 : 《장자(莊子) 》〈소요유(逍遙遊)〉에 "붕새가 거대한 날개를 퍼덕이면서 남명(南溟)으로 날아가는 것을 보고, 뱁새가 비웃기를 '나는 나무 사이를 날다가 지치면 내려앉을 뿐인데, 무엇 때문에 구만 리 남명으로 날아가는가.' 했다."라는 이야기가 등장한다.

말을 타고 소로 갊이 본래 같은 공이라네　馬步牛耕本一功
날면서 두 날개 없는 동물 있겠으며　何物解飛無兩翼
눈 있으면서 두 동자 없는 것 있으랴　誰歟有目不雙瞳
까마귀여 모래밭 갈매기 희다 부러워 말고　城烏莫羨沙鷗白
대나무여 들 여뀌 붉다 탓하지 말라　砌竹休嗔野蓼紅
네가 만일 천할 때면 나 역시 천하고　爾苟賤時吾亦賤
내가 높이 처하면 너도 높아지지　吾能崇處爾兼崇
사슴은 대쑥 노루는 잣잎 먹어도 같은 먹이요[124]　鹿苹麝柏同餐飯
새는 숲 물고기는 연못에 살아도 같은 집이라네　禽藪魚淵等室宮
질솥이 어찌 구정과 다르랴　瓦釜豈曾殊九鼎
승전도 스스로 삼공과 대적할 수 있네[125]　乘田自可敵三公
요 임금과 허유의 진퇴를 다르다 말고[126]　莫言堯許升沈異

124 사슴은……먹이요 : 저마다 먹는 것이 달라도 결국 똑같이 먹이일 뿐이라는 말이다. 녹평(鹿苹)은 사슴이 먹는 대쑥을 가리킨다. 《시경》 〈녹명(鹿鳴)〉에 "유유히 우는 사슴의 울음이여, 들의 대쑥을 뜯도다.〔呦呦鹿鳴, 食野之苹.〕"라고 하였다. 《유림(喩林)》 권14 〈중생(重生)〉에 "사향노루는 잣잎을 먹어서 향기가 난다.〔麝食栢而香〕"라고 하였다.

125 질솥이……있네 : 귀천의 차이가 없다는 말이다. 구정(九鼎)은 하(夏)나라의 우(禹) 임금이 구주(九州)에서 금을 거두어 주조했다는 큰 솥으로, 천자의 상징이다. 승전(乘田)은 노(魯)나라에서 가축의 사육을 맡아 보던 하급 관직명이다. 《맹자》 〈만장 하(萬章下)〉에 "공자께서……일찍이 승전이 되어 말씀하시기를 '소와 양을 잘 키울 뿐이다.' 하셨다.〔孔子……嘗爲乘田矣, 曰牛羊, 茁壯長而已矣.〕"라고 하였다.

126 요(堯) 임금과……말고 : 천자(天子)와 은자(隱者)의 출처가 다르지 않다는 말이다. 허유(許由)는 요 임금 때의 은자이다. 《장자(莊子)》 〈소요유(逍遙遊)〉에 요 임금이 허유에게 천하를 물려주려고 하자, 허유가 "뱁새는 깊은 숲에 둥지를 틀지만 나뭇가지 하나를 넘지 않고, 두더지는 황하의 물을 마신다 허도 자기 배를 채우면 그만이오.

팽조와 상자의 장수와 요절이 같음을 알아야지[127]	須識彭殤壽夭同
백이와 유하혜 모두 성인이고[128]	夷惠不妨俱作聖
항적과 유방도 다 영웅이지[129]	籍邦何害竝爲雄
만약 덜고 보태어 많고 적음 공평히 하면	若教裒益平多寡
원헌과 도주공의 빈부도 없으리라[130]	未必原陶有約豐
이런 이치 지금까지 누가 알았나	此理從來誰解得

그대는 돌아가서 쉬시오. 내게 천하는 아무 쓸모가 없소.〔鷦鷯巢於深林, 不過一枝, 偃鼠飮河, 不過滿腹. 歸休乎君, 予无所用天下爲.〕"라며 거절했다고 한다.

127 팽조(彭祖)와……알아야지 : 팽조는 상고 시대 선인(仙人)으로 800세의 장수(長壽)를 누렸다 하고, 상(殤)은 19세 이전에 죽은 단명(短命)한 아이를 가리키는데, 《장자(莊子)》〈제물론(齊物論)〉에 "요절한 아이보다 더 장수한 이가 없고, 팽조가 요절했다고 할 수도 있다.〔莫壽乎殤子, 而彭祖爲夭.〕"라고 하였다.

128 백이(伯夷)와……성인이고 : 백이나 유하혜(柳下惠)나 성인이라는 점에서는 같다는 말이다. 《맹자》〈만장 하(萬章下)〉에 "백이는 성인의 청한 분이요,……유하혜는 성인의 화한 분이다.〔伯夷, 聖之淸者也.……柳下惠, 聖之和者也.〕"라고 하였다.

129 항적(項籍)과……영웅이지 : 항우(項羽)와 유방(劉邦)의 영웅적 풍모는 다르지 않다는 말이다. 적(籍)은 항우의 이름이다. 이들은 천하의 패권을 두고 8년 동안 싸웠는데, 결국 유방이 승리하여 한 고조(漢高祖)가 되었다.

130 만약……없으리라 : 부익(裒益)은 부다익과(裒多益寡)의 준말로, 많은 곳에서 덜어 내어 적은 곳에 더해 줌을 말한다. 《주역》〈겸괘(謙卦) 상(象)〉에 이르기를 "군자가 보고서 많은 데에서 덜어 적은 데에 더해 주어 물건을 저울질하여 베풂을 공평하게 한다.〔君子以, 裒多益寡, 稱物平施.〕" 하였다. 원도(原陶)는 원헌(原憲)과 도주공(陶朱公)의 병칭으로, 각각 빈부를 대표하는 사람들이다. 원헌은 공자의 제자로 자는 자사(子思)이다. 풀로 지붕을 인 그의 오두막집은 늘 비가 샐 정도였다고 한다.《莊子 讓王》 도주공은 춘추 시대 월(越)나라의 정승 범려(范蠡)이다. 범려는 월왕(越王)을 도와 오(吳)나라를 격파한 뒤에 농업과 상업에 종사하여 큰 부자가 되었다.《史記 卷41 越王句踐世家》

자세히 관찰한 이는 오직 장자뿐이라네 妙觀唯有漆園翁

이상은 〈제물론(齊物論)〉을 옳게 여긴 것이다.

신 끈을 어찌 갓끈과 혼동하랴 屨綦安可混冠箄
우습다 장주는 익살을 좋아했지 堪笑莊生喜滑稽
해와 달 차고 이지러져 밤낮이 나뉘고 日月盈虧分晝夜
하늘과 땅 맑고 탁해 고저가 나뉘지 乾坤淸濁判高低
사시에 어찌 앞뒤가 없을 수 있으랴 四時豈得無先後
육기에도 오히려 합하고 어긋남 있도다[131] 六氣還應有合睽
일 십 백 천 수량이 다르고 一十百千殊量數
종 횡 곡 직 모습도 가지가지 縱橫曲直各端倪
여기에서 갖가지 사물들이 從知色色形形者
모두 어지럽고 어수선함을 알겠네 儘自紛紛擾擾兮
눈은 원래 벼락 아니고 霰雪由來非霹靂
별은 절로 무지개와 다르지 星辰自是異虹霓
거센 바람이 따뜻한 훈풍과 어찌 같으랴 獰飆爭似薰風暖
상서로운 비가 서늘한 궂은비와 같기 어렵네 瑞霂難同怪雨凄
산은 응결하고 강은 융해되니 원래 다르고[132] 岳結川融元不類

131 육기(六氣)에도……있도다 : 계절 따라 기후도 따라서 변하지만, 때로는 계절과 기후가 맞지 않을 때도 있다는 말이다. 육기는 풍(風), 한(寒), 서(暑), 습(濕), 조(燥), 화(火)의 여섯 가지 기후를 말한다.

132 산은……다르고 : 산은 응결하여 높이 솟고 강은 융해되어 흐르기 때문에 서로 다르다는 말이다. 진(晉)나라 손작(孫綽)의 〈유천태산부(遊天台山賦)〉에 "융해되어 강이 되고 응결하어 산이 된다.〔融而爲川瀆, 結而爲山阜.〕"라고 하였다.

새는 날고 짐승은 달리니 본래 같지 않네	禽翔獸走本非儕
기린이 어찌 승냥이랑 범과 어울리며	麒麟豈合群豺虎
봉황이 어찌 집오리랑 닭과 짝하랴	鸑鷟焉能伴鶩鷄
제비는 검고 해오라기는 흰 것을 알아야 하고	須識燕玄而鷺白
소는 뿔 있고 말은 굽이 있음을 보아야지	且看牛角與駒蹄
원앙이 솔개도 아닌데 어찌 쥐를 좋아하며	鵷非鴟鶻寧甘鼠
매미는 지렁이와 다른데 어찌 진흙을 먹으랴	蟪異蚯螻肯食泥
깊은 물이라야 물고기와 자라의 집이 되고	積水惟宜魚鱉宅
높은 오동이라야 봉황의 둥지 되지	高梧只可鳳凰棲
땅벌레가 물에 빠지면 떠내려가다 잠기고	壤蟲入水應漂沒
울타리 참새가 오동에 깃들면 마침내 떨어지지	藩雀巢梧定隕隮
큰 강을 넘는 건 오직 빠른 익조이고	超越大河唯快鷁
높은 고개 뛰어오르는 건 좋은 말이지[133]	踢騰長坂是良騠
노둔한 말이 어찌 감히 천리를 달리며	駑駘詎敢踰千里
작은 배가 어찌 오계를 건너랴	舴艋何堪涉五溪
네가 잘할 때 나는 더러 서툴고	爾有巧時吾或拙
이쪽에서 기뻐하면 저쪽은 도리어 슬퍼하지	此成忻處彼還悽
감정은 미움과 사랑이 함께 드러나지 않고	情無并發憎兼愛

133 높은……말이지 : 좋은 말이라야 험한 지형을 오를 수 있다는 말이다. 장판(長阪)은 험하기로 유명한 구절판(九折坂)을 가리킨다. 한(漢)나라의 왕양(王陽)이 일찍이 익주 자사(益州刺史)가 되어 이 구절판을 넘게 되었을 때 "선조가 주신 몸을 받들고 어찌 이처럼 험한 곳을 자주 다니겠는가.〔奉先人遺體, 奈何數乘此險.〕"라며 병을 핑계로 사직하였다고 한다. 후에 익주 자사로 부임한 왕준(王尊)은 구절판에 이르러 "어서 말을 몰아라. 왕양은 효자가 되었지만, 나는 충신이 되겠노라.〔王陽爲孝子, 王尊爲忠臣.〕"라며 마부를 재촉했다고 한다. 《漢書 卷76 王尊傳》

얼굴엔 웃음과 울음이 같이 생기지 않네　　面不俱生笑與啼
누가 숯과 얼음을 같다 하며　　誰把炭氷均品騭
누가 진주와 자갈을 같다 하랴　　孰將珠礫等評題
다북쑥과 난초가 함께 무성하다면　　蓬蒿蕙茝如同茂
굴원과 송옥 자초와 자란이 함께 하리라[134]　　屈宋椒蘭可共躋
추나라 성인 맹자가 일찍이 이를 말했으니　　鄒聖子輿曾說此
누가 억지로 사물의 실상이 같다 하는가[135]　　何人强道物情齊

이상은 〈제물론(齊物論)〉을 비난한 것이다.

134 다북쑥과……하리라 : 잡초와 난초가 구별되지 않는다면 충신과 간신 또한 구별되지 않으리라는 말이다. 굴송초란(屈宋椒蘭)은 각각 충신 굴원과 굴원을 흠모한 송옥(宋玉), 그리고 간신인 초(楚)나라의 대부(大夫) 자초 子椒)와 초 회왕(楚懷王)의 동생 사마자란(司馬子蘭)의 병칭이다. 《사기(史記)》〈굴원열전(屈原列傳)〉에 "이른바 충과 불충이며, 이른바 현명한 사람과 현명하지 못한 사람이다. 회왕이 충신을 구분할 줄 몰라……굴원을 멀리하고 상관대부와 영윤 자란을 신임하여, 전쟁에서 패하여 여섯 군을 잃었으며, 자신도 진나라에서 객사하여 천하의 웃음거리가 되었다.〔其所謂忠者不忠, 而所謂賢者不賢也. 懷王以不知忠臣之分,……疏屈平而信上官大夫令尹子蘭, 兵挫地削, 亡其六郡, 身客死於秦, 爲天下笑.〕"라고 하였다.

135 추(鄒)나라……하는가 : 맹자(孟子)의 말을 근거로 장자(莊子)의 제물론(齊物論)을 비판한 것이다. 추나라의 성인은 맹자를 가리킨다. 자여(子輿)는 맹자의 자이다. 《맹자》〈등문공 상(滕文公上)〉에 단위가 같으면 물건 값도 같다는 허행(許行)의 주장에 대해, 맹자께서 "물건이 서로 같지 않음은 물건의 실정이다. 값의 차이가 혹은 서로 배가 되고 다섯 배가 되며, 혹은 서로 열 배가 되고 백 배가 되며, 혹은 서로 천 배가 되고 만 배가 되는데, 그대가 이것을 나란히 하여 똑같이 하려 하니, 이는 천하를 어지럽히는 것이다. 큰 신과 작은 신이 값이 같다면 사람들이 어찌 큰 신을 만들려고 하겠는가. 허자의 도를 따른다면 서로 이끌어 거짓을 할 것이니, 어찌 국가를 다스릴 수 있겠는가.〔夫物之不齊, 物之情也. 或相倍蓰, 或相什百, 或相千萬, 子比而同之, 是亂天下也. 巨屨小屨同賈, 人豈爲之哉. 從許子之道, 相率而爲僞者也, 惡能治國家.〕"라고 하였다.

산에 사는 네 가지 기쁨 4수
山居四喜 四首

맑은 창으로 드는 따스운 햇살 아래 책 뒤적이고	晴窓暖日披黃卷
빈 누각에서 맑은 밤에 거문고 연주하네	虛閣淸宵弄素琴
바둑판을 손님 맞아 펼치고	棋局乍開邀客設
항아리 술 막 익어 아내에게 떠오게 하네	甕醪初熟使妻斟

　사(使)는 환(喚)으로도 쓴다.

아이는 글자 읽을 줄 알아 소리 좋고	兒知讀字聲音好
늙은이는 책 보고 나서 잠 달게 자네	翁罷看書睡味甘
때때로 시냇가 아이에게 낚시질 묻고	時對澗童詢釣事
우연히 농부 만나면 농사일 이야기하네	偶逢田叟打農談

　순(詢)은 논(論)으로도 쓴다.

집 뒤 푸른 산은 아름다운 광경 볼만하고	屋後靑山看斐亹
문 앞 푸른 물은 졸졸 흐르는 소리 듣기 좋네	門前綠水聽潺湲
발 밖에 보슬비 오면 향 피우고 앉았다가	半簾微雨燒香坐
맑은 바람 불어 오면 베개에 기대어 자노라	一至淸風倚枕眠

잠 깨면 찌지 열어 옛 그림 펼쳐 보고	睡起啓籤繙古畫
흥이 나면 붓 휘둘러 새 시 쓰네	興來揮筆寫新詩
난간 밖 꽃 핀 곳 즐겨 보고	花明檻外耽看處
달 밝을 때 뜨락 거니네	月白庭中散步時

서교[136]의 이별의 자리에서 남운경 용익 의 시[137]를 차운하여 연경으로 가는 동지부사 남중휘[138] 이성 에게 주다 2수

西郊餞席 次南雲卿 龍翼 韻 贈冬至副使南仲輝 二星 赴燕 二首

술동이 앞에서 억지로 시 지으려니 欲向樽前强賦詩
시름 많아 나도 모르게 시 더디 이뤄지네 愁多不覺句成遲
그동안 헤어져 지낸 것도 슬펐는데 向來契闊猶堪悵
하물며 이제 관산 멀리 헤어지는 때이랴 況此關山遠別時

내가 잠깐 술잔 멈추고 시 지어 주리니 我且停杯欲贈詩
사신 깃발 조금 머물러도 상관없겠지 不妨征旆少淹遲
산과 강 넘어 만 리 길 오늘 아침에 이별하지만 關河萬里今朝別
그래도 하늘 끝으로 귀양 갈 때보다 낫구나 猶勝天涯謫去時

136 서교(西郊) : 서울 서대문 밖을 말하는데, 조선 시대에 중국으로 떠나는 사신행차를 송별하던 곳이다.

137 남운경(南雲卿)의 시 : 남운경은 남용익(南龍翼, 1628~1692)으로, 본관은 의령(宜寧), 자는 운경, 호는 호곡(壺谷)이다. 저서로 신라시대부터 조선 인조대까지의 명인 497인의 시를 모아 엮은 《기아(箕雅)》 및 《부상록(扶桑錄)》과 자신의 시문집인 《호곡집(壺谷集)》이 있다. 이 시는 《호곡집》 권7에 수록된 〈제교의 이별 자리에서 취하여 부사 중휘의 부채에 쓰다〔濟橋餞席醉書副使仲輝扇〕〉이다.

138 남중휘(南仲輝) : 남이성(南二星, 1625~1683)으로, 본관은 의령, 자는 중휘, 호는 의졸(宜拙)이다. 1678년(숙종4)에 동지 겸 사은부사(冬至兼謝恩副使)로 청나라에 다녀왔다. 《藥泉集 第26 叔父正憲大夫禮曹判書兼知經筵義禁府事同知成均館事公行狀》

중휘(仲輝)가 일찍이 진도(珍島)로 귀양 갔었다.[139]

139 중휘(仲輝)가……갔었다 : 남이성은 1674년(현종15)에 인선왕후(仁宣王后)의 복제(服制) 문제에 연루되어 진도(珍島)로 귀양 갔었다.《藥泉集 第26 叔父正憲大夫禮曹判書兼知經筵義禁府事同知成均館事公行狀》

신인백[140] 정 과 서교에서 만나 그의 시[141]를 차운하여 또 중휘[142]에게 주다

與申寅伯 晸 遇西郊 次其韻 又贈仲輝

조촐한 석 잔 술 草草三杯酒

수고롭게 만 리 길 가는 나그네 勞勞萬里人

떠나는 수레 눈길 뚫고 가니 征軺衝雪去

계문에 봄 찾아올 때 맞춰 돌아오겠지[143] 應趁薊門春

140 신인백(申寅伯) : 신정(申晸, 1628~1687)으로, 본관은 평산(平山), 자는 인백, 호는 분애(汾厓), 시호는 문숙(文肅)이다. 상촌(象村) 신흠(申欽)의 손자이다. 경신대출척으로 남인이 물러나자 대사헌에 발탁되었고, 한성 판윤(漢城判尹)을 거쳐 강화유수(江華留守)로 재임 중 죽었다. 저서에 《분애유고(汾厓遺稿)》 등이 있다. 《陶谷集 卷9 禮曹判書汾厓申公神道碑銘》

141 그의 시 : 송규렴이 차운(次韻)한 신정의 시는 《분애유고》 권6에 수록된 〈이필경의 매각에서 남운경의 시에 맞춰 짓다〔李弼卿梅閣 次南雲卿韻〕〉이다.

142 중휘(仲輝) : 남이성(南二星, 1625~1683)으로, 본관은 의령(宜寧), 자는 중휘, 호는 의졸(宜拙)이다. 《藥泉集 第26 叔父正憲大夫禮曹判書兼知經筵義禁府事同知成均館事公行狀》

143 떠나는……돌아오겠지 : 남이성이 겨울에 연경으로 떠나므로 봄이 되어야 돌아올 것이라는 말이다. 계문(薊門)은 요동의 계주(薊州)로, 우리나라의 사신 행렬이 중국을 오갈 때 들르는 곳이다.

홍백함[144] 만용 영공의 매화 화분을 읊어 주인에게 보이다
咏洪伯涵 萬容 令公盆梅 示主人

옥 같은 줄기 구슬 같은 가지 곧기도 비끼기도	玉榦瓊枝直又斜
섣달에 찬 꽃망울 틔우니 어여쁘다	最憐窮臘吐寒葩
차갑고 깨끗한 자태는 세속을 치료할 만하고	容姿冷潔堪醫俗
기미는 꽃다워 사악함 물리칠 만하지	氣味芬芳可辟邪
은나라 국솥에 들어가 간 맞추지 못해도	不入殷羹和鼎鼐
시인을 따라 시 짓는 일 도울 만하지[145]	解隨騷客助吟哦
맑은 밤 달빛 아래 볼수록 담담하니	淸宵月下看逾淡
우습다 저 산호는 지나치게 화사하네	笑彼珊瑚覺太奢

144 홍백함(洪伯涵) : 홍만용(洪萬容, 1631~1692)으로, 본관은 풍산(豐山), 자는 백함, 호는 금화(金華)이다. 기사환국으로 사직하고 고향인 고양으로 돌아가 오직 음주로 세월을 보내며 세상일을 말하지 않았다. 왕실의 지친이면서도 직언을 서슴지 않아 숙종(肅宗)이 송시열(宋時烈)·송준길(宋浚吉)을 귀양 보낼 때에는 조정에서 감히 아무도 이를 말리지 못하였으나, 이들을 위하여 적극 원통함을 풀어 구제하였다.《陶谷集 卷22 禮曹判書洪公諡狀》

145 은(殷)나라……만하지 : 매화가 아직은 열매를 맺지 못하여 맛있는 국을 끓일 때 간을 맞추는 역할을 하지 못하지만, 시인들이 시를 쓰는 재료로는 충분한 가치가 있다는 말이다. 은갱(殷羹)은 《서경》〈열명 하(說命下)〉에 고종(高宗)이 부열(傅說)에게 "너는 짐의 뜻을 가르쳐서 만약 술과 단술을 만들거든 네가 누룩과 엿기름이 되며, 만약 간을 맞춘 국을 만들거든 네가 소금과 매실이 되어야 한다.〔爾惟訓于朕志, 若作酒醴, 爾惟麴糵, 若作和羹, 爾惟鹽梅.〕"라고 한 데서 유래하였다.

제술관으로서 일본에 가는 진사 성완[146]을 전송하다 임술년(1682, 숙종8)

送成進士 琬 以製述官赴日本 壬戌

푸른 바다 건너는 길 부상[147]에 인접한 곳	滄溟去路接扶桑
태평성대의 외교를 젊은 친구에게 맡겼네	聖代交隣屬妙郎
바다와 산 가는 곳마다 힘찬 붓 휘둘러	隨處海山揮健筆
또한 문채가 오랑캐들 감동시키겠지	也應文彩動蠻方

146 성완(成琬) : 1639~1710. 본관은 창녕(昌寧), 자는 백규(伯圭), 호는 취허(翠虛)이다.

147 부상(扶桑) : 해가 뜨는 동쪽 바다 속에 있다는 전설상의 신목(神木) 이름이다. 여기서는 일본으로 사신을 가기 때문에 끌어다 쓴 것이다.

초가을에 앓아누워 회포를 노래하다
初秋病臥述懷

한양에서 이태나 살다 보니	洛陽城中二年客
백발 헝클어져 서리가 머리에 가득한 듯	白髮蕭蕭霜滿頭
하물며 열흘이나 자리에 누워	況復經旬臥床席
골수에 박힌 고질병 끝내 낫지 않네	嬰髓痼疾終難瘳
지난밤 갈바람이 뜨락의 오동 흔들더니	昨夜金風動庭梧
온 집안에 서늘한 기운 썰렁하네	滿堂涼氣生颼飀
아침에 문득 그윽한 생각 일어나	朝來忽有幽思起
깊은 계곡에서 맑은 물 보려다가	擬向絶澗臨淸流
잠시 후 호쾌한 흥취 일어나	俄然更覺豪興發
한 동이 술로 높은 누각 오르고 싶어라	一樽直欲登高樓
높은 누각과 맑은 물 여기에 없으니	高樓淸流不在玆
서글피 고향 바라보며 마음만 심란하네	悵望故山心悠悠
아득해라 언제나 옷소매 떨치고 갈까	悠悠何日拂衣去
온 골짝 단풍 물드는 가을 따라 가리라	去趁萬壑丹楓秋

꿈에서 어느 곳에 이르러 "옛 절에서 희미한 종소리 울리는 새벽 외로운 성에 가랑비 내리는 가을"이라는 한 연구를 얻었기에 깬 뒤에 이어 짓다

夢到一處 得一聯曰 古寺殘鍾曉 孤城細雨秋 覺後足成

정신이 고요하고 한적한 곳에 노닐다가[148]	神游靜散地
문득 다시 시인의 눈길 돌렸네	忽復騁吟眸
옛 절에서 희미한 종소리 울리는 새벽	古寺殘鍾曉
외로운 성에 가랑비 내리는 가을	孤城細雨秋
누가 알랴 이 시구가	誰知此句語
아로새기지 않고 이루어진 줄을	曾不費雕鎪
그윽한 꿈속의 흥취	幽絶夢中趣
나중에도 혹시 찾을 수 있을까	他時倘可求

148 정신이……노닐다가 : 신유(神游)는 《열자(列子)》 〈황제(黃帝)〉에 보이는 말로, 형체(形體)는 움직이지 않고 심신(心神)만이 먼 곳을 향해 가서 노니는 것을 말한다. 여기서는 꿈꾸는 상황을 말하였다.

선달 그믐날 밤에

除夜

묵은해 어디로 가고	舊歲向何去
새해는 어디서 오나	新歲從何來
가는 해를 잡을 수 있다면야	去者若可挽
오는 해도 밀칠 수 있으련만	來者亦可推
오는 해를 누가 막으며	其來孰遮遏
가는 해를 누가 돌리랴	其去孰追回
왔다 가고 또 와서	來而去又來
그 운행 잠시도 쉬지 않네	厥機無暫息
사람이 그 사이에 살아가니	人生處其間
마치 배 위의 익조[149] 같아라	有如船上鷁
배가 가면 익조도 따라가니	船往鷁隨往
머물고자 한들 머물 수 있으랴	欲住那可得
내 나이 쉰 셋	我年五十三
덧없이 훌쩍 지났어라[150]	欻如駒過隙

149 익조(鷁鳥) : 물새의 일종인데, 여기서는 뱃머리에 새겨진 익조를 가리킨다. 이 새는 백로와 비슷하며 몸집이 크고 날개가 흰데, 바람을 잘 견디는 성질이 있다 하여 그 모습을 뱃머리에 조각하거나 그려 두었다.

150 내 나이……지났어라 : 세월이 빠름을 비유적으로 표현한 말이다. 《장자(莊子)》 〈지북유(知北遊)〉에 "사람이 천지 사이에 사는 것은 마치 흰 망아지가 작은 틈을 지나가는 것처럼 잠깐일 뿐이다.〔人生天地之間, 若白駒之過隙, 忽然而已.〕"라고 하였다.

덧없이 지난 세월도 이미 슬픈데　駒隙光陰已足悲
하물며 내일이면 한 살 더 먹는구나　況復明朝添一年
한 살 더 먹어도 이 마음 늙을 리 없건만　添一年未必老此心
무슨 일로 갈수록 슬퍼지나　何事轉悽然
누가 알랴 늘그막의 한 살이　誰知暮齒一
젊은이의 열 살과 맞먹을 줄을　可抵芳年十
이런 생각에 절로 잠 못 이루고　念此自不寐
서글프게 근심만 쌓이네　悄悄愁思集
희미한 등불 꺼질 필요도 없고　殘燈不須滅
새벽닭 울 필요도 없이　曉鷄不須唱
오늘 밤이 백 년처럼 길어서　我願今宵長如百年久
새벽빛이 동창 위에 비치지 말았으면 하노라　更無曙色來照東窓上

이이중[151] 민서 에게 부쳐 주다 5수○계해년(1683, 숙종9)

寄贈李彝仲 敏敍○五首○癸亥

하나의 병으로 지루하게 오십 일 가까이 앓으니	一病支離近五旬
청춘에 귀향하겠다던 계획 어긋났네	還鄉初計負靑春
그대 부럽구나 강가 쉼터로 돌아가	羨君江上歸休地
물고기랑 새랑 안개랑 구름과 이웃하겠네	魚鳥煙雲共作隣

화창한 바람 물에 불어 물결 일렁이고	華風吹水碧粼粼
강가의 풀과 꽃들 차례차례 봄 자태 뽐내네	江草江花次第春
온 종일 난간에 기대 맑게 앉았노라니	終日倚欄淸坐處
세간의 영욕은 관심 없노라	世間榮辱不關身

높은 정자에 한번 누우니 온갖 생각 사라지고	一臥高亭萬慮收
눈앞에 마주한 건 백사장의 갈매기 뿐	眼邊相對只沙鷗
비 내린 봄 강에 안개 물결 펼쳐지니	春江雨後煙波闊
석양에 낚싯배 띄우기 정말 좋겠네	正好斜陽泛釣舟

벼슬할 때 일찍이 자리 나란히 했고	作宋曾聯席

151 이이중(李彝仲) : 이민서(李敏敍, 1633~1688)로, 본관은 전주(全州), 자는 이중, 호는 서하(西河)이다. 영의정 이경여(李敬輿)의 아들이며, 도정 이후여(李厚輿)에게 입양되었다. 《西河集 附錄 家狀》

관직 그만둘 때도 함께했지 休官又一時
나아가고 물러남[152] 대략 서로 같았으니 行藏略相似
취향인들 어찌 다르랴 臭味豈嘗違
학포에 바람과 안개 특별하고 鶴浦風煙別
계족산에 깊은 골짜기 아름다운데[153] 鷄山洞壑奇
어찌하면 일찍 돌아가 何如早歸去
몸에 벽라옷을 입을까[154] 身着薜蘿衣

이상은 진퇴격(進退格)[155]을 사용하였다.

타향살이에 병까지 많아도 客況仍多病

152 나아가고 물러남 : 행장(行藏)은 용행사장(用行舍藏)의 준말로, 자신의 도를 펼 수 있느냐 없느냐에 따라 거취를 결정하여 조정에 나아가기도 하고 은퇴하기도 하는 것을 말한다. 《논어》〈술이(述而)〉에 "써주면 도를 행하고 버리면 은둔한다.〔用之則行, 舍之則藏.〕"라고 하였다.

153 학포(鶴浦)에……아름다운데 : 송규렴의 고향에 있는 포구와 산의 아름다운 경치를 회상한 것인데, 학포는 어디인지 미상이다. 계산(鷄山)은 계룡산(鷄龍山) 또는 계족산(鷄足山)을 의미할 텐데, 아마도 송규렴의 고향과 더 가까운 계족산을 가리키는 듯하다.

154 어찌하면……입을까 : 고향으로 돌아가 지내고 싶다는 말이다. 벽라의(薜蘿衣)는 일반적으로 산속에 숨어 사는 은자의 복식을 말한다. 《초사(楚辭)》〈산귀(山鬼)〉에 "벽려로 옷을 해 입고 여라의 띠를 둘렀도다.〔被薜荔兮帶女蘿〕"라고 하였다.

155 진퇴격(進退格) : 율시에서 용운(用韻)하는 격식의 하나로, 진퇴체 또는 진퇴운이라고도 한다. 한 수의 시에 두 개의 서로 비슷한 운부(韻部)의 운자(韻字)를 가지고 격구(隔句)로 압운하여 일진일퇴(一進一退)를 거듭하므로 이렇게 부른 것이다. 이 시에서 시(時)와 기(奇)는 평성(平聲)의 지운(支韻)이고, 위(違)와 의(衣)는 평성의 미운(微韻)이다.

세월은 또 봄 돌아왔네	年光又一春
어쩌다가 강과 바다를 좋아하면서	那將江海癖
부질없이 저자와 조정에 맴도는 신세 되었나	虛作市朝身
흰머리는 늙음을 재촉하고	白髮催人老
푸른 산은 꿈에 자주 들어오네	青山入夢頻
예전에 한가로이 지낼 때에는[156]	向來樗散地
애당초 관직 사모하지 않았지	初不戀簪紳

156 한가로이 지낼 때에는 : 저산(樗散)은 가죽나무는 재질이 나빠 거의 버려진다는 뜻으로, 세상에 쓰이지 않아 한가하게 지냄을 비유하거나 자신에 대한 겸사로 쓰인다. 두보(杜甫)의 시에 "정공은 쓰이지 못한 채 백발이 되어서, 술만 취하면 항상 늙은 화사라 일컬었네.〔鄭公樗散鬢成絲, 酒後常稱老畫師.〕"라고 하였다.《杜少陵集 卷5 送鄭十八虔貶台州司戶傷其臨老陷賊之故闕爲面別情見於詩》

삼재 이홍연[157] 어른 만사
李三宰 弘淵 丈挽

한산 이씨 대대로 관직 이어져	韓山家世本簪纓
밝은 시대에 급제하여 일찍 이름 올렸네[158]	釋褐明時早策名
삼로에 휘장 걷어 아름다운 업적 남겼고[159]	三路褰帷留美績
네 조정에서 패옥 울려 명성 독차지했지[160]	四朝鳴佩擅英聲

157 이홍연(李弘淵) : 1604~1683. 본관은 한산(韓山), 자는 정백(靜伯)·이정(而靜), 호는 삼죽(三竹)이다. 조희일(趙希逸), 정홍명(鄭弘溟)의 문인이다. 사간(司諫)으로 있을 때 김자점(金自點)을 탄핵하여 귀양 보냈고, 1680년(숙종6) 의금부 당상관으로 경신대출척의 옥사를 다스려 허목(許穆) 등을 숙청하였다. 뒤에 좌참찬으로 기로소에 들어갔다. 《宋子大全 卷168 左參贊李公神道碑銘 幷序》

158 급제하여……올렸네 : 석갈(釋褐)은 천복(賤服)을 벗는다는 뜻으로, 문과(文科)에 급제(及第)하여 처음으로 벼슬하는 것을 말한다. 이홍연은 1637년(인조15)에 정시(廷試) 문과에 합격하였다. 책명(策名)은 책명위지(策名委質)의 준말인데, 사판(仕版)에 이름을 올리고 폐백을 바친다는 뜻으로, 벼슬길에 올라 충성을 다함을 이른다. 《춘추좌씨전》 희공(僖公) 24년 기사에 "신하의 명부에 이름을 올리고 군주에게 예물을 바치고서, 두 마음을 품는 것은 죄를 짓는 것이다.〔策名委質, 貳乃辟也.〕"라고 한 데서 유래하였다.

159 삼로(三路)에……남겼고 : 이홍연이 1656년(효종7)에 황해 감사(黃海監司)가 되어 폐단을 개선하여 선정을 베푼 일을 말한다. 삼로는 평안, 황해, 경기를 일컫는 말이다. 건유(褰帷)는 고을 수령이 백성을 직접 대면하고 보살피려고 수레의 휘장을 걷는다는 고사에서 유래하였다. 후한(後漢) 가종(賈琮)이 기주 자사(冀州刺史)가 되었을 때, 방백은 모름지기 멀리 보고 널리 들으면서 미악(美惡)을 규찰해야 한다면서 수레의 휘장을 벗기도록 한 고사가 전한다. 《後漢書 卷31 賈琮列傳》

160 네……독차지했지 : 이홍연이 인조, 효종, 현종, 숙종 네 임금의 조정에서 벼슬한

높은 직위에 오르고 장수하여 평생 복 누렸고	崇班大耋平生福
귀한 자손들[161] 후대의 영광이네	玉樹瓊枝後代榮
지난 가을 침상 아래에서 절한 일 생각하니	却憶前秋床下拜
눈물 뿌리며 상여 떠나보낼 수 있으랴	可堪揮淚送丹旌

사실을 말한다. 명패(鳴佩)는 요직(要職)에서 벼슬한 것을 말한다. 남제(南齊) 시인 사조(謝朓)의 시에 "여기가 상봉지라는 곳이지, 패옥소리 쟁그랑쟁그랑 울리네.〔玆言翔鳳池, 鳴珮多淸響.〕"라고 하였다. 《文選註 卷30 直中書省》

161 귀한 자손들 : 옥수경지(玉樹瓊枝)는 고귀한 가문의 자제를 일컫는 말이다. 사안(謝安)이 여러 자제들에게 "왜 사람들은 모두 자기의 자제가 출중하기를 바라는가?"라고 물었는데, 조카 사현(謝玄)이 "이것은 마치 지란(芝蘭)과 옥수(玉樹)가 자기 집 정원에서 자라기를 바라는 것과 같습니다."라고 하였다. 《晉書 卷79 謝安列傳》

삼가 우재 선생의 〈무계에서 노닐다〉[162]를 차운하다

敬次尤齋先生遊武溪韻

울창한 솔숲에 한 시내 돌아 흐르고	萬松蒼鬱一溪回
시냇가 층층 바위 차례로 열리었네	溪上層巖次第開
왕자님 옛 터는 봄풀이 뒤덮고	王子舊墟春草沒
망가진 연못 물도 없어 들새 날아오네	廢池無水野禽來

시냇가에 안평대군(安平大君)의 연못과 정자의 터가 있다.

162 무계(武溪)에서 노닐다 : 이 시는 송시열의 《송자대전(宋子大全)》 권2에 〈무계동에서 조의망의 시를 차운하다〔武溪洞 次趙嶷望韻〕〉라는 제목으로 실려 있다.

꿈에서 깨어 부질없이 읊다

夢罷漫吟

외로운 나그네 한밤중 고향 꿈에	孤客中宵夢故山
졸졸 흐르는 푸른 시냇물 소리 들렸네	碧溪流水聽潺潺
깨어서도 베갯머리에 그 소리 남아	覺來枕上聲猶在
마치 바위 널린 깊은 골짝에 앉은 듯	如坐千巖萬壑間

장난 삼아 지명을 이용하여 회고체로 짓다
戱作地名懷古體

만리교[163] 위에 해는 지려 하고	萬里橋頭日欲低
백화담[164] 위에 새가 공연히 우네	百花潭上鳥空啼
황룡새[165] 드넓어 바람서리 매섭고	黃龍塞闊風霜苦
단봉성[166] 황폐하여 초목으로 뒤덮였네	丹鳳城荒草樹迷
계곡에 서늘한 영은사[167]	澗谷凄涼靈隱寺

163 만리교(萬里橋) : 사천성(四川省) 성도시(成都市) 서쪽 교외 금강(錦江)의 지류인 완화계(浣花溪)에 있는 다리이다. 이 다리의 서쪽에 두보(杜甫)의 완화초당(浣花草堂)이 있었다.

164 백화담(百花潭) : 두보의 〈광부(狂夫)〉에 “만리교의 서쪽으로 한 초당이 있으니, 백화담의 물이 바로 창랑의 물이라네.〔萬里橋西一草堂, 百花潭水卽滄浪.〕”라고 하였다.

165 황룡새(黃龍塞) : 옛 성 이름으로, 흉노(匈奴)의 용성(龍城)을 가리킨다. 길림성(吉林省) 농안현(農安縣)에 있다. 본래 발해(渤海)의 부여부(扶餘府)였는데, 요(遼) 태조가 발해를 정벌하고 오다가 이곳에서 황룡(黃龍)을 만났다 하여 이렇게 이름을 고쳤다.

166 단봉성(丹鳳城) : 황제의 대궐을 가리킨다. 진 목공(秦穆公)의 딸 농옥(弄玉)이 피리를 불면 진나라의 서울인 함양(咸陽)에 붉은색의 봉황이 내려왔다는 전설에서 유래하였다는 설과, 한 무제(漢武帝)가 세운 대궐 위에 구리로 만든 봉황이 있었다는 고사에서 유래하였다는 설이 있다. 《列仙傳 卷上 蕭史》《史記 卷12 孝武本紀 索隱》

167 영은사(靈隱寺) : 절강성(浙江省) 항주(杭州) 서호(西湖) 서북쪽 영은산(靈隱山)에 있는 절로, 진(晉)나라 함화(咸和) 원년(326)에 인도의 승려 혜리(慧理)가 창건한 것이다. 혜리가 “부처가 세상에 있을 때 대개 선령의 비호를 받는다.〔佛在世日, 多爲仙靈之所隱.〕” 하여 영은(靈隱)이라 명명했다 한다.

마름 연꽃 쓸쓸한 약야계[168] 菱荷蕭瑟若耶溪
지금 제자주 주변의 달빛이 秖今帝子洲邊月
부질없이 황릉묘[169] 서쪽을 비추네 虛照黃陵廟宇西

168 약야계(若耶溪) : 중국 절강성(浙江省) 회계현(會稽縣)에 있는 경호(鏡湖)와 이어진 물 이름이다. 춘추 시대 월나라의 미녀 서시(西施)가 그 근처에서 연밥을 따며 놀았다고 한다. 이백(李白)의 〈자야오가(子夜吳歌)〉에 "경호 삼백 리에, 연꽃이 흐드러지게 폈네. 오월에 서시가 연밥을 따면, 구경하는 사람들 약야계에 넘치는데, 달뜨기도 전에 배를 돌려, 월왕의 궁궐로 돌아가네.〔鏡湖三百里, 菡萏發荷花. 五月西施採, 人看隘若耶. 回舟不待月, 歸去越王家.〕"라고 하였다.

169 황릉묘(黃陵廟) : 순(舜) 임금의 비(妃)인 아황(娥皇)과 여영(女英)을 제사하는 사당으로, 호남성 상음현(湘陰縣) 북쪽에 있다. 순 임금이 강남 지방을 순시하다가 호남(湖南) 지방 소상강(瀟湘江) 가에 있는 창오산(蒼梧山)에서 죽었다. 그 소식을 들은 두 왕비가 멀리 순 임금을 찾아와 슬퍼하고 상강(湘江)에 빠져 죽어 나중에 수신(水神)이 되었는데, 그곳 사람들이 그녀들을 위해 상강 가에 이 사당을 지어 제사 지냈다고 한다. 《水經 湘水注》

독락진[170]에서

獨樂津

금강의 안개 물결 한강과 비슷하여	錦水煙波似漢流
석양에 돌아가는 배 일부러 더디 모네	斜陽歸棹故遲留
오색구름 어디에서 대궐 바라볼까[171]	五雲何處瞻京闕
종남산 돌아보며 시름 그지없네	回首終南不盡愁

170 독락진(獨樂津) : 금강에 있는 나루 중의 하나이다. 송시열의 문인 민진강(閔鎭綱)의 〈초산일기(楚山日記)〉에 사약을 마시고 사망한 송시열을 운구하는 과정에서 이 나루의 이름이 보인다. 《宋子大全 續拾遺附錄 卷2》

171 오색구름……바라볼까 : 대궐이 보이지 않는다는 말이다. 오운(五雲)은 오색구름으로 본래 신선이 머무는 곳을 가리키는데, 여기서는 임금이 머무는 곳을 선경(仙境)에 비유하여 미화한 것이다.

승지 조세환[172] 만사

趙承旨 世煥 挽

평소 친구 곡하는 일 많았지만	平生何限哭朋知
그대 곡하려니 눈물이 턱에 가득하네	哭到吾君淚滿頤
강호에서 몇 년이나 함께 불우했던가	湖海幾年同落拓
한양에서 삼 년 동안 늘 어울렸지	洛城三載慣追隨
승정원에서 숙직하며 함께 잤고	銀臺禁直連衾夜
옥동의 봄나들이 나란히 갔었는데	玉洞春遊幷袂時
지난 자취 천고의 일 되었으니	陳迹已成千古事
들보의 새벽달에 남은 슬픔 어리네[173]	屋樑殘月有餘悲

172 조세환(趙世煥) : 1615~1683. 본관은 임천(林川), 자는 의망(嶷望), 호는 수촌(樹村)이다. 1657년(효종8) 식년 문과에 갑과(甲科)로 급제하여 전적(典籍)이 된 뒤 예조와 병조의 좌랑・정랑, 정언・지평・장령 등과 외직으로 무주 부사(茂朱府使), 고성 현감(固城縣監), 동래 부사(東萊府使) 등을 역임하였고 전라 감사와 승지를 지냈다. 《宋子大全 卷169 全羅監司趙公神道碑銘 幷序》

173 들보의……어리네 : 조세환을 그리는 마음이 간절하다는 말이다. 두보(杜甫)가 이백(李白)을 그리워하며 "지는 달빛이 들보에 가득하니, 그대의 낯빛인가 의심하네.〔落月滿屋樑, 猶疑照顏色.〕"라고 하였다. 《杜少陵詩集 卷7 夢李白》

상사 신성로 만사
辛上舍 聖老 挽

백록[174]의 가문 명성 멀리 이어져	白麓家聲遠
대대로 전해온 가업[175] 남아 있지	靑氈世業存
풍류로 멋진 일 독차지하고	風流專勝事
꽃과 버들 심어 이름난 정원 관리했네	花柳管名園
종유하는 즐거움 몇 번이나 보았던가	幾睹從遊樂
담소하는 온화한 모습 매우 좋았지	偏憐笑語溫
오랜 자취 갑자기 적막하니	陳蹤遽寂寞
북당의 원추리는 누가 돌볼까[176]	誰護北堂萱

174 백록(白麓) : 신응시(辛應時, 1532~1585)로, 본관은 영월(寧越), 자는 군망(君望), 호는 백록이다. 신성로(辛聖老)의 고조(高祖)이다. 《宋子大全 卷206 白麓辛公行狀》

175 가업(家業) : 청전(靑氈)은 푸른 모포로, 선대부터 전해 오는 귀한 유물이나 가업을 가리킨다. 진(晉)나라 왕헌지(王獻之)가 누워 있는 방에 도둑이 들어와 물건을 모두 훔쳐 가려 하자 "도둑이여, 그 푸른 모포는 우리 집안의 유물이니, 그것만은 놓고 가라.〔偸兒, 靑氈我家舊物, 可特置之.〕"라고 한 데서 유래하였다. 《晉書 卷80 王羲之列傳 王獻之》

176 오랜……돌볼까 : 신성로가 갑자기 운명하니 그의 어머니를 누가 돌볼 것이냐는 말이다. 북당훤(北堂萱)의 북당(北堂)은 어머니가 거처하는 곳으로 어머니를 지칭하는 말이며, 훤(萱)은 훤초(諼草)로 망우초(忘憂草)라고도 하는데, 역시 어머니를 비유한다. 《시경》〈백혜(伯兮)〉에 "어찌하면 원추리를 얻어 북당에 심을꼬. 생각하여 백을 그리워하는 지라, 내 마음 병들게 하도다.〔焉得諼草, 言樹之背. 願言思伯, 使我心痗.〕"라고 하였다.

참판 초려 이유태[177] 어른 만사 갑자년(1684, 숙종10)

草廬李參判 惟泰 丈挽 甲子

사문의 태산북두로 세상이 추앙했고	斯文山斗世曾推
성대의 조우 옛날에도 드문 경우였지	聖代遭逢古亦稀
만사에 어찌 몸이 곤궁한 뒤의 일 논할까[178]	萬事寧論身困後
한 편 상소 피로 봉할 때 누가 그르쳤나[179]	一章誰誤血封時
응당 지하에서 영욕 잊을 터	唯應地下忘榮辱
세상에서 말하는 시비야 무슨 상관이랴	遮莫人間說是非

177 이유태(李惟泰) : 1607～1684. 본관은 경주(慶州), 자는 태지(泰之), 호는 초려(草廬)이다. 이유태는 1673(현종14)에 이조 참판(吏曹參判)에 임명되었으나 두 번 상소하여 사직하였다. 《草廬集 卷26 行狀》

178 만사(萬事)에……논할까 : 곤궁한 뒤의 일을 가지고 이유태의 모든 것을 평가할 수 없다는 말이다. 곤궁한 뒤의 일이란 이유태가 유배 갔던 사실을 가리켜 말한 것이다. 이유태는 갑인예송(甲寅禮訟)에 연루되어 1675년(숙종1)에 영변(寧邊)으로 유배되었다.

179 한 편……그르쳤나 : 한 편의 상소는 이유태의 자명소(自明疏)를 말한다. 1679년(숙종5)에 오시수(吳始壽)가 "이유태는 의례(議禮)의 잘못을 뒤미처 깨달았다."라고 무달(誣達)하여 이유태는 석방의 명을 받았고, 이 사건으로 이후 송시열(宋時烈)의 제자, 후손들과 갈등을 빚는다. 이에 앞서 숙종이 예론을 혐오하여 극률(極律)에 처한다는 엄명이 있었는데, 오시수는 이유태의 확고한 견해를 알고 있었으므로 사실과 다른 석방이 내려지면 반드시 자명소를 올릴 것이고, 자명소를 올리면 부득불 예설이 나오게 될 것을 염두에 두었던 것이다. 이유태는 종자(從子)를 시켜 상소를 승정원에 보냈으나, 김만기(金萬基)가 큰 화가 이른다고 하여 유치(留置)하였다. 여기서는 이러한 사실을 지적하여 당시의 실정을 언급하였다. 《草廬集 卷26 行狀》

백발로 존망이 엇갈려 한없이 눈물 흘리니	白首存亡無限淚
비통한 마음 어찌 사사로운 감정 때문이랴	痛傷奚獨爲吾私

동지상사 상공 남구만[180]을 전송하다
送冬至上使南相公 九萬

한겨울에 사신 행렬[181] 연경으로 향하니	玄冬四牡向燕京
영숙께서 어느 해에 이 길 가셨던가[182]	令叔何年亦此行
계절은 바로 작별하던 날 만났고[183]	時序正當曾別日
산천은 예전 엄한 여정과 다름없네	山川不改舊嚴程
동문에서 존망의 눈물 얼마나 흘렸던가[184]	靑門幾灑存亡淚

180 남구만(南九萬) : 1629~1711. 본관은 의령(宜寧), 자는 운로(雲路), 호는 약천(藥泉)이다. 《昆侖集 卷17 領議政藥泉南公墓誌銘》 1684년(숙종10) 10월 27일에 부사 이세화(李世華), 서장관 이굉(李宏) 등과 함께 동지사(冬至使)로 연경을 향해 출발하였다. 《承政院日記 肅宗 10年 10月 27日》

181 사신 행렬 : 사모(四牡)는 네 필의 수말이라는 뜻으로, 왕명을 받들어 사신가는 것을 말한다. 《시경》 〈사모〉에 왕명을 봉행하는 사신을 위로하여 "네 필의 말이 끊임없이 달려가니, 큰길이 구불구불하도다. 어찌 돌아가길 생각지 않으랴마는, 왕사를 견고히 하지 않을 수 없기에, 내 마음 서글퍼하노라.〔四牡騑騑, 周道倭遲. 豈不懷歸, 王事靡盬, 我心傷悲.〕"라고 하였다.

182 영숙(令叔)께서……가셨던가 : 영숙은 남의 숙부를 높여 부르는 말로, 여기서는 남구만의 숙부 남이성(南二星, 1625~1683)을 가리킨다. 그의 본관은 의령, 자는 중휘(仲輝), 호는 의졸(宜拙)이다. 1681년(숙종7) 10월 사은부사로 연경에 갔다가 1682년 3월에 돌아왔다. 《藥泉集 第26 叔父正憲大夫禮曹判書兼知經筵義禁府事同知成均館事公行狀》

183 계절은……만났고 : 남구만과 남이성이 모두 10월에 출발했기에 한 말이다.

184 동문(東門)에서……흘렸던가 : 1683년(숙종9)에 남이성이 운명했을 때의 슬픔을 회상한 것이다. 청문(靑門)은 도성의 동쪽 문을 가리킨다.

백발인 지금 이별하며 아파하는 마음이네　白首今傷去住情
아마도 사신 수레 지나는 곳마다　遙想使軺經歷處
또한 다투어 중용의 이름 알려 하겠지[185]　也應爭識仲容名

185 사신(使臣)……하겠지 : 중용(仲容)은 진(晉)나라 죽림칠현(竹林七賢)의 한 사람인 완적(阮籍)의 조카 완함(阮咸)의 자이다. 그 역시 죽림칠현의 일원으로 음률에 밝아 비파를 잘 탔으며 호방한 기상이 있었다. 여기서는 남이성이 그랬던 것처럼 남구만도 연경으로 가는 도중에 사람들이 그의 이름을 알고 싶어 할 것이라는 말이다. 완적과 완함이 숙질간에 이름을 날렸는데, 남이성과 남구만도 숙질간이기 때문에 이렇게 읊은 것이다.

동지사 서장관 정 이대규[186] 굉 를 전송하다

送冬至使書狀官李正大規 宏

지난날 정 나누며 양 대에 걸쳐 교유했으니	夙昔交情兩世遊
만날 때 어디서든 참으로 반가웠지[187]	逢迎幾處展青眸
대궐에서 사흘 밤 괴로움 함께 했는데	三宵魏闕纔同苦
만 리 연경 길 다시 시름 속에 이별하네	萬里燕山又別愁
변방 땅에 접어들면 옛 자취 많을 테고	地入塞垣多古迹
성은 너른 바다 마주하니 웅장한 누대 있겠지	城臨滄海有雄樓
남아가 장한 관광 이제 이러하니	男兒壯觀今如許
평소 묵은 빚을 조금은 갚을 수 있으리	宿債平生可少酬

186 이대규(李大規) : 이굉(李宏, 1651~1701)으로, 본관은 경주(慶州), 자는 대규이다. 1684년(숙종10) 남구만이 동지사가 되어 연경에 갈 때, 이굉이 서장관으로 동행하였다. 《承政院日記 肅宗 10年 10月 27日》 1684년 4월 12일에 사복시 정(司僕寺正)에 임명되었다.

187 반가웠지 : 청모(青眸)는 청안(青眼)과 같은 말로, 반가운 눈길을 뜻한다. 진(晉)나라 완적(阮籍)이 반가운 사람을 만나면 청안을 뜨고 미운 사람을 만나면 백안(白眼)을 떴던 고사에서 유래하였다. 《晉書 卷49 阮籍列傳》

감회를 적다

述懷

시절 걱정에 병은 심해지고	病爲憂時劇
고향 그리워 시름 늘어나네	愁因戀土增
세상살이 세 가지[188] 굳이 필요 없지만	將身三不必
세상에 이바지하려니 하나도 능한 것 없구나	供世百無能
성상의 은혜를 무엇으로 보답할까	聖主恩何報
미미한 정성 부끄러움만 더해 가네	微衷愧轉仍
오로지 고향으로 돌아가	唯當返丘壑
원숭이랑 학과 벗하리	猿鶴與爲朋

나는 항상 "집은 굳이 부유할 필요 없고, 관직은 굳이 높을 필요 없으며, 벗은 굳이 많이 사귈 필요가 없다."라고 생각하였기에 이렇게 읊었다.

188 세 가지 : 원주(原註)에 보이는 부유(富裕), 높은 지위, 광범위한 교유 관계를 가리킨다.

승정원에서 삼가 청음 선생이 도승지로 있을 때에 지은 시[189]를 차운하다 을축년(1685, 숙종11)

銀臺敬次淸陰先生知申時韻 乙丑

승정원에 몸담아 벼슬하기 부끄러운데[190] 銀臺厠迹愧紳簪
가까이서 외람되이 깊은 은총 입었네 咫尺叨蒙寵渥深
어찌 조금이라도 보답할 수 있으랴 豈有涓埃差報答
임무 감당할 재주와 능력 없어라 更無材力可堪任
둔한 말을 감히 천리마에 견주랴[191] 駑駘敢擬追風足
해바라기처럼 다만 해를 향한 마음뿐[192] 葵藿徒存向日心

189 청음(淸陰)……시 : 청음은 김상헌(金尙憲, 1570~1652)으로, 본관은 안동(安東), 자는 숙도(叔度), 호는 청음·석실산인(石室山人)이다. 《宋子大全 卷182 石室金先生墓誌銘 幷序》 김상헌은 1625년(인조3) 4월에 도승지에 임명되었다. 이 시의 제목은 《청음집(淸陰集)》 권6에 수록되어 있는 〈은대동료계첩에 쓰다〔題銀臺同寮稧帖〕〉이다.

190 승정원(承政院)에……부끄러운데 : 송규렴은 1684년(숙종10) 11월부터 1685년 1월 5일 대사성(大司成)에 임명될 때까지 우부승지(右副承旨)로 있었다.

191 둔한……견주랴 : 자신의 능력이 부족함을 한탄한 말이다. 노태(駑駘)는 동작이 둔한 말이라는 뜻으로, 열등한 자신의 재능을 비유하는 겸사로 주로 사용된다. 추풍(追風)은 말이 달리는 속도가 빠른 것을 의미하며, 진 시황(秦始皇)의 일곱 명마(名馬) 가운데 하나이기도 하다. 당(唐)나라 장언원(張彦遠)의 《역대명화기(歷代名畫記)》 〈당조 상(唐朝上)〉에, 서역(西域) 대완(大宛)의 준마를 형용하여 "뼈의 힘은 바람을 뒤쫓고, 털의 문채는 땅을 비춘다.〔骨力追風, 毛彩照地.〕"라고 하였다.

192 해바라기처럼……마음뿐 : 규곽(葵藿)은 해바라기이다. 해바라기가 해를 바라보듯이 신하가 임금을 생각하는 정성스러운 마음만 지니고 있다는 말이다.

어찌 옷을 털고 고향으로 일찍 돌아가　　何似拂衣歸去早
푸른 산의 원숭이와 학을 찾아감만 같으랴　　碧山猿鶴好招尋

삼가 우재 선생이 화운한 주 문공 배율 시[193]의 운자에 맞춰 짓다

敬次尤齋先生所和朱文公排律詩韻

훌륭한 고당의 말씀에	亹亹高堂話
날이 이미 저문 줄도 몰랐네	渾忘日已陰
누가 알랴 오늘 밤의 만남	誰知今夕會
곧바로 옛사람의 마음과 합하는 줄을	直契古人心
한잔 술로 흐뭇하게 기쁨 나누고	杯酒交歡洽
시를 지어 깊이 마음 의탁했지	詩篇托意深
고상한 정취에 속세의 티 사라지고	雅情蠲俗累
호방한 운치에 답답한 심정 탁 트이네	豪韻豁煩襟
이 만남 참으로 기이한 일인데	邂逅眞奇事
더구나 좋은 말로 일깨워 주셨네	提撕更德音
남은 생애 평소의 계책	殘生平素計
다만 푸른 산봉우리에 있네	只在碧山岑

193 우재(尤齋)……시 : 우재는 송시열(宋時烈, 1607~1689)로, 본관은 은진(恩津), 아명은 성뢰(聖賚), 자는 영보(英甫), 호는 우암(尤菴)·우재이다.《宋子大全續拾遺附錄 卷2 墓誌》송시열이 화운한 주희(朱熹)의 작품은《회암집(晦庵集)》권9의 〈삼월회일여제형위진솔지약……(三月晦日與諸兄爲眞率之約……)〉이다.

2

작은 누각에 산기운 통하고	小閣通山氣
그윽한 창은 숲 그늘과 가깝네	幽窓近樹陰
산림에 사는 것 본래의 분수이니	林泉元有分
높은 벼슬 관심 없어라	軒冕却無心
세상일 구름처럼 어지러움에 놀라고	世事驚雲擾
임금의 은혜 바다처럼 깊음 깨닫노라	君恩覺海深
시절에 상심하여 머리 세려 하고	傷時頭欲雪
나라 걱정으로 눈물이 옷깃에 가득하네	憂國淚盈襟
푸른 버들의 맑은 그림자 흔들리고	綠柳搖淸影
노란 꾀꼬리는 고운 소리 보내 주네	黃鸝送好音
이런 풍광이 흥취를 돕는 듯하여	風光如助興
편안히 누워 비 갠 봉우리 바라보노라	高臥看晴岑

원운 을축년 3월이 저무는데 내가 서쪽으로 올라가는 손자 주석[194]을 보내고 마음을 달랠 길이 없었다. 드디어 작은 술병을 가지고 송촌에 가서 문중의 어른을 뵈었는데 노소가 많이 모였다. 둘러앉아 이야기하고 날이 저물자 돌아와서 감히 주자께서 3월 그믐에 여러 형들과 함께 진솔하게 모여 지었던 시의 운자에 맞춰 지어 여러 종친에게 화답을 구하다[195]

오늘 아침에 장맛비 개니	今朝積雨霽
아름다운 나무가 이미 짙은 그늘 드리웠네	嘉木已繁陰
손자와 헤어진 서운함에 정신 멍하고	惘惘別兒恨
세상을 걱정하는 마음에 뒤숭숭하여라	悠悠憂世心
친족의 좋은 정서 돌아보니	眷焉宗黨好
문득 대와 꽃 깊은 곳 생각났지	翻憶竹花深
진흙길에 술 조금 가지고	泥路携殘酒
고당에 올라 흉금을 펼쳤노라	高堂展皺襟
늙은이들은 괴로운 말 많이 하는데	衰翁多苦語
젊은이들은 아름다운 글 토해내네	諸少吐英音
가장 기쁜 것은 사간원 대사간이	最喜薇垣長
돌아와 푸른 산에 누운 것이라네	歸來臥碧岑

194 송주석(宋疇錫) : 1650～1692. 본관은 은진(恩津), 자는 서구(敍九), 호는 봉곡(鳳谷)이다. 《淵齋集 卷44 先祖鳳谷府君墓表》

195 을축년……구하다 : 이 시는 《송자대전(宋子大全)》 권1에 수록되어 있다.

삼가 우재 선생이 주 문공의 장률[196]에 화운한 시의 운자에 맞춰 짓다

敬次尤齋先生所和朱文公長律詩韻

한가하니 점점 벼슬할 마음 시들어　閒來轉覺宦情闌
바위 아래 사립문 온종일 닫아 두네　巖下荊扉盡日關
별안간 스승의 아름다운 시편 받드니　麗什忽承函丈句
고상한 풍격이 무이산[197]을 끌어온 듯　高風怳挹武夷山
누가 알랴 우리 조상의 관명과 마을 이름이　誰知我祖官村號
이미 옛 사람의 책 사이에 있었음을[198]　已在前人簡冊間
예와 지금 은연중에 합하니 참으로 기이한 일인데　冥會古今眞異事
멋진 유람 어디에서 긴 물굽이를 이을까[199]　勝遊何處續長灣

196　주 문공(朱文公)의 장률(長律) : 주 문공은 주희(朱熹, 1130～1200)로, 본관은 신안(新安), 자는 원회(元晦)·중회(仲晦), 호는 회암(晦庵)·회옹(晦翁)·운곡산인(雲谷山人)이다. 여기서 말한 장률은 《회암집(晦庵集)》 권2에 수록된 〈며칠 전에 판원장과 함께 송촌의 약속이 있었는데, 눈 내리는 날에 감회가 있어 판원과 통판 두 어른에게 삼가 보냅니다〔數日前與判院丈有宋村之約雪中有懷奉呈判院通判二丈〕〉이다.

197　무이산(武夷山) : 복건성(福建省) 무이산시(武夷山市) 서남쪽에 있는 산으로, 주희가 은거하여 강학하던 곳이다. 여기서는 주희를 지칭하는 말로 쓰였다.

198　누가……있었음을 : 주희의 시 제목에 판원(判院)과 송촌(宋村)이 등장하기에 한 말이다. 자세한 내용은 아래의 원운(元韻)에 보인다.

199　멋진……이을까 : 송시열이 화운한 주희의 시에 "조각배로 긴 물굽이 지날 길이 없네.〔扁舟無路過長灣〕"라는 내용이 있으므로 원용한 것이다.

원운 《주자대전》에 근체시 한 수가 있는데, 그 서문에 이르기를 "며칠 전에 판원장과 함께 송촌에서 만나기로 약속하였는데, 눈이 내리는 가운데 감회가 있어 판원과 통판 두 어른에게 삼가 보내다."라고 하였다. 우리 집안의 계보가 판원사 부군에서 시작되었고[200] 유비 이후로 자손들이 백달에서 살았는데,[201] 관아에서 이름을 송촌이라 고쳤으니 송촌이 나라 안에 알려진 지도 오래되었다. 지금 판원과 송촌이라는 두 이름이 마침 서로 부합하니 참으로 주자가 말한 은연중에 합하는 것이라 하겠다. 그 일이 매우 기이하므로 감히 그 운자에 따라 그 뜻을 밝히니 바라건대 일가들은 각자 한 편씩 지어 우리 집안의 고사로 삼는다면 매우 다행이겠다[202]

신령한 근원 예언 따라 가문 빛나고[203] 靈源寶籙耀門闌
어리석은 후손들 모두 꿈에서 깨어났네[204] 稚昧渾開夢覺關

200 우리……시작되었고 : 은진 송씨는 고려 시대에 판원사(判院事)를 지낸 송대원(宋大源)에서 시작되었다. 《玉吾齋集 卷14 副護軍宋公墓碣銘》

201 유비(柳妣)……살았는데 : 유비는 송시열의 8대 조모로, 송대원의 현손(玄孫)인 송극기(宋克己)의 부인 고흥 유씨(高興柳氏)이다. 송극기가 단명하자, 유비는 개성에서 아들 송유(宋愉)를 업고 시아버지 송명의(宋明誼)가 은거하고 있던 회덕(懷德)으로 내려왔다. 백달(白達)은 회덕의 남쪽에 있는 송촌(宋村)으로, 송씨가 대대로 살았기 때문에 송촌으로 불리게 되었다. 《同春堂集 卷21 八代祖妣烈婦安人柳氏行狀》

202 주자대전에……다행이겠다 : 이 시는 《송자대전(宋子大全)》 권4에 수록되어 있다.

203 신령한……빛나고 : 은진 송씨의 근원이 훌륭하고 예언에 따라 빼어난 가문이 되었다는 말이다. 보록(寶籙)은 도가(道家)의 부록(符籙)으로, 미래를 예언하거나 천자의 미래를 예언한 글이다.

204 어리석은……깨어났네 : 후손들이 어리석지 않고 지혜롭게 되었다는 말이다. 몽교관(夢覺關)은 꿈을 꾸느냐 잠을 깨느냐의 관문이라는 말로, 치지 공부를 뜻한다.

후손들이 조상의 업적 잇게[205] 하였으니　好遣雲仍繩祖武
작은 언덕이 곤륜산에서 유래했음을 알겠네　從知培塿自崑山
마을 이름 우연히 휘민의 옛 이름과 부합하고[206]　村名偶應徽閩舊
관직 명칭 그대로 소흥 경원 연간을 따랐네[207]　官號仍從紹慶間
은연중에 합한다는 말 지금 참으로 의미 있으니　冥會只今眞有意
주자 모시고 낙성만 구경하는 듯하네[208]　怳疑陪賞落星灣

주희(朱熹)는 "격물은 몽교관이니, 격물을 제대로 하면 꿈에서 깰 것이고, 격물을 제대로 못하면 꿈을 꾸는 것일 뿐이다. 성의는 선악관이니, 뜻을 성실히 하면 선해질 것이고, 뜻을 성실히 하지 못하면 악할 뿐이다.〔格物是夢覺關, 格得來是覺, 格不得只是夢. 誠意是善惡關, 誠得來是善, 誠不得只是惡.〕" 하였고, 또 "치지와 성의는 배우는 자들이 통과해야 할 두 개의 관문이다. 치지는 꿈속에 있느냐 꿈에서 깨느냐의 관문이며, 성의는 선한 사람이 되느냐 악한 사람이 되느냐의 관문이다.〔致知誠意, 是學者兩箇關. 致知乃夢與覺之關, 誠意乃惡與善之關.〕" 하였다. 《朱子語類 卷15 大學2》

205 조상의 업적 잇게 : 조무(祖武)는 조상의 업적이라는 말이다. 《시경》 〈하무(下武)〉에 "밝은지라 내세에서, 그 선조의 발자취를 계승한다면, 아, 만년토록, 하늘의 복을 받으리라.〔昭茲來許, 繩其祖武, 於萬斯年, 受天之祜.〕"라고 하였는데, 주희가 "승은 계승함이요, 무는 자취이다. 무왕의 도가 이토록 밝아, 후세에서 능히 그 자취를 계승한다면 오랫동안 천록을 누리고 폐해지지 않을 것이다.〔繩繼, 武迹. 言武王之道, 昭明如此, 來世能繼其迹, 則久荷天祿而不替矣.〕"라고 설명하였다.

206 마을……부합하고 : 은진 송씨가 사는 마을 송촌(宋村)이 주희가 살던 곳과 일치한다는 말이다. 휘민(徽閩)은 휘주(徽州)와 민중(閩中)의 합칭으로 주희가 살던 곳이다. 주희의 시에도 송촌이 등장하기에 한 말이다.

207 관직……따랐네 : 송나라의 관명인 판원(判院)이 은진 송씨의 시조 송대원이 고려조에 받았던 판원사(判院事)라는 관명과 일치한다는 말이다. 소경(紹慶)은 송나라 제10대 황제 고종(高宗)의 연호인 소흥(紹興)과 13대 황제 영종(寧宗)의 연호인 경원(慶元)의 합칭이다.

208 주자(朱子)……듯하네 : 낙성사(落星寺)에서 주자를 모시고 물굽이를 구경하는 듯한 느낌이 든다는 말이다. 낙성(落星)은 절 이름이다. 주희의 낙성암(落星菴)에 대한

시에 "장강은 서쪽으로 흐르고 호수는 동쪽에 길도다.〔長江西委輸, 匯澤東滉瀁.〕" 하였는데, 낙성사가 강호의 물이 굽이진 곳에 있으므로 낙성만(落星灣)이라고 하였다. 《宋子大全隨箚 卷1 詩》

문중의 여러 원로와 젊은이들과 함께 스승님 모시고 봉서사[209]에 놀러 갔다. 회암의 고사를 따라 "계곡 따라 길은 점점 더 깊어지니 그윽한 흥취 언제 그치리오."라는 시구에서 운자를 나누었는데, 전 자 운을 얻었다[210]

同諸宗老少 陪丈席遊鳳棲寺 依晦庵故事 以緣溪路轉深幽興何時已分韻 得轉字

말을 몰아 산사로 향하니	策馬向山寺
그윽한 흥취 참으로 얕지 않네	幽興良不淺
어른과 아이 함께 따르니	冠童共追隨
종친의 호의로 서로 주선하네	宗好相周旋
구름 가지 골짝을 스쳐 길게 뻗었고	雲梢拂壑長
돌길은 벼랑 따라 굽이졌네	石路緣崖轉
푸른 계곡물 소리 귀를 씻어 주고	碧澗洗人耳
푸른 산은 속세의 모습 아니네	青山非俗面

209 봉서사(鳳棲寺) : 대전광역시 동구의 식장산(食藏山)에 있던 사찰이다. 《신증동국여지승람(新增東國輿地勝覽)》 권18 〈충청도(忠清道) 회덕현(懷德縣)〉에 "선랑사(禪朗寺)·고산사(高山寺)·봉서사(鳳栖寺)는 모두 식장산에 있다."라고 하였다.

210 회암(晦庵)의……얻었다 : 남송(南宋)의 주희(朱熹)가 무이계곡(武夷溪谷)에서 놀며 〈무이구곡가(武夷九曲歌)〉를 지은 일을 따라 시회(詩會)를 즐긴 일을 말한다. 주희는 안휘성 신안 출신으로, 자는 원회(元晦), 호는 회암이다. 성리학을 집대성하여 주자학을 열었다. 인용된 시구는 당(唐)나라 배적(裵迪)의 〈목란채(木蘭柴)〉의 일부이다. 《唐詩品彙 卷40》

하물며 이렇게 스승님 모시고	況此陪丈席
외람되이 청담 나누는 자리임에랴	叨承淸晤讌
담소에 지극한 이치 담겼고	談諧至理存
술잔에 깊은 정 피어나네	杯酒深情見
이런 모임 옛날에도 드물었으니	玆會古亦稀
좋은 구경은 하늘이 주셨지	勝賞天與便
낭랑히 〈초은사〉를 읊으며	朗吟招隱句
길이 《고사전》을 생각하네[211]	永懷高士傳
회옹의 천 년 뒤에	千秋晦翁後
옛 자취를 이제 따를 수 있네	往跡今可踐
제비 뽑아 필진을 정돈하고	分籌整筆陣
분연히 나누어 백전을 즐기네[212]	奮距酣白戰

211 낭랑히……생각하네 : 은퇴하고 싶은 바람을 드러낸 것이다. 〈초은사(招隱士)〉는 한(漢)나라 유안(劉安)의 문사(文士)들 중 소산(小山)에 속하는 문사가 지은 것으로, 산중 생활의 궁고(窮苦)함을 형용하여 은사들을 풍자하는 데 목적이 있었다. 그런데 "계수나무가 떨기로 남이여 산의 깊은 곳이로다. 아름답고도 무성함이여 가지가 서로 얽혔도다.〔桂樹叢生兮山之幽, 偃蹇連蜷兮枝相繚.〕"라고 한 것처럼 산중 풍경이 잘 묘사되어 있고, 그 후 좌사(左思), 육기(陸機) 등이 이 계열의 작품을 지어 산중의 청려(淸麗)한 풍경을 주로 형용하면서 산림에의 은거를 찬미하는 식으로 변천하였다. 《고사전(高士傳)》은 서진(西晉)의 황보밀(皇甫謐, 215~282)이 지은 책으로, 은사(隱士)나 처사(處士)의 고결한 언행과 일화를 싣고 있다.

212 제비……즐기네 : 제비를 뽑아 운자(韻字)를 정하고 시문으로 겨룬다는 말이다. 백전(白戰)은 구양수(歐陽脩)가 처음 시도했던 것으로, 예컨대 눈〔雪〕에 대한 시를 지을 경우 눈과 관련이 있는 학(鶴)·호(皓)·소(素)·은(銀)·이(梨)·매(梅)·로(鷺)·염(鹽)·동곽(東郭) 등의 어휘 사용을 금하는 것이다. 그 뒤에 다시 소식(蘇軾)이 빈객들과 함께 이를 회상하며 시도해 본 적이 있는데, 그때의 시 가운데 "당시의

다만 내 재주 보잘것없으니 顧我才薄劣
깃발과 북[213]을 어찌 감히 날릴 수 있겠는가 旗鼓安敢擅
그래도 군령에 달려감 좋은데 猶喜赴軍令
개선을 아뢸 때 후전이 되었네[214] 奏凱爲後殿

내 시가 뒤에 완성되었기 때문에 하는 말이다.

규칙을 그대들 준수하라. 손으로만 싸워야지 무기를 잡으면 안 될지니.〔當時號令君聽取, 白戰不許持寸鐵.〕"라고 하였다.《蘇東坡詩集 卷34 聚星堂雪》

213 깃발과 북 : 기고(旗鼓)는 전쟁터의 북소리와 깃발이다. 전쟁을 할 때 북소리와 깃발을 가지고 진퇴를 지휘했으므로, 백일장을 백전(白戰)이라고도 한다. 일반적으로 문장력을 의미하기도 한다.

214 그래도……되었네 : 모임에서 정한 규정대로 시를 짓는 것이 즐겁지만, 가장 늦게 시를 완성하였다는 말이다. 후전(後殿)은 군대가 퇴각할 때 맨 뒤에 있는 군대이다. 여기서는 시를 늦게 완성하였음을 비유한 말이다.

다시 앞의 운자를 써서 짓다

又用前韻

내 들으니 옛 격언에	余聞古格言
물 깊이 따라 건너는 법 다르다지[215]	揭厲隨深淺
신묘한 단약은 허물벗기에 이롭고	神丹利蛻脫
오묘한 기틀은 알선을 잘하지	妙機能斡旋
작은 한 치의 나무로	麽然一寸木
큰 돌을 어찌 굴리랴만[216]	巨石安可轉
천 마리 양이 모두 범 가죽 둘렀으니	千羊皆虎皮

215 물……다르다지 : 《시경》 〈포유고엽(匏有苦葉)〉에 "물이 깊으면 옷을 벗어 들고 건너고, 물이 얕으면 옷을 걷고 건너네.〔深則厲, 淺則揭.〕"라고 한 말을 원용하였다. 이 말은 상황에 따라 이치에 맞게 대처해야 함을 비유한 것이다.

216 신묘한……굴리랴만 : 윤증(尹拯)이 비록 작은 재주를 부리지만 송시열(宋時烈)과 같은 큰 인물을 움직일 수는 없다는 말로 이해된다. 1681년(숙종7) 윤증이 송시열에게 보내기 위해 써 놓고 부치지 않은 이른바 〈신유의서(辛酉擬書)〉라고 하는 〈의여회천서(擬與懷川書)〉에서 송시열을 향하여 기질(氣質)을 변화시키지 못하였고 학문을 성실하게 수행하지 않았다고 지적하며, 결국 주희(朱熹)가 경계한 왕도와 패도를 아울러 쓰고 의리와 이익을 함께 행하는〔王霸竝用, 義利雙行.〕 병폐가 있다고 비판하였다. 《明齋遺稿 別卷3》 이 편지에 대해 송시열은 매우 불편해 하며 "비유하건대, 병든 사람이 고질이 되어 장차 죽게 되었는데, 갑자기 양의(良醫)가 신묘(神妙)한 약을 주어 살 길을 찾을 수 있었다면, 비록 양의의 본심이 과연 자기를 사랑하는 데에서 나온 것인지 알지 못한다 하더라도, 그 은혜가 됨은 어찌 헤아릴 수 있겠는가."라고 하였다. 《肅宗實錄 10年 8月 21日》 아마도 이 시회가 있을 당시 윤증과의 갈등이 문제가 되었을 것으로 여겨지나, 이에 대한 자세한 내용은 알 수 없다.

한 사람 누가 철면인가[217]　一士誰鐵面
어찌 알았으랴 앵무새의 말이　那知鸚鵡語
조용하고 한가한 자리에 스며들 줄을[218]　獨徹淸閒讌
천심이 비록 부합함이 있어도　天心縱有契
물정을 여기에서 볼 수 있네　物情斯可見
침 끝이 살갗에 닿기만 해도　針端乍及膚
아픈 자는 편치 않지[219]　痿者應不便
남에 대해 말하다가 후환을 어찌하려는가　言人當患何
성인의 이 가르침 경전에 뚜렷하네[220]　聖訓昭於傳

217 천 마리……철면(鐵面)인가 : 윤증의 잘못된 주장을 지적하여 엄정하게 탄핵할 사람이 누구냐는 말이다. 천 마리의 양이 호랑이 가죽을 둘렀다는 것은 속 내용은 보잘 것없으면서 겉치레만 번드르르하게 꾸미는 것을 말한다. 한(漢)나라 양웅(揚雄)의 《법언(法言)》 권2 〈오자(吾子)〉에 "양의 바탕에 범 가죽을 쓰고 있어서, 풀을 보면 좋아하고 승냥이를 보면 벌벌 떤다.〔羊質而虎皮, 見草而說, 見豺而戰.〕"라고 하였다. 철면은 강직하고 엄정하여 사심(私心)이 없는 것을 말한다. 송나라 조변(趙抃)이 전중시어사(殿中侍御史)로 있으면서 권귀(權貴)들도 피하지 않고 탄핵하였는데, 목소리가 늠름하여 사람들이 철면어사라고 하였다. 《宋史 卷316 趙抃列傳》

218 어찌……줄을 : 윤증의 주장이 이 모임에서 논의될 줄은 몰랐다는 말이다. 앵무새는 말만 앞세우는 선비를 비유하는 말로, 여기서는 윤증을 가리킨다. 송(宋)나라의 사양좌(謝良佐)가 "지금의 사대부(士大夫)들은 말만 능하니 참으로 앵무새와 같다."라고 당시의 사대부를 평하였다. 《心經 卷4》

219 침……않지 : 송시열이 자신에 대한 윤증의 비판을 매우 아프게 느낀다는 말이다. 윤증의 〈신유의서(辛酉擬書)〉를 보고 윤증에게 보낸 송시열의 편지에 "매번 받들어 읽은 후 침으로 몸을 찌르는 것과 같다."라고 하였다. 《肅宗實錄 10年 8月 21日》

220 남에……뚜렷하네 : 《맹자》 〈이루 하(離婁下)〉에 "남의 불선함을 말하다가 후환을 어찌하려는가.〔言人之不善, 當如後患何.〕"라고 한 것을 원용하였다.

종래 입 다물고 지내 왔으나　　從來括囊轍
이제는 그렇게 할 수 없구나[221]　　在今非可踐
귀신의 눈 필경 있을 것이니　　神眸畢竟在
한갓 말싸움 하지 말라　　且莫徒舌戰
숨바꼭질 진실로 우스워라　　迷藏眞可笑
토하고 삼킴 어찌 멋대로 하랴[222]　　吐茹爭自擅
북쪽으로 임금 계신 곳 돌아보니　　回瞻北宸居
오색구름이 궁궐에 떠있네　　五雲浮金殿

221 종래……없구나 : 그간 침묵하였으나 이제는 더 이상 침묵하지 않겠다는 각오를 밝힌 것이다. 괄낭(括囊)은 주머니를 여민다는 뜻으로, 속에 지혜를 감추어 두고서 밖으로 드러내지 않는 것을 말한다. 《주역》〈곤괘(坤卦) 육사(六四)〉에 "주머니 끈을 묶듯이 하면 허물도 없고 칭찬도 없을 것이다.〔括囊, 无咎, 无譽.〕"라고 하였다. 여기서는 말을 조심한다는 뜻으로 쓰였다.

222 숨바꼭질……하랴 : 윤증의 의롭지 않은 주장에 대해 입을 다물고 숨어 있지 않고 당당하게 나서서 이치에 따라 맞서겠다는 말이다. 토여(吐茹)는 토강여유(吐剛茹柔)의 준말로, 강한 자는 두려워하고 약한 자는 업신여김을 비유하는 말이다. 《시경》〈증민(烝民)〉에 "사람들이 말하되 부드러우면 삼키고 강하면 뱉는다 하나니, 중산보는 부드러워도 삼키지 아니하고 강해도 뱉지 아니하여, 홀아비와 과부를 업신여기지 아니하며 강포한 자를 두려워하지 않도다.〔人亦有言, 柔則茹之, 剛則吐之, 維仲山甫, 柔亦不茹, 剛亦不吐, 不侮矜寡, 不畏彊禦.〕"라고 하였다.

삼가 우재 선생의 봉서사 이 자 운에 맞춰 짓다[223]

敬次尤齋先生鳳棲寺已字韻

생각해 보니 계미년[224]에	憶在癸未歲
내 나이 열네 살이었으니	余年方十四
동자가 무엇을 알랴만	童子有何知
그래도 비래사[225]에 대해 들었네	尙聞飛來寺
이듬해 팔월에	明年八月間
처음으로 놀러 왔으니	遊躅始戾止
문중 어른 십여 분과	同宗十數公
동자도 한둘이 따랐지	丱角隨一二
맑은 술과 맑은 감상에	淸樽與淸賞
정다움 끝이 없었지	款款情無已
다른 성씨도 네댓 분 있었으니	異姓亦四五
유씨 신씨 김씨 이씨였지	兪申又金李

223 삼가……짓다 : 우재(尤齋)는 송시열(宋時烈, 1607～1689)로, 본관은 은진(恩津), 자는 영보(英甫), 호는 우암(尤庵)·우재, 시호는 문정(文正)이다. 송규렴이 차운한 작품은 《송자대전(宋子大全)》 권1의 〈봉서사를 유람하다가 "계곡 따라 길은 점점 더 깊어지니 그윽한 흥취 언제 그치리오."라는 시에서 운자를 나누었는데 이 자 운을 얻었다〔遊鳳棲寺 以緣溪路轉深幽興何時已分韻 得已字〕〉이다. 봉서사(鳳棲寺)는 대전광역시 동구의 식장산(食藏山)에 있던 사찰이다. 293쪽 각주209 참조.

224 계미년(癸未年) : 1643년(인조21)이다.

225 비래사(飛來寺) : 현재의 대전광역시 대덕구 비래동 468번지에 위치한 절이다.

이때에 가을은 한창 깊어	是時秋正深
숲속 골짝 더욱 그윽하고 깊었지	林壑轉幽邃
청산은 미소를 보내려 하고	青山欲獻笑
예쁜 새들 희롱을 잘하는 듯	好鳥如善戲
구름 돌아가니 동천[226] 한가하고	雲歸洞天閒
달 떠오르자 산도깨비 피했지	月上山鬼避
때로 이때의 흥취 생각나면	有時想此興
나도 모르게 한밤중에 일어나네	不覺中夜起
그 중 두 분 선생님	其中兩函丈
선비들의 의론 주도하셨고	士林主淸議
정주학에 심취하여	流連洛閩水
공자의 가르침 이으셨지[227]	訣承洙泗旨

226 동천(洞天) : 도가(道家) 용어로 신선이 사는 곳을 뜻하는데, 인간 세상에 36개의 동천이 있다고 한다. 《述異記 卷下》 여기서는 비래사의 경치가 좋았기에 동천에 비유한 것이다.

227 정주학(程朱學)에……이으셨지 : 송준길(宋浚吉)과 송시열(宋時烈)이 정주학을 깊이 공부하여 공자(孔子)의 가르침을 이었다는 말이다. 유련(流連)은 놀이에 빠져 돌아올 줄 모르는 것을 말한다. 《맹자》 〈양혜왕 하(梁惠王下)〉에 "물길을 따라 내려가 돌아오기를 잊음을 유라 하고, 물길을 거슬러 위로 올라가 돌아오기를 잊음을 연이라 한다.〔從流下而忘反, 謂之流, 從流上而忘反, 謂之連.〕"라고 하였다. 여기서는 학문에 심취한다는 뜻으로 풀이하였다. 낙민(洛閩)은 북송(北宋)의 정이(程頤)와 남송(南宋)의 주희(朱熹)를 가리킨다. 송대(宋代)의 대표적인 성리학자들을 들어 염락관민(濂洛關閩)이라고 하는데, 이는 염계(濂溪)의 주돈이(周敦頤), 낙수(洛水)의 정호(程顥)와 정이, 관중(關中)의 장재(張載), 민중(閩中)의 주희를 일컫는 말이다. 수사(洙泗)는 공자의 고향인 산동성(山東省) 곡부(曲阜)를 지나는 두 개의 강 이름이다. 이곳에서 공자께서 제자들을 가르치고 학문을 전파하셨다.

산속에서 은자처럼 살려 했고　山樊是初服
벼슬살이는 본래의 뜻 아니었네[228]　廊廟非素志
사십여 년이 흐른 뒤에　星霜四十餘
이 모임 마음에 흡족하네　玆會又得意
성명을 모두 벽에 쓰고　姓名皆題壁
시를 이제 종이에 적으니　詩篇今寫紙
생각건대 전후의 모임이　惟應前與後
그 멋진 자취 천년토록 남으리라　勝迹留千祀
나아가고 물러남이 어찌 일정하랴　出處亦何常
오직 때와 의리를 볼 뿐이지　唯看時與義
그리워라 옛 사람의 풍모여　懷哉古人風
지금의 세상사 말하지 말라　莫論今世事
누가 백발의 몸으로　誰將白髮身
오래도록 청운의 선비가 되랴　久作靑雲士
벼슬길 험난하여　名途足險巇
걷기도 어렵고 넘어질 일도 많지　窘步多顚躓

228 산속에서……아니었네 : 본래 산속에 은거하고 싶었지 벼슬할 생각이 없었다는 말이다. 산번(山樊)은 산의 가장자리, 또는 산의 무성한 숲이라는 뜻으로, 은거나 은사를 비유하는 말로 쓰인다. 《장자(莊子)》〈칙양(則陽)〉에 은자(隱者) 공열휴(公閱休)에 대하여 "겨울에는 강에서 자라를 잡고 여름에는 산에서 쉬는데, 지나가는 사람이 물으면 여기가 내 집이라고 한다오.〔冬則擉鼈於江, 夏則休山樊, 有過人而問者, 曰此予宅也.〕"라는 말에서 유래하였다. 초복(初服)은 벼슬하기 전에 입던 옷이라는 뜻으로, 벼슬을 떠나 처음에 살던 곳으로 돌아가 은거함을 비유할 때 쓰는 말이다. 굴원(屈原)의 〈이소(離騷)〉에 "물러가 다시 나의 초복을 손질하리.〔退將復修吾初服〕"라는 구절에서 유래하였다.

예부터 좋은 수레 타는 영화가 從來軒駟榮
어찌 조랑말 타는 것과 같았던가[229] 何似款段騎
산수 사이에서 유유자적하며 優游山水間
이 즐거움 죽을 때까지 누리리라 此樂期沒齒

붙임 원운

숭정 을축년[230] 崇禎乙丑歲
오월 열사나흘 경에 仲夏旬三四
집안 어른 계담옹[231]이 宗長桂潭翁
봉서사[232]에서 모이기로 약속했네 約束期鳳寺
여러 종중들이 나란히 말을 타고 諸宗竝轡出
가고 가다가 또 쉬었지 行行行且止

229 예부터……같았던가 : 높은 벼슬에 올라 부귀영화를 누리는 것이 시골에서 조랑말을 타며 즐김만 못하다는 말이다. 헌사(軒駟)는 네 마리의 말이 끄는 화려한 마차를 뜻하는 사마헌거(駟馬軒車)의 준말로, 고관대작의 부귀영화를 비유한다. 관단(款段)은 조랑말인 관단마(款段馬)의 준말로, 평범한 시골생활을 나타낸다. 한(漢)나라의 마원(馬援)이 교지(交趾)에 출정(出征)하였다가 군중에서 병을 얻자, 아우 마소유(馬少游)가 "관단마를 몰며 고을의 아전이나 되어 무덤을 지키면 좋을 겁니다.〔御款段馬, 爲郡吏守墳, 斯可矣.〕"라고 한 말을 회상하며 탄식한 고사가 전한다.《後漢書 卷54 馬援列傳》

230 숭정(崇禎) 을축년(乙丑年) : 1685년(숙종11)이다.

231 계담옹(桂潭翁) : 송국사(宋國士, 1612~1690)로, 본관은 은진(恩津), 자는 일경(一卿), 호는 계담이다. 송규렴의 종숙(從叔)이다.《宋子大全隨箚 卷1》

232 봉서사(鳳棲寺) : 대전시의 식장산(食藏山)에 있던 사찰이다. 293쪽 각주209 참조.

함께 온 십여 사람 가운데　　同來十餘人
다른 성씨는 오직 두 사람뿐　　異姓唯有二
산 넘어 깊은 골짝 들어서니　　踰山入深谷
맑은 시냇물 소리 그치지 않네　　淸澗鳴不已
이백의 시구 읊조리다　　沈吟謫仙句
도리원에서 모인 것으로 맺노라[233]　　亂以會桃李
승려 여덟아홉이　　衲衣八九輩
맞이하여 깊은 바위 계곡으로 들어가네　　迎入巖巒邃
마루에 올라 방석에 앉아　　升堂坐蒲團
대화하며 웃음과 농담 주고받네　　晤語雜嘲戲
밝은 달이 숲을 비추니　　白月照林樾
도깨비들 모두 달아나고　　魍魎皆走避
시 읊는 소리 벼랑에 메아리치니　　哦詩響崖壁
시원스레 맑은 바람 일어나네　　劃然淸風起
때마침 간의공은　　維時諫議公
상소 올려 시의를 거스르고[234]　　抗疏忤時議

233 이백(李白)의……맺노라 : 적선(謫仙)은 벌을 받아 인간세계로 쫓겨난 신선이라는 말로 이백을 가리킨다. 회도리(會桃李)는 이백의 〈춘야연도리원서(春夜宴桃李園序)〉에 "복사꽃 오얏꽃이 핀 정원에 모여, 천륜의 형제끼리 즐거운 놀이 벌이노라.〔會桃李之芳園, 序天倫之樂事.〕"라고 한 것을 원용한 표현으로, 송시열이 종족들과 모임을 갖기 때문에 인용한 것이다. 《古文眞寶 後集 卷2》

234 때마침……거스르고 : 송규렴이 상소를 올려 당시 윤증(尹拯)의 일로 인해 처벌된 유생을 변호한 일을 말한다. 간의공(諫議公)은 대사간(大司諫)을 지낸 송규렴을 가리킨다. 〈신유의서(辛酉擬書)〉의 일로 송시열과 윤증 간에 대립이 격화되다가, 1685년(숙종11) 윤증의 편지 가운데 "율곡(栗谷)은 참으로 산에 들어갔던 실수가 있다."라

우리 주석이도 한림을 사직하여　阿疇辭翰林
바야흐로 임금의 엄한 분부 받았지만[235]　方被上嚴旨
도리어 세상 밖에서 노니니　還從物外遊
잠시라도 세상 걱정 잊게 되는데　暫忘憂世志
청산은 꾸짖으려 하고　靑山欲送罵
새들도 실의함을 조롱하는 듯　幽鳥嘲失意
이윽고 채소에 거친 밥 내오니　俄然進蔬糲
등잔 불빛이 창호지에 걸렸구나　燈暈掛窓紙
정겨운 대화 한밤까지 이어지니　良話到夜深
조상 받들자는 한결같은 마음들　眷眷奉先祀

는 내용이 상소를 통해 알려지며 논란이 가중되고, 이 와중에 유생들이 처벌되었다. 이에 당시 대사간으로 있던 송규렴이 "시운이 불행하여 한 사람이 주착(做錯)한 일로 인해 차츰 분쟁을 일으키는 것이 이렇게 극단에 이르렀습니다.……이러한 과격한 행동은 뜻이 크고 고지식한 유생에게는 보통 있는 일입니다. 하물며 그가 한 일이 선현을 위하는 데서 나왔고 그의 뜻이 후환을 막으려는 데에 있으니, 어찌 말에 나타나지 않은 마음까지 역탐(逆探)하여 문득 심한 벌을 줄 수 있겠습니까."라는 상소를 올렸다. 《肅宗實錄 11年 3月 25日》

235 우리……받았지만 : 송주석(宋疇錫, 1650~1692)이 올린 상소에 대해 숙종(肅宗)의 엄한 비답이 있었다는 말이다. 송주석은 송갑조(宋甲祚)의 증손, 송시영(宋時瑩)의 손자인데, 아버지 송기태(宋基泰)가 송시열에게 입양하였기 때문에 송시열의 손자가 되었다. 1685년(숙종11) 당시 검열(檢閱)이던 송주석은 송시열을 옹호하고 윤증을 비난하는 상소를 올렸다. 《숙종실록》 11년 3월 18일 기사에 "대신들이 진달(陳達)하는 것을 들으니, 당시 사람들이 신의 조부 송시열을 침노하고 배척하여 마음대로 욕하고 꾸짖는 데에 이르렀다고 하였습니다.……윤증의 편지가 나온 때를 당하여 신의 조부가 윤증에게 공손히 사과를 하였습니다만, 윤증이 그의 집안의 차마 말할 수 없는 것까지 들어서 힐난함에 미쳐서는, 신의 조부가 할 수 없어서 대략 해석하여 주었으며, 이로 인하여 경책(警責)하였습니다."라고 하였다.

가풍이 퇴색했다 개탄하고	旣歎門風衰
이어 출처의 의리도 논하네	繼以出處義
문득 생각하니 자양옹[236]은	忽憶紫陽翁
운자 뽑아 멋진 일 기록했지	探籌記勝事
묻노니 누가 이 일 주관했나	借問誰主盟
새로 진사 합격한 반남 박씨라네	潘南新進士
명령이 군령 같아	出令如軍令
늙은이 두려워 넘어지겠네	老夫愓而躓
정신없이 약속된 시간 따랐지만	蒼黃赴期會
감히 달리는 말에 낄 수 있으랴[237]	不敢間突騎
그렇지만 걱정할 것 없으니	雖然可無患
자리에 십방후 옹치 있다네[238]	坐有什方齒

236 자양옹(紫陽翁) : 남송(南宋)의 주희(朱熹)이다. 주희의 아버지 주송(朱松)이 안휘성(安徽省) 흡현(歙縣)의 자양산(紫陽山)에서 공부하였는데, 훗날 주희가 그곳을 자양서실(紫陽書室)이라 부르고 자양(紫陽)을 자신의 별호(別號)로 삼았다.

237 정신없이……있으랴 : 다른 사람들과 함께 시를 짓기는 했지만, 그들의 솜씨를 따라가기 어렵다는 겸사이다. 돌기(突騎)는 정예(精銳)의 기병으로, 여기서는 뛰어난 문장력을 비유한 말이다.

238 자리에……있다네 : 옹치(雍齒)는 한 고조(漢高祖) 유방(劉邦)을 늘 곤혹스럽게 하던 신하였으나, 고조가 장량(張良)의 계책을 받아들여 옹치를 십방후(什方侯)에 봉함으로써 여러 장수들의 마음을 안정시켰다고 한다.《史記 卷55 留侯世家》 여기서는 송시열이 시를 짓자고 주도한 박 진사를 가리키는 말로 사용되어, 한 고조가 옹치를 봉해 주었듯이 박 진사가 자기를 대우하리라는 뜻으로 쓰였다.

스승님이 봉서사의 이 자 운을 가지고 부연하여 칠언시를 지어 보여 주셨다. 감히 다시 그것을 흉내 내어[239] 망자를 애도하는 슬픈 심정을 대략 서술하였으니 다른 것은 언급할 겨를이 없다

丈席以鳳寺已字韻 演爲七言下示 敢復效嚬 略敍悼亡哀懷 他不暇及

생각해 보니 지난번 맑은 유람 엊그제 같아	憶昨淸遊如隔晨
손가락 꼽아 보니 겨우 넉 달 지났네	屈指于今月廑四
지난 자취마다 슬픔 일지 않는 곳 없으니	陳蹤無處不生悲
차마 다시 봉안사 찾으랴[240]	忍復重尋鳳眼寺
신선 같은 선비 당일 형편 한가하여	儒仙當日身事閒
행장 차려 기쁘게 산사로 향했지	杖屨好向禪窓止

239 흉내 내어 : 효빈(效嚬)은 찡그리는 얼굴을 따라한다는 말로, 자기의 분수를 고려하지 않고 남을 흉내 내는 것을 비유하는 말이다. 《장자(莊子)》 〈천운(天運)〉에 "옛날에 미녀 서시(西施)가 가슴이 아파 이맛살을 찌푸렸는데, 그 마을에 사는 추녀가 이를 보고 아름답게 여겨 돌아가 가슴에 손을 얹고 이맛살을 찌푸렸소."라고 한 데서 유래하였다.

240 지난……찾으랴 : 맏형 송규연(宋奎淵)의 죽음에 대한 애달픈 심정을 읊은 것이다. 송규렴 형제가 스승 송시열과 함께 봉서사를 찾은 것은 1685년(숙종11년) 5월이고 송규연이 사망한 것은 8월이다. 송상기(宋相琦)의 〈선부군행장(先父君行狀)〉에 "8월에 강양 감사(江襄監司)에 임명되셨다.……부군께서는 마침 큰형님인 연안공(延安公)의 상을 당했다. 장사를 치르지 않은 상황에서 차마 먼 곳으로 부임할 수 없었으므로 거듭 소장을 올려 병든 상황을 아뢰고 교체되셨다."라고 하였다. 봉안사(鳳眼寺)는 봉서사(鳳棲寺)의 이칭으로 보인다.

함께한 사람 소년과 어른 십여 명에	從遊少長十餘人
우리 형제 둘이 있었지	更有吾家兄弟二
돈독한 우리 형제의 즐거움 어찌 다하랴	吹壎唱篪樂何窮
좋은 구슬 꿴 듯 정은 끝이 없었네[241]	合璧聯珠情不已
형의 풍류 적벽의 소식[242]과 같았는데	風流兄似赤壁蘇
아우의 홍취 청련 이백[243]에게 부끄러웠네	跌宕弟愧靑蓮李
서로 끌어 주며 석문 깊이 들어가니	相携步入石門深
해질녘 산 모습 점점 더 맑고 그윽했네	薄暮山容轉淸邃
형은 그때 기력이 제법 강건하여	兄時氣力頗康健
취중의 고담에도 농담을 잘하셨지	醉裏高談雜善戲
그러면서 세상일이 쉽게 사람을 얽매니	因言世故易罥人
이익과 명성을 일찍 피해야 한다고 하셨지	利名隨身宜早避

241 돈독한……없었네 : 형제애가 매우 돈독하였다는 말이다. 취훈창지(吹壎唱篪)는 훈지(壎篪)와 같은 말로, 형제간의 우애를 비유하는 말이다. 《시경》 〈하인사(何人斯)〉에 "형은 질 나발을 불고 아우는 젓대를 분다.〔伯氏吹壎, 仲氏吹篪.〕"라고 하여 매우 좋은 형제애를 표현하였다. 합벽연주(合璧聯珠)는 옥이 하나로 합쳐지고 구슬이 꿰어진다는 말로, 여기서는 돈독한 형제 관계를 가리킨다. 《한서(漢書)》 〈율력지(律歷志)〉에 절후가 조화로운 모습을 "일월은 옥을 합친 것 같고, 오성은 구슬을 꿴 것 같네.〔日月如合璧, 五星如連珠.〕"라고 형용하였다.

242 소식(蘇軾) : 1036~1101. 북송(北宋) 시대의 문인이자 정치가로, 자는 자첨(子瞻), 호는 동파(東坡)이다. 아버지 소순(蘇洵)·동생 소철(蘇轍)과 함께 삼소(三蘇)라고 일컬어지며, 삼부자가 모두 당송팔대가(唐宋八大家)에 꼽혔다. 〈전적벽부(前赤壁賦)〉와 〈후적벽부(後赤壁賦)〉를 지었다.

243 이백(李白) : 701~762. 당(唐)나라 현종(玄宗) 때의 시인으로, 자는 태백(太白), 호는 주선옹(酒仙翁)·해상조오객(海上釣鰲客)·청련거사(靑蓮居士)이다. 《唐書 卷202 文藝列傳 李白》

평생의 고아한 지조 여기에서 볼 수 있으니　平生雅操此可見
나약한 사람도 이 말 들으면 분발을 생각했지　懦夫聞之思奮起
그랬다가 갑자기 시사가 매우 어지러우니　飜嗟時事劇雲擾
누가 헛된 말로 바른 논의 해쳤나　誰設淫辭害正議
예사로이 웃고 탄식하는 사이에도　尋常嘻笑歎咤間
기림과 비난에 《춘추》의 뜻 있었지[244]　予奪自有麟經旨
풍진 속에 분주한 벼슬살이[245] 부끄러워하고　風塵奔走恥折腰
세상 밖에 소요하며 뜻 이룸 기뻐했지　物外逍遙欣得志
아우가 어리숙해 스스로 헤아리지 못하고　弟也迂疏不自量
한마디 말로 사람들 뜻 크게 거슬렀는데[246]　一言大忤時人意

244 예사로이……있었지 : 송규연이 평소 예사로 하는 말에도 시비와 선악을 분명하게 판단하여 장려하고 징벌하는 기준이 명확했다는 말이다. 여탈(予奪)은 주고 빼앗는다는 뜻인데, 여기서는 포폄(褒貶)의 의미로 풀이하였다. 인경(麟經)은 《춘추》를 가리킨 것으로, 곧 춘추의 대의를 말한다. 《춘추》는 난신적자(亂臣賊子)들을 경계하기 위해 지었는데, 노나라 은공(隱公) 원년(기원전 722)에서 시작하여 애공(哀公) 14년(기원전 479) 서쪽으로 사냥을 갔다가 기린을 잡은 기사에서 끝난다. 기린은 상서로운 동물로 인식되어 이 짐승이 나타나면 성인이 나온다고 전해지나 난세에 기린이 나와 사람에게 잡혔으므로, 공자는 눈물을 흘리며 여기에서 기록을 멈추었다고 한다. 여기에서 인경이란 말이 나오게 되었다.

245 벼슬살이 : 절요(折腰)는 허리를 꺾는다는 의미로, 상관에게 잘 보여야 하는 벼슬살이를 가리킨다. 진(晉)나라 도잠(陶潛)이 팽택 현령(彭澤縣令)으로 있을 때, 아전이 시찰하러 오는 독우(督郵)에게 인사를 하여야 한다고 하자 "내가 쌀 다섯 말 때문에 허리를 굽혀, 향리의 애송이에게 굽실거리겠는가.〔吾不能爲五斗米折腰, 拳拳事鄕里小人邪.〕"라며, 즉시 벼슬을 버리고 고향으로 돌아갔다고 한다. 《晉書 卷94 隱逸列傳 陶潛》

246 아우가……거슬렀는데 : 당시 윤증의 일과 관련하여 송규렴이 상소한 일에 대해

형은 이런 일 말할 것도 없다며　兄謂此事何足論
새 시 지어 각각 종이에 적었네　且賦新詩各寫紙
형이 먼저 완성하고 아우가 이어 완성하니　兄篇先就弟篇續
아마도 멋진 자취 영원히 전해지리라　擬將勝迹垂千祀
서로 《논어》 후조의 교훈 약속하고　相期魯論後凋訓
함께 《시경》 정매의 의리 권면했지[247]　共勉周詩征邁義
어찌 알았으랴 바람 앞 촛불 잠시도 멎지 않아　那知風燭不暫停
문득 생사 갈려 천고의 일이 될 줄을　奄作存亡千古事
이승에서 외기러기 몇 번이나 울었나　人間幾叫隻影雁
지하에 옥 같은 선비 영원히 묻혔네　地下長埋如玉士
슬프고 슬프다 붉은 만장이여 어디로 가는가　哀哀丹旐指何處
통곡하며 상여 따르다 넘어지고 자빠지네　哭隨靈軒顚且躓
텅 빈 방에서 차마 하얀 달빛 보랴　虛堂忍見素月色
푸른 하늘 기미성만 부질없이 바라보네[248]　碧落空瞻箕尾騎

읊은 것이다. 303쪽 각주234 참조.

247 서로……권면했지 : 경전의 가르침을 들어 형제간에 서로 위로하고 격려한 일을 읊은 것이다. 후조(後彫)의 교훈은 송백(松柏)처럼 변함없이 굳은 지사(志士)의 절조를 말한 것으로 《논어》 〈자한(子罕)〉에 "날씨가 추워진 뒤에야 소나무와 측백나무가 뒤늦게 시듦을 알 수 있다.〔歲寒然後, 知松柏之後凋也〕"라고 한 데서 유래하였다. 정매(征邁)의 의리는 형제가 각각 노력하여 부모를 욕되게 함이 없기를 경계한 말이다. 《시경》 〈소완(小宛)〉에 "내 날로 매진하거든, 너도 달로 나아가라. 일찍 일어나고 밤늦게 잠자서, 너를 낳아 주신 분을 욕되게 하지 마라.〔我日斯邁, 而月斯征. 夙興夜寐, 無忝爾所生.〕"라고 한 데서 유래하였다.

248 푸른……바라보네 : 형님을 잃은 슬픔을 표현한 것이다. 벽락(碧落)은 푸른 하늘이다. 백거이(白居易)의 〈장한가(長恨歌)〉에 "위에는 하늘이 푸르러 끝이 없고 아래는

아아 나 또한 이 세상에 몇 해나 더 살까　　嗟余於世亦能幾
게다가 금년에 이 하나 빠짐을 보았네　　又見今年落一齒

원운 후곡(後谷)이 원래 제비를 뽑아 얻은 운자 외에 또 내 시를 차운했으니 참으로 이른바 땅을 모두 점령한 것이다. 다시 칠언으로 지어 답하다[249]

식장산[250] 봉우리 푸르고 드높으니　　息藏峰巒碧岹嶢
바다 가운데 삼신산과 함께 넷이 되겠네[251]　　海中三山可與四
승려들이 와서 이 구역 차지하여　　僧徒來卜此隩區
새로 누대 세우고 봉서사라 했지　　新刱樓臺名鳳寺

황천이니, 두 곳이 아득하여 모두 보이지 않는구나.〔上窮碧落下黃泉, 兩處茫茫皆不見〕."라고 하였다. 기미성(箕尾星)을 탄다는 말은 훌륭한 사람이 죽었다는 말이다. 《장자(莊子)》 〈대종사(大宗師)〉에 부열(傅說)이 죽은 후에 "동유성와 기미성을 타고 뭇별과 나란히 있다.〔乘東維騎箕尾, 而比於列星.〕"라고 하였다.

249 후곡(後谷)이……답하다 : 후곡은 대전의 회덕에 있는 제월당을 가리키는 말로, 곧 송규렴을 지칭한다. 땅을 모두 점령했다〔都占田地〕는 것은 송규렴이 본인이 제비를 뽑아 얻은 운자(韻字) 외에 다시 송시열의 운자까지 맞춰 지었다는 말이다. 《송자대전(宋子大全)》 권1에 수록된 이 시의 제목은 후곡이 도원(道源)으로 되어 있다.

250 식장산(食藏山) : 식장(息藏)은 대전광역시 동구에 있는 식장산의 다른 표현인 듯하다. 《신증동국여지승람(新增東國輿地勝覽)》 권18 〈회덕현(懷德縣)〉에 "식장산은 현 남쪽 23리에 있다." 하였다

251 바다……되겠네 : 삼산(三山)은 삼신산(三神山)으로, 봉래(蓬萊)・방장(方丈)・영주(瀛洲)를 가리킨다. 발해 안에 위치하고 있으며 신선이 살고 있는데, 새나 짐승들도 모두 흰 빛을 띠고 있고 황금과 은으로 된 궁궐이 있으며 불사약(不死藥)이 있다고 전해진 이상향(理想鄕)이다. 《史記 封禪書》 여기서는 식장산이 삼신산에 견줄 만큼 아름답다고 본 것이다.

때는 오월 보름 쯤　時維五月月將半
꾀꼬리가 산기슭에서 우네　黃鳥綿蠻岑蔚止
산속 그윽한 일 높은 흥취 일으키니　山間幽事動高興
우리 집안 영재들 한둘이 아니로다　我宗豪英非一二
창백한 얼굴에 백발의 계담옹[252]　蒼顔白髮桂潭翁
젊은 시절 풍류 지금도 변함없어　少日風流今未已
종중 사람 불러내어 나란히 가니　號召宗盟竝轡出
그 문채 백홀의 이씨[253]와 견주어 어떤가　文彩何如百笏李
골짜기 깊숙하고 산사 높아　洞門深深寺門高
산 기운 맑고 선의 뜻 깊구나　山氣淸明禪意邃
세상 어디인들 움츠리지 않으랴만　世間何地不局束
다행히 오늘은 자유롭게 놀겠네　幸逢今日恣游戲
그 중에 간의[254]는 옥 같은 사람이니　箇中諫議如玉人
앞자리를 사람들 다투어 피하네　一頭之地人爭避
명예와 이익이 자기에게 미쳐도 헌신처럼 여기니　利名纏身如脫屣
귓가에 산들산들 맑은 바람 이네　耳尖颯颯淸飆起

252 계담옹(桂潭翁) : 송규렴의 종숙(從叔)인 송국사(宋國士)이다. 225쪽 각주75 참조.

253 백홀(百笏)의 이씨(李氏) : 수(隋)나라 고조(高祖) 때 이목(李穆)이 태사(太師)가 되자 집안의 자손들을 모두 의동(儀同)을 삼아 한집안에 상홀(象笏)을 가진 자가 1백여 명이었다고 한다. 의동은 의동삼사(儀同三司)라고도 하며, 실제로는 삼공이 아니면서 의장(儀章)을 삼공과 같이 하는 산관(散官)을 가리킨다. 《古今事文類聚 新集 卷2 贊拜不名》

254 간의(諫議) : 대사간(大司諫)을 지낸 송규렴을 가리킨다.

요즈음 허황된 말들 곳에 따라 일어나니	日者淫辭起處起
옥류동에서 셋 이어받는 의논 흘러나왔는데[255]	玉流流出承三議
이 의논은 시들하고 다른 논의만 횡행하니	此議凋殘異議橫
물러나도 공자의 뜻 잊기 어렵네[256]	卷懷難忘宣尼旨
고향에 돌아오자 동복들 맞아 주니	歸來故丘僮僕迎
평소 구학의 뜻[257] 저버리지 않았네	不負平生溝壑志

255 옥류동(玉流洞)에서……흘러나왔는데 : 윤증(尹拯)이 사국(史局)에 보낸 편지로 말미암아 당시 시국이 시끄러워지자, 김수항(金壽恒, 1629~1689)이 경연에서 논변한 일을 읊은 것이다. 《宋子大全隨箚 卷1》 옥류동은 장동(壯洞)으로, 김수항을 가리킨다. 김수항의 본관은 안동(安東), 자는 구지(久之), 호는 문곡(文谷), 시호는 문충(文忠)이다. 승삼(承三)은 공도자(公都子)가 맹자(孟子)에게, 사람들이 맹자가 변론을 좋아한다고 말하는데 그 이유가 무엇이냐고 묻자, 맹자가 변론을 좋아해서가 아니라 부득이하기 때문임을 밝히며 "나 역시 인심을 바로잡아 부정한 학설을 종식시키며 편벽된 행실을 막으며 방탕한 말을 추방하여 세 성인을 계승하고자 하는 것이니, 어찌 변론을 좋아하겠는가.〔我亦欲正人心, 息邪說, 距詖行, 放淫辭, 以承三聖者, 豈好辯哉.〕"라고 한 데서 유래한 말이다. 《孟子 滕文公下》

256 물러나도……어렵네 : 벼슬에서 물러나 은거하면서도 세상일을 몰라라하며 지낼 수 없다는 말이다. 권회(卷懷)는 거두어서 품 안에 넣는다는 뜻으로, 재능을 숨기고 은거함을 말한다. 《논어》 〈위령공(衛靈公)〉에 "군자답다, 거백옥이여. 나라에 도가 있으면 벼슬하고, 나라에 도가 없으면 거두어 감추어 두는구나.〔君子哉, 蘧伯玉, 邦有道則仕, 邦無道則可卷而懷之.〕"라고 하였다. 공자의 뜻은 현실을 떠날 수 없음을 말한다. 공자께서 위(衛)나라에서 경쇠를 치셨는데, 삼태기를 메고 공자의 문 앞을 지나던 은자가 그 소리를 듣고 비루하다고 탄식하였다. 이것은 공자에게 세상을 잊지 못하는 마음이 있음을 알아차렸기 때문이었다. 공자께서 이 말을 들으시고 "과감하구나. 어려울 것이 없겠구나.〔果哉, 末之難矣.〕"라고 말씀하셨다. 《論語 憲問》

257 구학(溝壑)의 뜻 : 자신의 신념을 지키다가 구렁에 시체가 던져지더라도 한스럽게 여기지 않는 것을 말한다. 《맹자》 〈등문공 하(滕文公下)〉에 "지사는 시신이 도랑에 버려짐을 잊지 않고, 용사는 자기 머리를 잃을 것을 잊지 않는다.〔志士不忘在溝壑,

쌍청당[258]에 친구들 모이니	雙淸堂上親舊集
꽃과 나무 영화로워 즐거움 돕고	花木爭榮助歡意
해학과 웃음에 시편도 있으니	云云諧笑繼篇什
찬란한 구슬 종이에 가득하네[259]	燦燦珠璣盈累紙
인하여 후에도 늘 이와 같다면	因言後來長若此
이 집이 영원토록 빛날 것이라 하네	此堂光華期百祀
영지와 예천이 어찌 근원 없으랴[260]	靈芝醴泉豈無本
우러러 소급해 보니 당시에 절의 세웠네	仰溯當年基節義
명공과 현사 끊임없이 이었으니	名公賢士項背屬
위대하다 을사년의 일[261]	偉哉乙巳年中事
곧은 기백 송담[262]의 풍채 아름다웠고	直榦松潭風彩美

勇士不忘喪其元.〕"라고 하였다.

258 쌍청당(雙淸堂) : 대전광역시 회덕에 있는 고려 말 조선 초의 문신 송유(宋愉, 1389~1446)의 별당이다. 쌍청은 청풍(淸風)과 명월(明月)의 깨끗한 기상으로, 고결한 인품을 비유한다. 송(宋)나라 황정견(黃庭堅)이 〈렴계시 병서(濂溪詩 幷序)〉에서 주돈이(周敦頤)의 인품을 평하며 "용릉의 주무숙은 인품이 매우 고상하고 흉중이 깨끗하기가 마치 온화한 바람과 맑은 달빛 같다.〔舂陵周茂叔, 人品甚高, 胸中灑落, 如光風霽月.〕"라고 한 데서 유래하였다. 《山谷集 卷1 濂溪詩》

259 찬란한……가득하네 : 모임에서 지은 아름다운 시문이 많다는 말이다.

260 영지(靈芝)와……없으랴 : 좋은 조상이 있어야 좋은 자손이 있다는 뜻이다. 옛말에 "신령한 지초와 단맛의 샘물은 반드시 뿌리와 근원이 있다."라고 하였다.

261 을사년의 일 : 1545년(인종1) 을사사화(乙巳士禍) 때 송인수(宋麟壽)가 사사(賜死)된 일을 가리킨다. 인종이 즉위한 지 8개월 만에 죽고 명종(明宗)이 왕위를 계승하면서 윤원형(尹元衡) 일파에 의해 한성부 좌윤(漢城府左尹)에서 파직되었다가 후에 사사되었다.

262 송담(松潭) : 송담수(宋聃壽, 1537~1628)로, 논관은 은진(恩津), 자는 영로(靈

인자함과 효성은 우리 서궁의 선비[263] 기렸네 仁孝褒我西宮士
아아 그대가 홀로 옛 자취 이어가고 嗟君獨能繼前武
더욱이 상기[264]가 잘못되는 일 없어 更看琦也無顚躓
두 세대가 이어 참으로 장하니 兩世相承直爲壯
조가의 호표기 두렵지 않네[265] 不怕曹家虎豹騎
내가 이 말을 산에 두고 맹세하니[266] 我出斯言山乞盟
후대에 남겨 주어 어린애들 일깨우라 留與後來警稚齒

老), 호는 송담이다. 쌍청당 송유의 6대손이다.

263 서궁(西宮)의 선비 : 우암의 아버지인 수옹(睡翁) 송갑조(宋甲祚)를 가리킨다. 광해군(光海君)이 인목대비를 서궁에 유폐시켰을 때, 홀로 서궁에 가서 배알했기 때문에 이렇게 말하였다. 《宋子大全隨箚 卷1》

264 송상기(宋相琦) : 기(琦)는 송규렴의 아들 송상기(1657~1723)로, 자는 옥여(玉汝), 호는 옥오재(玉吾齋)이다.

265 조가(曹家)의……않네 : 매우 용맹한 군사라도 두렵지 않다는 말이다. 《속후한서(續後漢書)》 권30 〈제하후제조열전(諸夏侯諸曹列傳)〉에 "조순이 지휘한 호표기는 모두 천하에 용맹스런 정예부대여서, 간혹 백인장 중에서 보충하기도 했다.〔純所督虎豹騎, 皆天下驍銳, 或從百人將補之.〕"라고 하였다.

266 산에 두고 맹세하니 : 주희(朱熹)의 〈지상봉용임택지운(至上封用林擇之韻)〉에 "만상은 다투어 교묘하고, 천봉은 모두 맹세를 빈다.〔萬象爭回巧, 千峰盡乞盟.〕"라고 한 데서 인용한 말이다.

삼가 〈풍월정〉의 운자[267]에 맞춰 짓다 병인년(1686, 숙종12)
敬次風月亭韻 丙寅

바람 맑으니 마음도 맑고	風淸心亦淸
달 밝으니 마음도 밝구나	月白心亦白
만물과 내가 한 가지이니	物我爲一般
누가 주인이고 누가 객인가	誰主又誰客

267 풍월정의 운자 : 송규렴이 차운한 시는 《송자대전(宋子大全) 권2에 수록된 〈차풍월정운(次風月亭韻)〉이다. 풍월정은 대전광역시 대덕구 목상동에 있었던 계담(桂潭) 송국사(宋國士)의 정자이다. 《宋子大全隨箚 卷4》

중국 사신 운강 공용경[268]이 어촌 심 상서[269]의 호정에 지어 준 시[270]를 차운하다

次雲岡龔天使用卿寄題漁村沈尙書湖亭韻

사신 공용경(龔用卿)이 태자(太子)의 출생을 알리는 조서를 단단히 봉하여 가지고 나왔다. 상서(尙書)의 이름은 언광(彦光)인데, 그의 후손 심징(沈澄)[271] 정이(靜而)가 운자를 보여 주면서 화운을 요청하였다.

황제의 궁궐에 전성이 빛나더니	紫極前星耀
조선 땅에 사신이 왔네[272]	靑丘使節通

268 공용경(龔用卿) : 1500~1563. 명(明)나라 복건(福建) 회안(懷安) 사람으로, 자는 명치(鳴治), 호는 운강(雲岡)이다. 가정(嘉靖) 5년에 진사시에 급제하여 수찬(修撰)·유덕(諭德) 겸 시독직경연(兼侍讀直經筵)을 지냈다. 저술로는 《사조선록(使朝鮮錄)》·《운강집(雲岡集)》 등이 있다. 《國朝獻徵錄 卷74 龔公墓誌銘》 1537년(중종32) 황사(皇嗣) 탄생의 조서를 반포하기 위해 조선에 사신으로 왔었다.

269 심 상서(沈尙書) : 심언광(沈彦光, 1487~1540)으로, 본관은 삼척(三陟), 자는 사형(士烱), 호는 어촌(漁村)이다. 중국 사신 공용경·오희맹(吳希孟)이 황태자의 탄생 소식을 가지고 왔을 때 관반(館伴)이 되어 접빈하였다. 같은 해 8월 김안로(金安老)의 모함을 받아 함경도 관찰사로 좌천되었으나, 12월 김안로가 유배됨에 따라 소환되어 공조 판서, 의정부 좌참찬이 되었다. 저서로 《어촌집(漁村集)》이 있다. 《漁村集 卷7 館伴時雜稿》

270 시(詩) : 송규렴이 차운한 시는 《어촌집》 권7 관반시잡고(館伴時雜稿)에 〈제환선(題紈扇)〉이라는 제목으로 수록되어 있다.

271 심징(沈澄) : 본관은 삼척, 자는 정이(靜而)이다. 심언광의 5대손이다.

272 황제의……왔네 : 공용경이 황태자의 탄생을 알리기 위해 조선에 왔다는 말이다. 자극(紫極)은 황제의 궁궐을 가리킨다. 천제(天帝)는 자색(紫色)의 궁궐에 거처한다

정자는 푸른 바다 굽어보고　　亭臨滄海碧
신선은 붉은 구름 타고 내려왔네　　仙降靄雲紅
북락[273]에 부질없이 봉황 맴돌고　　北落空旋鳳
동산에서 몇 번이나 기러기 노래했나　　東山幾賦鴻
사신의 행차 지금은 쓸쓸하니　　皇華今寂寞
천고에 시인을 흐느끼게 하네[274]　　千古泣騷翁

하여 궁궐을 자미궁(紫微宮), 자궁(紫宮) 등으로 표기한다. 전성(前星)은 왕세자를 가리킨다. 《진서(晉書)》 권11 〈천문지(天文志)〉에 "심(心)이란 별이 있는데, 중간 별〔中星〕은 천자(天子)를, 앞의 별〔前星〕은 태자(太子)를, 뒤의 별〔後星〕은 서자(庶子)를 가리킨다."라고 하였다.

273 북락(北落) : 북락사문(北落師門)이라는 별 이름의 준말이다. 《진서(晉書)》 권11 〈천문지 상(天文志上)〉에 "북락사문은 별의 하나인데, 우림성(羽林星) 서남쪽에 있다. 북(北)은 별자리가 북방에 있다는 것이고, 낙(落)은 하늘의 울타리라는 것이다."라고 하였다. 여기서는 중국을 가리키는 말로 쓰였다.

274 사신의……하네 : 명나라가 망하고 청(淸)나라가 중원을 차지했기에 한 말이다. 황화(皇華)는 《시경》 〈녹명(鹿鳴)〉에 "휘황한 꽃이여, 저 언덕과 습지에 있도다.〔皇皇者華, 于彼原隰.〕"라고 한 데서 유래하였다. 원래 임금이 사신을 보내면서 그 노고를 위로한 시인데, 여기서는 명나라의 사신을 말하였다. 당시 조선에서는 중국에서 온 사신을 맞이하는 과정에서 그들과 시를 주고받았는데, 이것을 모아 《황화집(皇華集)》을 편집하여 기념하였다.

철령[275]에서

鐵嶺

안변 부사로 부임했을 때[276] 지은 것이다.

새나 다니는 길 삼천 길이나 높고	鳥道三千丈
양 창자처럼 팔백 번이나 구불구불	羊腸八百盤
바람과 안개가 남북으로 나뉘고	風煙隔南北
자물쇠 잠근 듯 강산이 웅장해라	鎖鑰壯河山
지역 멀어 변방의 모습 엄숙하고	地逈邊容肅
하늘 음산하여 북방 기운 차가워라	天陰朔氣寒
평생 나라에 보답하려는 마음뿐이니	平生報國念
감히 이 길을 어렵다고 사양하랴	此路敢辭艱

275 철령(鐵嶺) : 함경도 안변군과 강원도 회양군 사이에 있는 고개로, 서울과 관북 지방을 연결하는 주요 교통로이다.

276 안변……때 : 송규렴은 1685년(숙종11)에 안변 부사(安邊府使)로 부임하였다.

안변부 관사에서 회포를 서술하다

府齋述懷

여기 오니 평소의 마음에 어긋난 줄 알아	此來深覺素心違
관인 던지고 일찍 돌아감을 생각하네	投印還思早拂衣
서울 소식 끊긴 것도 견디기 어려운데	叵耐日邊消息斷
변방에서 벗마저 드무니 견딜 수 있으랴	可堪關外友朋稀
한 해의 절기는 봄이 장차 저물려 하고	一年節序春將暮
천 리 먼 고향으로 꿈만 돌아가네	千里家山夢獨歸
가장 그리운 건 필운봉[277] 아래의 집	最憐弼雲峯下宅
옥계의 시냇물이 휘감아 도는 바위 문[278]이라오	玉溪流水遶巖扉

277 필운봉(弼雲峯) : 인왕산(仁王山)을 말한다. 경복궁의 서쪽에 있다. 중국 사신이 이렇게 이름을 바꾸어 불렀다.

278 바위 문 : 암비(巖扉)는 자연적으로 된 바위 문을 가리키는 말로, 은사(隱士)의 처소를 뜻한다. 당나라 맹호연(孟浩然)의 〈야귀녹문가(夜歸鹿門歌)〉에 "암비와 송경은 늘 적요한데, 오직 유인만이 스스로 오고 가네.〔巖扉松徑長寂寥, 惟有幽人自來去.〕"라는 구절이 있다.

유초청사[279]를 흉내 내어 전임 관찰사 이유초[280] 단석 영공에게 기록하여 올리다

效柳梢靑詞 錄奉舊按使李幼初 端錫 令公

당시에 유초(幼初)가 신임 관찰사를 기다려 관인을 넘겨주려고[281] 석왕사[282]로 가서 머물고 있었다. 내가 읍의 기생 가운데 거문고를 연주하는 자와 노래하는 자를 각각 한 명씩 보내 한가로이 지내는 데 도움이 되게 했다.

옥 같은 나무 가득한 총림	琪樹叢林
석가여래의 옛 절	如來古寺
골짝은 적막하고 구름도 깊어라	洞寂雲深

279 유초청사(柳梢靑詞) : 유초청(柳梢靑)은 사패(詞牌) 이름으로, 쌍조(雙調) 49자로 되어 있다.《詞律 卷5》

280 이유초(李有初) : 이단석(李端錫, 1625~1688)으로, 본관은 전주(全州), 자는 유초, 호는 쌍호당(雙壺堂)이다. 1678년(숙종4) 경상도 관찰사를 시작으로 전라도 관찰사, 충청도 관찰사를 역임하였고, 1685년 함경도 관찰사에 임명되었다.《승정원일기》 숙종 11년 10월 29일 기사에 함경 감사(咸鏡監司) 이단석이 하직(下直)했다는 기록이 있다.

281 관인(官印)을 넘겨주려고 : 교귀(交龜)는 감사(監司), 수군통제사, 병마절도사가 교체될 때 발병부(發兵符)나 관인을 주고받던 일을 이른다.

282 석왕사(釋王寺) : 함경남도 안변군(安邊郡) 설봉산(雪峯山)에 있는 사찰이다. 태조 이성계(李成桂)가 나라를 세우기 전에 무학 대사(無學大師)의 해몽을 듣고 그가 머물던 토굴이 있던 터에 세웠다.

빼어난 미인의	絶代佳人
맑은 노래와 오묘한 곡조	清歌妙曲
그 소리가 갠 봉우리를 휘감네	聲繞晴岑
구슬픈 곡조 다시 거문고를 뜯고	哀絲更弄瑤琴
밤새 희미한 등불 아래 천천히 술 따르네	夜闌處殘燈細斟
아득한 한양성	杳杳秦城
머나먼 변방 길	迢迢關路
돌아가고픈 한 금하기 어려워라	歸恨難禁

안변부 관아의 누대에서 즉흥적으로 읊어 문곡 상공과 동리 이장경이 예전에 판 위에 쓴 유초청사[283]에 화답하다

府館樓上卽事 和文谷相公 東里李長卿舊題板上柳梢靑詞

푸른 시냇물 위에 긴 다리 놓였고	綠水長橋
높은 누대가 서쪽 언덕에 있는데	高樓西畔
제비는 경쾌하고 꾀꼬리는 어여쁘며	燕輕鶯嬌
산들바람 훈훈하게 불어오고	習習薰風
긴긴해는 화사한데	遲遲麗日
옥 같은 버들가지 하늘거리네	柳拂瓊條
둑 위의 여린 버들 솜 처음 흩날리고	堤頭嫩絮初飄
맑은 밤 밝은 달 아래 난간에 기대네	倚欄處明月淸宵
한 곡조 고운 노래와	一曲纖歌
석 잔의 맛난 술에도	三杯綠酒
나그네의 한 달랠 길 없어라	羈恨難消

283 문곡(文谷)……유초청사(柳梢靑詞) : 문곡은 김수항(金壽恒, 1629~1689)으로, 본관은 안동(安東), 자는 구지(久之), 호는 문곡이다. 1664년(현종5) 6월에 과거를 주관하는 관리로 임명되어 이곳을 방문하였다. 《文谷集 卷9 辭北道試官疏》《農巖集 續集 卷上 先府君行狀》 이장경(李長卿)은 이은상(李殷相, 1617~1678)으로, 본관은 연안(延安), 자는 장경, 호는 동리(東里)이다. 안변 부사를 지냈다. 저서로 《동리집(東里集)》이 있다. 《陶谷集 卷21 刑曹判書李公諡狀》 김수항의 유초청사는 《문곡집》 권2에 수록된 〈효진소유유초청소령부득별회추기장경(效秦少游柳梢靑小令賦得別懷追寄長卿)〉이 있으며, 이은상의 유초청사는 《동리집》 권6에 수록된 〈직려구점유초청증별관서이방백태연(直廬口占柳梢靑贈別關西李方伯泰淵)〉과 〈용당구점유초청이소령(龍堂口占柳梢靑二小令)〉이 있다.

용흥강[284]에서

龍興江

용흥강은 영흥부(永興府)의 동쪽 2리에 있다. 내가 공무(公務)로 인해 이 강을 건널 때 삼수(三水)와 갑산(甲山)의 변방 백성 백여 명이 국경을 넘어 삼(蔘)을 캐다가 청(淸)나라에 발각되었다. 이 사건을 조사하기 위해 청나라에서 사신이 오고 죄인을 샅샅이 조사하여 체포하였다. 그들을 한양으로 보낼 즈음에 도내(道內)가 온통 술렁였으니 마치 전쟁의 참화를 당한 것 같았다. 여러 고을의 수령들은 막 이 일을 겪은 참이라 서로 마주하면 얼굴을 찡그리며 말하지 않는 사람이 없었다. 용흥강은 바로 태조 대왕의 왕업이 일어난 곳이다. 예와 지금을 돌아보니 감정이 북받쳐서 율시 한 수를 읊어 지었다.

드넓은 용흥강 잔잔하고	龍興江闊水無波
사월이라 바람 따뜻하고 햇살도 화창하네	四月風暄日又和
도내의 산천은 웅장한 자물쇠이고	一路山川雄鎖鑰
스무 고을의 대관마다 음악 소리 넘치는데	廿州臺館盛笙歌
시절 아파하노니 갈수록 즐거움 줄어들고	傷時轉覺歡愉少

284 용흥강(龍興江) : 함경남도 고원군(高原郡) 운곡면(雲谷面) 각고산(角高山)에서 발원하여 영흥(永興) 평야를 거쳐 전탄강(箭灘江)과 합류한 뒤, 영흥군과 문천군(文川郡)의 경계를 이루며 동해로 흘러드는 강이다. 고려 시대에는 횡강(橫江)이라 불렸는데, 조선 태조 이성계(李成桂)가 태어난 곳이라 하여 이 이름으로 고쳤다고 한다.

옛일 생각하는 이의 감개 그 누가 알랴　撫古誰知感慨多
우습다 변방의 늙은 태수　堪笑邊城老太守
장한 마음 아직도 은하수를 당기려 하네[285]　壯心猶欲挽天河

285 장한……하네 : 은하수를 끌어다가 횡포한 청(淸)나라를 깨끗이 쓸어버리고 싶다는 표현이다. 두보(杜甫)의 시에 "어찌하면 장사를 구해 은하수를 끌어다가, 갑옷 무기 깨끗이 씻어 길이 쓰지 않게 할까.〔安得壯士挽天河, 淨洗甲兵長不用.〕"라고 한 구절을 변용하였다.《杜少陵集 卷6 洗兵行》

학호에서 짓다 병서

鶴湖作 幷序

학호(鶴湖)는 바다 서쪽으로 평원(平原) 하나를 사이에 두고 있다. 작은 시내가 남쪽에서 유입되는데, 그 물이 고여 호수가 형성되었다. 넓이가 동서로는 2, 3리, 남북으로는 4, 5리 정도 되며, 동북쪽으로 바닷물과 통한다. 이름을 학호라고 한 것은 그 유래가 오래되었는데, 인가와 멀고 지세가 훌륭하여 신선들이 거닐기에 적당했기 때문이다. 평원은 낮은 곳도 있고 높은 곳도 있다. 높은 곳은 언덕이 되어 호수의 동쪽을 두르고 있는데, 그 모습이 마치 병풍을 펼친 것 같고 푸른 풀로 뒤덮여 있다. 예전에는 이름이 없었는데, 내가 처음으로 취병강(翠屛岡)이라고 명명(命名)한 것은 실제의 모습을 반영한 것이다.

호수의 서쪽은 백사장이 평평하게 펼쳐져 십리나 이어지다가, 호숫가에 이르러 우뚝 솟아나 봉우리를 이루고 곧바로 호수를 굽어볼 수 있도록 굽이져 있는데, 백여 명이 앉을 만하다. 십리나 뻗은 백사장에 풀 한포기도 없어 마치 햇살을 받아 반짝이는 눈빛과 같아 사람의 눈길을 빼앗는다. 모래가 바람을 따라 이리저리 굴러다니므로 봉우리 또한 그 모습이 자주 변한다. 옛날에는 사봉(沙峯)[286]이라 불렀는데, 내가

286 사봉(沙峯) : 하얀 모래로 이루어진 봉우리인 백사봉(白沙峰)을 가리킨다. 남구만(南九萬)은 《약천집(藥泉集)》 제28권 〈북관십경도기 병서(北關十景圖記 幷序)〉에서 백사봉에 대해 "안변부에서 동쪽으로 60리를 가서 바닷가의 돌벼랑을 따라가면 포구에 이른다. 포구 동북쪽에는 명사(鳴沙) 수십 리가 바람을 따라 무늬를 이루는데, 혹은 가늘고 혹은 굵어서 찬란하기가 하얀 비단과 같다. 포구의 동쪽에는 모래로 이루어진

백설봉(白雪峯)으로 이름을 고친 것은 유사한 모습에서 의미를 취한 것이다.

봉우리 남쪽으로 10보쯤 되는 곳에 외로이 언덕 하나가 있는데, 높이는 두세 길 쯤 되고 흙도 모두 모래이며 기이한 풀들이 빙 둘러 자란다. 우뚝 솟고 둥그스름하여 그 형체가 매우 기이한데다가 호수와 더욱 가까워 침을 뱉으면 호수에 떨어질 정도이다. 그 위는 평탄하고 넓어 4, 50명이 앉을 만하고, 푸른 소나무 수십 그루가 울창하여 그늘을 드리우고 있으며, 그 가운데에 서너 개의 기둥과 오래된 주춧돌이 있다. 근세에 잠곡(潛谷) 김 상국(金相國)이 부백(府伯)으로 있을 때[287] 작은 정자를 지었는데 지금은 허물어졌으며, 소나무는 상국이 심은 것이다. 옛날에 어떤 원수(元帥)가 여기에 올라 구경하였기 때문에 원수대(元帥臺)라고 이름을 붙였는데, 원수의 성명은 전하지 않는다. 내가 그 이름을 그대로 따르고 고치지 않은 것은 그 사람을 소중히 여겨서 잊히지 않기를 바라기 때문이다.

호수의 복판에서 약간 남쪽에 작은 섬이 있는데, 그 모습이 단정하고 수려하여 사랑스럽다. 원수대에 비하여 조금 길지만 높이는 같고, 푸른

봉우리가 높이 솟아 있어 멀리서 바라보면 눈이 쌓인 것 같고 때로 바람이 불면 모래가 날려 물이 흘러가는 듯한데, 봉우리의 높이가 줄지도 늘지도 않으니 신기한 일이다.〔自安邊府東行六十里, 遵海瀕旁石崖, 到浦邊. 浦之東北鳴沙數十里, 因風成紋, 或細或大, 爛如素錦. 浦東沙峯斗起, 望之如雪堆, 有時風起, 則飛沙如流, 而峯之高不減不增, 是可異也.〕" 하였다.

287 잠곡(潛谷)……때 : 잠곡은 김육(金堉, 1580~1658)으로, 본관은 청풍(淸風), 자는 백후(伯厚), 호는 잠곡, 시호는 문정(文貞)이다. 1633년(인조11) 겨울에 안변도호부사(安邊都護府使)로 임명되어 1636년 동지사(冬至使)에 임명될 때까지 재직하였다.《東州集 文集 卷6 議政府領議政諡文貞金公行狀》

솔과 아름다운 풀로 덮여 있어 그 비취빛이 탐나고, 바라보면 물 위에 떠있는 소라와 같다. 그곳의 소나무도 아마 원수대의 소나무와 같은 시기에 심은 듯하다. 옛날에 작도(鵲島)라고 브른 것은 아마도 그 섬의 형상을 취한 것일 텐데, 내가 고쳐서 벽라도(碧螺島)라고 한 것은 그 섬이 수면에 떠있는 것처럼 보이기 때문이다.

이상이 호수 국내(局內)의 대략적인 모습이다. 국외(局外)의 사방은 북쪽으로부터 동쪽 끝까지는 큰 바다가 하늘에 닿아 있고, 평평한 언덕과 근처의 삼림이 연이어 둘러싸서 안쪽을 보호한다. 그러므로 호수에서 바다를 바라보아도 볼 수 없다. 남쪽에서 서쪽 끝까지는 황룡산 하나가 우뚝 솟아 웅장하고, 멀지도 않고 가깝지도 않은 곳에 수많은 봉우리들이 수려하고 기이함을 다툰다. 무릇 이것들이 호수의 안과 밖을 장식하여 온화하고 고운 것은 모두 이 황룡산에서 기운이 퍼지고 정기가 나뉘어 다만 기이하고 교묘함을 드러내고 있기 때문이다.

나는 어려서부터 이곳의 경치가 빼어나다는 말을 익히 들었기에, 늘 한 번 보고 싶었지만 방법이 없었다. 지금 다행히 공무의 여가에 어른과 어린이 예닐곱 명과 함께 마음대로 다 둘러보게 되었다. 또 가벼운 돛단배에 짧은 노를 저으면서 달밤에 배를 띄워 바람 따라 오가며 홍취가 시들한 뒤에 그만두었으니, 비록 묵은 빚을 다 갚았다고 해도 좋을 것이다. 다만 시상(詩想)이 서툴고 껄끄러워 만분의 일도 표현할 수 없는 것이 한스러울 뿐이다.

만 이랑 푸른 물결 일렁이는 맑은 호수　　晴湖碧萬頃
바로 옆 너른 바다와 접했네　　近接滄海流
깨끗한 백사장이 백설처럼 반짝이고　　明沙耀白雪

비단 물결이 푸른 기름처럼 일렁이네　錦浪飜綠油
맑은 밤 한 동이 술 가지고　淸宵一樽酒
멋지게 사당주[288] 띄웠어라　好泛沙棠舟
산들바람 빨랐다 느렸다 하니　輕飆任疾徐
작은 배가 그에 따라 가다 서다 하누나　短棹隨去留
물결 속에 둥근 달 일렁이니　波心漾月輪
거울 속에 옥고리가 나는 듯　鏡面飛玉鉤
하느님도 사리를 알아　天公也解事
내게 경치 넉넉히 선물하네　餉我光景優
평소 답답하던 가슴　平生芥滯胸
상쾌하기가 뗏목 타고 바다에 뜬 것 같네[289]　快若乘桴浮
어찌 알았으랴 공무 여가에　寧知簿領餘
이렇게 신선놀음[290] 하게 될 줄을　辦此三淸遊
원수는 떠난 지 오래라　元帥去已久
지난 자취 구름처럼 아득한데　往跡雲悠悠

288 사당주(沙棠舟) : 사당(沙棠)은 팥배나무와 유사한 나무로, 물이 잘 새들지 않기 때문에 배를 만드는 재료로 쓰인다. 전설에서는 곤륜산에 있는 나무로, 신선의 배를 만드는 재목이라고 한다. 이백(李白)의 시에 "목란나무의 노에 사당나무의 배를 탔네. 〔木蘭之枻沙棠舟〕"라는 구절이 있다. 《李太白文集 卷5 江上吟》

289 평소……같네 : 호수에 배를 띄웠지만 바다에 나온 것처럼 상쾌하다는 말이다. 승부부(乘桴浮)는 "도가 행해지지 않으니, 뗏목을 타고 바다를 항해하려 한다.〔道不行, 乘桴, 浮于海.〕"라고 한 공자의 말씀을 원용한 것이다. 《論語 公冶長》

290 신선놀음 : 삼청(三淸)은 천상(天上)의 신선이 산다는 옥청(玉淸)·상청(上淸)·태청(太淸)의 세 궁궐을 말한다.

상국이 심은 소나무만 부질없이 남아　空餘相國松
울창하게 우거져 멋진 언덕 장식했네　鬱鬱粧瓊丘
고금의 일 돌아보니　俛仰今古事
쓸쓸하게 깊은 시름 이는구나　悄悄生遠愁
별들은 깜박깜박 빛나고　星河耿明滅
맑은 기운 두 눈에 들어오네　灝氣襲兩眸
너울너울 날아 신선이 되려 하니　飄飄欲羽化
속된 생각 사라지는구나　頓覺塵慮收
삼경에야 비로소 배 멈추니　三更始解帆
돌아오는 흥취 모래톱에 가득한데　歸興盈滄洲
여전히 다하지 못한 회포에　依依不盡思
걸음걸음 부질없이 머리를 돌리네　步步空回頭
진지하게 다시 노닐 날 정하노니　丁寧後期在
달이 밝은 중추에 하리라　桂月明中秋
가만히 흰 갈매기에게 묻노니　慇懃問白鷗
이러한 마음 너도 아느냐　此意知也不

취병강[291]에서 짓다 완계사[292]

翠屛岡作 浣溪沙

언덕 위에 홀로 서니 생각 아득한데	獨立岡頭思杳然
푸른 하늘 동쪽 바라보니 바다는 끝이 없어	碧天東望海無邊
삼신산[293] 어디인지 신선들에게 물어보네	三山何處問群仙
십 리 맑은 호수는 씻은 듯 평평한데	十里明湖平似拭
달빛은 물과 같고 또 안개와 같으니	月光如水又如煙
목란선[294] 타고 배회하기 좋구나	不妨徙倚木蘭船

291 취병강(翠屛岡) : 앞의 〈학호작(鶴湖作)〉 병서(幷序)에 보이는 언덕이다.

292 완계사(浣溪沙) : 완계사(浣溪紗)・완사계(浣紗溪)라고도 한다. 당(唐)나라의 교방곡(敎坊曲) 이름인데, 후에는 이를 사용하여 사패(詞牌)를 지었다. 이별의 정한이나 서로의 소식이 궁금한 것 등을 노래한 것이 많다.

293 삼신산(三神山) : 삼산(三山)은 삼신산으로, 봉래산(蓬萊山)・방장산(方丈山)・영주산(瀛洲山)을 말한다.

294 목란선(木蘭船) : 결이 곱고 향기 좋은 목란나무로 만든 작은 배로, 흔히 조각배의 미칭으로 쓰인다. 전의되어 멋스럽고 풍치 있는 뱃놀이를 뜻한다.

백설봉[295]에서 짓다 남가자[296]

白雪峯作 南柯子

언덕 비추는 모래 빛 희고	照岸沙光白
노을 밝히는 햇살 붉구나	明霞日脚紅
멀리 보니 푸른 바다가 긴 하늘에 닿았는데	遙看碧海侵長空
아득한 어느 곳에 삼신산 있는가	指點仙山何處杳茫中
호수는 삼경의 달빛 받아들이고	湖納三更月
누대는 만 리의 바람 맞이하네	臺迎萬里風
황홀하게 몸이 광한궁[297]에 있는 듯하여	恍疑身在廣寒宮
곧장 학 타고 홍몽으로 들고 싶어라[298]	直欲飄然騎鶴入鴻濛

295 백설봉(白雪峯) : 앞의 〈학호작(鶴湖作)〉 병서(幷序)에 보이는 모래 언덕이다.

296 남가자(南柯子) : 남쪽을 향하여 굽은 가지라는 뜻으로 시체(詩體) 가운데 하나인데, 흔히 고국이나 고향을 그리워하는 마음을 표현할 때 쓰는 말이다. 무명씨(無名氏)의 〈고시(古詩)〉에 "호지의 말은 북풍에 몸을 의지하고, 월지의 새는 남쪽 가지에 둥지를 짓네.〔胡馬依北風, 越鳥巢南枝.〕"라고 하였다. 《古詩紀 卷20》

297 광한궁(廣寒宮) : 달에 있다는 궁전으로, 항아(姮娥)가 거주한다고 한다.

298 곧장……싶어라 : 정신적인 자유를 누리고 싶다는 말이다. 홍몽(鴻濛)은 우주가 형성되기 이전부터 있어 온 천지의 원기, 혹은 그와 같은 혼돈 상태를 가리키는 말인데, 인간의 본성을 회복하여 외물에 구속되지 않는 이상적인 무애(无碍), 해탈(解脫)의 경지를 뜻하기도 한다.

원수대[299]에서 짓다 임강선[300]

元帥臺作 臨江仙

원수가 당시 이곳에 머물렀는데	元帥當年此駐節
지금은 높은 누대 자취만 남았네	秖今遺躅高臺
누대 앞 호수는 이끼보다 푸르고	臺前湖水綠於苔
백사장은 십리나 환하게 펼쳐져	白沙明十里
온통 흰 눈이 쌓인 듯하네	渾似雪成堆
지방 수령 한가한 틈을 내어	五馬使君偸暇日
한 동이 술 들고 좋은 벗과 함께 와	一樽佳友同來
석양 아래 다시 두세 잔 기울이노라[301]	斜陽更倒兩三杯
바닷가 하늘에 구름 아득한데	海天雲杳杳
어느 곳이 봉래산인가	何處是蓬萊

299 원수대(元帥臺) : 앞의 〈학호작(鶴湖作)〉 병서(幷序)에 보이는 누대이다.

300 임강선(臨江仙) : 본래 당(唐)나라의 교방곡(敎坊曲) 이름으로, 물의 신선을 많이 읊었기 때문에 붙여졌다. 임강선은 사체(詞體)가 다양한데, 여기서는 하주(賀鑄)의 쌍조(雙調) 60자(字)에 전단(前段)과 후단(後段)이 각각 5구(句), 3평운(平韻)의 형태를 따랐다. 《御定詞譜 卷10》

301 지방……기울이노라 : 오마사군(五馬使君)은 지방 수령을 뜻한다. 한(漢)나라 때 태수(太守)가 다섯 필의 말이 끄는 수레를 탔던 데에서 유래하였다. 송규렴은 1686년(숙종12) 안변 부사(安邊府使)에 임명되어 2월에 부임하였다. 아들 송상기(宋相琦)의 〈선부군 행장(先府君行狀)〉에 "안변은 바다와 산의 경치가 좋은 고을이었다. 공무를 처리하고 여가를 이용하여 고을의 선비들과 함께 좋은 경치를 찾아다니며 술과 시를 즐기셨다." 하였다.

벽라도[302]에서 짓다 억진아[303]

碧螺島作 憶秦娥

부상 주위에	扶桑邊
붉은 구름이 삼신산[304] 꼭대기 감싸네	紅雲擁護三山巓
삼신산 꼭대기에	三山巓
비경[305]과 농옥[306]이 떠난 지 천년인데	飛瓊弄玉一去千年

302 벽라도(碧螺島) : 앞의 〈학호작(鶴湖作)〉 병서(幷序)에 보인다. 학호의 복판에서 조금 남쪽에 있는 섬이다.

303 억진아(憶秦娥) : 이러한 형식의 사곡(詞曲)은 이백(李白)에서 시작되어 다양한 형태를 띠게 되었는데, 여기서는 이백의 〈억진아〉라는 곡(曲)의 형태를 따랐다. 쌍조(雙調) 46자(字)에 전단(前段)과 후단(後段)이 각각 5구(句), 3측운(仄韻)에 1첩운(疊韻)의 형태를 띠고 있다. 《御定詞譜 卷5》

304 삼신산(三神山) : 삼산(三山)은 봉래산(蓬萊山)·방장산(方丈山)·영주산(瀛州山) 등 삼신산을 말한다.

305 비경(飛瓊) : 전설 속의 선녀(仙女) 허비경(許飛瓊)을 가리킨다. 신선인 서왕모(西王母)가 한 무제(漢武帝)와 연회를 함께 할 때, 시녀(侍女)인 허비경에게 진령(震靈)의 피리 음악을 연주하게 하였다고 한다. 《漢武帝內傳》 당(唐)나라 허혼(許渾)이 꿈에 요대(瑤臺)에 올라가 선녀 3백 인과 노닐 때, 허비경의 부탁을 받고 "새벽의 요대에 이슬 기운 청량한데, 좌석에 오직 허비경만 보이더라. 아직 속진 남아 속세의 인연 못 벗은 몸, 하산하는 십 리 길 달빛만 환하더라.〔曉入瑤臺露氣淸, 坐中唯有許飛瓊, 塵心未盡俗緣在, 十里下山空月明.〕"라는 시를 지었다고 한다. 《太平御覽 卷70 引用註》

306 농옥(弄玉) : 진 목공(秦穆公)의 딸로, 당시 퉁소의 명인 소사(蕭史)를 좋아하여 목공이 결국 그에게 시집보냈는데, 농옥이 소사에게 퉁소를 배워 두 사람이 함께 퉁소를 불면 봉황(鳳凰)이 내려왔다고 한다. 부부는 봉대(鳳臺)를 짓고 살다가 함께 봉황을 따라 신선이 되었다고 한다. 《列仙傳 卷上 蕭史》

파랑새[307] 언제나 소식 전하려나 青鳥何時消息傳

서글피 바라보며 시름겹게 저물녘 하늘가에 섰노라 悵望愁倚斜陽天

저물녘 하늘 斜陽天

공중에서 생학[308] 소리 은은하게 들리는 듯 怳聞空中笙鶴泠然

307 파랑새 : 청조(青鳥)는 선녀(仙女)인 서왕모(西王母)의 사자(使者)이다. 〈한무고사(漢武故事)〉에 "7월 7일에 갑자기 파랑새가 궁전 앞으로 날아와 앉자, 동방삭(東方朔)이 말하기를 '서왕모가 오려고 한다.' 했다. 잠시 후에 과연 서왕모가 오자, 두 파랑새가 서왕모를 양쪽 곁에서 모셨다."라고 하였다.

308 생학(笙鶴) : 신선이 타고 다니는 학을 이른다. 주(周)나라 영왕(靈王)의 태자인 왕자교(王子喬)가 학을 타고 젓대를 불며 노닐다가 하늘로 올라가 신선이 되었다고 한다. 《列仙傳》

석왕사[309] 승려 각흘에게 주다

贈釋王寺僧覺屹

이전부터 그대들의 불법 매우 의심스러웠으니	從來爾法最堪疑
지옥과 천당을 본 사람 누구인가	地獄天堂見者誰
큰 조화는 본래 다른 이치 없으니	大化本無他道理
꺼진 재가 어찌 다시 타오를까[310]	死灰寧有更燃時

309 석왕사(釋王寺) : 함경남도 안변군(安邊郡) 설봉산(雪峰山)에 있는 사찰이다. 휴정(休靜)의 〈설봉산석왕사기(雪峯山釋王寺記)〉에 따르면, 고려 말 무학대사(無學大師) 자초(自超)가 이 절 근처의 토굴에서 지내다가 태조 이성계(李成桂)의 꿈을 해석해 준 것을 인연으로, 태조에게 절을 크게 창건하도록 하였다고 한다.

310 꺼진……타오를까 : 불교의 윤회설(輪迴說)을 비판한 것이다. 만물이 죽고 사는 이치는 하나인데, 죽은 사람이 다시 태어난다는 주장은 이치에 맞지 않는다는 것이다.

영춘현[311]에서 단양군을 향해 배를 타고 강물을 내려오며 배 안에서 내키는 대로 읊다

自永春縣向丹陽郡 浮江而下 舟中漫吟

충청도 관찰사(忠淸道觀察使)로 있을 때[312] 지은 것이다.

온종일 강물 따라 가노라니	終日江行處
가을 산 그 풍경 아름답네	秋山面目奇
물고기와 용이 고각소리 맞이하고	魚龍迎鼓角
우거진 숲이 깃발을 호위하네	雲樹護旌旗
관찰사는 진실로 분수 밖의 일이라	玉節誠非分
산속의 삶 문득 떠오르네[313]	巖居却入思
못난 재주로 중책 맡았으니	不才叨重寄
무슨 수로 임금의 은혜에 보답할까	何術答恩私

311 영춘현(永春縣) : 충청북도 단양군 영춘면 일대의 옛 이름이다.

312 충청도……때 : 《숙종실록》 12년 5월 21일 기사에 "송규렴을 공홍도 관찰사(公洪道觀察使)로 삼았다."라는 기록이 있다. 공홍도는 지금의 충청도이다.

313 산속의……떠오르네 : 관직에서 물러나 고향으로 돌아가고 싶다는 말이다.

선달 그믐밤에

除夕

시름겨워 말없이 홀로 상심하나니　　愁來無語自傷情
오늘밤 해가 바뀌니 어찌 견디랴　　可耐今宵歲又更
천리에 감사 임무 중한 줄을 아는데[314]　　千里旬宣知任重
한 지방 진무함에 부족한 몸 부끄럽네　　一方彈壓愧身輕
시대 걱정에 백발은 올올이 짧아지고　　憂時白髮莖莖短
임금 그리는 정성은 구비마다 분명하네　　戀主丹心曲曲明
홀연 문밖에 들리는 푸닥거리[315] 북소리　　門外忽聞儺鼓動
문득 궁궐의 새벽 종소리인가 하노라　　却疑金闕曉鍾聲

314 천리에……아는데 : 관찰사의 임무를 무겁게 여긴다는 말이다. 순선(旬宣)은 널리 사방을 복종시켜 임금의 은덕(恩德)이 두루 미치게 하는 것으로, 여기서는 관찰사의 임무를 가리킨다. 《시경》〈강한(江漢)〉에 "임금이 소호에게 명하시어 와서 두루 하며 와서 베풀게 하시다.〔王命召虎, 來旬來宣.〕"라고 한 데서 유래하였다. 송규렴은 1686년(숙종12) 5월에 충청도 관찰사가 되었다. 《承政院日記 肅宗 12年 5月 21日》

315 푸닥거리 : 나(儺)는 나례(儺禮)로, 섣달 그믐날 궁중이나 민간에서 질병을 쫓고 잡귀를 몰아내기 위해 행해지던 의식이다. 대개 가면을 쓴 사람들이 일정한 도구를 들고 주문을 외우며 귀신을 쫓는 동작을 시연하였다.

답청일[316]에 흥을 달래다 정묘년(1687, 숙종13)

踏青日遣興 丁卯

봄 강 십 리에 맑은 물결 일렁이고	春江十里漾晴波
긴 둑에 꽃 피고 버들가지 처마에 스치네	花映長堤柳拂家
문득 지난해 갔던 선포[317] 길 생각하니	却憶去年仙浦路
해당화 피고 가랑비 올 때 백사장 거닐었지	海棠疏雨踏明沙

316 답청일(踏青日) : 음력 3월 3일 삼짇날을 답청일이라고 한다. 이날 남녀노소가 들에 나가 푸른 새싹을 밟으며 풍년을 기원하였다.

317 선포(仙浦) : 지금의 강원도 통천에 있는 학포(鶴浦)를 가리킨다. 송규렴은 1686년(숙종12) 안변 부사(安邊府使)에 임명되어 2월에 부임하였다.

낙화암[318]에서

落花巖

떨어진 꽃 물을 곳 없는데 落花問無處
긴 강물만 부질없이 흐른다 長江空自流
흥망의 자취 고국의 한을 느끼며 興亡故國恨
석양의 외로운 배에 기댔네 斜日倚孤舟

318 낙화암(落花巖) : 충청남도 부여군의 부소산에 있는 바위 이름이다.

동백정[319]에서 이상징의 운에 맞춰 짓다
冬柏亭 次李尙徵韻

십리 뻗은 백사장 눈서리처럼 빛나고	十里明沙耀雪霜
흰 갈매기 무수히 어량[320]에 모이네	白鷗無數集漁梁
눈에 들어오는 어떤 물건이 시의 소재 더하나	眼邊何物添詩料
부슬부슬 가랑비가 해당화 적시네	細雨霏霏濕海棠

319 동백정(冬柏亭) : 충청남도 서천군 서면에 있는 정자이다.

320 어량(漁梁) : 보통 조수 간만의 차가 큰 갯가나 오목하게 들어간 만(灣) 같은 곳에 물만 드나들 수 있도록 나무 장대를 촘촘하게 세워 물고기가 밀물을 타고 들어왔다가 썰물 때 빠져나가지 못하게 만드는 어살〔漁箭〕을 말한다.

벽에 붙은 두보의 시구 "오늘에야 악양루에 올랐네"[321]를 모방하여 짓다

以付壁杜詩今上岳陽樓擬題

누대는 동남쪽 굽어보며 웅장하고	樓壓東南壯
호수는 칠백 리에 걸쳐 드넓구나[322]	湖呑七百寬
흰 구름 떠있는 상강에 날 저물고	白雲湘水暮
붉게 단풍 든 초산은 차구나[323]	紅葉楚山寒
뛰어난 시구 천지에 남겼으니	傑句留天地

321 두보(杜甫)의……올랐네 : 두보(712~770)가 지은 〈등악양루(登岳陽樓)〉의 일부이다. 이 시는 두보가 말년에 난을 피해 이리저리 떠도는 생활을 하던 중 호남성(湖南省) 악양(岳陽)에 머물 때 지은 것으로 전문은 다음과 같다. "지난날 동정호에 대해 듣다가, 오늘에야 악양루에 올랐네. 오나라와 촉나라 동남으로 나뉘고, 하늘과 땅이 밤낮으로 동정호에 떠 있네. 친한 친구는 소식 하나 없고, 늙고 병든 나 외로운 배에 남아있네. 관산의 북쪽 중원 땅엔 아직도 전쟁이라, 난간에 기대서니 눈물이 흐르네.〔昔聞洞庭水, 今上岳陽樓. 吳楚東南坼, 乾坤日夜浮. 親朋無一字, 老病有孤舟. 戎馬關山北, 憑軒涕泗流.〕"《杜少陵集 卷22》

322 누대는……드넓구나 : 악양루에 올라 바라보는 동정호(洞庭湖)의 모습이다. 악양루는 호남성 악양현(岳陽縣)에 있는 누각으로, 이곳에서 동정호를 한눈에 내려다볼 수 있다.

323 흰……차구나 : 두보의 죽음을 애석해하며 지은 구절이다. 두보가 난리를 만나 뇌양에 우거(寓居)하고 있던 중 악묘(嶽廟)에 놀러간 일이 있었는데, 폭우가 내려 물이 불어나는 바람에 길이 막혀 여러 날을 굶었다. 이에 뇌양의 섭령(攝令)이 배를 타고 건너가 두보를 데려와서 쇠고기와 술을 대접하였는데 그날 저녁에 죽었다. 《舊唐書 卷190 文苑列傳 杜甫》 이곳이 옛 초(楚)나라 땅이었으므로 초산(楚山)이라 한 것이다.

높은 명성 두보와 한유 추앙하네[324]	高名仰杜韓
풍류는 선배들이 다 했으니	風流前輩盡
저물녘 홀로 난간에 기대노라	斜日獨憑欄

324 높은……추앙하네 : 두한(杜韓)은 두보(杜甫)와 한유(韓愈)의 병칭이다. 두보와 한유는 북송(北宋) 시대 이래 높이 추앙되었다. 북송의 소철(蘇轍)은 "당나라의 시로는 마땅히 한유와 두보를 따라야 하니, 한유의 시는 호방하고 두보의 시는 장엄하다.〔唐人詩當推韓杜, 韓詩豪, 杜詩雄.〕"라고 하였다.《歲寒堂詩話 卷上》

공북루에서 서경 유공의 시[325]에 차운하다

拱北樓 次西坰柳公韻

구름 닿은 흰 성가퀴 큰 강가에 있으니　連雲粉堞大江頭
뛰어난 풍광 호서 제일의 고을이지　形勝湖西第一州
성대의 관방 원래 오묘한 계책에서 나오고　聖代關防元妙算
상공의 지략으로 높은 누대 세웠네　相公規略是雄樓
계룡산 숲에서 차령[326]까지 희미하고　鷄龍樹色迷車嶺
백마강 안개 물결도 금강에 접해 있네　白馬煙波接錦流
임금 은혜 곳곳에 만족하니　便覺主恩隨處足
남으로 와서 또 이런 유람 즐기네　南來又得辦玆遊

공북루(拱北樓)는 유공(柳公)이 관찰사로 재임 중 창건하였다.[327]

325 공북루(拱北樓)에서……시 : 공북루는 충청남도 공주시 공산성의 북문이다. 서경(西坰) 유공(柳公)은 유근(柳根, 1549~1627)으로, 본관은 진주(晉州), 자는 회부(晦夫), 호는 서경, 시호는 문정(文靖)이다. 저서로 《서경집(西坰集)》이 있다. 유근의 운은 《서경집》 시집(詩集) 권2에 실린 〈공북루가 완성되어 마당에 공장을 불러 모아 술과 음식을 대접하였다. 술이 거나해지자 다투어 일어나 춤을 추었는데 이날 마침 비가 왔다〔拱北樓成 招工匠咸集于庭 饋之以酒 酒闌爭起舞 是日適有雨〕〉이다.

326 차령(車嶺) : 충청남도 공주시의 정안면 인풍리(仁豐里)와 천안시 광덕면 원덕리(院德里) 사이에 있는 고개이다.

327 공북루는……창건하였다 : 1602년(선조35) 당시 충청도 관찰사 유근이 공산성(公山城)을 수축하고, 공북루와 진남문(鎭南門)을 세웠다. 그리고 이듬해 충주에 있던 충청 감영을 이곳으로 옮겼다.

회천에서 감영으로 돌아올 때 마포에 이르러 말에서 내려 배를 타고 물 가운데로 내려왔다[328]

自懷川還營 到馬浦 捨馬登舟 中流而下

십 리 맑은 강물 잔잔하게 흘러	十里澄江正穩流
석양에 돌아가는 배 일부러 느릿느릿	夕陽歸棹故遲留
모래섬에서 마침 밝은 달 기다리다	汀洲會待生明月
닻줄 매고 공북루에 오르노라	繫纜仍登拱北樓

328 회천(懷川)에서……내려왔다 : 회천은 회덕(懷德)으로, 송규렴이 고향에서 공주 감영으로 돌아가는 과정을 말한 것이다. 마포(馬浦)는 현재의 세종특별자치시 부강면 노호리에 있는 지명이다. 경부선 매포역(梅浦驛)에 그 이름이 남아 있는데, 이 매포라는 지명은 말개가 한자로 마포가 되고, 마포가 다시 매포로 바뀌었다고 한다.

청풍 부사로 나가는 학사 김중화[329] 창협 를 전송하다
送金學士仲和 昌協 出宰淸風

맑고 깨끗한 청풍 고을	灑落淸風郡
온화한 홍문관 신하[330]	雍容玉署臣
이 강산은 원래 속세와 멀었고	江山元絶俗
이 사람의 문채는 절로 무리를 뛰어넘으니	文彩自超倫
땅은 아름다운 손님 맞을 줄 알고	地解迎佳客
하늘은 좋은 인연 맺어 주겠지	天應作勝因
한 쌍의 오리로 눈길 뚫고 가니	雙鳧衝雪去
행색에 정신 더 드러나네[331]	行色倍精神

329 김중화(金仲和) : 김창협(金昌協, 1651~1708)으로, 본관은 안동(安東), 자는 중화, 호는 농암(農巖)·삼주(三洲)이다. 김창흡(金昌翕)이 쓴 묘지명에 "이징명(李徵明)이 후궁(後宮)의 일을 말하자, 임금이 도에 지나칠 정도로 매우 노하였으므로 상소를 올려 경계의 말씀을 드렸다.……이로 인해 내직(內職)에 있는 것이 불안하여 청풍 부사로 나갔다." 하였다. 《三淵集 卷27 仲氏農巖先生墓誌銘 幷序》

330 홍문관(弘文館) 신하 : 옥서(玉署)는 홍문관을 가리킨다. 김창협은 홍문관 수찬(修撰)을 거쳐 교리(校理)를 지냈고, 청풍 부사로 내려가기 전에는 성균관 대사성(成均館大司成)으로 있었다.

331 한 쌍의……드러나네 : 눈길을 뚫고 부임하는 모습에서 김창협의 진면모가 더욱 드러난다는 말이다. 쌍부(雙鳧)는 한 쌍의 오리로, 지방관을 비유한다. 후한(後漢)의 왕교(王喬)가 섭 현령(葉縣令)으로 있을 때, 매월 삭망(朔望)이면 수레도 타지 않고 와서 조회에 참석하였다. 그것을 괴이하게 여긴 임금이 내막을 알아보게 하니, 그가 올 때마다 오리 두 마리가 동남쪽에서 날아왔다. 그물을 쳐서 그 오리를 잡아 놓고 보니, 바로 왕교의 신이더라는 고사가 전한다. 《後漢書 卷82上 方術列傳 王喬》

판서 이이중[332] 만사 무진년(1688, 숙종14)

李判書彝仲挽 戊辰

봉황은 원래 상서롭다 칭해지고	鸑鷟元稱瑞
천리마는 절로 무리에서 빼어나니	驊騮自出群
높이 날아 자부에 오르고	高翔登紫府
편히 걸어 청운을 밟았네[333]	平步躡青雲
어찌 당시에만 존중받았으랴	豈但爲時重
도리어 대를 이어 향기로웠지[334]	還能續世芬
화려한 명성 한 시대를 압도했고[335]	聲華傾一代

332 이이중(李彝仲) : 이민서(李敏敍, 1633~1688)로, 본관은 전주(全州), 자는 이중, 호는 서하(西河), 시호는 문간(文簡)이다. 세종대왕과 신빈 김씨 사이에서 태어난 밀성군(密城君) 이침(李琛)의 후손이다. 저서로 《서하집(西河集)》이 있다. 《睡谷集 卷14 西河李公諡狀》

333 봉황은……밟았네 : 이민서가 왕실의 후손으로서 월등히 뛰어나 순조롭게 높은 벼슬에 올랐다는 말이다. 악족(鸑鷟)은 왕업(王業)을 이루게 될 때 나타난다는 봉황새의 일종이다. 이민서가 왕실의 후손이기에 이렇게 말하였다. 《국어(國語)》 〈주어 상(周語上)〉에 "주나라가 흥할 때에 악족이 기산에서 울었다.〔周之興也, 鸑鷟鳴於岐山.〕"라고 하였다. 화류(驊騮)는 주 목왕(周穆王)의 팔준마(八駿馬) 중 하나로, 천리마를 뜻한다. 자부(紫府)는 신선이 사는 하늘의 궁전인데, 여기서는 임금이 있는 왕궁을 가리킨다.

334 어찌……향기로웠지 : 이민서가 당시의 막중한 임무를 잘 완수하였을 뿐만 아니라 훌륭한 가문을 잘 계승하였다는 말이다. 이민서의 부친 이경여(李敬輿)는 영의정, 이민서는 이조 판서, 아들 이건명(李健命)은 좌의정으로 대대로 요직을 맡았다.

335 화려한……압도했고 : 이민서의 문장력이 뛰어났다는 말이다. 성화(聲華)는 문

훌륭한 의론 제군들 가운데 으뜸이었지　　名論冠諸君
이조에서는 판서 자리 마땅했고　　銓席宜居首
사원에서는 대제학이 적합했네[336]　　詞垣愜主文
머지않아 정승 되길 기대했는데　　佇看調鼎鼐
풍진세상 싫어할 줄 뉘 알았으랴[337]　　誰料厭塵氛
조정은 아름다운 옥 잃어 놀라고　　廊廟驚璵隕
유림은 혜초가 타버림을 아파하네[338]　　儒林痛蕙焚
생각해보니 일찍이 외람되이 교제하여　　憶曾叨末契
오래도록 나머지 향기에 젖었다오　　久已襲餘薰

장가로서의 성대한 명성을 말한다. 두보의 시에 "화려한 명성은 웅건한 필치에 적당하고, 쇄락한 기풍으로 맑은 시문이 풍부했네.〔聲華當健筆, 灑落富淸製.〕"라고 하였다. 《杜少陵集 卷16 贈秘書監江夏李公邕》

336 이조(吏曹)에서는……적합했네 : 이조 판서와 대제학을 지낸 이민서의 벼슬이 그의 능력에 비추어 당연했다는 말이다. 전석(銓席)은 인재 전형(銓衡)을 맡은 이조를 가리킨다. 사원(詞垣)은 홍문관이나 예문관 등 문학하는 신하가 봉직하는 부서를 이르는데, 이는 문학하는 신하를 사신(詞臣)이라 칭하는 데에서 유래하였다. 대제학은 국가의 공식적인 글과 과거 시험을 관장하여 주문(主文)이라고 칭하였다.

337 머지않아……알았으랴 : 곧 정승의 지위에 오르리라 기대했는데, 뜻밖에 운명했다는 말이다. 정내(鼎鼐)는 정내조화(鼎鼐調和)와 같은 말로, 재상 등의 집정 대신을 이른다. 양념을 잘 섞어서 음식 맛을 좋게 하듯이 재상의 지위에서 나라를 이상적으로 잘 다스리는 것을 비유하는 말이다. 《서경》〈열명 하(說命下)〉에, 은 고종(殷高宗)이 재상 부열(傅說)에게 "만약 간을 맞춘 국을 만들거든 네가 소금과 매실이 되어야 한다.〔若作和羹, 爾惟鹽梅.〕"라고 부탁한 말이 나온다.

338 유림(儒林)은……아파하네 : 혜초(蕙草)는 난초과에 속하는 향초로 현인을 비유한다. 혜초가 타버렸다는 것은 곧 현인이 죽었다는 것이다. 혜초가 불에 타면 난초가 슬퍼한다〔蕙焚蘭悲〕고 하였듯이, 같은 유림으로서 벗의 죽음을 슬퍼한다는 말이다.

선동에서 즐겁게 어울리고	仙洞從遊樂
춘대에서 기쁘게 담소했지[339]	春臺笑語欣
시는 얼마나 주고받았나	詩篇幾唱和
의기 함께 은근하였지	意氣共慇懃
장수와 요절의 이치 하늘에 묻지 못하니	脩短天難問
이승과 저승으로 길이 문득 갈렸네	幽明路忽分
어찌 견디랴 만사 쓰는 자리에	那堪題挽處
늙은이의 눈물 하염없이 쏟아지네	老淚落紛紛

339 선동(仙洞)에서……담소했지 : 송규렴이 이민서와 함께 했던 일들을 추억한 것인데, 선동과 춘대(春臺)는 구체적으로 어디를 가리키는지 알 수 없으나 춘당대(春塘臺)인 듯하다.

승지 황군옥[340] 윤 만사
黃承旨君玉 玧 挽

취향과 지조 원래 훌륭한 선비였고	趣操元佳士
집안은 법도 있는 가문이지[341]	門闌是法家
여기에서 난초에 씨가 있음을 아나니	從知蘭有種
모두들 옥에 흠이 없다 하네	共說玉無瑕
덕에 비해 관직 오히려 부족했고	視德官猶絀
인에 비해 수명 길지 않았네[342]	論仁壽不遐
안타까워라 북당 위에	堪嗟北堂上
차가운 해 이미 서쪽으로 기울었네[343]	寒日已西斜

2

이 길 오래되었으니	此路從來舊

340 황군옥(黃君玉) : 황윤(黃玧, 1623~1688)으로 본관은 창원(昌原), 자는 군옥·집중(執中)이다. 《同春堂集 續集 卷12 門人錄》

341 집안은……가문이지 : 황윤의 아버지 황일호(黃一皓, 1588~1641)는 의주 부윤(義州府尹)으로 재직할 때 청(淸)나라 정보를 수집하다가 청나라의 병사에게 발각되어, 청나라 사신이 와서 임금과 백관이 보는 자리에서 목을 베었다. 그리고 그의 조부 추포(秋浦) 황신(黃愼, 1560~1617)은 율곡(栗谷) 이이(李珥)와 우계(牛溪) 성혼(成渾)의 문인이며 임진왜란에 많은 업적이 있었고 우의정에 추증되었다.

342 인(仁)에……않았네 : 《논어》 〈옹야(雍也)〉에 '지자는 낙천적이고 인자는 장수한다.〔知者樂, 仁者壽.〕"라고 하였다.

343 안타까워라……기울었네 : 황윤의 늙은 어머니가 살아 있었기에 이렇게 읊었다.

이 길 감을 면한 사람 누구인가	玆行免者誰
온전히 돌아가 이미 유감없으니	全歸旣無憾
길이 떠난들 다시 어찌 슬퍼하랴[344]	長逝復何悲
남쪽 고을에서 침상 나란히 하고 자던 밤과	南邑連床夜
서쪽 오두막에서 왕림해 주었던 때	西廬枉屧時
삼십 년의 지난 일 회상해 보니	回思卅年事
눈물이 턱에 가득 흐르네	有淚自盈頤

344 온전히……슬퍼하랴 : 황윤이 올곧게 살다가 운명한 것을 읊은 것이다. 《예기》 〈제의(祭義)〉에 "부모가 온전히 낳아 주셨으니, 자식이 온전하게 돌아가야만 효라고 할 것이다.〔父母全而生之, 子全而歸之, 可謂孝矣.〕"라고 하였다.

부질없이 짓다
漫題

달 밝으니 선경[345] 깨끗하고	月白瑤壇淨
얼음 맑으니 옥 같은 골짝 차갑구나	氷淸玉洞寒
남아는 모름지기 스스로를 아껴야 하니[346]	男兒要自好
이것으로 속마음 삼으리라	持此作心肝

2

너른 들녘에 외로운 봉우리 솟고	大野孤峯出
높은 하늘에 외로운 새 비껴 나네	長天獨鳥橫
남아는 모름지기 스스로 굳세어야 하니	男兒要自壯
이것을 평생 힘쓰리라	持此勉平生

345 선경(仙境) : 요단(瑤壇)은 아름다운 옥을 깎아 만든 누대라는 의미로, 흔히 신선이 사는 선경을 가리킨다.

346 스스로를 아껴야 하니 : 자기를 철저하게 관리함을 말한다. 자호(自好)는 《맹자》 〈만장 상(萬章上)〉에 "스스로 팔려가 군주를 현자로 만드는 것은 향당에 자기 지조를 아끼는 자들도 하지 않는다.〔自鬻以成其君, 鄕黨自好者, 不爲.〕" 하였는데, 그 주(注)에 "자호는 그 몸을 스스로 아끼는 사람이다.〔自好, 自愛其身之人也.〕"라고 하였다.

장렬왕후[347] 만사
莊烈王后挽

사록에 상서로움 나타나던 날[348]	沙麓呈祥日
배다리로 맞이하던 길한 해[349]	舟梁叶吉年
아름다운 덕[350] 임금의 짝으로 마땅하고	徽音宜配極

347 장렬왕후(莊烈王后) : 1624~1688. 인조(仁祖)의 계비(繼妃)로, 한원부원군(漢原府院君) 조창원(趙昌遠)의 딸이다. 1638년(인조16) 왕비로 책봉되어 효종의 잠저인 의동 본궁(義洞本宮)에서 가례를 올렸다. 1649년 인조가 죽자 대비가 되었고, 1651년(효종2) 자의(慈懿)의 존호를 받았다. 1659년 효종이 죽자 대왕대비가 되었다. 이때 그녀가 입어야 할 복상(服喪) 문제가 정치적 쟁점이 되었다. 결국 당시 집권파인 서인이 주장한 기년설(朞年說)을 따랐다. 시호는 자의공신휘헌강인정숙온혜장렬왕후(慈懿恭愼徽獻康仁貞肅溫惠莊烈王后)이다. 능호는 휘릉(徽陵)으로, 경기도 구리시 인창동에 있다.

348 사록(沙麓)에……날 : 장렬왕후가 탄생할 때를 읊었다. 사록은 후비(后妃)의 탄생을 비유하는 말이다. 춘추 시대에 하북성(河北省) 대명현(大名縣) 동쪽에 있는 사록이 무너지자, 진(晉)나라 사관(史官)이 점쳐 보고, 645년 뒤에 성녀(聖女)가 탄생할 것이라고 예언하였다. 그 뒤에 한 원제(漢元帝)의 왕 황후(王皇后)가 태어나 그 점괘에 응했다는 고사에서 유래하였다. 《漢書 卷98 元后傳》

349 배다리로……해 : 장렬왕후가 인조의 계비가 될 때를 읊었다. 주량(舟梁)은 제왕이 후비를 친영(親迎)하는 일을 뜻한다. 배 위에 널빤지를 더하여 연결해서 통행할 수 있도록 만든 것으로 교량 역할을 하는 시설인데, 주나라 문왕(文王)이 태사(太姒)를 맞아 친영할 때에 이것을 사용했던 것에서 비롯되었다. 《시경》 〈대명(大明)〉에 "큰 나라에서 따님을 두셨으니, 하늘에 비길 만한 여인이로다. 예로 길함을 정하시고, 위수에서 친영하사, 배를 만들어 다리를 놓으시니, 그 광채가 드러나지 아니할까.〔大邦有子, 俔天之妹, 文定厥祥, 親迎于渭, 造舟爲梁, 不顯其光.〕"라고 하였다.

350 아름다운 덕 : 휘음(徽音)은 후비(后妃)의 아름다운 덕을 표현할 때 쓰는 말이다.

땅의 법도 하늘을 받들기에 합당했지[351] 坤則合承乾
모두 주비[352]의 성덕이라 우러르니 共仰周妃聖
어찌 한후[353]의 현명함을 따지랴 寧論漢后賢
육궁에서 흡족한 은혜 노래하고[354] 六宮歌惠洽
여러 친속에겐 치우친 은혜 없었네 諸戚絶恩偏
아름다운 범절 천고에 뛰어나고 懿範超千古
깊은 사랑 팔방에 두루 미쳤지 深仁浹八埏
비녀를 벗는 규간[355] 몇 번이나 올렸던가 脫簪規幾進

《시경》〈사제(思齊)〉에 "태사께서 태임의 아름다운 명성을 이으셨다.〔太姒嗣徽音〕"라고 하였다.

351 땅의……합당했지 : 장렬왕후가 임금의 배필로 적합하다는 말이다. 곤칙(坤則)은 왕비로서의 법도를 뜻한다. 안연지(顔延之)의 〈송문황제원황후애책문(宋文皇帝元皇后哀冊文)〉에 "곤도는 순성하였고 성헌의 빛으로 윤식하였다.〔坤則順成, 星軒潤飾.〕"라고 하였다. 《文選 卷58》

352 주비(周妃) : 문왕(文王)의 부인인 태사씨(太姒氏)를 말한다. 태사씨는 성녀(聖女)의 자질이 있어 문왕과 결혼하자 주나라가 크게 부흥했다고 한다. 《시경》〈관저(關雎)〉는 문왕과 후비의 훌륭한 덕을 읊은 시로, 부부간 금슬이 좋아 그 교화가 백성에게 미친 것을 찬미하였다.

353 한후(漢后) : 후한 명제(後漢明帝)의 후비 마 황후(馬皇后)를 가리킨다. 일찍이 황태후가 이르기를 "마 귀인(馬貴人)은 덕이 후궁에서 으뜸이다." 하고, 그를 황후로 책립하였다. 그는 특히 《춘추》와 《초사(楚辭)》를 읽기 좋아하였고, 겸소하기로 더욱 명성이 높았다. 《後漢書 卷10 明德馬皇后紀》

354 육궁(六宮)에서……노래하고 : 장렬왕후가 후궁들과 화목하게 지냈다는 말이다. 육궁은 황후의 궁전과 부인 이하의 다섯 궁실을 합하여 이른 말이다. 《주례(周禮)》에 "황후는 정침(正寢)이 하나 연침(燕寢)이 다섯으로 모두 여섯 개의 궁인데, 부인 이하가 연침에 나뉘어 거처한다."라고 하였다. 《周禮 天官》

355 비녀를 벗는 규간(規諫) : 탈잠규(脫簪規)는 비녀를 벗어 규간한다는 뜻으로,

검을 안은 고통 잇따라 겪었네[356] 攀劍痛仍纏
장락으로 칭호가 높아졌는데 長樂隆名號
겸허한 마음으로 성실함 보전했네[357] 沖心保塞淵
우러러 존경하여 법도에 흠이 없고 尊崇儀罔缺
겸손히 지내시니 덕이 더욱 단단했네 謙挹德彌堅
여러 자제들 은택에 젖었고 衆植涵慈澤
모든 백성들 어머니로 받들었지 群生戴母天

현숙한 부덕(婦德)을 뜻한다. 주(周)나라 선왕(宣王)이 일찍 자고 늦게 일어난 적이 있었는데, 강후(姜后)가 방을 나온 뒤 곧 비녀와 귀걸이를 벗고 궁중에 죄가 있는 궁녀를 유폐시키는 곳인 영항(永巷)에서 대죄(待罪)하면서, 그 부모(傅母)를 보내 왕에게 말을 전하기를 "첩이 못난 탓에 첩의 음심(淫心)이 나타나 군왕으로 하여금 예모(禮貌)를 잃고 늦게 조회하게 함으로써, 군왕이 여색을 좋아하고 덕을 잊고 있음을 드러낸 꼴이 되었습니다."라며 자책하였다. 이로 인해 선왕이 각성하고 정사에 힘씀으로써 중흥주(中興主)라는 이름을 얻게 되었다. 《列女傳 周宣姜后》

356 검을……겪었네 : 인조와 효종이 승하한 고통을 말한다. 장렬왕후는 1649년 인조가 죽자 대비가 되었고, 1659년 효종이 죽자 대왕대비가 되었다. 반검(攀劍)은 반염(攀髥)의 고사를 변용하였다. 반염은 수염을 잡아당긴다는 뜻으로, 황제(黃帝)가 형산(荊山)에서 정(鼎)을 주조한 뒤 용을 타고 하늘로 올라갈 때, 신하와 후궁 70여 명이 따라갔다. 용을 타지 못한 소신(小臣)들이 용의 수염을 잡고 늘어지자, 용의 수염이 빠지면서 황제의 활과 검(劍)이 함께 떨어졌다는 전설에서 나왔다. 남은 백성들은 그 활과 검, 용의 수염을 끌어안고 하늘을 우러르며 통곡하였다고 한다. 《史記 卷28 封禪書》

357 장락(長樂)으로……보전했네 : 장렬왕후가 대왕대비가 되어서도 성실한 마음을 간직했다는 말이다. 장락(長樂)은 한(漢)나라 태후(太后)가 거처했던 장락궁(長樂宮)의 준말로, 모후(母后), 또는 그 궁전을 이르는 말이다. 색연(塞淵)은 색연지곡(塞淵之曲)의 준말로, 마음가짐이 도탑고 성실함을 의미한다. 위(衛)나라 장강(莊姜)이 친정으로 돌아가는 첩 대규(戴嬀)의 심성을 묘사하여 "중씨가 미더우니 그 마음 진실하고 깊도다. 끝내 온순하고 또 순하여 그 몸을 잘 삼갔도다.〔仲氏任只, 其心塞淵. 終溫且惠, 淑愼其身.〕"라고 하였다. 《詩經 燕燕》

빛나는 칭호 원래 어긋나지 않았고　顯稱元不爽
숨은 교화 영원토록 허물이 없었네　陰敎永無愆
세 조정에서 극진한 예우 받았고　禮備三朝享
장수 축하하는 잔치에 봄빛 가득했네　春浮萬壽筵
기뻐 외치는 소리 나라 안에 가득하고　歡聲喧宇內
즐거워하는 기운 술동이에 넘쳤지　喜氣溢樽前
시선할 때 정성 더욱 돈독했고[358]　視膳誠逾篤
엿을 머금은 즐거움 더욱 온전했네[359]　含飴樂更全
거북의 나이 어찌 백 년뿐이랴　龜齡奚但百
학은 거의 천 년 넘게 장수하지[360]　鶴算庶踰千
달 모는 수레 안타깝게도 머물게 하지 못하는데　月馭嗟難駐
구름 타시는 것 어찌 돌릴 수 있으랴[361]　雲驂詎可旋

358 시선(視膳)할……돈독했고 : 인조가 운명하고 난 뒤에 효종과 현종이 성의를 다해 장렬왕후를 봉양했다는 말이다. 시선은 문침시선(問寢視膳)의 준말로, 세자가 왕과 왕비에게 문안을 드리는 일이다. 주 문왕(周文王)이 세자로 있을 적에 아침과 점심과 저녁 등 하루에 세 차례씩 아버지 왕계(王季)에게 문안을 올리고 수라를 살핀 데서 유래하였다. 《禮記 文王世子》

359 엿을……온전했네 : 장렬왕후가 늘그막에 대궐 안에서 손자들과 즐겁게 지냈다는 말이다. 함이(含飴)는 함이농손(含飴弄孫)의 줄임말로, 엿을 입에 물고 손자를 어른다는 뜻이다. 후한(後漢) 마황후(馬皇后)가 "나는 다만 마땅히 엿을 물고서 손주 재롱이나 볼 것이요, 다시는 정사에 관여하지 않을 것이다.〔吾但當含飴弄孫, 不能復關政矣.〕"라고 했다는 고사가 전한다. 《後漢書 卷10 皇后紀 明德馬皇后》

360 거북의……장수하지 : 장렬왕후의 덕이 거북과 학처럼 장수하기에 부족함이 없었다는 비유이다.

361 달……있으랴 : 세월이 흘러 장렬왕후가 죽게 되었다는 말이다. 월어(月馭)는 월어(月御)라고도 하는데, 고대 신화에서 달의 수레를 몰고 가는 신을 말한다. 보통

장수를 기원하는 곳에서　　誰言祝陵地
갑자기 운명한 신선을 곡한다 누가 말했나[362]　　遽哭陟方仙
쓸쓸히 왕후의 처소[363] 문은 닫히고　　寂莫椒闈閉
처량히 휘장[364]만 매달렸네　　凄涼繐帳懸
차가운 연기가 옛 궁전 뒤덮고　　寒煙埋古殿
언 눈이 새 무덤에 날리네　　凍雪灑新阡
효성스러운 임금 그 슬픔이 바다와 같고　　聖孝悲如海
슬퍼하는 신하 그 애통함이 황천까지 미치네　　臣情慟徹泉
만사 지어 절하는 곳에서　　那堪拜挽處
슬픈 눈물만 흐릅니다　　哀淚落漣漣

임금은 태양에, 왕비는 달에 비유한다. 운참(雲驂)은 흘러가는 구름을 탄다는 말인데, 달과 구름을 타고 하늘나라로 간다는 뜻이다.

362 장수(長壽)를……말했나 : 장수를 누릴 줄 알았던 장렬왕후가 갑자기 운명할 줄을 예상하지 못했다는 말이다. 축릉(祝陵)은 장수를 기원하는 것이다. 《시경》 〈천보(天保)〉에 "산과 같고 언덕과 같으며, 산마루와 같고 구릉과 같다.〔如山如阜, 如岡如陵.〕"라고 하였다. 척방(陟方)은 《서경》 〈순전(舜典)〉에 "순이 태어난 지 30년에 부름을 받아 등용되시고, 30년에 제위에 올라 50년 만에 승하하셨다.〔舜生三十, 徵庸, 三十, 在位, 五十載, 陟方乃死.〕"라고 한 데서 유래한 말로, 본래는 임금이 운명함을 말하는데, 여기서는 장렬왕후의 죽음을 의미하는 말로 사용되었다.

363 왕후의 처소 : 초위(椒闈)는 왕후의 처소를 뜻한다. 산초 기름을 칠하였으므로 초전(椒殿), 초금(椒禁), 초위(椒闈) 또는 초각(椒閣) 등으로 불린다. 여기서는 장렬왕후의 처소를 말한다.

364 휘장 : 세장(繐帳)은 가늘고 설핀 삼베로 만들어 죽은 이의 영전 앞에 치는 장막, 또는 천으로 만든 장막을 두루 이르는 말이다. 육기(陸機)의 〈조위무제문(弔魏武帝文)〉에 "우리 첩여 기인들이 모두 동작대를 만들고, 대 위에 8척 상과 세장을 베풀었다.〔吾婕妤妓人, 皆著銅爵臺, 於臺堂上, 施八尺牀繐帳.〕"라고 하였다. 《文選 卷60》

금강을 지나며 기사년(1689, 숙종15)

過錦江 己巳

봄바람에 꽃다운 풀 무성하고	東風芳草綠萋萋
꽃 핀 강성에 버들이 나부끼네	花映江城柳拂堤
나그네는 춘흥의 괴로움 견디지 못하는데	征客不堪春興惱
석양이 쓸쓸하게 누각 서쪽으로 기우네	夕陽惆悵小樓西

한가히 지내며 즉흥적으로 짓다

閒居卽事

머리털 다 빠지고 눈은 침침한데	顚毛禿盡眼昏花
다행히 늘그막에 옛 집으로 돌아왔네[365]	猶幸殘年返故窩
임금의 은혜 갚지 못했는데 몸은 이미 늙었고	未報主恩身已老
작은 힘이나마 바치려 해도 병이 되레 많네	欲陳孱力病還多
길게 도잠의 〈귀거래사〉를 읊고	長吟彭澤歸田賦
소옹의 〈격양가〉를 잇고자 하네[366]	擬續堯夫擊壤歌
다행히 만년의 계획 함께할 국화 있어	賴有菊君同晩計
마침 서리 뒤에 핀 차가운 봉오리를 보노라	會看霜後發寒葩

365 다행히……돌아왔네 : 1689년(숙종15) 기사환국(己巳換局)으로 송시열과 김수항이 죽고 많은 서인들이 제거되었으나 송규렴은 무사하였다. 인현왕후가 폐위되자, 고향으로 돌아온 뒤 벼슬하지 않았다. 《玉吾齋集 卷15 先府君行狀》

366 길게……하네 : 초야에 은둔하여 자족하는 삶을 살겠다는 표현이다. 팽택(彭澤)은 팽택 현령을 지낸 도잠을 가리킨다. 도잠은 상관의 순시 때에 출영(出迎)을 거절하고 "나는 5두미(五斗米)를 위하여 향리의 소인(小人)에게 허리를 굽힐 수 없다."라며 귀향하여 전원생활을 했다고 한다. 요부(堯夫)는 송나라 소옹(邵雍, 1011~1077)의 자인데, 보통 시호인 강절(康節)을 따라 소강절이라고 한다. 〈격양가(擊壤歌)〉는 그의 《이천격양집(伊川擊壤集)》에 실린 시를 말한다.

고향에 돌아온 뒤에 소장을 올려 겸하고 있는 두 직책을 그만두게 해달라고 요청했는데,[367] 따뜻한 비답으로 윤허해 주시니 감격스러운 마음을 이기지 못하여 앞의 운자를 써서 짓다

還鄕後 上章乞解兼帶兩任 伏蒙溫批允許 不勝感戴之忱 用前韻

소장 올려 해직 청함은 다른 의도 아니고	封章陳乞意非他
다만 벼슬 그만두고 집에 눕고 싶을 뿐이었지	只要休官臥弊窩
외람되이 분수 넘었으니 신하의 죄 큰데	猥越自知臣罪大
너그럽게 용납하시니 임금의 은혜 많아라	優容還覺聖恩多
부질없이 분골쇄신하는 계책 가졌다가	空懷粉骨糜身計
밭 갈고 우물 파는 노래[368]나 지어 보려네	擬作耕田鑿井歌
이제부터 다시는 벼슬하는 일 없으리니	從此更無簪笏累
갈건[369] 쓰고 단정히 앉아 뜨락의 꽃이나 구경하리	葛巾端坐玩庭葩

367 소장을……요청했는데 : 송규렴은 귀향한 뒤 한 달쯤 지나 병이 좀 낫자, 상소하여 겸임하고 있던 승문원과 사재감의 제조(提調)에서 고체해 줄 것을 요청하였다. 《玉吾齋集 卷15 先府君行狀》

368 밭……노래 : 경전착정가(耕田鑿井歌)는 요(堯) 임금 때 어느 노인이 지었다는 〈격양가(擊壤歌)〉를 말하는데, 그 노래에 "해가 뜨면 일하고 해가 지면 쉬고, 우물 파서 마시고 밭을 갈아 먹으니, 임금의 덕이 내게 무슨 소용이 있으랴.〔日出而作, 日入而息, 鑿井而飮, 耕田而食, 帝力于我何有哉.〕"라고 하였다.

369 갈건(葛巾) : 칡으로 만든 두건으로 은자의 복식을 대표한다. 도잠이 술이 익을 때가 되면 갈건으로 술을 거르고 나서 다시 머리에 썼다는 고사가 전한다. 《宋書 卷93 隱逸列傳 陶潛》

적기[370]편 학슬체[371]

赤氣篇 鶴膝體

기사년 신미월	歲在黃蛇月白羊
계유일 정묘시[372]	日値黑鷄時赤龍
정읍 땅[373]에 근심어린 구름 짙더니	水風之邑愁雲重
휘황한 기운 있으니 무슨 기운인가	有氣煌煌是何氣
지붕 뚫고 하늘로 솟구쳐 빛이 만 길인데	透屋沖天光萬丈
빛이 어지러이 일어 묘사하기 어렵네	熻爍眩欻難爲狀

370 적기(赤氣) : 붉은 구름이라는 뜻으로, 전쟁과 기근, 또는 전쟁으로 인한 재난을 암시한다. 《주례(周禮)》 〈보장씨(保章氏)〉에 "다섯 가지 구름의 색으로 길흉・홍수와 가뭄・풍흉의 조짐을 분별한다.〔以五雲之物, 辨吉凶水旱豐衰之祲象.〕" 하였는데, 정현(鄭玄)의 주에 "춘분・추분과 하지・동지에 구름을 관찰하는데……붉은빛이면 전쟁과 기근이 든다.〔二分二至, 觀雲氣……赤爲兵荒.〕" 하였다.

371 학슬체(鶴膝體) : 학슬은 학의 무릎처럼 툭 튀어 나온 형상을 가리키는 말인데, 시의 창작에서 평측법을 제대로 지키지 않아 측성이 여러 글자 모여 갑자기 성조가 높아지는 부분을 말한다. 반대로 평성자가 겹쳐 성조가 낮아지는 부분은 벌의 허리처럼 가늘다 하여 봉요(蜂腰)라 한다.

372 기사년(己巳年)……정묘시(丁卯時) : 황사(黃蛇)・백양(白羊)・흑계(黑鷄)・적룡(赤龍)은 육갑(六甲)의 이칭으로, 각각 기사(己巳)・신미(辛未)・계유(癸酉)・정묘(丁卯)를 말한다. 이 해에 기사환국(己巳換局)이 일어나 김수항(金壽恒)과 송시열(宋時烈)이 사사(賜死)되고 남인이 집권하는 정치적 변혁이 있었다. 송시열이 정읍에서 사약을 받고 죽음을 맞이한 1689년 6월 8일과 일치한다.

373 정읍(井邑) 땅 : 수풍(水風)은 《주역》의 정괘(井卦)를 의미한다. 따라서 수풍지읍(水風之邑)은 정읍을 가리킨다.

금세 칠 척의 몸을 이루는데	須臾幻得七尺軀
넓은 입과 큰 눈썹 그리고 넓은 이마에	闊口大眉仍廣顙
신채가 선명하고 기골이 장대하네	神彩彪彪風骨壯
곧장 하늘 문에 이르러 문지기를 불러	直造天門叫閽卒
바라노니 내 말 전해 옥황상제 뵙고	願得傳言朝玉皇
평소의 심정 한 번 토로하게 해달라 하네	令我一吐平生腸
옥황상제가 듣고 들게 하라 허락하고	玉皇聞之許延入
가까이 향안[374] 옆으로 오게 하더니	使之密邇香案傍
차근차근 자세하게 말하라 하시네	更教陳說徐而詳
상제의 은혜에 감격하여 머리 조아리더니	感激皇恩拜稽首
뒤로 물러나 머뭇거리며 감당 못하고	退步逡巡不敢當
다만 원통한 두 줄기 눈물만 줄줄 흐르네	唯有怨淚雙滂滂
상제께서 보고 슬픈 얼굴빛을 하며	玉皇見之色慘然
그 마음속에 무한한 원통함 있는 줄 아시고	知有中心無限冤
거듭 위로하고 타이르니 어찌나 온화하신지	反覆慰諭何溫溫
이에 비로소 옷자락 걷고 달려가	於是始乃攝衣趨
앞에 나아가 엎드려 눈물 거두고 말하려는데	進伏于前收涕言
오열 참느라 오히려 말이 나오지 않네	抑塞嗚咽聲猶呑
신은 본래 조선의 선비로	臣本東韓下土士
마침 훌륭한 임금이 다스리는 때에 태어나	生世適逢明聖主
천고에 없는 특별한 예우와 영광 누렸지요	異禮殊榮曠千古

374 향안(香案) : 조회(朝會)하는 날 전상(殿上)에 설치해 놓는 향로나 향합을 올려 놓는 상의 일종이다. 여기서는 옥황상제의 옆을 말한다.

하지만 노둔한 자질로 재주와 능력 부족해	顧此駑姿材力薄
평생 보답하려 해도 안타깝게 방법이 없어	百年報答嗟無路
두터운 지우를 욕되게 하였으니 두려웠지요	虛辱隆知是所懼
보잘것없는 어리석은 생각 스스로 헤아리지 못하고	區區愚計不自量
함부로 세도를 제 책임으로 삼아	妄以世道爲己責
악을 물리치고 선을 권하느라[375] 노력했지요	激濁揚淸頗費力
만약 조금이라도 도움이 된다면	謂若絲毫有所補
오히려 이것으로 은혜에 보답할 수 있다 여겼으니	猶可以此爲稱塞
저 자신의 화복이야 아깝지 않았지요	一身禍福非所惜
마침내 원한이 세상에 넘치고	遂令仇怨溢于世
칼과 창으로 공격하지 않는 곳이 없어	劍戟刀槍無不有
손바닥 뒤집듯 외로운 뿌리 베어 버렸죠	劚去孤根如反手
자애롭게 덮어 주는 임금의 은혜 더없이 커	一人慈覆恩莫大
그 덕에 위태한 신세 조금 연장하고	賴此危蹤猶少延
머리 위에 특별히 어진 하늘 있었지만	頭上別有吾仁天
아아 열 개의 도끼 날마다 모여드니	噫噫十斧日交集
끝내 쓰러진들 무엇이 괴이하며	畢竟顚蹶何怪焉
꺾인 줄기와 시든 가지를 누가 가여워하리오	敗幹殘條誰復憐
이 한 몸의 죽음이야 말할 것도 없지만	身名大僇不須說

375 악을……권하느라 : 격탁양청(激濁揚淸)은 흐린 물을 쳐내고 맑은 물을 일게 한다는 뜻으로, 악을 물리치고 선을 권장함을 비유한다. 전국 시대 초(楚)나라 시교(尸佼)가 말하기를 "물은 네 가지 덕이 있으니……맑은 물을 일게 하고 흐린 물을 쳐내, 더러운 것을 씻어 버리는 것이 의이다.〔水有四德……揚淸激濁, 蕩去滓穢, 義也.〕"라고 하였다.《山堂肆考 卷22 水有四德》

애통하게도 이 붉은 마음 끝내 드러내지 못해	痛此赤心終莫暴
천년만년 지나도 눈을 감을 수 없습니다	千秋萬歲難瞑目
혹시라도 상제의 지극히 어진 은혜를 입어	倘蒙皇靈垂至仁
제 가슴 속 한 말이나 되는 피를 헤아려 주신다면	諒我胸中一斗血
아마도 슬픔과 원통함이 조금은 풀릴 것입니다	庶幾哀冤得少泄
상제께서 슬퍼하며 한참 있다가 답하기를	玉皇悽然良久答
네가 당한 일 진실로 참혹하고	爾之所遭誠憯酷
너의 충정 내가 이미 아노라	爾之衷情吾已燭
사람이 하늘 이기는 일 진실로 때가 있으니[376]	人而勝天固有時
예부터 이런 일 대단히 많아	古來此事何其多
나도 이 일에는 어찌할 수 없구나	我亦於此無如何
무릇 사람에게 죽고 사는 일이 대단히 크니	凡人死生亦大矣
이 몸이 어찌 천금의 보배일 뿐이랴	此身奚翅千金寶
재능 감추고 숨는 것도 스스로 방도가 있으니	韜晦沈藏自有道
네가 만약 철석같은 마음 조금만 고쳤다면	爾苟少改鐵石肝
약자가 어찌 원망하고 강자가 어찌 노여워하며	弱豈生嗔强豈怒
누가 너 때문에 그물을 펼쳤겠는가	誰肯爲爾張網罟
혀는 부드러워 상하지 않고	舌也柔故得不敝
이는 도리어 강해서 깨지니[377]	齒乃反以剛見虧

376 사람이……있으니 : 《사기(史記)》 권66 〈오자서열전(伍子胥列傳)〉에 "사람이 많으면 하늘을 이기기도 하지만, 하늘이 정하면 역시 사람을 이기는 법이다.〔人衆者勝天, 天定亦能破人.〕"라고 하였는데, 소식(蘇軾)이 이를 원용하여 "사람이 많으면 하늘을 이기고, 하늘이 정하면 또한 사람을 이긴다.〔人衆者勝天, 天定亦勝人.〕"라고 하였다. 《蘇東坡詩集 卷45 用前韻再和孫志擧》

사물의 이치 본래 이러하지	物理從來有如斯
이 때문에 지인[378]은 달관의 자세 보존하여	所以至人存達觀
지혜로우면서도 어리석은 척하며	每自含智若愚然
오직 모를 깎아 둥글게 하는 데 힘쓰지	惟務削方而爲圓
그렇지 않으면 누가 위기 면하랴	不然誰得免危機
만고의 도도한 세월에 이러한 이치 같았는데	萬古滔滔同一軌
오호라 불행한 자 어찌 너 뿐이랴	嗚呼不幸寧獨爾
상제의 말씀 듣고 깜짝 놀라 일어나 대답하기를	聞言若驚起而對
지극한 가르침 진실로 보신의 비결이지만	至教誠爲保身訣
그러나 저도 할 말이 있습니다	雖然臣亦有一說
향기로운 난초 불살라지면 냄새 더욱 맵고	芳蘭遇焫臭益烈
아름다운 박옥 베어지면 빛 더욱 깨끗하니	美璞見劉光逾潔
금세 사라지는 가을 매미 소리는 우습기만 합니다	可笑秋蟬響卽滅
바람이 풀에 불면 풀은 쓰러지지만	風驅衆草草爲靡

377 혀는……깨지니 : 《설원(說苑)》에 "상종이 병이 들자, 노자가 말하기를 '선생께서 병이 심하니 제자들에게 교훈이 될 만한 말씀이 없겠습니까?' 하였다. 상종이 입을 벌려 노자에게 보이면서 '혀가 남아 있느냐?' 하자, 노자가 '있습니다.' 하였다. 상종이 '남아 있는 것은 부드럽기 때문이 아니겠느냐. 이는 없지?' 하자, 노자가 '없습니다.' 하였다. 상종이 '강해서 그런 것이 아니겠느냐?' 하였다.〔常樅有疾, 老子曰先生疾甚, 無遺教語弟子乎. 常樅乃張其口示老子, 曰舌存乎. 曰存. 非以其軟耶, 齒亡乎. 曰亡. 豈非以剛耶.〕"라고 하였다. 《御定淵鑑類函 卷259》

378 지인(至人) : 일반적으로 덕이 높은 사람을 말한다. 《장자(莊子)》 〈소요유(逍遙遊)〉에 "지인은 아집이 없다.〔至人無己〕" 하였고, 《후한서(後漢書)》 권79 〈중장통 열전(仲長統列傳)〉에 "지인은 마음대로 변하고 달사는 세속에서 벗어난다.〔至人能變, 達士拔俗.〕"라고 하였다.

눈이 외로운 솔에 쌓여도 솔은 굽히지 않느니　　雪壓孤松松不屈
휘어지느니 차라리 꺾이지요　　與其撓也寧受折
요컨대 남아는 당당하게 서서　　男兒要自壯樹立
바른 도를 얻고 죽으면 그 뿐이니　　得正而斃斯已矣
백대의 공론을 제가 장차 기다리렵니다　　百世公論吾將俟

다시 비래사에서 노닐며 옛날 운자[379]를 써서 짓다 경오년(1690, 숙종16)

重遊飛來寺 用舊韻 庚午

쓸쓸히 구름이 숲을 덮고	寂寂雲沈樹
청량하게 시냇물이 누대 휘감네	泠泠水繞臺
바위에는 당시와 같이 폭포 흐르고	巖垂當日瀑
계곡에는 예년의 이끼 자라는데	谿長昔年苔
초나라 연못에 부질없이 패옥 버리고[380]	楚澤空捐佩
주나라 하늘에 천둥도 치지 않네[381]	周天不作雷
풍진세상에 무한히 많은 일 있는데	風塵無限事
흰머리로 홀로 돌아왔네	頭白獨歸來

379 비래사(飛來寺)에서……운자 : 비래사는 대전광역시 동구 비래동 계족산(鷄足山)에 있는 사찰이다. 송규렴이 여기에서 사용하고 있는 운자는 《제월당집》 권1의 〈동춘 선생을 모시고 비래동을 유람하다가 옥천 군수 김수창의 운에 맞춰 짓다〔陪同春函丈遊飛來洞 次沃川金使君壽昌韻〕〉의 운자와 같다.

380 초(楚)나라……버리고 : 송규렴이 관직을 그만두고 낙향했기에 한 말이다. 《초사(楚辭)》 〈상군(湘君)〉에 "나의 옥을 강에 버리고, 내가 차고 있던 장식을 예포에 버렸네.〔捐余玦兮江中, 遺余佩兮醴浦.〕"라고 하였다.

381 주(周)나라……않네 : 주나라 무왕(武王)이 죽은 뒤에 관숙(管叔)과 채숙(蔡叔)은 주공(周公)이 성왕(成王)에게 이롭지 못할 것이라는 유언비어를 퍼뜨려 주공이 2년 동안 동쪽으로 가 있었다. 가을에 곡식이 익어 수확하기 전에 천둥이 치며 큰바람이 불자, 나라 사람들이 모두 두려워하였다. 이에 성왕이 금등(金縢)을 열어 하늘의 변고를 점치려 하다가 우연히 주공이 무왕에게 올린 글을 얻어 주공의 충심이 밝혀졌다.《書經 金縢》 여기서는 송시열(宋時烈)의 죽음이 신원(伸冤)되지 않음을 안타깝게 여긴 것으로 보인다.

우연히 짓다 신미년(1691, 숙종17)

偶成 辛未

태평 시대에 나고 죽음 진실로 기이하니 太平生死儘爲奇
소옹은 일찍이 스스로 자랑하는 시 남겼지만[382] 邵老曾留自詑詩
만일 당시에 몇 년 더 살았다면 若使當時延數歲
안락한 죽음 기약하기 어려웠겠지 考終安樂亦難期

382 소옹(邵雍)은……남겼지만 : 소로(邵老)는 송(宋)나라의 소옹으로, 자는 요부(堯夫), 호는 안락와(安樂窩)·백원(百源), 시호는 강절(康節)이다. 소옹은 처음 낙양에 와서 비바람도 가리지 못할 정도로 누추한 집에 살면서도 그곳을 안락와라고 이름 짓고 안빈낙도의 삶을 즐겼다고 한다.《宋史 卷427 邵雍列傳》소옹이 스스로 자랑했다는 시는《격양집(擊壤集)》권19에 수록된〈병극음(病亟吟)〉을 가리키는 것으로 보인다. 그 시에 "태평시대에 태어나 태평시대에 성장하고, 태평시대에 늙어 태평시대에 죽노라. 손님이 나이 묻기에 예순일곱이라 하였네. 천지 사이를 부앙하며 호연하여 부끄러울 것 없도다.〔生於太平世, 長于太平世. 老于太平世, 死于太平世. 客問年幾何, 六十有七歲. 俯仰天地間, 浩然無所愧.〕"라고 하였다.

봄날 근교를 지나며

春日過近郊

병석에서 일어나 오늘 아침에야 문 나섰다가	病起今朝始出門
들에 가득한 봄기운에 문득 놀라네	忽驚春氣滿郊原
눈 녹은 옛 골짝에 물소리 거세지고	雪消古峽溪添響
얼음 풀린 긴 시내는 언덕에 흔적 사라졌네	冰泮長川岸失痕
한 줄기 푸른 연기에서 들불 놓은 줄 알겠고	一陣青煙知野燒
두어 집 누런 송아지에서 농촌인 줄 알겠노라	數家黃犢認田村
계절은 바로 남쪽 이랑 서둘러 갈 때라	天時正急耕南畝
뻐꾸기 우는 가운데 곡우 비가 캄캄하네[383]	布穀聲中穀雨昏

383 뻐꾸기……캄캄하네 : 늦게까지 농사일에 바쁜 모습을 읊은 것이다. 포곡(布穀)은 뻐꾸기의 별칭인데, 봄철에 우는 소리가 씨앗을 뿌려라〔布穀〕라고 하는 것 같다고 하여 붙여진 이름이다.

괴음이 〈절매〉와 〈반류〉 두 글을 지었기에 그 운자를 써서 화답하다

槐陰作折梅攀柳兩詞 用其韻和之

고산의 풍도 매화 향기에서 나왔으니[384] 孤山標格自天香
선명한 고운 꽃들 눈 덮인 산을 비추네 的皪瓊葩映雪岡
향기로운 꽃을 어디로 보내려는가 欲寄芳華何處是
미인은 아스라이 물 중앙에 있구나[385] 美人迢遞水中央

위는 〈절매(折梅)〉이다.

백 척의 부드러운 가지 푸른 시내 옆에서 百尺柔絲傍碧流
해마다 이별의 근심 얽히네[386] 年年長綰別離憂

384 고산(孤山)의……나왔으니 : 매화에서 송(宋)나라 임포(林逋)의 풍도를 느낄 수 있다는 말이다. 고산은 임포가 숨어 살던 서호(西湖)에 있는 산 이름인데, 여기서는 임포를 가리키는 말로 쓰였다. 임포는 장가도 들지 않고 자식도 없이 오직 매화와 학(鶴)을 기르며 살았으므로, 당시에 매처학자(梅妻鶴子)라고 불렸다. 《宋史 卷457 林逋列傳》《世說新語補 棲逸》

385 미인(美人)은……있구나 : 선명한 꽃에서 피어나는 매화 향기를 그리운 사람에게 보내고 싶지만 그렇게 하지 못하는 아쉬움을 표현하였다. 미인은 그리운 사람을 뜻한다. 물 중앙에 있다〔水中央〕는 말은 가까워도 이를 수 없음을 말한 것이다. 《시경》 〈겸가(蒹葭)〉에 "갈대가 푸르고 푸른데, 흰 이슬이 서리가 되었네. 이른바 저 분이 저 물가의 한쪽에 있도다. 물결을 거슬러 올라가 따르려 하나, 길이 막히고 또 길며, 물결을 따라 내려가 따르려 하나 완연히 물의 중앙에 있도다.〔蒹葭蒼蒼, 白露爲霜. 所謂伊人, 在水一方. 遡洄從之, 道阻且長. 遡游從之, 宛在水中央.〕"라고 하였다.

가지 잡고 슬퍼하며 누굴 한하나	攀枝惆悵爲誰恨
문득 호수에 뜬 원앙 부러워라	却羨鴛鴦湖裏浮

위는 〈반류(攀柳)〉이다.

386 백 척의……얽히네 : 한(漢)나라 사람들이 헤어질 때에는 장안(長安) 동쪽 패교(覇橋)에 와서 버들가지를 꺾어 작별 선물로 주었으므로, 이렇게 읊은 것이다.《三輔黃圖 橋》 백거이(白居易)의 시에 "도성 문 가까이 송별을 많이 하는지라, 긴 가지 모두 꺾여 봄바람이 줄었도다.〔爲近都門多送別, 長條折盡減春風.〕"라고 하였다.《白樂天詩集 卷19 青門柳》

여름날 즉흥적으로 읊다
夏日卽事

뜨거운 해 점점 한낮이 되어 가고	炎旭看看近午天
매미와 새들 울음소리 시끄럽네	鳴蟬啼鳥正喧然
해가 무성한 숲 위로 오르자 그늘이 베 짠 듯	日臨茂樹陰如織
바람이 성긴 대숲 스치자 거문고 울리는 듯	風拂疏篁韻欲絃
술을 마셔도 하삭음은 하지 말고	取醉不須河朔飮
시를 지어도 자장편은 짓지 말라[387]	題詩莫賦蔗漿篇
세상에 절로 맑고 시원한 곳 있으니	人間自有淸涼地
우거진 숲에 두어 칸 오두막도 훌륭하지	可是雲林屋數椽

387 술을……말라 : 더위를 식히려고 너무 인위적으로 애쓰지 말라는 말이다. 하삭음(河朔飮)은 무더운 여름철에 피서(避暑)한다는 명분으로 마련한 술자리를 말한다. 후한(後漢) 말에 유송(劉松)이 원소(袁紹)의 자제와 하삭(河朔)에서 삼복(三伏) 무렵에 술자리를 벌이고 밤낮으로 정신없이 마셔댄 고사에서 유래하였다. 《初學記 歲時部上 夏避暑飮》 자장편(蔗漿篇)은 자장에 관한 시를 말한다. 왕유(王維)의 〈어명으로 백관에게 앵도를 하사하다〔勅賜百官櫻桃詩〕〉에 "앵도를 많이 먹어 뱃속이 뜨거울까 걱정 말라. 대관에는 몸을 차게 하는 자장이 있으니.〔飽食不須愁內熱, 大官還有蔗漿寒.〕" 하였고, 북송(北宋) 전유연(錢惟演, 977～1034)의 시에 "자장은 태양열을 식혀 준다.〔蔗漿消日熱〕" 하였다. 《御定騈字類編 卷177 蔗漿》

상서 김우석[388] 만사

金尚書 禹錫 挽

당년에 시원에서 교분 맺은 뒤로[389]	當年試院托交期
백발의 깊은 정 늙어서도 쇠하지 않았지	白首深情老不衰
양쪽으로 헤어져 늘 소식 뜸하다 개탄했는데	兩地尙嗟消息闊
저승으로 가시니 어찌 사별의 슬픔 참으랴	九原那忍死生悲
감당나무 그늘에 쓸쓸히 묵은 자취 남았는데[390]	棠陰蕭瑟餘陳迹
경월은 처량히도 예전과 달랐네[391]	卿月凄涼異舊時

388 김우석(金禹錫) : 1625~1691. 본관은 상주(尙州), 자는 하경(夏卿), 호는 귀래당(歸來堂), 시호는 정목(貞穆)이다. 《藥泉集 第18 刑曹判書貞穆金公神道碑銘》

389 당년에……뒤로 : 송규렴은 1654년(효종5) 식년시(式年試)에 을과 4등으로 합격하였다. 김우석은 이때 전시(殿試) 감시관(監試官)으로 임명되었다. 《承政院日記 孝宗 5年 9月 23日》 이것으로 보아 두 사람은 이때부터 교분이 있었던 것으로 보인다.

390 감당나무……남았는데 : 김우석이 지방관으로 있으면서 선정(善政)을 베푼 공적이 남아 있다는 말이다. 당음(棠陰)은 감당나무 그늘이라는 말로, 주 무왕(周武王) 때 소공(召公)이 서백(西伯)으로서 정사를 베풀다가 감당나무 그늘 아래에서 휴식을 취했다는 고사에서 유래하여, 선정을 행하는 지방 장관을 형용하는 표현으로 쓰이게 되었다. 《詩經 甘棠》 김우석은 외직으로 황해・평안・경기의 도사(都事), 안동 부사(安東府使), 정주(定州)・홍주(洪州)・성주(星州)의 목사, 강원・황해・경기의 관찰사, 개성 유수(開城留守)를 역임하였다. 《藥泉集 第18 刑曹判書貞穆金公神道碑銘》

391 경월(卿月)은……달랐네 : 김우석이 중앙 관직에서 성주 목사(星州牧使)로 좌천된 것을 말한다. 경월은 재신(宰臣) 급의 고위 관료를 이르는 말로, 시대마다 지칭하는 바가 약간씩 다른데, 한(漢)나라 때에는 육조(六曹)의 상서(尙書)와 영(令)과 복야(僕射)를 지칭하였으며, 조선 시대에는 흔히 판서를 지칭하는 말로 쓰였다. 《서경》 〈홍범

뜰 안에 빼어난 난옥 남은 덕에[392] 賴有一庭蘭玉秀

가업이 길이 퇴색하지 않을 것을 알겠네[393] 佇看堂構永無隳

당시 변란이 있은 뒤에 공이 자급(資級)을 빼앗겼기 때문에[394] 제6구에서 언급하였다.

(洪範)〉에 "왕이 살필 것은 해이고, 경사는 달이고, 사윤은 날이다.〔王省惟歲, 卿士惟月, 師尹惟日.〕"라고 한 데에서 유래하였다. 이 구와 관련한 자세한 내용은 원주(原註)에 보인다.

392 뜰……덕에 : 훌륭한 자손들을 두었다는 말이다. 난옥(蘭玉)은 지란옥수(芝蘭玉樹)의 준말로, 남의 집안의 훌륭한 자제를 가리킨다. 사안(謝安)이 자질(子姪)들에게 "어찌하여 사람들은 자기 자제가 출중하기를 바라는가?"라고 묻자, 조카 사현(謝玄)이 "비유하자면 마치 지란과 옥수가 자기 집 뜰에 자라기를 바라는 것과 같습니다.〔譬如芝蘭玉樹, 欲使其生於階庭耳.〕"라고 대답하였다. 《晉書 卷79 謝安列傳》 김우석은 아들 셋을 두었는데, 차남이 충청도 관찰사, 삼남이 호조 좌랑을 지냈다. 《藥泉集 第18 刑曹判書貞穆金公神道碑銘》

393 가업이……알겠네 : 훌륭한 자손들이 가업을 계속 이어갈 것이라는 말이다. 당구(堂構)는 집터를 닦고 건물을 세운다는 말로, 선조의 유업(遺業)을 후손들이 계속 이어받아 발전시켜 나가는 것을 뜻한다. 《서경》 〈대고(大誥)〉의 "만일 아버지가 집을 지어 이미 법을 이루었거늘, 그 자식이 기꺼이 당의 터도 만들려 하지 않는데, 하물며 기꺼이 구축하겠는가.〔若考作室, 旣底法, 厥子乃弗肯堂, 矧肯構.〕"라고 하였다.

394 당시……때문에 : 1689년(숙종15) 8월에 당인(黨人)들이 경신년(1680)의 역옥(逆獄)을 뒤집어 보사 공신(保社功臣)을 파하자, 김우석은 규례에 따라 품계가 강등되고 곧바로 성주 목사(星州牧使)로 나갔다. 《藥泉集 第18 刑曹判書貞穆金公神道碑銘》

곡운 도인 김연지[395] 수증 에게 주다

贈谷雲道人金延之 壽增

풍진세상 온갖 일에 두 눈 시리지만 風塵萬事眼雙寒
백발에도 여전히 의기를 볼 수 있네 白首猶將意氣看
말없이 바라보며 서로 마주한 곳에 脈脈無言相對處
푸른 하늘 가을 달이 마음을 비추네 碧天秋月照心肝

395 김연지(金延之) : 김수증(金壽增, 1624~1701)으로, 본관은 안동(安東), 자는 연지, 호는 곡운(谷雲)이다. 청음(淸陰) 김상헌(金尙憲)의 손자이다. 1670년(현종1) 지금의 강원도 화천군 사내면 영당리에 농수정사(籠水精舍)를 지었는데, 1675년(숙종1)에 성천 부사로 있던 중에 동생 김수항(金壽恒)이 송시열(宋時烈)과 함께 유배되자 벼슬을 그만두고 농수정사로 돌아갔다. 이때 주희(朱熹)의 행적을 모방하여 그곳을 곡운이라 이름 지었다. 《三淵集 卷30 伯父谷雲先生墓表》

상서 김창주가 동춘 선생과 이별하며 남겨 준 시[396]를 차운하여 곡운 도인[397]을 전송하다

次滄洲金尙書留別同春先生韻 送谷雲道人

병신년(1656, 효종7) 봄에 김공이 동춘 선생을 방문했다가 이별할 때 절구 한 수를 남겼으니 "이별하며 흘리는 눈물 괴이하게 여기지 마오. 이때가 다시금 이별할 때가 아니라오. 풍진세상의 갈래 길 남북으로 혼미하니, 인간 세상 어느 곳에서 훗일을 기약할까."라는 내용이었다. 당시 공은 나이가 한창 젊고 높은 자리에서 활약할 때였는데, 시어가 이처럼 슬프고 어두웠다. 그해 겨울에 갑자기 병으로 별세하였으니, 이 시가 바로 그 조짐이었던 것이다. 오늘 우연히 곡운 도인과 이 일에 대하여 말하다가 마침내 그 시를 차운하여 이별하니, 애써 큰소리쳐서 그 뜻을 반대로 하였다.

갈림길에서 늙은이 눈물 흘리지 않아도 되지	臨岐老淚不須垂
헤어진들 어찌 다시 만날 날 없으랴	此別寧無再見時

396 상서(尙書)……시 : 김창주(金滄洲)는 김익희(金益熙, 1610~1656)로, 본관은 광산(光山), 자는 중문(仲文), 호는 창주이다. 병자호란(丙子胡亂) 때 척화를 주장하였다. 《滄洲遺稿 卷17 神道碑銘 幷序》 송규렴이 차운한 시는 《창주유고(滄洲遺稿)》 권7에 수록된 〈회천에서 송명보 초려 이태지 유태 송개 김유선 경여 등 여러 벗들과 이별하며〔懷川 別宋明甫及李草廬泰之惟泰金松厓由善慶餘諸友〕〉이다.

397 곡운 도인(谷雲道人) : 김수증(金壽增, 1624~1701)으로, 본관은 안동(安東), 자는 연지(延之), 호는 곡운(谷雲)이다. 《三淵集 卷30 伯父谷雲先生墓表》

예부터 남아는 의기를 중히 여기니　　從古男兒重意氣
자잘하게 어찌 앞날의 기약을 물으랴　　區區何用問前期

가을밤에 홀로 앉아 있다가 문득 옥루동의 오랜 친구[398]를 생각하다

秋夜獨坐 忽憶玉流洞舊伴

강호에서 삼 년 전 이별한 뒤로[399]	湖海三年別
풍진세상에서 한 번도 만나지 못했네	風塵一會難
풀 사이 벌레 소리 애달프고	草間蟲語苦
하늘 밖 기러기 울음 처량하네	天外雁聲寒
백발로 늙어감 참으로 애석한데	白髮眞堪惜
반가운 눈길[400] 다시 볼 수 없어라	靑眸不復看
서로 그리워하는 이 밤 한스러운데	相思此夜恨
변방 길 참으로 멀기도 하구나	關路正漫漫

398 옥류동(玉流洞)의 오랜 친구 : 옥류동은 김수항(金壽恒, 1629~1689)이 거처하던 인왕산(仁王山) 기슭의 골짜기이다. 김수항의 본관은 안동(安東), 자는 구지(久之), 호는 문곡(文谷)이다.《農巖集 卷25 先集跋》송규렴과 김수항은 처남 매부지간이었다.

399 강호(江湖)에서……뒤로 : 송규렴은 1689년(숙종15) 1월 전주(全州)로 태조 영정(影幀)을 모시고 갔다가 오는 길에 환국(換局) 소식을 듣고, 복명한 뒤에 사직하여 1694년 갑술환국이 일어날 때까지 두문불출하였다.

400 반가운 눈길 : 청모(靑眸)는 푸른 눈동자라는 뜻으로, 반가운 눈빛을 의미한다. 삼국 시대 진(晉)나라 완적(阮籍)이 고사(高士)를 만나면 청안(靑眼)으로 대하여 반가운 뜻을 드러냈고, 예속(禮俗)을 따지는 선비를 만나면 백안(白眼)으로 대하여 경멸하는 뜻을 보였던 데서 유래하였다.《晉書 卷49 阮籍列傳》

벽부정의 옛터에 올라

登碧浮亭古基

들판은 긴 시내를 띠어 드넓고	野帶長川闊
하늘은 늘어선 산과 함께 떠있네	天兼列岫浮
옛사람들 일찍이 여기서 쉬었으리니	昔人曾此憩
남긴 자취 지금까지 있구나	遺躅至今留
바람과 달은 천고에 변함없는데	風月元千古
강과 산은 다시 가을 맞이했네	江山又一秋
올라서자 의기 절로 씩씩해져	登臨意自壯
저녁 구름 속에 홀로 서 있노라	獨立暮雲頭

상국 여성제[401] 만사
呂相國 聖齊 挽

한결같은 절개로 세 조정에서 험한 일 겪었어도[402]	一節三朝歷險屯
맑은 구슬처럼 흠 없고 옥처럼 닳지 않았네	明珠無玷玉無磷
조정에서 평탄하게 높은 벼슬에 올랐는데	巖廊穩步靑雲地
영해에서 돌아오니 백발의 몸 되었구나[403]	嶺海旋歸白髮身
본래 누공처럼 성대한 덕 많았고[404]	自是婁公多盛德

401 여성제(呂聖齊) : 1625~1691. 본관은 함양(咸陽), 자는 희천(希天), 호는 운포(雲浦), 시호는 정혜(靖惠)이다. 1688년(숙종14)에 두 차례 우의정을 지내고, 1689년에 영의정이 되었다. 《藥泉集 第17 領議政靖惠呂公神道碑銘》

402 한결같은……겪었어도 : 세 조정은 효종, 현종, 숙종 대를 말한다. 여성제가 겪은 험난한 일을 구체적으로 열거할 수는 없지만, 남구만(南九萬)은 이에 대하여 "우레와 벼락이 치는 듯한 위협과 공격을 당하고 곤전(坤殿)의 강유(綱維)가 무너지는 때를 만나, 위험을 겪은 것이 열 걸음에 아홉 번 넘어질 뿐만이 아니었다."라고 하였다. 《藥泉集 第17 領議政靖惠呂公神道碑銘》

403 영해(嶺海)에서……되었구나 : 영해는 오령(五嶺)의 남쪽, 근해(近海)의 변지(邊地)로 중국의 대표적인 유배지였기 때문에, 일반적으로 유배지 또는 유배 생활을 뜻하는 말로 쓰인다. 여성제는 1688년(숙종14) 7월 영의정 남구만(南九萬)과 함께 동평군(東平君) 이항(李杭)에 대한 왕의 지나친 총애를 간하고 박세채(朴世采)를 변호하다가, 숙종의 노여움을 사서 경원부(慶源府)에 위리안치(圍籬安置)되었다. 《肅宗實錄 14年 7月 14日, 15日》

404 누공(婁公)처럼……많았고 : 여성제의 아량이 넓었다는 말이다. 누공은 당(唐)나라 측천무후(則天武后) 때의 명재상 누사덕(婁師德)을 가리킨다. 적인걸(狄仁傑)이 재상이 된 것은 실로 그의 추천에 의한 것이었으나, 적인걸은 이것을 알지 못하고 그를 경시하여 여러 번 비판하였다. 측천무후가 이를 알고 적인걸에게 "누사덕이 인재를

마침내 손고처럼 원인이 되었지[405]	終看孫固作院人
한 줌 양담의 눈물 어찌 견디랴	那堪一掬羊曇淚
술 취해 서주에 이르러 남김없이 뿌렸네[406]	灑盡西州醉過辰

알아보는가?"라고 묻자, 적인걸은 "신이 일찍이 그와 동료가 되었으나, 그가 인재를 알아본다는 말을 듣지 못하였습니다."라고 대답하였다. 측천무후가 "짐이 경(卿)을 안 것은 바로 누사덕의 천거에 의한 것이었으니, 그 또한 인재를 알아본다고 이를 만하다."라고 하자, 적인걸이 밖으로 나와 한탄하기를 "누공의 거룩한 덕을 나는 측량할 수 없다."라고 하였다.

405 손고(孫固)처럼 원인(院人)이 되었지 : 손고(1016~1090)는 송나라 정주(鄭州) 관성(管城) 사람으로, 자는 화보(和父), 시호는 온정(溫靖)이다. 신종(神宗) 원풍(元豐) 초에 추밀원사(樞密院事)가 되었다. 철종(哲宗) 원우(元祐) 연간에 문하시랑(門下侍郎)이 되었고 추밀원사를 지냈다. 《송사(宋史)》 권341 〈손고열전(孫固列傳)〉에 "지추밀원사(知樞密院事) 손고는 마음가짐이 성실하고 순수하였으며, 대항하기를 좋아하지 않아 사람들과 오래 있을수록 더욱 신임하였으므로, 험난한 일을 거치면서도 남에게 질시를 받지 않았다." 하였다.

406 한 줌……뿌렸네 : 여성제의 죽음에 대한 슬픔과 그리움을 읊은 것이다. 진(晉)나라의 명재상 사안(謝安)이 서주(西州)에 살았다. 사안이 생질인 양담(羊曇)을 평소 애지중지하였기 때문에 사안이 죽자 양담은 차마 서주의 길을 가지 못했다. 하루는 몹시 술에 취해 자신도 모르는 사이 서주의 문에 이르렀다. 측근들이 "이곳은 서주의 문입니다."라고 말하자, 양담은 슬픈 감회를 이기지 못하여 말채찍으로 문을 두드리며 "생전에는 화려한 집에 살았는데, 영락하여 산기슭에 돌아갔네.〔生存華屋處, 零落歸山丘.〕"라고 한 조식(曹植)의 시를 외고 통곡하였다 한다. 《晉書 卷79 謝安列傳》

곡운 도인[407]이 나를 방문하여 여러 날을 머물다가 돌아가면서 절구 한 수를 남겼다. 바빠서 미처 화답하지 못하였는데 이제야 비로소 차운하여 적어 올리다

谷雲道人訪余留數日 臨歸留一絶 悤悤未及攀和 今始追步錄奉

세상에 친한 벗 몇이나 남았나	海內親朋幾箇存
백발로 부질없이 두 줄기 눈물만 흐르네	白頭空有淚雙痕
풍진세상 온갖 일들 어찌 말하랴	風塵萬事何須說
세모에 황량한 마을에서 홀로 문 닫고 사노라	歲暮荒村獨掩門

407 곡운 도인(谷雲道人) : 김수증(金壽增, 1624~1701)으로, 본관은 안동(安東), 자는 연지(延之), 호는 곡운(谷雲)이다.

집에 제월당이라 편액을 걸고 절구 한 수를 짓다
扁所居堂曰霽月 仍成一絶

제월당에서 갠 달 마주하니	霽月堂中對霽月
달빛이 물 같고 또 눈 같네	月光如水又如雪
만일 가슴속이 이와 같지 않다면	若敎胸次不如斯
제월당이란 이름 부질없으리라	以月名堂却虛設

호옹[408]을 애도하다 임신년(1692, 숙종18)

悼壺翁 壬申

아스라이 만 리나 떨어진 변방　窮塞迢迢萬里遙
귀문[409]에 차가운 비가 밤에 부슬부슬 내리네　鬼門寒雨夜蕭蕭
슬프고 슬프다 객지의 상여 돌아왔는데　哀哀旅櫬歸來地
인간 세상 밝은 해가 비추는 곳 어디인가　何處人間白日昭

호옹이 젊었을 때 꿈에서 "십 리 길 쓸쓸히 비 내리는데, 밤에 귀문관을 지나네.〔蕭蕭十里雨, 夜度鬼門關.〕"라는 시구를 얻었는데, 이때에 이르러 증험되었다.

408 호옹(壺翁) : 남용익(南龍翼, 1628~1692)으로, 본관은 의령(宜寧), 자는 운경(雲卿), 호는 호곡(壺谷)이다. 1689년(숙종15) 숙종(肅宗)이 소의(昭儀) 장씨(張氏)가 낳은 왕자를 원자로 삼으려 하자 반대하였고, 반교문(頒教文)을 잘못 지었다 하여 함경북도 명천(明川)으로 유배 가서 3년 뒤 그곳에서 죽었다. 저서로는 《호곡집(壺谷集)》이 있다. 《雷淵集 卷24 曾祖考吏曹判書贈諡文憲公府君墓表》

409 귀문(鬼門) : 귀문관(鬼門關)으로, 함경도 경성(鏡城)에 있는 관문 이름이다. 귀문관은 본디 중국 광서성(廣西省)에 있는 변방 요새로, 산세가 험준한 데다 장려(瘴癘)가 만연하는 등 풍토가 험악하여 생환(生還)하는 자가 드물었으므로 "열에 아홉은 못 돌아오는 귀문관〔鬼門關十人九不還〕"이라는 속요(俗謠)까지 유행했다 한다. 《舊唐書 卷41 地理志》 시문에서는 흔히 풍토가 나쁘고 지형이 험악한 먼 변경을 가리키는 말로 쓰인다.

나의 소원
我願

나는 바라노라 크나큰 빗자루를 손에 들고	我願手持億丈篲
먹구름과 짙은 안개 모조리 쓸어내	掃蕩頑雲與淫霧
중천에 뜬 밝은 해 통쾌히 바라보고	快覩白日當中天
다시 한 자루의 칼 들고 옥관을 벗어나	還將尺劍出玉關
한 번 쳐서 연연산 무너뜨리고	一擊碎倒燕然山
사막을 길이 맑게 하여 누린내 없애리라[410]	永淸沙漠無腥羶
그런 다음 바람 따라 학을 타고	然後乘風駕紫鶴
만 리를 훨훨 날아 드넓은 창공으로 들어가	萬里飄然入寥廓
서왕모가 벌이는 요지의 잔치에서 크게 취하고	大醉王母瑤池筵
마침내 양쪽 겨드랑이에 날개 나오면	畢竟兩腋生羽翰

410 크나큰……없애리라 : 이 시는 송규렴의 두 가지 바람을 말하고 있는데, 여기까지는 국내적으로는 조정의 소인배들을 물리친 다음 중원의 오랑캐를 쓸어버리고 싶다는 내용이다. 옥관(玉關)은 중국과 서역(西域)의 경계에 있는 옥문관(玉門關)으로, 흔히 변경으로 가는 관문을 뜻하는 말로 쓰인다. 연연산(燕然山)은 지금의 몽고에 있는 항애산(杭愛山)으로 두헌(竇憲)의 공적비가 있는 곳이다. 화제(和帝) 영원(永元) 3년에 두헌이 남흉노와 동맹을 맺고 북흉노를 공격하였는데, 이 싸움에서 적군을 대파하여 궤멸 직전에 몰아넣어 북흉노를 완전히 제압하였다. 두헌은 이에 국경에서 3천 리 떨어진 연연산에 올라가 한나라의 위대함과 자신의 무공을 비석에 새기면서, 반고(班固)에게 명(銘)을 짓게 하였다. 《後漢書 卷23 竇憲列傳》 성전(腥羶)은 누린내라는 뜻으로, 본래 중화(中華)가 아닌 만풍(蠻風) 또는 만속(蠻俗)의 뜻으로 쓰이는 말이다. 여기서는 청나라를 뜻하는 말로 쓰였다.

온 누리를 날아다니다가 飛流六合八荒間

돌아와 곤륜산 꼭대기에 홀로 서리라[411] 歸來獨立崑崙巔

411 그런……서리라 : 신선처럼 유유자적한 삶을 살고 싶다는 바람을 읊은 것이다. 왕모(王母)는 중국 곤륜산(崑崙山)에 산다는 전설적인 선녀 서왕모(西王母)를 가리킨다. 요지(瑤池)는 선계인 곤륜산의 일부 지역으로, 서왕모가 사는 옥산(玉山)의 아름다운 연못이다. 주 목왕(周穆王)이 팔준마(八駿馬)가 모는 수레를 타고 천하를 두루 유람하다가 곤륜산 꼭대기의 요지에 가서 서왕모를 만나 환대를 극진히 받았다는 이야기가 전한다.《列子 周穆王》 곤륜산은 신선 세계의 대명사로도 쓰인다.

서간의 〈의고〉의 운자에 맞춰 짓다

次西澗擬古韻

머나먼 옥관의 길	迢迢玉關道
아련한 진천의 숲	杳杳秦川樹
물고기와 새도 사라진 지 오래이니	鱗羽久沈斷
어느 때나 소식 전해 주려나[412]	何時傳尺素
봄은 깊은데 하얗게 꾸민 누대 비었고	春深粉樓空
해 지니 비단 바른 창호에 어둠 내리네	日落紗窓暮
지난해 시든 풀에 상심하였는데	傷心去年草
또 다시 남쪽 물가에서 돋았구나	又復生南浦

412 머나먼……주려나 : 외진 변방에 소식이 끊어졌다는 말이다. 옥관(玉關)은 옥문관(玉門關)으로, 흔히 변경으로 가는 관문을 뜻한다. 진천(秦川)은 춘추 시대에 진(秦)나라에 속했던 중국의 서북쪽 변방이다. 척소(尺素)는 비단에 쓴 짤막한 편지이다. 〈음마장성굴행(飮馬長城窟行)〉에 "먼 곳에서 찾아온 나그네, 나에게 두 마리의 잉어를 주네. 아이를 불러다가 삶게 했더니, 비단에 쓴 편지가 배에 들었네.〔客從遠方來, 遺我雙鯉魚. 呼童烹鯉魚, 中有尺素書.〕"라고 하였다. 《古詩賞析 卷6 漢詩》 한나라 소무(蘇武)가 흉노에 사신 갔다가 억류되어 돌아오지 않자, 조정에서는 소무가 죽은 줄 알았다. 어느 날 천자가 상림원(上林苑)에서 활을 쏘아 잡은 기러기의 다리에 "소무가 어느 못가에 있다."라고 적혀 있었다 한다. 《漢書 卷54 蘇武傳》 이 두 고사에서 유래하여 기러기와 잉어는 소식을 전하는 매체로 간주되었다.

밤에 근심스레 앉아 친구를 애도하다

夜坐悄然悼念親舊

해 떨어진 외로운 마을에 어둠 내리고	日落孤村暝
등불 꺼져 가는 작은 누각 어둡네	燈殘小閣昏
친한 벗들 일찍이 비처럼 흩어지고[413]	親朋曾雨散
계절 몇 번이나 냇물처럼 내달렸나	時序幾川奔
북쪽 변방에 나그네의 널 허다하고	塞北多羈櫬
강남 지방에는 나그네의 넋 엄청나니	江南足旅魂
사라져 버린 끝없이 많은 사연들을	銷沈無限事
너무나 시름겨워 감히 말 못하겠네	愁絶不堪論

413 친한……흩어지고 : 우산(雨散)은 비가 흩어지면 만날 수 없듯이 벗들과 헤어지거나 사별한 것을 비유하는 표현이다. 백거이(白居易)의 시에 "술 친구와 노래 친구는 지금 어디에 있나, 비와 구름처럼 흩어져 모두 돌아오지 않네.〔飮徒歌伴今何在, 雨散雲飛盡不迴.〕"라고 하였고, 두보(杜甫)의 시에도 "알지 못했구나, 비와 구름처럼 흩어져 장단구 시를 허비할 줄을.〔不知雲雨散, 虛費長短吟.〕"라고 하였다.《白香山詩集 卷36 五年秋病後獨宿香山寺》《杜少陵集 卷14 渝州候嚴六侍御不到先下峽》 여기서는 당쟁의 여파로 많은 사람이 유배된 상황을 말하였다.

〈양보음〉[414]을 모방하다 계유년(1693, 숙종19)

擬梁甫吟 癸酉

반남에 기이한 선비 있으니	潘南有奇士
수립한 일 어찌 그리 크고 높은지	樹立何宏崇
굳센 곡산자	遒遒谷山子
성취한 바 자못 같도다[415]	所就頗相同
해와 달처럼 밝게 빛나고	同光耀日月
화산과 숭산처럼 높게 우뚝하네	竝峙巍華嵩
남들은 모두 그 의리 찬탄하지만	人皆歎其義

414 양보음(梁甫吟) : 제갈량(諸葛亮)이 출사하기 전 남양(南陽)에서 농사를 짓고 있을 때 매일 새벽과 저녁에 무릎을 감싸 안은 채 길게 읊었다는 노래이다. 〈포슬음(抱膝吟)〉이라고도 하며, 큰 뜻을 품은 고사의 우울한 심정을 토로한 노래를 뜻한다. 양보(梁甫)는 태산(泰山) 아래에 있는 산 이름으로, 사람이 죽으면 이 산에 장사를 많이 지냈기 때문에 또한 장가(葬歌)를 대표하는 말로 쓰이기도 한다.《三國志 卷35 蜀書 諸葛亮傳》

415 반남(潘南)에……같도다 : 박태보(朴泰輔, 1654~1689)와 오두인(吳斗寅, 1624~1689)이 이룩한 업적이 모두 크고 높다는 말이다. 박태보의 본관은 반남(潘南), 자는 사원(士元), 호는 정재(定齋), 시호는 문열(文烈)이다. 1689년(숙종15) 숙종(肅宗)이 인현왕후(仁顯王后)를 폐위하고 장희빈을 중전으로 앉히려 하자, 강력히 반대하는 소장을 올렸다가 심한 고문을 받고 진도로 유배 도중 노량진에서 죽었다. 저서로《정재집(定齋集)》이 있다. 곡산자(谷山子)는 양곡(陽谷) 오두인으로 추정된다. 오두인의 본관은 해주(海州), 자는 원징(元徵), 호는 양곡, 시호는 충정(忠貞)이다. 1689년 박태보와 함께 인현왕후의 폐위를 반대하는 소장을 올려 국문을 받고 의주로 유배 도중 파주에서 죽었다. 저서로《양곡집(陽谷集)》이 있다.

나만은 그 충심 애석해하노라	我獨憐其忠
충심을 끝내 드러내지 못했으니	忠而竟莫暴
타버린 난초 지초를 어이할까	奈此蘭芝烘
올바른 말은 예부터 재앙 초래하기 쉽고	危言自古易招禍
올곧은 도는 지금도 자신 보호하기 어렵지	直道如今難庇躬
정밀하게 선택하여 본디 정한 바가 있지 않다면	除非審擇有素定
누가 물고기 버리고 웅장 취하랴[416]	孰能舍魚甘取熊
그 마음에 사랑하는 바는 오직 임금뿐	渠心所愛只君父
칠 척 하찮은 몸은 하루살이처럼 여겼네	七尺微軀看蟣蠓
홍모보다 가벼운 곳에 태산보다 무겁게 하여	鴻毛輕處泰山重
피를 뿌리고 장을 갈라 충심 드러냈으니[417]	瀝血刳腸披赤衷
동동거리는 일념에 어찌 다른 마음 있었으랴	憧憧一念豈有他
다만 임금이 사방으로 귀 기울이길 바랐지[418]	秖蘄天門回四聰

416 정밀하게……취하랴 : 평소 확고한 신념을 지닌 사람만이 사생취의(捨生取義)할 수 있다는 말이다. 《맹자》 〈고자 상(告子上)〉에 "물고기도 내가 원하는 바요, 곰 발바닥도 내가 원하는 바이지만, 두 가지를 겸하여 얻을 수 없다면 물고기를 버리고 곰 발바닥을 취하겠다. 삶도 내가 원하는 바요, 의도 내가 원하는 바이지만, 두 가지를 겸하여 얻을 수 없다면 삶을 버리고 의를 취하겠다.〔魚我所欲也, 熊掌亦我所欲也, 二者不可得兼, 舍魚而取熊掌者也. 生亦我所欲也, 義亦我所欲也. 二者不可得兼, 舍生而取義者也.〕"라고 하였다.

417 홍모(鴻毛)보다……드러냈으니 : 남들은 하찮게 여기는 일이지만, 두 사람은 소중하게 여겨 명분과 절의를 위해 목숨을 바쳤다는 말이다. 홍모는 큰기러기의 털이다. 사마천(司馬遷)의 글에 "사람은 진실로 한 번 죽는데, 혹은 태산보다 무겁고 혹은 홍모보다 가벼우니, 쓰기를 어떻게 하느냐에 따라 다른 것이다.〔人固有一死, 或重於泰山, 或輕於鴻毛, 用之所趨異也.〕"라고 하였다. 《山西通志 卷29 報任少卿書》

뇌정이 비록 다시 위엄 나타내도　雷霆雖復動疾威
한목숨 죽는 것을 두려워하지 않았네[419]　粉骨糜身非所恫
곧고 의로운 간담 갈수록 더욱 장했고　貞肝義膽去益壯
곧은 말은 죽을 때까지 그치지 않았네　直舌到死猶未終
충심 아니면 어찌 이런 의리 행하랴　非忠安得辦此義
큰 명성 우주에 무궁히 드리우리라　大名宇宙垂無窮
슬프고 슬프다 남은 소원 어디에 묻히려 했던가　哀哀遺願欲何埋
수양산 만고토록 푸른 하늘에 닿았어라[420]　首陽萬古磨蒼穹
평생 맹박을 지기로 여겼으니　平生孟博是知己
길이 산속에서 함께 즐기겠지[421]　永相娛戲山之中

418 동동(憧憧)거리는……바랐지 : 임금이 마음을 활짝 열고 다른 의견에도 귀를 기울이길 바랐을 뿐 다른 마음은 없었다는 말이다. 동동은 이리저리 오고가는 모양이다. 《주역》〈함괘(咸卦) 구사(九四)〉에 "왕래하기를 자주 하면 벗만이 네 생각을 따르리라.〔憧憧往來, 朋從爾思.〕"라고 한 데서 유래하였다. 천문(天門)은 왕의 눈과 귀를 비유하는 말이다. 《서경》〈순전(舜典)〉에 "사악에게 물어 사방의 문을 열어 놓고 사방의 눈을 밝히고 사방의 귀를 통하게 하셨다.〔詢于四岳, 闢四門, 明四目, 達四聰.〕"라고 하였는데, 그 주에 "사방의 문을 열어 천하의 현준을 오게 하고, 사방의 보고 들음을 넓혀 천하의 막히고 가려진 것을 터놓은 것이다.〔開四方之門, 以來天下之賢俊, 廣四方之視聽, 以決天下之壅蔽.〕"라고 하였다.

419 뇌정(雷霆)이……않았네 : 임금이 우레와 벼락처럼 진노하며 위엄을 보여도 꺾지 않고 죽을 각오로 직언(直言)했다는 말이다.

420 슬프고……닿았어라 : 절의(節義)를 지켜서 백이(伯夷)와 숙제(叔齊)처럼 이름을 남기고자 했다는 말이다. 수양(首陽)은 백이와 숙제가 아사(餓死)한 수양산을 가리킨다.

421 평생……즐기겠지 : 박태보와 오두인의 영혼이 범방(范滂)과 어울려 지낼 것이라는 말이다. 맹박(孟博)은 후한(後漢) 범방(137~169)의 자이다. 당고(黨錮)의 옥사

상심하고 강개하는 지사 몇인가	傷心慷慨幾志士
마을 아이도 팔뚝 걷고 달려 나왔네	扼腕奔走傾閭童
우리나라에서 고금 사천 년 동안	偏邦上下四千載
의열 지킨 분 헤아리면 누가 공과 같으랴	歷數義烈誰如公
오직 그 바른 기운 별이 되었고[422]	唯應正氣化列星
다시 긴 하늘에 일천 척 무지개 되었네	復作長空千尺虹
내 이제 붓 휘둘러 이 시 짓노라니	我今奮筆寫玆篇
온 누리에 시원하게 영풍이 불어오네	六合颯爽來英風

에 연루되어 이응(李膺), 두밀(杜密) 등과 함께 죽였다. 《後漢書 卷67 黨錮列傳》

422 별이 되었고 : 《장자(莊子)》 〈대종사(大宗師)〉에 부열(傅說)이 죽은 후에 "동유성와 기미성을 타고 뭇별과 나란히 있다.〔乘東維騎箕尾, 而比於列星.〕"라고 하였는데, 사람이 죽어서 별이 된다는 설이 있었다.

새로 지은 옥류각[423]에 쓰다

題玉溜新閣

물가에 아담한 누각 지어 기쁜데	臨流小閣喜初成
무슨 일로 난간에 기대자 한이 쉽게 일어나나	底事憑欄恨易生
여전히 푸른 봉우리는 천 길의 빛깔 띠었고	依舊碧峯千丈色
지금도 맑은 폭포에는 한 시내의 소리 울리네	秪今晴瀑一泉聲
높은 누대에 아직도 옛 자취 남았고	高臺尙有陳蹤在
옛 벽에는 부질없이 훌륭한 시 선명하네	古壁空留寶藻明
옥류의 구절 유림에 회자되니	膾炙儒林玉溜句
남기신 글로 새 이름 지어 걸기에 적합하네	合將遺唾揭新名

옥류각은 비래동(飛來洞)에 있다. 비래동은 동춘(同春) 선생이 평소 거니시던 곳이다. 선생께서 일찍이 "층층바위에 맑은 물 흘러내리네.〔層巖飛玉溜〕"[424]라는 시를 지으셨다. 내가 젊은 친구들과 함께 계획하여 작은 누각을 세우고, 마침내 선생의 시구에서 따서 편액을 삼았다.

423 옥류각(玉溜閣) : 대전광역시 동구 비래동에 있는 누각이다.

424 층층바위에……흘러내리네 : 이 구는 《동춘당집(同春堂集)》 권24에 수록된 〈옥천 군수 김수창의 비래암 시에 차운하다〔次金沃川壽昌飛來菴韻〕〉의 일부이다.

무제
無題

비바람 몰아치고 벼락 울리더니	風雨奔騰霹靂轟
문성이 떨어지고 옥산 무너지네[425]	文星摧落玉山傾
천지에 만고토록 긴 원한 남기고	乾坤萬古留長恨
우주에 천년토록 큰 명성 걸었지	宇宙千年揭大名
의리 중하니 귀신도 오히려 혀를 토할 것이고	義重鬼神猶吐舌
슬픔 깊으니 초목도 마음 아파하리	悲深草木亦傷情
가엾다 곧은 기운 이르는 곳마다	可憐直氣衝凌地
좌중의 누군들 얼굴 붉어지지 않으랴	座上何人不發頳

425 문성(文星)이……무너지네 : 훌륭한 선비가 죽었다는 말이다. 문성은 문운(文運)을 주관한다는 문창성(文昌星) 혹은 문곡성(文曲星)으로, 문재(文才)가 뛰어난 인사를 비유하는 말로 쓰인다. 옥산은 용모가 준수하고 박학한 모습을 비유하는 말로 쓰인다. 진(晉)나라의 배해(裵楷)가 용모가 준수하고 박학하여 당시 사람들에게 옥산으로 일컬어진 데서 유래하였다.《晉書 卷35 裵楷列傳》

옥류각에서 여러 사람들과 함께 낙성을 축하하는 작은 모임을 가졌다. 앞의 운자를 사용하여 짓다[426]

玉溜閣 與諸人作落成小會 用前韻

화려한 누각에서 두 동이 술로 낙성을 노래하다가 華閣朋樽賦落成
술잔 멈추고 문득 감회가 일어나네 停杯忽覺感懷生
푸른 이끼는 당시의 색깔 변함없고 蒼苔不改當時色
맑은 시내도 지난날 소리 그대로네 淸澗渾如昔日聲
한 골짝 짙은 그늘에 구름도 잠시 머물고 一壑深陰雲乍宿
천 봉우리 찬란히 빛나니 달빛 더욱 밝구나 千峯輝朗月還明
푸른 하늘에 신선 수레 어디로 돌아갔나 碧霄仙駕歸何處
부질없이 높은 산 향해 큰 이름 우러른다[427] 空向高山仰大名

푸른 이끼〔蒼苔〕와 맑은 계곡〔淸澗〕은 두 스승의 시에 나오는 말이다.[428]

426 옥류각(玉溜閣)에서……짓다 : 옥류각은 대전광역시 동구 비래동에 있는 누각이다. 송규렴이 사용한 운자는 《제월당집》 권1의 〈제옥류신각(題玉溜新閣)〉의 운자와 같다.

427 푸른 하늘에……우러른다 : 송시열(宋時烈)과 송준길(宋浚吉)을 그리워한다는 말이다. 선가(仙駕)는 죽은 임금이 신선이 되어 타고 날아간다는 수레이다. 여기서는 고인이 된 송준길과 송시열을 비유하는 말로 사용되었다. 《시경》 〈거할(車舝)〉에 "높은 산을 우러러보며, 큰길을 행하도다.〔高山仰止, 景行行止.〕"라고 하였는데, 이 말은 선현(先賢)을 존모하는 마음을 표현할 때 자주 사용한다.

428 푸른 이끼와……말이다 : 창태(蒼苔)는 송준길의 《동춘당집(同春堂集)》 권24에 수록된 〈옥천 군수 김수창의 비래암 시에 차운하다〔次金沃川壽昌飛來菴韻〕〉에 보이는 "오랜 비가 푸른 이끼를 씻어 주네.〔積雨洗蒼苔〕"라는 구에 보이고, 청간(淸澗)은 송시

열의 《송자대전(宋子大全)》 권1에 수록된 〈봉서사에서 놀다가 "시내를 따라 길이 점점 깊어지니 그윽한 흥취 언제나 그치리."로 운을 나누었는데 이 자를 얻었다〔遊鳳棲寺以緣溪路轉深 幽興何時已 分韻得已字〕〉에 "맑은 시내 흐르는 소리 그치지 않네.〔淸澗鳴不已〕"라는 구에 보인다.

중양절 하루 뒤에 제곡[429]과 함께 옥류각[430]에 오르다

重陽後一日 與霽谷同登玉溜閣

어제가 중양절이었는데	昨日重陽過
오늘 아침에 좋은 친구 왔네	今朝好友來
좋은 날 멋진 경치 속에	佳辰兼勝地
호방한 흥취 잔도 가득 채웠노라	逸興又深杯
지팡이 짚고 나막신 신던 사람 어디 있나[431]	杖屨人何在
풍진세상사 서글퍼라	風塵事可哀
서로 마주보고 각자 탄식하다가	相看各惆悵
귀밑머리 세었음을 깨닫네	渾覺鬢霜催

429 제곡(霽谷) : 황세정(黃世楨, 1622~1705)으로, 본관은 회덕(懷德), 자는 주경(周卿), 호는 제곡이다. 송준길(宋浚吉)과 송시열(宋時烈)의 문하에서 수학하였다. 벼슬을 버리고 연기(燕岐)로 돌아와 조그만 집을 지었는데, 송시열이 제곡유거(霽谷幽居)라는 네 글자를 보내오자, 그것으로 자신의 호로 삼았다. 《陶菴集 卷32 同知黃公墓碣》

430 옥류각(玉溜閣) : 대전광역시 동구 비래동에 있는 누각이다.

431 지팡이……있나 : 스승을 그리워하며 읊은 것이다. 장구(杖屨)는 지팡이와 나막신으로, 스승이나 고인을 비유하는 말이다. 여기서는 송규렴의 스승인 송준길을 가리킨다. 옥류각은 송준길이 평소 거닐던 곳이기에 이렇게 읊은 것이다. 소식(蘇軾)의 〈장춘부(藏春賦)〉에 "나이는 조화옹의 가마 밖으로 버리고, 봄은 선생의 지팡이와 나막신 안에 있다.〔年抛造化陶甄外, 春在先生杖屨中.〕"라고 하였다.

밤에 앉아 회포를 풀다
夜坐遣懷

마음은 이미 희이에 들기로 다짐했으니	心期已許入希夷
사는 일이야 춥고 배고픔 논할 것 없네[432]	生事休論凍且飢
평상에 맑은 바람 불어오고	一榻清風吹過地
봉우리마다 밝은 달빛 비추는구나	千峯明月照來時
몸 한가하니 천지 넓은 줄 알겠고	身閒便覺乾坤闊
뜻 맞으니 계절의 빠름도 모두 잊노라	意適渾忘節序馳
불현듯 홀로 세상을 생각해 보니	忽有孤懷游宇宙
우정의 봉황은 아득히 어디로 갔는가[433]	虞庭丹鳥杳何之

432 마음은……없네 : 관직에 미련을 두지 않고 자연과 어울리며 살겠다는 약속을 스스로 했다는 말이다. 희이(希夷)는 자연의 현묘한 이치를 표현하는 말이다. 《노자(老子)》에 "보아도 보이지 않으니 이름하여 이라 하고, 들어도 들리지 않으니 이름하여 희라 하며, 잡으려 하나 잡을 수 없으니 이름하여 미라 한다.〔視之不見, 名曰夷, 聽之不聞, 名曰希, 搏之不得, 名曰微.〕"라고 도(道)를 형용한 데서 유래하였다.

433 우정(虞庭)의……갔는가 : 정사가 혼란해지자 태평성대가 다시 오기를 바라는 마음을 읊은 것이다. 우정은 순(舜) 임금의 조정을 가리키고, 단조(丹鳥)는 봉황의 별칭이다. 순 임금이 소소(韶簫)를 아홉 번 연주하니, 봉황이 날아와 춤을 추었다는 고사가 전한다. 《書經 益稷》

10월 1일에

十月一日

천기가 끊임없이 유행하여 머물지 않으니 天機滾滾不曾留
어제 속절없이 또 가을을 보냈네 昨日無端又送秋
올해는 절후가 늦어 좋았으니 却喜今年時候晩
시월인데도 국화 가득 피었네 還看十月菊花稠
풍류는 장차 용산의 흥취 만들려 하니 風流且作龍山興
쓸쓸한 송옥의 시름 말하지 마라[434] 搖落休論宋玉愁
다만 벗들이 구름과 숲 저편에 있으니[435] 秪是親朋雲樹隔
술 한 동이 들고 누구와 함께 누각에 오를까 一樽誰與共登樓

434 풍류는……마라 : 가을의 풍취를 마음껏 즐기려고 하니, 낙엽 지는 가을의 슬픔을 말하지 말라는 말이다. 진(晉)나라의 환온(桓溫)이 9월 9일 중양절을 맞아 용산(龍山)에서 막료들과 함께 연회를 열었는데, 참군(參軍) 맹가(孟嘉)가 시흥(詩興)에 취해 바람에 모자가 날리는 것도 모르면서 즐겼다고 한다.《晉書 卷98 孟嘉列傳》 송옥(宋玉)은 초(楚)나라 사람으로 굴원(屈原)의 제자이다. 가을의 슬픔을 읊은 그의 〈구변(九辯)〉에 "슬프다, 가을 기운이여. 쓸쓸히 초목은 낙엽지고 쇠한 모습으로 바뀌었네.〔悲哉, 秋之爲氣也. 蕭瑟兮, 草木搖落而變衰.〕"라고 하였다.《文選 卷13》

435 벗들이……있으니 : 멀리 떨어져 있는 벗들을 그리워한 것이다. 두보(杜甫)의 〈춘일억이백(春日憶李白)〉에 "위수 북쪽엔 봄 하늘에 우뚝 선 나무, 강 동쪽에 저문 날 구름.〔渭北春天樹, 江東日暮雲.〕"라고 한 데서 유래하여 운수(雲樹)는 벗에 대한 그리움을 비유하는 말로 사용된다.

가소롭다

可笑

가소롭다 월당자[436]	可笑月堂子
유난히 시와 거문고 즐기지만	偏耽詩與琴
거문고는 백아의 곡조 아니고	琴非伯牙曲
시인들 어찌 영중의 노래겠는가[437]	詩豈郢中音
제량[438]의 풍격에도 오히려 부끄러운데	尙恥齊梁氣
그래도 산수 즐기는 마음 간직했네	猶存山水心
한가로이 읊조리니	逌然吟弄地
누가 이 담박한 마음 알리오	誰識此沖襟

436 월당자(月堂子) : 송규렴이 자신을 부르는 말이다. 그의 호가 제월당(霽月堂)이므로 이렇게 불렀다.

437 거문고는……노래겠는가 : 송규렴 자신의 거문고 연주 솜씨와 시 짓는 재주가 부족하다는 겸사이다. 백아곡(伯牙曲)은 거문고의 명인 백아가 연주하고 그의 벗 종자기(鍾子期)가 잘 감상했다는 〈산수곡(山水曲)〉을 가리킨다. 영중음(郢中音)은 초(楚)나라의 수도 영(郢)에서 불리던 노래 중 가장 격조가 높은 〈양춘백설곡(陽春白雪曲)〉을 가리킨다. 《문선(文選)》 권45 〈대초왕문(對楚王問)〉에 "객 중에 영에서 노래하는 자가 있는데, 처음에 〈하리〉와 〈파인〉을 부르면 나라 사람들 중에 화답하는 자가 수천 명이고,……〈양춘〉과 〈백설〉을 부르면 나라 사람들 중에 화답하는 자가 불과 수십 명에 지나지 않습니다.〔客有歌於郢中者, 其始曰下里巴人, 國中屬而和者數千人,……其爲陽春白雪, 國中屬而和者不過數十人.〕"라고 하였다.

438 제량(齊梁) : 남북조 시대의 제(齊)와 양(梁) 두 나라에서 유행했던 시체(詩體)인 제량체(齊梁體)를 말하는데, 이 시기의 시풍은 성정(性情)의 표현보다는 성조(聲調)와 수사학(修辭學)적인 기교를 더욱 강조하였다.

미리 홍벽정에 지어 보다
擬題紅碧亭

내가 거처하는 제월당(霽月堂)의 동남쪽으로 수십 걸음쯤 되는 거리에 작은 시내가 서쪽으로 흐른다. 시내의 북쪽에 낮은 언덕이 있는데 지세(地勢)가 평평하고, 그 남쪽에 있는 작은 절벽은 벽면이 반듯하다. 언덕 가운데에 두어 칸짜리 초가 정자를 짓고, 정자 앞에 몇 이랑 되는 네모난 연못을 파고, 절벽에는 진달래와 철쭉을 심고 연못의 좌우에 각각 버드나무 두어 그루를 심어 붉은 빛과 푸른빛이 서로 비치게 하여, 한 여름에 더위를 막는 곳으로 삼고자 하였다. 붉은 단풍과 푸른 솔은 본래 있던 것들이니, 가을과 겨울의 경치도 볼만한 것이 적지 않다. 그 정자를 홍벽정(紅碧亭)이라 이름 붙이리라 생각하고 보잘것없는 시로 미리 기록한다.

진달래와 철쭉이 봄과 여름에 붉게 피고	杜鵑躑躅春夏紅
또 버들이 연못가에 푸르게 늘어지겠지	又有楊柳池塘碧
바람 불면 푸름이 붉음에 어우러져 기쁘고	風來最喜碧磨紅
날 따뜻하면 붉음이 푸름에 비쳐 어여쁘리	日暖還憐紅映碧
더구나 단풍 숲이 서리 내린 뒤에 붉을 테고	況復楓林霜後紅
게다가 소나무가 눈 속에 푸르겠지	更看松檜雪中碧
비록 차례와 거리의 다름은 있겠지만	縱有先後遠近異
붉고 푸른빛이 언제나 눈에 들어오리	莫非眼前紅與碧
이처럼 아름다운 것들 모여 정자 빛나니	集此衆美賁吾亭
정자에 홍벽이라 편액 걸어야 마땅하리	吾亭揭額宜紅碧

매화

梅

솥 안의 조화 원래 본분 아니고	鼎鼐元非分
홀로 꼿꼿함 바로 참모습이지[439]	孤貞是素眞
강남에 심부름할 사람 있어도	江南縱有使
변방 사람에게 보내지는 마시라[440]	莫寄隴頭人

2

어여쁘다 세모의 그대 절개	憐君歲暮節
나와 함께 오래 어울리세	與我長相隨
세상 사람들 보지 못하게	不許俗人賞
꽃다운 마음 그런대로 스스로 간직하세	芳心聊自持

439 솥……참모습이지 : 매화의 본분이 요리에 있지 않고 곧은 지조를 지키는 것이듯, 송규렴이 지조를 지키며 은둔하겠다는 다짐의 표현이다. 정내(鼎鼐)는 양념을 잘 섞어 음식 맛을 좋게 하듯이 재상의 지위에서 나라를 잘 다스리는 것을 비유한다. 347쪽 각주337 참조.

440 강남(江南)에……마시라 : 남조 송나라의 육개(陸凱)가 강남의 매화가지 하나를 친구인 범엽(范曄)에게 보내면서 "매화가지 꺾다가 역마 탄 사자 만나, 농산 끝의 벗에게 부쳐 주노라. 강남에는 가진 것이 없어, 애오라지 한 가지의 봄을 부치노라.〔折梅逢驛使, 寄與隴頭人. 江南無所有, 聊贈一枝春.〕"라고 읊은 시가 전한다.《太平御覽 卷970 所引 荊州記》이 시는 벗에 대한 그리움을 읊은 것이지만, 여기서는 자신을 조정으로 부르지 말라는 의미로 변용하였다.

큰소리

大言

곤륜산 꼭대기에 홀로 서서	獨立崑崙頂
사해의 물결 내려다보며	平看四海波
일천 섬의 술을 웃으며 기울이고	笑傾千斛酒
크게 취해 긴 노래 한가락 하리라	大醉一長歌

냉정한 말

冷言

백 척 높은 누대	百尺高樓上
한밤에 그 옥난간에 기대어	三更倚玉欄
외로이 〈백설곡〉[441] 읊조리나니	孤吟白雪曲
밝은 달만 찬 강에 가득하다	明月滿江寒

441 백설곡(白雪曲) : 초(楚)나라의 고아(高雅)한 가곡 이름이다. 〈양춘곡(陽春曲)〉과 함께 따라 부르기 어렵기로 유명한 노래이다. 399쪽 각주437 참조.

제곡[442]이 화분에 심은 매화 두 떨기를 가꾸고 있었는데, 내게 거문고 두 개가 있음을 알고 있는 것으로 없는 것을 바꾸고 싶어 했다. 그래서 그를 위해 하나를 주면서 짧은 율시 하나를 지어 주다

霽谷蓄盆梅二叢 知余有二琴 願以有易無 爲贈一隻 仍寄短律

빛나는 두 그루 아름다운 나무	璨璨二瓊樹
소리 맑은 두 개의 옥 거문고	泠泠雙玉琴
비록 그대는 교환하고자 하지만	懋遷縱君意
내 마음은 그렇지 않다오	交易非我心
다만 맑은 흥취 함께할 뿐	秪可共淸趣
어찌 좋은 음악 독차지할까	何須專好音
은근한 정으로 거문고 하나 보내니	慇懃寄一隻
누가 이 깊은 정 알겠는가	誰識此情深

442 제곡(霽谷) : 황세정(黃世楨, 1622~1705)으로, 본관은 회덕(懷德), 자는 주경(周卿), 호는 제곡이다. 396쪽 각주429 참조.

손주사위 이하곤[443]과 헤어지며 서둘러 지어 주다 갑술년(1694, 숙종20)

別李郎 夏坤 走草以贈 甲戌

나는 바로 백발의 늙은이	我是白首翁
너는 바야흐로 청춘이라	爾方青春郎
청춘은 참으로 부러운데	青春眞可羨
백발은 부질없이 서글프네	白首徒自傷
청춘과 백발 사이는	青春白首間
아침저녁처럼 빠르니	欻若朝暮更
청춘에 힘쓰지 않으면	青春苟不勉
백발에 무엇을 이루랴	白首終何成
나는 매우 낭만이 심해서	而我漫浪甚
헛되이 청춘을 보냈고	虛擲青春時
늙어서는 또한 꼿꼿하기만 하니	到老更亢亢
후회해도 장차 어찌하랴	悔之將何追
은나라 거울 바로 여기 있으니[444]	殷鑑正在是

443 이하곤(李夏坤) : 1677~1724. 본관은 경주(慶州), 자는 재대(載大), 호는 담헌(澹軒)이다. 김창협(金昌協)의 문인이다. 이하곤은 송상기(宋相琦)의 맏사위이므로, 송규렴에게는 손주사위가 된다. 《霽月堂集 附錄 行狀》

444 은나라……있으니 : 자신을 거울삼으라는 말이다. 은감(殷鑑)은 《시경》〈탕(蕩)〉의 "은나라의 거울이 멀리 있지 아니하여, 하후의 세대에 있다.〔殷鑑不遠, 在夏后之世.〕"라는 말에서 유래하여, 전대의 실패를 거울삼아 오늘의 경계로 삼는다는 뜻이다.

삼가 나처럼 하지 말게나 愼莫如吾爲
백발 늙은이가 돌아가는 그대 보내는데 白首送爾歸
마침 한창 봄철이라 又値青春節
내 평생에 느낀 바 있어 感我平生事
은근한 마음으로 너를 위해 말하노라 慇懃爲爾說

고의를 본받아 짓다

效古意

봄 시름에 동쪽 난간으로 옮겨 기대니	芳愁徙倚曲欄東
여기저기 무성한 꽃이 눈에 붉게 들어오네	幾處繁花照眼紅
꾀꼬리 정겹게 새벽 비 속에 지저귀고	黃鳥有情啼曉雨
푸른 버들 다정한 듯 봄바람에 춤추네	綠楊多意舞春風
나비는 쌍쌍이 동산 안에 날고	雙雙蛺蝶琪園內
원앙은 짝지어 연못에 떠 있네	兩兩鴛鴦玉沼中
슬프다 그리운 님 소식 끊겼는데	怊悵美人消息斷
아련한 변방 구름에 돌아가는 기러기만 아득하네	塞雲迢遞杳歸鴻

제곡[445]에게 주다 3수○을해년(1695, 숙종21)

贈霽谷 三首○乙亥

천시와 인사 종잡을 수 없지만	天時人事太無端
오직 사귀는 정은 늙어도 줄지 않았네	唯有交情老不闌
슬프다 올해도 봄 저무는데	惆悵一年春又盡
지는 꽃과 고운 풀을 누구와 볼까	落花芳草共誰看

지는 꽃과 고운 풀을 누구와 볼까	落花芳草共誰看
이별의 한에 봄 지나며 구레나룻 더 세었네	離恨經春鬢益殘
맑고 아름다운 비래동 바라보는데	回首飛來淸絶地
언제나 지팡이 짚고 함께 거닐까	一筇何日共盤桓

언제나 지팡이 짚고 함께 거닐까	一筇何日共盤桓
꽃도 다 지진 않았고 달도 둥그네	花不全稀月又團
두 곳에서 그리는 마음 겨우 지척간이니	兩地相思纔咫尺
수레에 올라 길이 멀다 말하지 말라	駕言休說道途難

제곡(霽谷)이 일찍이 꽃 피고 달이 이지러지기 전에 비래동의 물가 누각에서 만나자고 약속했는데, 실천하지 못하여 이렇게 말했다.

445 제곡(霽谷) : 황세정(黃世楨, 1622~1705)으로, 본관은 회덕(懷德), 자는 주경(周卿), 호는 제곡이다. 396쪽 각주429 참조.

부질없이 짓다

漫題

구월이라 맑은 서리 잔뜩 내려	九月淸霜重
숲마다 노랗게 물든 잎 많아라	千林黃葉多
바위 사이 단풍 비로소 흐드러지고	巖楓初爛漫
울타리 아래 국화도 한창 고와라	籬菊正芳華
가을 풍물 진정 감상할 만하니	節物眞堪賞
세월을 부질없이 보내지 말라	年光莫浪過
흥취 일어 한 번 취하려는데	興來思一醉
시골 막걸리를 누구 집에서 찾을까	村酒覓誰家

마지막 구는 "어디서 술 살 수 있나.〔何處酒堪賒〕"라고 된 곳도 있다.

싸우는 참새 2수

鬪雀 二首

날개와 발 얽힌 채 처마에서 떨어져	結翼連拳墜屋簷
번갈아 당기고 쪼아대며 싸움이 한창	交挐迭啄鬪方酣
어찌 알랴 힘껏 다투느라 정신없을 때	寧知奮力忘身地
이미 고양이[446]가 노려보고 있음을	已有烏圓視正眈
살아가는 이치[447] 원래 동류끼리 같으니	亭毒由來族類同
큰 조화 속에 함께 삶이 좋은 것이네	不妨俱囿泰和中
어찌 무리지어 사는 즐거움 생각 못하고	如何罔念群居樂
걸핏하면 사나워져 싸워대나	容易生獰作此訌

446 고양이 : 오원(烏圓)은 오원(烏員)이라고도 하는데, 고양이를 달리 이르는 말이다. 《감주집(紺珠集)》 권6 〈몽귀(蒙貴)〉에 "고양이는 일명 몽귀라고도 하고 오원이라고도 한다.〔猫一名蒙貴, 一名烏員.〕" 하였다.

447 살아가는 이치 : 정독(亭毒)은 양육한다는 뜻으로, 《노자(老子)》 제51장에 "도가 낳고 덕이 기르니, 키우고 기르고 이루고 익히고 먹이고 덮어 준다.〔道生之, 德畜之, 長之育之, 亭之毒之, 養之覆之.〕"라고 한 데서 유래하였다. 고형(高亨)은 《노자정고(老子正詁)》에서 정(亭)과 성(成), 독(毒)과 숙(熟)은 모두 고음(古音)이 같아 통용한 글자라고 하였다.

제월당집

제3권

詩시

감흥
感興

사람이 천지의 기운을 받아 사람이 되었으니	人得天地氣爲人
천지와 사람은 두 물건이 아니지	天地與人非二物
형체 나뉘어 비록 피차의 다름은 있지만	分形縱有彼此殊
근원 소급하면 오직 이치는 하나라네	溯源惟應其理一
하늘의 해와 달은 사람에게 눈과 같고	天之日月卽人眼
땅의 돌과 옥은 사람에게 뼈와 같다네	地之石玉卽人骨
별들은 사람으로 치면 정기이고	星辰在人爲精爽
초목은 사람으로 치면 터럭이지	草木在人爲毛髮
비가 쏟아지는 것은 사람이 땀을 흘림과 같고	雨澤滂洋是人汗
물이 흐르는 것은 사람의 피가 순환함과 같지	水泉流注是人血
사람의 환한 안색은 꽃과 같고	敷榮人色似英葩
사람의 성난 음성은 벼락과 같지	怒吼人聲猶霹靂
낮에는 밝으니 사람들이 움직이고	晝而昭明人乃作
밤에는 어두워 사람들도 휴식하지	夜而晦暗人亦息
정과 성의 작용은 한 마음에 근본하고	情性機緘本一衷
동과 정의 본체는 서로 어긋남 없다네	動靜體段無相忒
하늘과 사람이 이처럼 오묘하게 부합하여	天人妙合有如此
상하가 애초에 터럭만한 틈도 없지	上下初無毫髮隔
본래 그 도는 지극히 성실하니	從來其道極无妄
성철은 이로 말미암아 심원하게 짝하지만	聖哲由之配沕穆

잠시라도 생각지 않으면 문득 거꾸러지니　斯須罔念便顚倒
어찌 아침에 조심하고 저녁에 두려워하지 않으랴[1]　曷不朝乾又夕惕
우리들이 다행히 천지 사이에 태어나　吾生幸在天地間
천지로 집을 삼고　乃以天地爲室宅
만물로 양식 삼고　還將萬物作糗糧
해와 달로 등불 삼았네　更把兩曜爲燈燭
고운 산 멋진 물이 내 가슴 씻어 주고　佳山美水蕩吾胸
밝은 달 맑은 바람이 내 눈 맑게 하네　霽月光風淸我目
솔과 대는 마음의 벗 삼을 만하고　松筠可以作心期
채초와 난초는 몸에 지닐 만하네　茝蘭可以充佩服
사람들아 이 몸 미묘하다 비웃지 마라　傍人休笑此軀微
몸은 미묘해도 얻은 것 충분하니　此軀雖微所得足
모름지기 노력하여 자신의 분수 다하고　要須努力盡己分
놀고 즐기느라 그 법칙 어기지 말라　且莫嬉婾違厥則
하늘이 준 것을 혹시라도 스스로 버린다면　洪勻賦予倘自棄
우마에 옷 입힌 격이니 부끄럽지 않으랴[2]　馬牛襟裾能不恧

1 어찌……않으랴 : 《주역》 〈건괘(乾卦) 구삼(九三)〉에 "군자가 종일토록 힘쓰고 힘써 저녁까지 두려워하면, 위태로우나 허물이 없으리라.〔君子終日乾乾, 夕惕若, 厲, 無咎.〕"라는 말을 원용하였다.

2 우마(牛馬)에……않으랴 : 마우금거(馬牛襟裾)는 말이나 소에 의복을 입힌다는 뜻으로, 주로 학식이 없거나 예의를 모르는 사람을 조롱할 때 쓰는 말이다. 한유(韓愈)의 글에 "사람이 고금의 일에 통하지 못하면, 말과 소에 옷 입혀 놓은 꼴이라네.〔人不通古今, 馬牛而襟裾.〕"라고 하였다. 《韓昌黎集 卷6 符讀書城南》 여기서는 하늘이 인간에게 부여한 본성을 버린다면 짐승과 다름이 없다는 뜻으로 사용되었다.

선달 그믐날 밤에

除夜

지난 계미년(1643, 인조21) 내가 열네 살이던 해 섣달 그믐날 밤에 오언율시를 지었다. 그 시의 함련(頷聯)에 "어찌 추운 밤 길다고 싫어하랴, 문득 새벽닭 울까 두렵구나.〔寧嫌寒夜永, 却怕曉鷄鳴.〕"라고 하였는데, 어른들이 자못 칭찬해 마지않으셨다. 오십여 년이 지난 지금도 기억하고 있는데, 다른 연(聯)은 잊었다. 이에 다시 채워 완성한다.

속절없이 한 해가 끝나가니	脈脈年將盡
쓸쓸히 잠 못 이루네	悽悽睡不成
어찌 추운 밤 길다고 싫어하랴	寧嫌寒夜永
문득 새벽닭 울까 두렵구나	却怕曉鷄鳴
어린 종은 곤히 잠들고	小僕眠方熟
희미한 등불만 깜빡이네	殘燈翳復明
백발 늙은이 외로이 앉아	白頭孤坐處
몹시 시름겨우니 이 심정 어이할까	愁絶若爲情

달밤에 홀로 앉아 병자년(1696, 숙종22)

月夜獨坐 丙子

천 봉우리에 달 밝은 밤	月白千峯夜
만 리 하늘에 구름 한 점 없네	雲空萬里天
마음까지 맑고 시원하니	心期共灑落
흥에 겨워 한가롭게 앉았노라	乘興坐逌然

시남 선생의 〈남한소〉[3]를 읽고 감회가 있어 짓다 2수
讀市南先生南漢疏 感題 二首

노련이 당년에 진을 황제로 인정하지 않았고	玉貌當年恥帝秦
담암이 천 년 뒤에 다시 그 정신 이었는데[4]	澹庵千載又精神
시남의 소장에서 더욱 굳센 기상 볼 수 있으니	市南一疏看逾壯
우주가 생긴 이래 이들 몇 사람뿐이라오	宇宙歸來此數人

건곤이 세운 도가 강상이지만	乾坤立道是綱常
오히려 우리 사람이 동량이 되지	尙賴吾人作棟樑
당시 동방에 이 어른 없었다면	當日大東無此老
지금 어찌 의관을 보존할 수 있으랴	至今那得保冠裳

3 시남(市南) 선생의 남한소(南漢疏) : 시남은 유계(兪棨, 1607~1664)로, 본관은 기계(杞溪), 자는 무중(武仲), 호는 시남, 시호는 문충(文忠)이다. 남한소는 유계가 설서(說書)로 있던 1636년(인조14)에 올린 〈급히 남한산성을 수리하여 분조를 만들기를 청하는 소〔請急修南漢爲分朝疏〕〉이다.

4 노련(魯連)이……이었는데 : 옥모(玉貌)는 전국 시대 위(魏)나라 객장군(客將軍) 신원연(新垣衍)이 제(齊)나라의 고사(高士) 노중련(魯仲連)을 높여 이른 말이다. 노중련은 진(秦)나라를 황제로 받들자는 신원연의 제의를 거부하면서 "진나라가 참람하게 제(帝)를 칭한다면 동해에 빠져 죽겠다."라고 하였다.《史記 卷83 魯仲連列傳》 담암(澹庵)은 남송 고종 때의 명신 호전(胡銓)의 호이다. 금(金)나라의 침입을 당하여 진회(秦檜)가 화친을 주장하자, 상소하여 진회를 벨 것을 요청하는 등 시종 척화(斥和)를 주장하여 금나라 군사를 물리치려 하였다.《宋史 卷374 胡銓列傳》

담 자 운을 써서 짓다

用覃字韻

차례로 압운(押韻)하여 담(覃) 자 운에 속하는 운자를 모두 사용하였다.

한가한 삶 속에 해 저물어 가는데	端居歲方晏
말없이 앉았노라니 생각 깊어지네	靜默思正覃
솔과 대가 바위 골짝에서 늙어가고	松筠老巖谷
채초와 난초가 강담에서 시름하네	茝蘭愁江潭
높은 풍모는 기산과 영수 사모하고[5]	高風傃箕潁
이설을 말하는 가담[6]들을 비웃노라	異說嗤迦曇
지금 세상을 상심하며 팔 자주 걷어붙이고	傷今腕屢扼
예전 일 살펴보며 말만 부질없이 장황하네	撫古言空譚
수주는 찰만 하지만	隋珠只合佩
예장을 땔감 삼을 수는 없는데[7]	豫章難供燂

5 높은……사모하고 : 은거를 지향한다는 말이다. 기영(箕潁)은 요(堯) 임금 때 고사(高士)인 허유(許由)와 소보(巢父)가 은거하던 곳인 기산(箕山)과 영수(潁水)의 합칭이다. 요 임금이 허유에게 천하를 물려주려 하자 허유는 추잡한 소리를 들었다 하여 영수에서 귀를 씻었으며, 소보는 소에게 영수의 냇물을 먹이려 하다가 허유가 귀를 씻었다는 말을 듣고, 물이 더러워졌다며 소를 상류로 끌고 가서 물을 먹였다 한다. 《高士傳 上》 여기서 유래하여 기영은 은거해 사는 현인을 가리키거나 은거하는 장소를 뜻하는 말로 쓰인다.

6 가담(迦曇) : 석가모니(釋迦牟尼)와 구담화상(瞿曇和尙)의 병칭인데, 구담은 범어 Gautama의 음역으로 석가모니의 성씨이다.

7 수주(隋珠)는……없는데 : 좋은 옥과 좋은 재목이 각각 용도가 있듯이 인재도 능력

하늘의 운행은 쉽게 옮겨가고　天機易推盪
사물의 이치는 뒤섞이는 일 많아　物理多錯參
준마가 둔마 취급도 받고　驥騏充下乘
둔마가 준마 취급도 받지　駑駘爲上驂
새장의 앵무새가 농우를 그리워하고　籠鸚戀隴右
바다 갈매기가 강남에서 노닐지[8]　海鷗遊江南
천지는 결함이 많은 세상인데　乾坤是陷界
우주에 빼어난 남아 누구인가　宇宙誰奇男
난새와 봉황은 올빼미나 송골매와 다르고　鸞鳳異鴟隼
가죽나무와 상수리나무가 편나무나 남나무는 아니지[9]　樗櫟非楩枏

에 맞게 등용되어야 한다는 말이다. 수주는 수후(隋侯)의 구슬이다. 수후가 외출 중에 큰 뱀이 다쳐서 괴로워하는 것을 보고 치료해 주게 하겼는데, 나중에 그 뱀이 밤에도 달처럼 환히 비치는 구슬을 바쳐 보은(報恩)했다는 이야기가 전한다.《搜神記 卷20》 예장(豫章)은 예장(豫樟)으로도 쓰는데, 동량(棟梁)의 재목이나 재능 있는 사람을 비유한다.《사기(史記)》 권117 〈사마상여열전(司馬相如列傳)〉의 정의(正義)에 "예(豫)는 지금의 침목(枕木)이고 장(樟)은 지금의 장목(樟木)이다." 하였다.

8 새장의……노닐지 : 능력을 인정받지 못한 인재가 조정을 떠나 고향으로 돌아가는 것을 비유적으로 읊은 것이다. 농우(隴右)는 농서(隴西) 지방으로, 감숙성(甘肅省) 일대를 가리킨다.《금경(禽經)》에 "앵무새는 농서 지방에서 나오는데, 능히 말을 하는 새이다.〔鸚鵡出隴西, 能言鳥也.〕"라고 하였다. 바다 갈매기가 강남에서 노는 것도 제자리가 아님을 말한 것이다.

9 가죽나무와……아니지 : 타고난 자질이 서로 다르다는 말이다. 저력(樗櫟)은 가죽나무와 상수리나무를 말하는데, 이 나무들은 재목이 될 수 없는 쓸모없는 나무라는 뜻으로 사용된다.《莊子 逍遙遊, 人間世》 편(楩)과 남(楠)은 모두 녹나무 계열의 교목으로 관을 짜거나 교량을 만들 수 있는 훌륭한 재목이다. 당나라 육구몽(陸龜蒙)의 시에 "집을 지을 땐 반드시 편남을 목재로 한다.〔成廈必楩柟〕" 하였다.《歷代詩選 卷80

맵고 단 것은 입으로 구별할 수 있고	辛甛口能辨
차고 더운 것은 몸으로 안다네	冷燠身所諳
어찌 반드시 먹거리로 연어만 있으랴	何須食有鱮
누더기 옷도 입을 수 있다네	且可衣懸鶉
시냇가에 경치 좋은 곳 골라	臨流占別境
띠를 엮어 작은 초막 지었는데	結茅成小庵
숲이 깊어 벽려 넝쿨 자라고	林深長薜荔
땅이 외져 맑은 대쑥 널렸네	地僻饒藺菴
문 앞에 버들은 푸른 가지 흔들고	門前柳拂碧
골 안의 꽃들은 고운 향기 풍기네	洞裏花飄馣
산수 좋아하는 버릇 이미 고질이 되었으니	溪山癖已痼
세상사는 말하고 싶지 않노라	世事舌欲喑
강호로 비록 멀리 떠나왔어도	江湖跡雖遠
임금에 대한 마음은 간직하고 있네[10]	象魏情則含
전원에서 만년에 평온히 지내니	田園晩計穩
우로와 같은 은혜로 남은 삶 적셔 주신 덕이네	雨露餘生涵
성대에 문덕으로 다스리니	聖代飾干羽
변경에 전쟁이 끊어졌네[11]	邊封絶鎧鐂

京口與友生話別》

10 강호(江湖)로……있네 : 비록 초야로 물러나 살고 있지만 임금과 조정에 대한 마음은 늘 갖고 있다는 말이다. 상위(象魏)는 많은 사람들이 볼 수 있도록 나라의 법령을 게시하는 장소를 말한다. 대개 대궐의 문을 사용하였기 때문에 대궐 또는 대궐 문을 가리키는 말로 쓰인다.

11 성대(聖代)에……끊어졌네 : 성스러운 임금이 문덕(文德)으로 다스리자, 오랑캐

생성의 은혜 새와 짐승에게까지 두루 미치고[12]	生成遍獝狘
오물과 독충도 고르게 포용하시며[13]	汚疾均包函
때가 겨우 변란을 겪은 뒤라	時才經變故
선비들도 탐욕을 징계하니[14]	士亦懲貪婪
거의 태괘의 효상을 볼 수 있고	庶看爻象泰
갈등하는 분위기 없네[15]	而無形色懍
발을 열어 푸른 산 바라보니	開簾望翠巘

들의 침입이 없다는 말이다. 《서경》 〈대우모(大禹謨)〉에 "순 임금이 마침내 문덕을 크게 펴시어, 방패와 깃 일산으로 두 뜰에서 춤을 추셨는데, 70일 만에 유묘씨가 와서 항복하였다.〔帝乃誕敷文德, 舞干羽于兩階, 七旬有苗格.〕" 하였다.

12 생성(生成)의……미치고 : 임금의 은혜가 금수(禽獸)에게까지도 미쳤다는 말이다. 휼월(獝狘)은 날아다니는 새와 달려 다니는 짐승을 가리킨다. 《예기》 〈예운(禮運)〉에 "봉을 가축으로 삼자 새들이 길들여져 날아가지 않고, 기린을 가축으로 삼자 짐승들이 길들여져 도망치지 않았다.〔鳳以爲畜, 故鳥不獝, 麟以爲畜, 故獸不狘.〕"라고 하였다.

13 오물과……포용하시며 : 임금이 넓은 도량으로 아무리 더럽고 미천한 것이라도 포용한다는 말이다. 《춘추좌씨전》 선공(宣公) 15년 기사에 "내와 못은 오물을 받아들이고, 산과 숲은 독충을 끌어안으며, 훌륭한 옥도 하자를 숨기고 있으니, 임금이 더러운 것을 포용하는 것은 하늘의 도이다.〔川澤納汚, 山藪藏疾, 瑾瑜匿瑕, 國君含垢, 天之道也.〕"라고 하였다.

14 때가……징계하니 : 《제월당집》의 편차(編次)를 보면, 이 시는 1696년(숙종22)에 지어진 것이다. 1694년에 이른바 갑술환국(甲戌換局)이 있었기 때문에 당시의 관직사회가 조심스러운 분위기였음을 읊은 것으로 보인다.

15 거의……없네 : 갑술환국 이후에 임금은 용서와 포용의 자세를 견지하고 신하들은 조심하여 조정이 안정되고 나라가 평안한 상태임을 말한 것이다. 《주역》의 태괘(泰卦䷊)는 소인이 물러나 밖에 있고 군자가 안으로 들어와 제 자리를 차지하고 있는 상이며, 천지의 기운이 교통하는 상이다.

골짜기 가득 맑은 아지랑이 날리네　　滿壑飛晴嵐
냇가의 나물 저녁에 삶아 먹을 만하고　　谿蔬可夕煮
골짜기 뽕잎 봄누에 먹이로 적합하니　　澗柘宜春蠶
생계야 이만하면 충분하고　　生涯此爲足
경치도 여기서 즐길 만하네　　景物斯可擣
헛된 영화는 몸을 얽매는 그물이니　　浮榮卽身罟
옛 가르침 마음에 새겼네　　古訓乃心鐕
성현의 글 비록 연구할 수 있지만　　遺編雖可討
핵심[16]을 먼저 찾아야 한다네　　肯綮要先探
꽃을 씹음은 준수한 인물 되기 위함이지　　咀華貴得雋
배불리 먹음을 탐함이 아니라네[17]　　果腹元非貪
함영의 음악[18] 진실로 좋아하는데　　咸英寔所慕

16 핵심 : 긍경(肯綮)은 이치가 복잡하게 얽혀 있는 경우, 핵심 부분을 가리키는 말로 쓰인다. 포정(庖丁)이 자연의 순리에 따라 칼을 쓰는 기술이 뛰어나 소의 뼈와 살이 서로 얽힌 곳에 칼질을 하면서 한 번도 칼이 걸린 적이 없었고, 19년 동안 수천 마리의 소를 잡고도 칼날이 마치 숫돌에 막 간 것처럼 예리했다는 포정해우(庖丁解牛)의 고사에서 유래하였다. 《莊子 養生主》

17 꽃을……아니라네 : 글의 뜻을 음미하고 글을 많이 읽는 것은 준수한 인물이 되기 위함이지 부유한 생활을 탐해서가 아니라는 말이다. 저화(咀華)는 꽃을 씹는다는 말로, 글의 뜻을 깊이 음미하여 파악한다는 뜻이다. 한유(韓愈)의 〈진학해(進學解)〉에 "향기 물씬한 글에 푹 젖어들고, 그 묘미를 머금고 씹어서 문장을 지으니, 그 글이 집에 가득하다.〔沈浸醲郁, 含英咀華, 作爲文章, 其書滿家.〕" 하였다.

18 함영(咸英)의 음악 : 함영은 함지(咸池)와 육영(六英)의 합칭이다. 함지는 요(堯) 임금이나 혹은 황제(黃帝)가 지었다는 음악이고, 육영은 제곡(帝嚳) 혹은 전욱(顓頊)이 지은 음악이라고 하는데, 일반적으로 옛날의 훌륭한 음악을 가리키는 말로 쓰인다.

정위의 음악[19] 어찌 즐기랴 　鄭衛何曾媅
고반으로 노래하며 남에게 알리지 않고 　考槃歌弗告
그릇 진열하여 화락하고 즐거워하네[20] 　儐豆樂且湛
거북처럼 숨어 이미 흔적조차 없으니 　龜藏旣無迹
어찌 호시탐탐 노려봄이 있겠는가[21] 　虎視焉有耽
단목처럼 재화를 경영하지 않고[22] 　休營端木貨

19 정위(鄭衛)의 음악 : 춘추 시대 정(鄭)나라와 위(衛)나라의 음악으로, 이 지방의 풍속이 음란하였으므로 음란한 음악을 뜻하는 말로 쓰인다. 공자께서 "음악은 소무를 쓸 것이고, 정나라 음악을 추방하며 말 잘하는 사람을 멀리해야 하니, 정나라 음악은 음탕하고 말 잘하는 사람은 위태롭다.〔樂則韶舞, 放鄭聲, 遠佞人, 鄭聲淫, 佞人殆.〕"라고 하셨다. 《論語 衛靈公》

20 고반(考槃)으로……즐거워하네 : 은둔해 살면서 형제간에 우애 있게 지냄을 읊은 것이다. 고반은 은거하여 유유자적하게 도를 즐기고 덕을 이루는 삶을 뜻한다. 《시경》 〈고반〉에 "고반이 높은 육지에 있으니, 대인이 한가로이 머물도다. 홀로 자고 깨었다가 다시 누웠으나, 길이 이 즐거움을 남에게 말하지 않기로 맹세하도다.〔考槃在陸, 碩人之軸. 獨寐寤宿, 永矢弗告.〕" 하였다. 빈두(儐豆)는 빈이변두(儐爾籩豆)의 준말로, 《시경》 〈상체(常棣)〉에 "네 변두를 늘어놓아, 술 마시기를 실컷 하더라도, 형제간이 모두 있어야, 화락하고 또 사모할 수 있다네.〔儐爾籩豆, 飮酒之飫, 兄弟旣具, 和樂且孺.〕"라고 한 데서 유래하여, 형제간이 모두 함께 있는 즐거움이나 서로 그리워하는 마음을 비유한다.

21 거북처럼……있겠는가 : 이미 자취를 감추고 은둔하였으니 자신을 해치려고 노려보는 사람이 없다는 말이다. 귀장(龜藏)은 귀장륙(龜藏六)으로, 거북이가 위험을 만나면 머리와 꼬리, 네 발을 등껍질 속으로 숨겨서 해를 피하므로, 후대에 재주와 덕이 있는 사람이 자신을 드러내지 않고 은거하여 남들의 질시와 화를 면하는 것을 비유하는 의미로 사용되었다. 《雜阿含經 卷43》

22 단목(端木)처럼……않고 : 재물을 모으려고 애쓰지 않는다는 말이다. 단목은 공자의 제자 단목사(端木賜), 즉 자공(子貢)이다. 공자께서 자공에 대해 "사는 천명을 받아들이지 않고 재화를 불렸다.〔賜不受命, 而貨殖焉.〕" 하셨는데, 불수명(不受命)에

유령처럼 술에 빠짐을 배우지 않노라[23] 莫學劉伶酖
공자는 안회의 가난을 칭찬했고[24] 孔稱回也窶
시에서는 남자의 탐닉을 경계했지[25] 詩戒士之耽
세월은 어찌 이리도 빠르며 年光何太倐
백발은 어찌 쉽사리 자라나 鬢雪奈易毿
평생 백 길의 빗자루를 平生百丈篲
석 자의 방에 쓰지 말라[26] 莫試三尺龕
초요라도 만일 스스로 힘쓴다면 僬僥苟自力
정려도 오히려 감당할 수 있으며[27] 鼎呂猶或堪

대해 범조우(范祖禹)는 자공과 안연을 비교하면서 "천명을 편안히 받아들이지 못하였다.〔不能安受天命〕"라고 해석하였다.《論語 先進》

23 유령(劉伶)처럼……않노라 : 지나치게 술을 즐기지 않는다는 말이다. 유령은 진(晉)나라 때 죽림칠현(竹林七賢)의 한 사람으로, 술을 좋아하여 늘 녹거(鹿車)를 타고 한 호로병의 술을 가지고 다녔는데, 한 사람에게 삽을 메고 따라다니게 하여 자기가 죽으면 그 자리에 묻어 달라고 하였다. 그가 지은 〈주덕송(酒德頌)〉이 《고문진보(古文眞寶)》 후집에 실려 있다.《晉書 卷49 劉伶列傳》

24 공자(孔子)는……칭찬했고 : 공자께서 제자 안회(顔回)의 안빈낙도(安貧樂道)하는 삶을 높이 평가하셨다는 말이다. 《논어》 〈옹야(雍也)〉에 "어질다, 안회여. 한 그릇의 밥과 한 표주박의 음료로 누추한 시골에 있는 것을 다른 사람들은 그 근심을 견뎌 내지 못하는데, 안회는 그 즐거움을 바꾸지 않으니, 어질다, 안회여.〔賢哉回也. 一簞食一瓢飮, 在陋巷, 人不堪其憂, 回也不改其樂, 賢哉回也.〕"라고 하였다.

25 시(詩)에서는……경계했지 : 《시경》 〈맹(氓)〉에 "남자의 놀아남은 오히려 말할 수 있으나, 여자의 놀아남은 말할 수 없도다.〔士之耽兮, 猶可說也, 女之耽兮, 不可說也.〕"라고 하였는데, 여기서는 그 말을 변용하여 남자도 놀아나지 말라고 경계한 것이다.

26 평생……말라 : 평생 갈고 닦은 훌륭한 인품과 능력을 작은 일에 사용하지 말라는 뜻이다.

27 초요(僬僥)라도……있으며 : 초요처럼 작은 사람들도 노력만 하면 큰일을 감당할

마음의 창을 혹 잘 운용한다면　心戈倘善運
마음의 도적을 어찌 이기기 어려우랴　意寇何難戡
알겠다 낚시하던 분의 업적이　從知釣臺績
대장군 경감의 업적보다 훌륭함을[28]　遠邁將軍弇
불현듯 봉황이 춤추던 날 떠오르고[29]　飄思儀鳳日
문득 이를 잡으며 했던 말에 웃노라[30]　却笑捫蝨談

수 있다는 말이다. 초요는《열자(列子)》〈탕문(湯問)〉에 나오는 단인국(短人國) 사람, 또는《국어(國語)》〈노어 하(魯語下)〉에 나오는 키가 석 자밖에 안 된다는 종족이다. 정려(鼎呂)는 하(夏)·은(殷)·주(周)의 보기(寶器)인 구정(九鼎)과 주나라 종묘의 큰 종인 대려(大呂)로, 모두 크고 무겁기로 이름난 물건이다.

28 낚시하던……훌륭함을 : 세속의 이욕을 초월한 공이 장군이 전쟁에서 세운 공보다 훌륭하다는 말이다. 조대(釣臺)는 후한(後漢)의 은사 엄광(嚴光)이 낚시하던 곳으로, 여기서는 엄광을 가리키는 말로 쓰였다. 송(宋)나라 대복고(戴復古)의 〈조대〉에 "어떤 일에도 마음 없이 오직 하나의 낚싯대뿐, 삼공의 자리 준대도 이 강산과 안 바꾸리. 평소 유문숙을 잘못 알고 지낸 탓에, 허명만 세상 가득 야기했을 뿐이네.〔萬事無心一釣竿, 三公不換此江山. 平生誤識劉文叔, 惹起虛名滿世間.〕"라고 하였다.《石屛詩集 卷6》 문숙(文叔)은 광무제(光武帝)의 자이다. 대장군(大將軍) 경엄(耿弇)은 후한(後漢)의 부풍(扶風) 무릉(茂陵) 사람으로, 광무제를 따라 동마(銅馬)·고호(高湖) 등 여러 곳을 진압하였고, 광무제가 즉위한 후에는 건위대장군(建威大將軍)에 임명되고 호치후(好畤侯)에 봉해진 인물이다.《後漢書 卷49 耿弇列傳》

29 봉황(鳳凰)이……떠오르고 : 문치(文治)가 이루어진 태평성대의 모습을 떠올린다는 말이다.《서경》〈익직(益稷)〉에 "소소를 아홉 번 연주하자 봉황이 와서 춤을 추었다.〔簫韶九成, 鳳凰來儀.〕"라고 하였다.

30 이를……웃노라 : 북진(北秦)을 도왔던 왕맹(王猛)의 공덕 정도는 비웃는다는 말이다. 동진(東晉)의 대장(大將) 환온(桓溫)이 관중(關中)으로 쳐들어갔을 때, 당시 곤궁한 소년 왕맹이 환온을 찾아가 알현한 자리에서 천하의 일을 담론하면서 이〔蝨〕를 손으로 잡았다는 고사가 전한다.《晉書 卷114 荷堅載記下 王猛》

넓고 가늚의 차이는 바닷물과 물방울 같고	洪纖澥兼滴
크고 작음의 차이는 태산과 담현 같네	大小泰與郯
삼광은 상서도 재앙도 갖추었고	三光具祥祲
오정은 기쁨도 원망도 포함하지[31]	五情該愉惔
산이 크고 험준한들	由來山崱崱
물이 잔잔함을 어찌 해치랴	何害水淡淡
요컨대 뱃속의 기운 맑게 해야 하니	要淸肚裏氣
어찌 가슴 속의 가래 씻어 내지 않으랴	盍滌胸中痰
진번의 걸상 서치가 오기를 기다렸고[32]	陳床須致孺
언언의 집도 담대멸명을 환영했지[33]	偃室且迎澹

31 삼광(三光)은……포함하지 : 하늘과 인간의 마음속에도 좋고 나쁜 것이 함께 존재하므로 어떻게 사느냐가 중요하다는 말이다. 삼광은 해와 달과 별을 말한다. 오정(五情)은 사람이 가진 다섯 가지 감정으로, 기쁨, 노여움, 슬픔, 욕심, 증오를 말한다.

32 진번(陳蕃)의……기다렸고 : 은사(隱士)를 대우하는 모습을 읊은 것이다. 유(孺)는 후한(後漢) 서치(徐穉)의 자(字)가 유자(孺子)이므로, 서치를 가리킨다. 서치는 진번의 우대를 받아 천거되었으나 조정에 나가지 않고, 직접 농사지으며 공손하고 검약하여 고사(高士)로 불렸다. 명망이 있었으나 언론을 공손히 하여 당고의 화를 면하였다. 태수(太守) 진번이 특별히 그를 위해 걸상을 만들어 놓고, 다른 사람이 올 때는 위에 올려놓았다가 서치가 올 때만 내려놓았다고 한다. 《後漢書 卷53 徐穉列傳》

33 언언(言偃)의……환영했지 : 공정하고 사심이 없는 어진 사람을 좋아한다는 말이다. 언언은 공자의 제자 자유(子游)의 이름이다. 《논어》〈옹야(雍也)〉에, 무성(武城)의 읍재(邑宰)가 된 자유에게 공자께서 "너는 사람을 얻었느냐?"라고 물으시자, 자유가 "담대멸명(澹臺滅明)이라는 자가 있는데, 다닐 때 지름길로 다니지 않고, 공적인 일이 아니면 일찍이 저의 집에 이른 적이 없습니다."라고 하였다. 담대멸명은 모습은 비루하지만 행실은 어질었으니, 공자께서 이르시기를 ""나는 언변으로 사람을 판단하다가 재여를 잘못 보았고, 용모로 사람을 판단하다가 자우를 잘못 보았다.〔吾以言取人, 失之宰

연잎 옷은 만들 수 있지만　　荷裳正可製
꿩고기를 어찌 먹으랴[34]　　雉膏安足餤
사람들은 차를 쓰다고 말하지만　　人言荼是苦
나는 사탕수수를 달지 않다 하네[35]　　我謂蔗非甘
뜨거운 지방에서는 소금이 생산되고[36]　　炎洲産斥鹵
동정산에서는 진귀한 감귤이 나지[37]　　洞庭生珍柑
질경이가 비록 차조는 아니지만　　牛溲縱非朮
나라 원로는 감초와 같지[38]　　國老猶有苷

予, 以貌取人, 失之子羽.〕" 하였다. 자우는 담대멸명의 자이다. 《史記 卷67 仲尼弟子列傳》

34 연잎……먹으랴 : 은둔하여 살 수는 있지만 벼슬살이는 하지 못하겠다는 말이다. 하상(荷裳)은 연잎으로 만든 옷으로, 은사(隱士)가 입는 옷을 말한다. 《초사(楚辭)》〈이소(離騷)〉에 "마름과 연 잎으로 저고리를 만들고, 부용을 엮어 바지를 만들어 입는다.〔製芰荷以爲衣兮, 集芙蓉以爲裳.〕"라고 하였다. 치고(雉膏)는 살지고 기름진 꿩고기라는 뜻으로 맛있는 음식을 두루 이르는데, 여기서는 벼슬살이를 의미한다. 《주역》〈정괘(鼎卦) 구삼(九三)〉에 "꿩의 아름다운 고기를 먹지 못한다.〔雉膏, 不食.〕"라고 하여, 재주와 덕을 갖고 있으나 녹과 지위를 얻지 못함을 말하였다.

35 사람들은……하네 : 세상 사람들은 은둔해서 사는 것이 괴롭고 힘든 일이라 여기지만, 자신은 오히려 벼슬살이하는 것이 탐탁하지 않음을 비유적으로 읊은 것이다.

36 뜨거운……생산되고 : 염주(炎洲)는 남해 가운데 있다고 전해지는 신선들이 사는 곳인데, 여기서는 남방의 바닷가를 가리키는 말로 사용된 듯하다.

37 동정산(洞庭山)에서는……나지 : 호남성(湖南省) 동정호(洞庭湖) 안에 있는 동정산은 바로 감귤(柑橘)의 명산지로, 여기에서 나는 감귤이 일찍 익고 맛도 가장 좋다고 한다. 소순흠(蘇舜欽)의 〈망태호(望太湖)〉에 "입택의 농어 살지자 사람들 옥처럼 회쳐 먹고, 동정의 감귤 익자 나그네들 금처럼 나누어 먹네.〔笠澤鱸肥人膾玉, 洞庭柑熟客分金.〕"라고 하였다.

38 질경이가……같지 : 나라에 원로가 필요한 것처럼 빼어난 인재는 아니라도 꼭 필

누가 능히 꿀물에 담글 수 있으랴　疇能點蜜液
쌀뜨물[39]로 조화함이 좋으리라　好爲調粳泔
모름지기 등에 짐을 지게 해야 하니　須敎背而負
누가 어깨 없이 짊어질 수 있겠는가　孰捨肩可擔
순 임금은 팔원팔개를 등용했고[40]　虞登元凱八
한나라는 세 사람의 영걸을 얻었지[41]　漢得英傑三

요할 때가 있다는 말이다. 우수(牛溲)는 쇠오줌으로 질경이〔車前草〕의 별명이며, 매우 흔하고 값싼 약재를 가리키는 말로 쓰인다. 여기서는 사소한 인재에 비유하였다. 감초는 다른 약들을 중화시키는 역할을 하므로, 관리들을 융화하는 원로에 비유된다. 《고산유고(孤山遺稿)》 권2 〈갑신소(甲申疏)〉에 "감초(甘草)는 다른 약들을 중화시키고 백가지 독을 없애기 때문에 국로(國老)라고도 부르는데, 인재에 비유하면 〈진서(秦誓)〉에서 말한 단단일개신(斷斷一介臣)이 여기에 해당하니, 비록 다른 약들이 있더라도 이것이 없으면 어렵습니다."라고 하였다. 단단일개신은 한결같이 성심(誠心)으로 대하면서 남을 포용하는 아름다운 덕을 소유한 인물을 가리킨다.

39 쌀뜨물 : 쌀뜨물을 넣으면 음식물이 부드럽고 매끄러워진다. 《예기》 〈내칙(內則)〉에 "씀바귀나 부추는 햇것과 묵은 것을 섞어 쌀뜨물로 매끄럽게 하거나 혹은 유지를 사용하여 입에 맞도록 한다.〔堇荁枌榆免薧, 滫瀡以滑之, 脂膏以膏之.〕"라고 하였다.

40 순(舜) 임금은……등용했고 : 원개(元凱)는 팔원팔개(八元八凱)로, 원(元)은 선(善), 개(凱)는 화(和)를 뜻한다. 옛날 고양씨(高陽氏)의 재주 있는 여덟 아들을 백성들이 팔개(八凱)라 불렀고, 고신씨(高辛氏)의 재주 있는 여덟 아들을 팔원(八元)이라 불렀다. 요(堯) 임금은 그들의 자손을 등용하지 못했으나, 순 임금이 요 임금의 신하가 되었을 때 이들을 등용하였다. 《春秋左氏傳 文公18年》

41 한(漢)나라는……얻었지 : 유방(劉邦)이 초(楚)나라를 물리치고 한나라를 세우는 데 결정적인 역할을 한 장량(張良), 한신(韓信), 소하(蕭何)를 얻은 사실을 말한다. 유방이 기원전 202년 항우(項羽)의 초나라를 평정한 뒤에 열후(列侯)와 여러 장수들에게 "내가 천하를 얻을 수 있었던 까닭은 무엇이며, 항우가 천하를 잃은 까닭은 무엇이오?"라고 물으니, 고기(高起)와 왕릉(王陵)이 한 고조는 사람을 보내 성지(城地)를 공략하여 그에게 나누어줌으로써 천하와 이익을 함께 하고, 항우는 공로가 있는 자를

뱃속에 칼 가진 자 누구인가[42] 誰哉腹有劍
심하면 안색이 쪽빛과 같다네 甚則顔如藍
물고기를 구하는 데 어찌 나무에 오르랴[43] 求魚豈緣木
대나무를 써야 대바구니 만들지 用竹方成籃
훌륭해라 붉은 신 신은 재상이여[44] 猗歟赤舃宰
아름다워라 푸른 소 탄 노자여[45] 郁矣青牛聃

미워하고 현자(賢者)를 의심하여 승리하고 난 뒤에 그 사람들과 이익을 함께 하지 않았기 때문이라고 하였다. 이에 고조가 자신은 장량과 소하와 한신 세 사람을 임용(任用)할 수 있어서 천하를 얻었고, 항우는 범증(范增) 한 사람밖에 없었는데 그마저도 끝까지 신용하지 못해 천하를 얻지 못했다고 답하였다.《史記 卷8 高祖本紀》

42 뱃속에……누구인가 : 심술이 음험(陰險)하고 간악함을 이른 말이다. 당 현종(唐玄宗) 때의 간신 이임보(李林甫)가 재상이 되어 문학(文學)의 선비를 몹시 꺼렸는데, 혹 잘 지내는 척 하면서 감언으로 속여 은밀히 모함하였으므로, 세상에서 그를 일러 "입에는 꿀을 머금고 뱃속에는 칼을 품었다.〔口有蜜, 腹有劍.〕"라고 하였다.《資治通鑑 卷215》

43 물고기를……오르랴 : 불가능한 일을 무리하게 성취하려고 해서는 안 된다는 말이다. 전국 시대 제 선왕(齊宣王)이 전쟁을 벌여 토지를 넓히고 진(秦)나라와 초(楚)나라를 호령하고자 하는 야욕을 가진 데 대하여, 맹자께서 "이러한 행위로써 이러한 욕망을 구하신다면 나무에 올라가 물고기를 구하는 것과 같습니다.〔以若所爲, 求若所欲, 猶緣木而求魚也.〕"라고 하였다.《孟子 梁惠王上》

44 붉은……재상(宰相)이여 : 적석(赤舃)은 고대 천자나 제후가 면복(冕服)에 신던 붉은 신발이다.《시경》〈낭발(狼跋)〉에 "이리가 앞으로 나아가면 턱살이 밟히고, 뒤로 물러나면 꼬리가 밟히도다. 공은 큰 아름다움을 사양하시니, 붉은 신이 편안하시도다.〔狼跋其胡, 載疐其尾. 公孫碩膚, 赤舃几几.〕"라고 하였는데, 이 시는 주공(周公)이 어린 성왕(成王)을 대신하여 섭정하면서 많은 비방과 의심을 받았으나, 편안하게 위의(威儀)를 갖추고 정사에 임한 것을 찬미한 것이다.

45 푸른……노자(老子)여 : 노자는 주(周)나라가 쇠퇴해지고 천하가 어지러워지자, 청우(靑牛)를 타고 함곡관(函谷關)을 넘어 은거한 것으로 알려졌다. 전국 시대 진(秦)

아득히 선현의 법도 생각하니 緬懷前哲軌
문득 부끄러운 마음 일어나네 却起中心慙
훌륭한 문장 감히 지을 수 있으랴 文章敢作敵
기록에 남을 사업도 이루지 못했네 事業難登槧
길이 사마상여처럼 소갈증 걸려 長纓茂陵渴
늘 술 취했던 죽림에게 부끄럽네[46] 每恥竹林酣
세상 사람들 나태하다며 다투어 조롱하고 世爭嘲懶散
또 다시 어리석다 헐뜯네 也復訕癡憨
황하는 본래 물결 출렁이고 洪河本蕩潏
검각은 또한 높고 가파른데 劍閣亦嵒巉
어찌 부질없이 회나무 노래하다 如何謾詠檜
끝내 담이에 버려졌나[47] 不免終投儋

나라의 함곡관 영(令)인 윤희(尹喜)가 함곡관 누대에 올라 사방을 관망하다가, 남극노인성(南極老人星)의 자줏빛 기운이 서쪽으로 향하는 것을 보고 크게 기뻐하면서 "앞으로 성인이 이곳을 지나갈 것이다." 하였는데, 과연 푸른 소를 탄 노자를 만나 《도덕경(道德經)》을 전수받았다고 한다. 《列仙傳 上》 노자의 성은 이(李), 이름은 이(耳), 자(字)는 담(聃)이다.

46 길이……부끄럽네 : 장영(長纓)은 매치(每恥)와 짝이 되는 점을 감안할 때 장영(長嬰)의 오자(誤字)로 보인다. 무릉(茂陵)은 한(漢)나라의 문장가인 사마상여(司馬相如)를 말한다. 그는 항상 목이 마르는 소갈증, 즉 당뇨병(糖尿病) 때문에 은퇴하여 무릉에서 살았다. 《史記 卷117 司馬相如列傳》 죽림(竹林)은 위진(魏晉) 시대 노장사상(老莊思想)에 기울어 대숲에서 술을 마시며 청담(淸談)을 일삼던 완적(阮籍), 혜강(嵇康), 산도(山濤), 상수(向秀), 완함(阮咸), 유령(劉伶), 왕융(王戎) 등 죽림칠현(竹林七賢)을 가리킨다.

47 황하(黃河)는……버려졌나 : 소식(蘇軾)이 험난한 조정에서 〈영회(詠檜)〉시를 읊고, 반대파의 모함을 받아 유배된 사실을 말한 것이다. 홍하(洪河)는 큰 강이라는

집이 불타 한창 급한데도 棟宇焚正急
제비와 참새는 오히려 재잘거리지[48] 燕雀語猶譮
누가 알랴 곤궁한 선비의 고달픔이 誰知窮士悴
뽐내는 자의 아름다움보다 훨씬 나은 줄을 絶勝夸夫侈
이 때문에 적송자는 所以赤松子
가서 긴 검은 머리 보존할 수 있었지[49] 去保綠髮鬖

뜻으로, 주로 황하를 이른다. 검각(劍閣)은 장안(長安)에서 서촉(西蜀)으로 들어가는 통로인데, 예부터 험준한 요해지로 유명하였다. 이백(李白)의 〈촉도난(蜀道難)〉에 "검각이 험난하게 우뚝 솟아 버티고 있으니, 한 사나이가 관문을 지키면 일만 명이 공격해도 열지 못할 것이다.〔劍閣崢嶸崔嵬, 一夫當關, 萬夫莫開.〕"라고 하였다. 《李太白集 卷2》 소식이 〈영회〉에서 "뿌리가 구천에 이르도록 굽은 것이 없거늘, 세간에서는 오직 칩거하는 용만이 알아줌이 있다.〔根到九泉無曲處, 世間惟有蟄龍知.〕"라고 노래하였는데, 왕규(王珪)가 이를 문제 삼았다. 《治平要覽 卷115 神宗》 담이(儋耳)는 지금의 중국 해남성(海南省)에 있던 군 이름이다. 송(宋)나라 철종(哲宗)이 친정을 시작하여 신법파(新法派)가 득세하자, 소식은 혜주 사마(惠州司馬)로 좌천되었다가 해남도(海南島)의 담이로 유배되었다.

48 집이……재잘거리지 : 재앙이 임박하였는데도 알아채지 못한다는 말로, 높은 관직에 있으면서 뒤에 닥칠 곤경(困境)을 알지 못하는 사람들을 비유적으로 표현한 것이다. 《공총자(孔叢子)》 〈논세(論勢)〉에 "굴뚝에 불길이 치솟아 동우가 불타려 하는데, 제비와 참새는 안색이 변하지 않은 채, 화가 장차 미치려 하는 것도 모른다.〔竈突炎上, 棟宇將焚, 燕雀顔色不變, 不知禍之將及也.〕"라고 하였다.

49 적송자(赤松子)는……있었지 : 장량(張良)이 속세를 떠나 은둔했기 때문에 목숨을 부지할 수 있었다는 말이다. 적송자는 고대 전설상의 선인을 뜻하지만, 여기서는 적송자와 노닐었다는 장량을 가리키는 말로 쓰였다. 한(漢)나라가 건립되고 장량이 유후(留侯)에 봉해진 뒤에 속세의 미련을 버리고 신선술을 닦겠다면서 "지금 세 치의 혀를 가지고 임금의 스승이 되었을 뿐만 아니라, 만호에 봉해지고 열후의 지위에 올랐으니, 이는 포의가 누릴 수 있는 최대의 영광으로서 나에게는 이미 충분하다고 하겠다. 따라서 이제는 인간 세상의 일을 버리고 적송자를 따라 노닐고 싶다.〔今以三寸舌, 爲帝

누가 담 쌓는 일 그만두고 阿誰辭版築
도리어 양암을 도왔는가[50] 乃反相諒闇
인생은 자기 뜻에 맞게 사는 것이 귀하니[51] 人生貴適意
신묘한 경지 오직 말없는 데 있지 妙處唯在噤
그대 보았나 잘 드러나지 않는 것은 君看闇然者
홑옷 덧 입어서지 애초 남루함이 아님을[52] 尙絅初非襤

者師, 封萬戶, 位列侯, 此布衣之極, 於良足矣. 願棄人間事, 欲從赤松子遊耳.〕"라고 하였다. 《史記 卷55 留侯世家》

50 누가……도왔는가 : 은(殷)나라 부암(傅巖)에서 담 쌓는 일을 하다가 고종(高宗)에게 발탁되어 재상이 된 부열(傅說)의 일을 말한 것이다. 《書經 說命下》《孟子 告子下》 양암(諒闇)은 고종이 거상(居喪)하던 여막(廬幕)에서 유래하여 주로 임금이 삼년상을 치르는 것을 가리키는데, 여기서는 고종을 가리키는 말로 쓰였다. 《書經 說命上》

51 인생은……귀하니 : 스스로 만족하는 삶을 살아야 한다는 말이다. 장한(張翰)은 진(晉)나라 강동(江東)의 오중(吳中) 사람인데, 낙양(洛陽)에서 벼슬살이 하던 중에, 어느 날 가을바람이 일어나자 고향의 순챗국과 농어회가 생각나서 "인생은 자기 뜻에 맞게 사는 것이 중요한데, 어찌 수천 리 밖에서 벼슬에 얽매여 이름과 작록을 구한단 말인가.〔人生貴得適意爾, 何能羈宦數千里以要名爵.〕"라고 하고는, 즉시 벼슬을 그만두고 고향으로 돌아갔던 고사가 전한다. 《世說新語 識鑑》

52 잘 드러나지……아님을 : 《중용장구》 제33장에 "시경에 이르기를 '비단옷을 입고 홑옷을 덧입는다.' 하였으니, 그 문채가 너무 드러남을 싫어해서이다. 그러므로 군자의 도는 은은하나 날로 드러난다.〔詩曰, 衣錦尙絅, 惡其文之著也. 故君子之道, 闇然而日章.〕"라고 하였다. 여기서는 이 말을 인용하여 자신을 내세우지 말고 조심하고 경계하는 삶을 지향할 것을 말하였다.

눈을 노래하다

詠雪

바탕은 음의 정기에서 나왔고	質是陰精出
형체는 나쁜 기운[53]이 엉긴 것이지	形應沴氣凝
비껴 날리니 어찌 질서 있으랴	斜斜寧整飭
마음껏 제멋대로 흩날리네	得得恣飛騰
재주는 이미 발 뚫고 들어오는데	巧旣穿簾入
어리석기는 어찌 나무 눌러 쓰러뜨리나	癡何壓樹崩
잠시 빼어남을 뽐내지 말라	休誇暫時雋
벌써 태양이 떠오르고 있나니	已有太陽昇

53 나쁜 기운 : 여기(沴氣)는 기후가 고르지 못함으로 인하여 재화(災禍)나 병마(病魔) 따위를 가져오는 악기(惡氣)를 말한다.

우연히 《석주집》[54]을 보고 느낌을 쓰다 정축년(1697, 숙종23)

偶覽石洲集感題 丁丑

호방한 화산자[55]	跌宕花山子
문단에서 제일 빼어났지	騷壇第一豪
재주와 감정 원래 수놓은 비단 같았고	才情元錦繡
술 취해 말하면 큰 물결 같았지	醉舌是波濤
일찍부터 당시의 기림 독점했고	夙擅當時譽
임금의 칭찬도 받았는데	仍蒙聖主褒
아 궁류의 시구 때문에	嗟嗟宮柳句
마침내 떨어진 복사꽃을 보았네[56]	竟見落紅桃

선조(宣祖)께서 공(公)의 명성을 듣고, 공이 지은 시를 필사하여 들이게 하고는 관직을 내려 원접사(遠接使) 제술관(製述官)에 충원하셨는데, 공이 숙배(肅拜)하지 않고 갔다.[57] 광해군 때에 〈궁류시(宮柳詩)〉 때문에 형벌을 받아 북쪽으로 유배 가다가 잠시 동대문 밖 민가에서 쉬던 중, 친한

54 석주집(石洲集) : 권필(權韠, 1569～1612)의 문집이다. 권필의 본관은 안동(安東), 자는 여장(汝章), 호는 석주(石洲)이다. 《明齋遺稿 卷43 童蒙敎官贈司憲府持平權公行狀》

55 화산자(花山子) : 권필을 가리키는 말이다. 화산(花山)은 안동(安東)의 옛 이름인데, 권필의 관향(貫鄕)이 안동이므로 이렇게 부른 것이다.

56 궁류(宮柳)의……보았네 : 권필이 〈궁류시(宮柳詩)〉 때문에 죽었다는 말이다. 이 시는 유희분(柳希奮) 등 외척이 권세를 부리는 폐단을 기롱하는 내용이었다. 이 시를 본 광해군이 크게 노하여 친국(親鞫)을 하였고, 권필은 함경도 경원(慶源)으로 귀양길에 올랐다. 그런데 동대문 밖에서 사람들이 주는 전별 술을 마시고 이튿날 죽었다. 시에서 말한 궁궐의 버들은 유씨(柳氏)를 비유한 것으로 알려졌다.

벗이 술을 가지고 와서 권하였다. 벽에 옛 시가 있었으니 "그대에게 한 잔 술 나누기를 다시 권하오, 술은 유령[58]의 무덤 위 흙까지 이르는 것 아니니. 하물며 푸른 봄 날 저물려 하는데, 복사꽃 어지러이 지니 붉은 비 내리는 듯하네.〔勸君更進一杯酒, 酒不到劉伶墳上土. 況是青春日將暮, 桃花亂落如紅雨.〕"[59]라는 내용인데, 권(勸)이 권(權)으로 되어 있었다. 당시는 3월이어서 붉은 복사꽃이 마침 떨어지고 있었다. 공이 마침내 그 집에서 별세하였으니, 만사가 미리 정해진 것이 이와 같다. 아 또한 슬픈 일이다.

57 선조(宣祖)께서……갔다 : 《명재유고(明齋遺稿)》 권43 〈동몽교관증사헌부지평권공행장(童蒙教官贈司憲府持平權公行狀)〉에는 "신축년(1601, 선조34) 중국 사신 고천준(顧天埈)과 최정건(崔廷健)이 왔을 때 이정구(李廷龜)를 원접사로 삼았는데, 이정구가 권필이 시재(詩才)가 있어 명성이 자자하다며 대동하기를 청하였다. 임금이 이를 윤허하고 권필의 시문을 보고 싶어 하자, 승정원에서 시고(詩稿) 수십 편을 필사하여 올렸다. 임금이 크게 칭찬하고 순릉 참봉(順陵參奉)에 임명하였으나 부임하지 않았다." 하여 다른 점이 있다.

58 유령(劉伶) : 진(晉)나라 때 죽림칠현(竹林七賢)의 한 사람으로, 자는 백륜(伯倫)이다. 술을 몹시 좋아하였다. 424쪽 각주23 참조

59 옛 시가……듯하네 : 옛 시는 이하(李賀)의 〈장진주(將進酒)〉이다. 여기서는 마지막 4구를 순서를 바꾸고 내용을 일부 수정하여 썼다. 〈장진주〉에는 "하물며 푸른 봄 날 저물려 하는데, 복사꽃 어지러이 지니 붉은 비 내리는 듯. 권하건대 그대 하루 종일 술에 얼근히 취하게나, 술은 유령의 무덤 위 흙까지 이르는 것 아니니.〔況是青春日將暮, 桃花亂落如紅雨, 勸君終日酩酊醉, 酒不到劉伶墳上土.〕"라고 되어 있다. 《古文眞寶前集 卷7》

아들 상기가 주청사 서장관으로 연경에 가는데 걱정과 아쉬움을 견디지 못하고 급히 써서 주다[60]

琦兒以奏請書狀赴燕 不勝憂戀 走草以贈

군신 간의 공적인 의리 중하고	公義君臣重
부자 간의 사적인 정은 가볍지	私情父子輕
그립다 민둥산에 오르지 말고[61]	懷哉勿陟岵
가거라 먼 여정 조심할지어다	去矣愼行程
이루기 어렵다고 일을 어이 걱정하랴	事豈憂難辦
지극한 정성을 하늘이 응당 도우리라	天應助至誠
복명하는 날에	懸知返命日
웃으며 반갑게 만날 줄을 분명히 아노라	一笑喜相迎

60 아들……주다 : 1697년(숙종23)에 당시 동궁이던 경종(景宗)의 세자 책봉을 인준받기 위해 서문중(徐文重)이 주청 정사(奏請正使), 이동욱(李東郁)이 부사(副使), 김홍정(金弘楨)이 서장관(書狀官)이 되어 청나라에 갔다가 임무를 완수하지 못하고 돌아왔다. 이에 숙종이 세 사람을 삭탈관작하고, 다시 엄정하게 사신을 선발하여 최석정(崔錫鼎)을 정사, 최규서(崔奎瑞)를 부사, 송상기(宋相琦)를 서장관으로 삼았다.《肅宗實錄 23年 3月 11日, 12日》 상황이 이러했기 때문에 아들에 대한 송규렴의 걱정이 컸던 것이다.

61 그립다……말고 : 부모 걱정을 하지 말라는 말이다.《시경》〈척호(陟岵)〉는 효자가 부역을 나가 어버이를 잊지 못하는 심정을 노래한 것인데, 그 첫째 장에 "저 민둥산에 올라가 아버님 계신 곳을 바라보네. 아버님은 '아 내 아들이 부역에 나가 밤낮으로 쉬지 못할 텐데, 부디 몸조심 할지어다. 부디 돌아오고 그치지 말지니라.' 하시겠지.〔陟彼岵兮, 瞻望父兮. 父曰嗟予子行役, 夙夜無已, 上愼旃哉, 猶來無止.〕"라고 하였다.

동쪽 시내에서 조촐하게 술을 마시다가 계족산 봉우리를 마주하니 기뻐서 시구를 완성하다 진퇴격[62]

東澗小酌 對鷄山峯巒 喜而成句 進退格

좋은 일 세상에서 만나지 못하니	好事人間苦未逢
술잔 멈추고 하늘에 묻고 싶어라	停杯吾欲問天公
큰 고래는 푸른 바다에서 길게 물 내뿜는데	穹鯨碧海長噴浪
아름다운 봉황은 붉은 하늘에 길이 자취 감췄네[63]	彩鳳丹霄永閟蹤
맑게 갠 달인들 어찌 밤마다 흴 수 있을까	霽月豈能連夜白
이름난 꽃도 열흘 동안 붉기는 어렵지	名花難得浹旬紅
그중에 무엇이 그나마 기쁠까	箇中何物差堪喜
높은 하늘에 우뚝 솟은 푸른 봉우리라오	屹立層空是碧峯

62 진퇴격(進退格) : 율시에서 용운(用韻)하는 격식의 하나로, 진퇴체 또는 진퇴운이라고도 한다. 한 수의 시에 두 개의 서로 비슷한 운부(韻部)의 운자(韻字)를 가지고 격구(隔句)로 압운하여 일진일퇴(一進一退)를 거듭하므로 이렇게 부른 것이다. 이 시에서 공(公)과 홍(紅)은 평성(平聲)의 동운(東韻)이고, 종(蹤)과 봉(峯)은 평성의 동운(冬韻)이다.

63 큰……감췄네 : 흉악한 소인들이 횡행하여 선도(善道)가 행해지지 않음을 비유한 말이다.

대동강 노래

浿江詞

정지상(鄭知常)의 운[64]을 사용하여 짓다.

이월 강남에 봄물이 많아	二月江南春水多
강 건너 어디선가 채릉가[65] 들리네	隔江何處採菱歌
마름을 따고 마름을 따서 일찍 돌아갈지어다	採菱採菱歸宜早
해 저무는 긴 모래섬에 저녁 물결 이나니	日暮長洲生夕波

석(夕)은 백(白)으로도 쓴다.

64 정지상(鄭知常)의 운 : 정지상(?~1135)의 초명은 지원(之元), 본관은 서경(西京), 호는 남호(南湖)이다. 송규렴이 여기서 사용한 운자는 정지상의 〈송인(送人)〉의 운자와 동일하다.

65 채릉가(採菱歌) : 악부(樂府) 청상곡(淸商曲)의 이름이다. 양 무제(梁武帝)의 〈채릉곡(採菱曲)〉에 "강남의 소녀가 팔목에는 진주를 감고, 황금 비취로 머리 꾸미고 고운 얼굴로 일어나, 조용히 계수나무 노 저으며 채릉을 노래하네. 채릉을 노래해도 마음 기쁘지 않아, 비단 소매로 얼굴 가리고 그리운 님을 바라누나.〔江南稚女珠腕繩, 金翠搖首紅顔興, 桂棹容與歌採菱. 歌採菱, 心未怡, 翳羅袖, 望所思.〕"라고 하였다. 《樂府詩集 卷50 淸商 江南弄》

아들 상기가 일을 마치고 돌아오는 길에 강을 건넜다고 들었다.[66] 이손[67]의 운에 맞춰 짓다

聞兒行竣事回程已渡江 次李孫韻

삼월 봄이 이내 구월 가을되니	三月春仍九月秋
올 때 사람이 갈 때의 누대에 기대겠지	來時人倚去時樓
대동강 버들 여전히 푸르러	浿江楊柳猶青色
아마도 은근히 나그네 시름 위로하겠지	似是慇懃慰客愁

66 아들……들었다 : 송규렴의 장남 송상기(宋相琦)가 청(靑)나라의 연경(燕京)에 사행(使行)을 갔다가 돌아온 일을 말한다. 송상기는 1697년(숙종23) 윤3월에 떠났다가 9월에 돌아왔는데, 시에서도 이 시기를 언급하고 있다. 436쪽 각주60 참조.

67 이손(李孫) : 송규렴의 외손자로, 사위 이익명(李益命)의 아들 이중지(李重之, 1681~1715)이다. 그의 본관은 전주(全州), 자는 사위(士威)이다. 이중지의 제문이 송상기의 《옥오재집(玉吾齋集)》 권16에 〈생질 이중지 제문〔祭甥姪李重之文〕〉이라는 제목으로 수록되어 있다.

먼저 온 인편을 통해 아들 상기의 편지를 받아 보았다. 몇 해 전 꿈에 지은 시를 이어 짓다

先來便見兒書 續成年前夢作詩

내가 수십 년 전 꿈에서 "강남 만 리에 사람은 어디 있는가, 가을날 북쪽 변방에서는 소식도 없구나.〔江南萬里人何在, 塞北三秋信不通.〕"라는 한 연(聯)을 얻었는데, 그 말의 뜻을 깨닫지 못하여 항상 의아해 했다. 지금 아들 상기(相琦)가 문득 주청사의 서장관으로 충원되어 만 리 먼 연경에 갔는데, 주청한 내용은 왕세자의 봉전(封典)이었다. 이 일을 맡아 처음 사행에 나섰던 사신이 일을 성사시키지 못하고 돌아오자 임금께서 진노하여 죄를 물으시고, 곧바로 두 번째 주청사를 파견하여 요청하였던 것이다.[68] 이에 봄이 끝나갈 무렵에 어전에 사직하고 사행 길에 올랐다. 담당한 사신 일의 성패와 돌아올 시기를 모두 알 수 없었으므로 부자간의 사적인 정의가 갑절이나 걱정스러웠으니, 길이 멀고 병들지나 않을까 근심하는 정도가 아니었다. 심양(瀋陽)을 지난 후로는 소식마저 일체 끊어지고 가을이 깊어가니, 근심 걱정이 갈수록 깊어져 달랠 수가 없었다. 아들이 7월 18일에 먼저 오는 인편에게 보내온 편지에 의하면 맡은 일을 완수하였고 건강도 그럭저럭 좋으며, 이미 편지를 쓰던 그 날짜에 일행이 통주(通州)에 도착하여 9월 안에 복명할 수 있을 것이라고 하였다.

8월 16일에 서울에서 편지가 도착하여 그것을 보니, 나도 모르게

68 이 일을……것이다 : 436쪽 각주60 참조.

기쁨을 주체할 수 없었다. 이리하여 예전에 꿈속에서 지었던 시를 떠올려 보니, 그 정경(情境)과 계절이 부합하지 않음이 없었다. 연경이 비록 강남(江南)은 아니지만, 우리나라 사람들은 통상 중국을 강남이라고 칭하니, 이 또한 증험이 되지 못한다고는 할 수 없다. 기이하고 기이하도다. 이에 마침내 나머지를 채워 율시 한 편을 완성하였다.

이별의 슬픔 계속 이어지고 세월은 빠른데	別意悁悁歲月悤
공사 간의 온갖 근심 갈수록 끝나기 어렵네	公私百慮轉難窮
강남 만 리에 사람은 어디 있는가	江南萬里人何在
가을날 북쪽 변방에서는 소식도 없구나	塞北三秋信不通
오늘 편지에 비로소 희소식 전해 오니	此日音書纔報喜
그간의 근심 공연한 것이었네	向來愁緒却成空
여기서 근심과 즐거움 모두 예정된 줄 아노니	從知憂樂皆前定
정경이 먼저 꿈에 나타났던 것인가	情境先形夢寐中

꿈을 적다

記夢

숭정 무오년(1678, 숙종4) 12월 24일은 돌아가신 어머니의 기일이다. 정축년(1697) 12월 20일 4경(更) 쯤에 내가 어떤 집에 도착하여 뜨락 남쪽에 서 있다가 고개를 드니, 어머니께서 대청마루 위 서쪽 가운데에서 동쪽을 향해 앉아 계신 모습을 보았다. 몸에 걸친 옷은 평소에 늘 입으시던 평상복이었다. 앞에 작은 솜옷 저고리를 펼치고 몸을 조금 구부려 손바느질을 하고 계셨다.

나는 깜짝 놀라고 기쁜 마음에 뛰어 올라가 자리의 오른쪽으로 방석 하나를 놓을 만한 정도의 위치에서 절을 하고 공손히 무릎을 꿇고 앉았다. 그런데 어머니께서는 특별히 살펴보는 것도 아니고 또한 아무 말씀도 없는 것이 마치 하시는 일에 열중하여 다른 것에는 미칠 겨를이 없는 것 같은 모습이었다. 잠깐사이에 놀라 깨니 꿈이었다. 멍하니 슬픔이 밀려와 마음을 가눌 길이 없더니, 나도 모르게 슬픔의 눈물이 눈자위에 맺혔다. 일어나 등불을 켠 뒤 이 일을 기록하고 한 편의 절구를 지어 망극한 사모의 마음을 조금이나마 펼쳐 본다.

어머님과 헤어지고 몇 번이나 봄을 보냈나	一別慈顔閱幾春
기제사[69] 문득 사흘 앞두고	喪餘忽復隔三晨

69 기제사(忌祭祀) : 상여(喪餘)는 거상(居喪)을 마치고 난 나머지라는 뜻으로, 삼년상을 치르고 지내는 기제사를 가리킨다.

꿈속에서 잠시 절하니 예전처럼 기뻤는데	夢中乍拜歡如昔
깬 뒤에 눈물이 수건을 적시니 어찌 감당하랴	覺後那堪血滿巾

겨울밤에 즉흥적으로 짓다
冬夜卽事

우두커니 긴긴 밤에 앉아서	脈脈坐長夜
간절히 옛 사람 생각하네	忉忉懷古人
옛 사람 다시 오지 않는데	古人不可作
긴긴 밤은 언제나 새벽 되려나	長夜何時晨
쌓인 눈 산과 골짝에 가득하고	積雪滿山谷
두꺼운 얼음이 시냇물 덮었겠지	層氷籠澗瀞
일어나 문 열고 바라보니	起來拓戶看
천지는 바야흐로 둔몽이로다[70]	天地方蒙屯

70 천지는 바야흐로 둔몽(屯蒙)이로다 : 천지가 눈과 얼음으로 덮여 있는 한겨울의 모습을 읊은 것이다. 《주역》에서 둔괘(屯卦)와 몽괘(蒙卦)는 아직 생하지 못하거나 처음의 어려움을 의미한다. 둔은 풀이 소생하려 하나 아직은 힘이 부치는 모양으로, 《주역》 〈둔괘(屯卦) 단(彖)〉에 "둔은 강과 유가 처음 사귀어 어려움이 생겼다.〔屯, 剛柔始交而難生.〕"라고 하였다. 또한 몽괘는 산 밑에서 험난함을 만난 상으로, 《주역》 〈몽괘(蒙卦) 단(彖)〉에 "몽은 산 아래에 험함이 있고, 험하고 그친 것이 몽이다.〔蒙, 山下有險, 險而止, 蒙.〕"라고 하였다.

봄날에 즉흥적으로 읊다 무인년(1698, 숙종24)

春日卽事 戊寅

북쪽 기슭 산속 늙은이 생활 곤궁한데	北麓山翁生事微
사립문에 온종일 오는 손님도 드무네	柴門盡日客來稀
매화는 가랑비 맞아 이제 막 피었는데	梅經小雨今纔放
제비는 남은 추위 겁내 아직 오지 않네	燕怯餘寒尙不歸
거친 밥이나마 저녁을 지을 수 없고	疏糲未能謀夕爨
막걸리를 조복 잡혀서라도 사고 싶네	薄醪還欲典朝衣
옥계에 맑은 시냇물 있어	玉溪賴有淸流在
봄옷으로 기수에 목욕한 증점 따를 수 있네[71]	春服堪追點浴沂

71 옥계(玉溪)에……있네 : 봄나들이를 갈 수 있다는 말이다. 공자(孔子)께서 제자들에게 저마다 자신의 뜻을 말해보라고 하시자 증점(曾點)이 "늦봄에 봄옷이 이미 만들어지면 관을 쓴 어른 대여섯 명과 아이 예닐곱과 함께 기수에서 목욕하고 무우에서 바람 쐬고, 노래하며 돌아오겠습니다.〔莫春者, 春服旣成, 冠者五六人, 童子六七人, 浴乎沂, 風乎舞雩, 詠而歸.〕"라고 대답한 고사가 전한다. 《論語 先進》

비 온 뒤에 지은 잡시

雨後雜詩

비가 막 갠 작은 정원의 풍경	小園風物雨晴初
산속 늙은이 넘치는 흥취 누가 알까	誰識山翁興有餘
꽃 그림자 속에 새들은 끝없이 우는데	無限鳥聲花影裏
문 닫고 온종일 누워 책을 보네	閉門終日臥看書

즉흥적으로 지어 회포를 쓰다

即事述懷

빈산에 한 번 누운 뒤로 세월 깊으니	一臥空山歲月深
눈서리처럼 세는 귀밑머리 어이하랴	鬢邊其奈雪霜侵
늙어서도 여전히 시 즐기는 버릇 있는데	老來尙有耽詩癖
가난해도 오히려 녹 바라는 마음 없노라	貧去猶無慕祿心
거친 밭도 힘 약해 농사 망치기 쉽고	荒畝力孱農易失
짧은 책도 눈 어두워 글자 알아보기 어렵네	短編眸暗字難尋
쇠잔한 삶 모든 일을 어찌 말하랴	殘生萬事何須說
흥이 나면 그저 녹기금[72] 뜯노라	興到唯彈綠綺琴

72 녹기금(綠綺琴) : 유명한 거문고 이름인데, 일반적으로 좋은 거문고의 뜻으로 쓰인다. 한(漢)나라의 사마상여(司馬相如)가 〈옥여의부(玉如意賦)〉를 지어 양왕(梁王)에게 바치자, 왕이 기뻐하며 보답으로 사마상여에게 하사했다고 한다. 《古琴疏》

즉흥적으로 짓다

卽事

건제체(建除體)[73]로 짓다.

관찰사는 분수에 넘는 일	建節曾踰分
벼슬 버리고 고향으로 돌아와	投簪此返鄕
맑은 시내 굽이에 띠 제거하고	除茅淸澗曲
푸른 산 남쪽에 집 지었더니	構屋碧山陽
계곡 가득 샘물이 옥 소리처럼 울리고	滿壑泉鳴玉
난간 앞에 산들이 푸른빛 드리우네	當軒岫納蒼
평생 불우한 신세 달게 여겼는데	平生甘落拓
늙어가며 더욱 거칠어졌네	老去益顚狂
정력[74]을 비록 갖추기 어렵지만	定力雖難辦
한가로이 지내기엔 해롭지 않구나	閒居却不妨
집착에 헤맨다고 남들이 혹 웃겠지만	執迷人或笑
나는 사리를 제법 잘 헤아리지	商度我頗詳

73 건제체(建除體) : 건제(建除)는 음양가(陰陽家)에서 십이진(十二辰)에 바탕을 두어 길흉화복을 점치기 위해 마련한 십이단(十二段)으로, 건(建), 제(除), 만(滿), 평(平), 정(定), 집(執), 파(破), 위(危), 성(成), 수(收), 개(開), 폐(閉)이다. 건제체는 이 열두 글자를 차례로 넣어 짓는 시이다. 이 시에서는 홀수 구의 첫 번째 자리에 이 열두 글자를 사용하였다.

74 정력(定力) : 불가의 말로 번뇌와 망상을 사라지게 하는 선정(禪定)의 힘을 의미하기도 하는데, 자기 자신을 수양하는 정신력을 가리키기도 한다.

적막을 깨는 건 오직 바둑돌 소리요	破寂唯棋局
시름 씻는 데는 술이 제격이지	澆愁是酒觴
위태로운 일에 발붙이기 어려우니	危機難着足
험난한 바다에 누가 배 띄우랴	險海孰浮航
성공과 실패가 서로 기다려 순환하니	成毀元相待
뜨고 잠김이 어찌 일정하랴	升沈詎可常
거두어 감추는 것이 진실로 묘법이고	收藏眞妙法
자유분방한 삶이 바로 좋은 방책이지	放達卽良方
천지가 열려 크고 넓으며	開闢乾坤大
해와 달이 오래도록 밝게 빛나니	光昭日月長
문 닫고 애오라지 자적하며	閉門聊自適
이 즐거움 잊지 않길 바라노라	此樂願無忘

칠흑같이 어두운 밤에

夜昏如漆

태일은 본래의 신령 있으니	太一從來有本靈
이 밤 잠시 캄캄한들 어찌 싫어하랴	何妨此夜暫昏冥
내일 아침 부상 너머에서 해 나오면	明朝日出扶桑外
천지와 산천이 옛 모습 그대로겠지	天地山川摠舊形

달을 마주하고 빠르게 짓다

對月走筆

국명체(國名體)로 짓다.

그대는 보지 못했나 낙양의 소진이 육국의 인장 찬 것을

君不見洛陽蘇秦身佩六國印

고작 당시에 수레 타고 주류하며 혀 놀렸지[75]

只爲當年伏軾周流掉寸舌

또 보지 못했나 초나라 변화가 발을 지키지 못한 것을

又不見楚國卞和不能衛其足

누가 알았으랴 형산의 보옥이 필경 재앙 될 줄을[76]

75 낙양(洛陽)의……놀렸지 : 전국 시대(戰國時代) 소진(蘇秦)이 여섯 나라에 유세한 일을 읊은 것이다. 소진은 하남성(河南省) 낙양 출신으로, 전국 시대 진(秦)나라의 위세가 막강해질 때, 조(趙)·한(韓)·위(魏)·제(齊)·초(楚)의 여섯 나라를 돌며 6국이 연합하여 진나라에 대항할 것을 역설하였다. 기원전 333년 결국 6국 합종책(合從策)을 성사시켜 홀로 6국의 재상의 인장을 차고 합종책을 주장하였다. 복식(伏軾)은 수레 앞의 가로장을 붙드는 것을 말한다. 《사기(史記)》 권92 〈회음후열전(淮陰侯列傳)〉에 "역생이 일개 선비로 수레를 타고 세 치의 혀를 놀려 제나라의 70여 성을 항복받았다.〔酈生一士, 伏軾掉三寸之舌, 下齊七十餘城.〕"라고 하였다. 역생(酈生)은 역이기(酈食其)를 가리킨다.

76 초(楚)나라……줄을 : 좋은 보배를 얻은 일이 도리어 재앙이 될 수 있음을 읊은 것이다. 춘추 시대(春秋時代) 초나라 사람 변화(卞和)가 형산(荊山)에서 진귀한 옥돌을 얻어 여왕(厲王)에게 바쳤는데, 여왕은 이 옥돌의 진가를 알아보지 못하는 감정가의 말을 듣고 그의 왼발을 베었고, 무왕(武王)에게 바쳤지만 무왕 역시 알아보지 못하고 그의 오른발을 베었다. 그 뒤 문왕(文王)이 즉위하였는데, 변화가 박옥을 안고 3일간

執知荊山寶玉畢竟爲災孼

예부터 득실이 이러한데 古來得失有如許

칠원의 어떤 이는 만물을 가지런히 하려 했지[77] 漆園何人欲齊物

오호라 인간 만사 모두 황당하니 嗚呼人間萬事摠荒唐

푸른 하늘에 밝은 달이 매번 동쪽 산에서 나옴을 기뻐하노라

獨喜靑天明月每從東山出

눈물을 흘리며 슬피 울자, 문왕이 까닭을 묻고 옥 장인에게 가공하게 하여 최고의 보물인 화씨벽(和氏璧)을 얻었다고 한다. 《韓非子 和氏》

77 칠원(漆園)의……했지 : 칠원의 어떤 이는 장자(莊子)를 가리킨다. 장자가 몽(蒙) 땅의 칠원에서 하급관리로 있었기 때문에 이렇게 부른 것이다. 제물(齊物)은 만물이 본질적으로 차별이 없다는 의미로, 《장자(莊子)》 〈제물론(齊物論)〉에 그 사상이 집약되어 있다.

큰 눈이 내린 후에 빠르게 쓰다
大雪後走筆

눈발이 어찌나 대단한지 雪意何浩蕩
잠깐 사이 천지에 가득하네 須臾滿天地
산천이 모두 하얗게 보여 川原一望皓
원근이 전부 똑같네 遠近渾無異
무엇보다 수많은 산들이 은빛 갑옷 걸쳐 最是千峯萬岫帶銀甲
한나라 오십육만 병사가 다 흰 옷 입은 듯하고[78] 恰似漢兵五十六萬皆縞素
또 온갖 나무들이 옥가루 발라 又是千林萬樹塗玉屑
단장한 수나라 삼천 궁녀의 자태 같네[79] 恰似隋宮粉黛三千呈態度
홀연 세계가 순식간에 바뀌니 居然世界換頃刻
누가 혼돈 뒤에만 개벽이라 말했나 誰道混沌之後乃開闢
만물이 옛 모습 잃어 萬品失其舊
예전의 형체와 빛깔 하나도 없네 向來形形色色都無有

78 수많은……듯하고 : 눈으로 덮인 흰 산들을 수많은 병사에 비유한 것인데, 유방(劉邦)이 다섯 나라 제후의 군대 56만 명을 거느리고 초나라를 쳐서 승리한 뒤에 팽성(彭城)에 들어간 일이 있다.《史略 卷2 西漢》

79 온갖……같네 : 눈으로 덮인 나무들을 미녀에 비유한 것이다. 수 양제(隋煬帝)는 즉위 후에 낙양에 호화로운 궁전을 짓고 수만 명의 궁녀들과 즐겼는데, 이 때 궁녀들이 사용한 화장품이 하루에 다섯 섬이었다고 한다. 또 대운하를 파고 유람을 즐겼는데, 운하에는 궁녀들이 화장하며 뿌린 분가루가 가득 흘렀다고 한다.

이상하다 조화옹이여　異哉造化翁

어찌 힘들여 미친 듯 교묘하게 새 솜씨 부렸나

何苦特施倡狂幻弄之新功

분명 어수선한 뭇 현상들 싫어서　定嫌群爻衆象極紛綸

조용히 없애버리고 이 별난 세상 만든 게지[80]

潛陶默盪兮做此別樣之洪勻

80 분명……게지 : 조물주가 만사만물이 어지럽게 얽히고설킨 모습이 싫어 온통 하얀 눈으로 덮었다는 말이다. 군효중상(群爻衆象)은 《주역》의 64괘(卦) 384효(爻)가 상응하며 만들어 내는 일체의 상(象)을 가리킨다. 홍균(洪勻)은 본래 도자기를 만들 때 돌리는 큰 물레인데, 우주자연이 순환하며 만물을 생성하는 것을 비유한다.

우연히 짓다 기묘년(1699, 숙종25)

偶題 己卯

처음에는 어찌 원개였으며 뒤에는 공환이었나　初何元凱後共驩
무릎에 앉히고 연못에 밀기 전혀 어려워하지 않네[81]　加膝推淵不少難
애증이 사심에 쉽게 가려지기 때문이지　自是愛憎私易蔽
난초와 채초가 띠풀로 변한 건 아니라네[82]　非關蘭茝化茅菅

81 처음에는……않네 : 신하를 등용하는 임금의 변덕을 비유적으로 읊은 것이다. 원개(元凱)는 팔원팔개(八元八凱)의 준말로, 훌륭한 신하를 가리킨다. 428쪽 각주40 참조. 공환(共驩)은 요 임금 때의 신하인 공공(共工)과 환도(驩兜)로, 순 임금이 즉위한 후에 이들을 각각 유주(幽州)와 숭산(崇山)으로 내쫓았다. 가슬추연(加膝推淵)은 고우면 무릎에 앉히고 미우면 연못에 밀어 떨어뜨린다는 말로, 임금의 변덕스런 신하 기용을 비유한다. 《예기》 〈단궁 하(檀弓下)〉에 "오늘날의 군자는 사람을 기용할 때는 마치 무릎에 앉힐 듯이 하고, 사람을 물리칠 때는 마치 연못에 떨어뜨릴 듯이 한다.〔今之君子, 進人若將加諸膝, 退人若將墜諸淵.〕"라고 한 자사(子思)의 말에서 유래하였다.

82 애증이……아니라네 : 임금의 마음이 변한 것일 뿐 신하의 지조나 태도가 변한 것은 아니라는 말이다. 굴원(屈原)의 〈이소(離騷)〉에 "난초와 지초는 변하여서 향기를 잃었고, 전초와 혜초는 변하여 띠풀이 되었네.〔蘭芷變而不芳兮, 荃蕙化而爲茅.〕"라고 하였다.

증조할아버지 송담 부군[83]께서 일찍이 〈고란사 단가〉[84]를 지으셨다. 일송 심 상공[85]이 그 맑고 높은 가락과 날 듯한 곡조를 좋아하여 절구 한 수를 지었는데 "길이 고찰 고란사 서편으로 접어드니, 산꽃 두루 피어 몇 가지 낮게 깔렸네. 슬프고 슬퍼라 촉군의 혼백이여 그리움이 사무쳐, 가랑비 내리는 맑은 강물에 울음 그치지 않네."라고 하였다. 말의 뜻이 극진하여 더할 것이 없는데, 내가 스스로 헤아리지 못하고 이에 감히 흉내 내어 사모하는 마음[86]을 부친다

曾王考松潭府君嘗作皐蘭寺短歌 一松沈相公愛其音調淸越飜腔 成一絶曰 路入皐蘭古寺西 山花開遍幾枝低 哀哀蜀魄多情思 細雨淸江不盡啼 辭意逼盡 無以加焉 不肖不自量 乃敢效嚬 以寓羹墻之感

83 송담 부군(松潭府君) : 송남수(宋枏壽, 1537~1626)로, 본관은 은진(恩津), 자는 영로(靈老), 호는 송담(松潭)이다. 통천 군수(通川郡守), 임천 군수(林川郡守) 등을 역임하였다. 저서에 《송담집(松潭集)》이 있다. 《宋子大全 卷188 松潭宋公墓誌》

84 고란사 단가(皐蘭寺短歌) : 원제목은 《송담집(松潭集)》 권1에 수록되어 있는 〈기증유산천(記曾遊山川)〉이다. 고란사는 충청남도 부여군 부여읍 쌍북리에 있는 절로, 이 시는 송남수가 임천 군수로 있을 때 지은 시로 보인다.

85 심 상공(沈相公) : 심희수(沈喜壽, 1548~1622)로, 본관은 청송(靑松), 자는 백구(伯懼), 호는 일송(一松)·수뢰루인(水雷累人), 시호는 문정(文貞)이다. 우의정과 좌의정을 역임하였다. 저서로 《일송집(一松集)》이 있다. 《樊巖集 卷46 大匡輔國崇祿大夫……一松沈公神道碑銘》

86 사모하는 마음 : 갱장(羹墻)은 국과 담장이라는 말로, 사모한다는 뜻이다. 《후한서(後漢書)》 권63 〈이두열전(李杜列傳)〉에 "옛날 요 임금이 죽은 뒤에 순 임금이 3년 동안 사모하여, 앉으면 요 임금이 담장에서 보이고 식사 때는 요 임금이 국에 나타났다.〔昔堯殂之後, 舜仰慕三年, 坐則見堯於牆, 食則覩堯於羹.〕"라고 한 데서 유래하였다.

산 위의 절[87]까지 길이 몇 굽이나 도는데 山上招提路幾回
바위틈의 무수한 꽃들 정겹게 피었네 巖花無數盡情開
두견새의 슬픈 울음[88] 무슨 일인지 아는지 杜鵑啼血知何事
가랑비 내리는 맑은 강물에 소리 더욱 애절하네 細雨淸江聲轉哀

87 절 : 초제(招提)는 사원(寺院)이라는 의미의 범어 caturdeśa를 음역(音譯)한 것으로, 특히 관부(官府)에서 사액(賜額)한 절을 지칭하는 용어로 쓰인다.

88 두견새의 슬픈 울음 : 옛날에 촉(蜀)나라 임금 두우(杜宇)가 원통하게 죽어 두견새로 변화하여 봄철이면 밤낮으로 피를 토할 때까지 슬피 울었다는 전설이 있기에 한 말이다. 《華陽國志》

우연히 사암 박순의 〈용산시〉[89]가 생각나기에 차운하여 회포를 달래다

偶思朴思庵龍山詩 次韻遣懷

생애가 어찌하면 구름 낀 산과 같겠는가　生涯爭似一雲山
산에는 영지 있고 또 난초도 있다네　山有靈芝更有蘭
관새 북쪽은 지금도 하늘 아득하고　塞北秪今天漠漠
강 남쪽은 예부터 바다 드넓었지　江南從古海漫漫
닭 울음이 비오는 밤이라고 소리 어찌 변하랴　鷄鳴雨夜聲何變
기러기가 가을 하늘 날아도 날개 차갑지 않네　雁度秋空翅不寒
세상에 빼어난 절경 알고 싶으면　欲識世間奇絶處
안개 물결 쓸쓸한 자릉의 여울[90] 있다네　煙波蕭瑟子陵灘

89 박순(朴淳)의 용산시(龍山詩) : 박순(1523~1589)의 본관은 충주(忠州), 자는 화숙(和叔), 호는 사암(思菴), 시호는 문충(文忠)이다. 송규렴이 차운한 시는 《사암집(思菴集)》 권3에 수록되어 있는 〈용산에서 돌아오는 한강의 배 안에서 입으로 불러 짓다.〔自龍山歸漢江舟中口號〕〉이다.

90 자릉(子陵)의 여울 : 자릉은 후한 광무제(後漢光武帝) 때의 은사 엄광(嚴光)의 자이다. 광무제와 어릴 때의 친구로, 광무제가 제위(帝位)에 오른 뒤에 성명을 바꾸고 숨어 살았다. 광무제가 그를 찾기 위하여 온 천하에 명을 내렸는데, 제국(齊國)에서 "어떤 사람이 양구(羊裘)를 입고 못에서 낚시질합니다."라는 제보가 올라왔다. 광무제가 좋은 수레와 폐백을 갖추어 세 번 부른 뒤에야 왔다. 벼슬을 주었으나 끝내 사양하고 부춘산(富春山)에 은거하였고, 후인들은 그가 낚시질하던 곳을 엄릉탄(嚴陵灘)이라 하였다.

화양동[91]을 떠올리며 감회가 있어

憶華陽洞有感

구슬처럼 연이은 산과 옥 같은 샘	瓊作巖巒玉作泉
은거의 자취 아직도 변함없네[92]	考槃遺躅尙依然
사문은 산이 무너지는 날 극진히 애통했고	斯文痛極山頹日
세상은 임금이 깨닫던 해에 함께 기뻐했네[93]	擧世歡均主悟年
변방에 오랑캐 생김을 어찌 말할 수 있으랴	絶域戎生那足說
집안싸움 일어나니 가장 안타까워라[94]	蕭墻兵起最堪憐

91 화양동(華陽洞) : 충청북도 괴산군 청천면 화양리에 있는 화양구곡(華陽九曲)을 말한다. 송시열(宋時烈)이 은거하던 곳으로 뒤에 화양서원이 세워져 노론의 사상과 정치를 주도하는 곳이 되었다.

92 은거의……변함없네 : 송시열이 은거하던 자취가 그대로라는 말이다. 고반(考槃)은 《시경》의 편명으로, 현자(賢者)가 은거하는 집이나 또는 은거하는 즐거움을 이른다. 423쪽 각주20 참조.

93 사문(斯文)은……기뻐했네 : 산퇴(山頹)는 공자(孔子)께서 자신이 별세할 꿈을 꾸시고 아침에 일찍 일어나 뒷짐을 지고 지팡이를 짚은 채 문 앞에서 한가로이 거닐며 노래하기를 "태산이 무너지겠구나, 들보가 부러지겠구나, 철인이 죽겠구나.〔泰山其頹乎, 梁木其壞乎, 哲人其萎乎.〕"라고 한 데서 유래하여 스승이나 철인의 죽음을 의미하게 되었다.《禮記 檀弓上》 여기서는 1689년(숙종15) 송시열이 사약을 받고 정읍(井邑)에서 사망한 사건을 말한다. 임금이 깨우쳤다는 것은 1694년 갑술환국(甲戌換局)으로 노론(老論)의 일파가 다시 정권을 잡은 사건을 말한다.

94 변방에……안타까워라 : 청나라의 횡포는 말할 거를도 없고, 나라 안에서 일어나는 당파 싸움이 안타깝다는 말이다. 소장(蕭墻)은 내적인 요인으로 발생하는 우환을 말한다. 노(魯)나라 계씨(季氏)가 부용국인 전유(顓臾)를 치려 하자, 공자께서 염유

예부터 세상만사 끝이 없음 아노니	古來萬事知何限
끝내는 크게 안정된 세상을 보리라	畢竟惟看大定天

(冉有)와 계로(季路)를 꾸짖으며 "나는 계손의 근심이 전유에 있지 않고 병풍 안에 있을까 두렵다.〔吾恐季孫之憂, 不在顓臾而在蕭墻之內也.〕"라고 한 데서 유래하였다. 《論語 季氏》

밤에 앉아 입으로 부르다 2수

夜坐口占 二首

밝은 달 맑은 밤이 마음에 들 때　　明月淸宵得意時
이 사이의 진정한 흥취 누가 알랴　　此間眞趣有誰知
남은 인생 이미 벼슬할 마음 끊었으니　　餘生已絶靑雲念
만년에 〈백설사〉[95]는 읊지 않으리라　　末路休吟白雪詞
무수한 저문 단풍이 북쪽 기슭 장식하고　　無數晩楓粧北麓
몇 떨기 가을 국화가 동쪽 울타리 둘렀네　　幾叢秋菊繞東籬
해마다 산 속 경치 실컷 감상하노니　　年年飽賞山中景
도도한 흥취 줄지 않았네　　興致滔滔輒不衰

2

순 임금 조정의 봉황 어찌나 덕이 쇠했던지　　虞庭丹鳥德何衰
한 번 떠나고 천 년 동안 다시 춤추지 않았지[96]　　一去千年不復儀

95 백설사(白雪詞) : 초나라의 백설(白雪)과 양춘(陽春) 두 가곡 중의 하나이다. 이 가곡은 곡조가 매우 고상하여 화답하는 사람이 아주 드물었다는 데서 유래하여 뛰어난 시가(詩歌)에 비유된다. 송옥(宋玉)의 〈대초왕문(對楚王問)〉에 "하리파인곡(下里巴人曲)은 국중(國中)에서 그것을 이어 화답하는 자가 수천 명이요, 양아곡(陽阿曲)과 해로곡(薤露曲)은 국중에서 그것을 이어 화답하는 자가 수백 명이요, 양춘곡과 백설곡은 국중에서 그것을 이어 화답하는 자가 수십 명에 불과하니, 이것은 곧 곡조가 고상할수록 화답하는 자가 더욱 적기 때문이다."라고 하였다.

96 순(舜) 임금……않았지 : 우정(虞庭)은 순 임금의 조정을 가리키고 단조(丹鳥)는 봉황을 가리킨다. 《서경》〈익직(益稷)〉에 "소소의 음악을 아홉 번 연주하자, 봉황이

지극한 도를 그동안 누가 펼쳤던가	至道向來誰展拓
순박한 풍속 오늘날 이미 흐려졌네	淳風今日已淆漓
엄릉이 낚싯대 잡은 것은 의도가 있었고[97]	嚴陵把釣心應在
공자께서 뗏목 타려 하신 뜻 알 수 있네[98]	魯叟乘桴意可知
안타깝다 평생 한나라 제갈량은	却惜平生漢諸葛
신명 다했으나 끝내 한나라 기틀 열지 못했네[99]	鞠躬終未闡炎基

와서 춤을 추었다.〔簫韶九成, 鳳凰來儀.〕"라고 하였는데, 소소(簫韶)는 순 임금의 음악으로, 봉황새가 이 음악에 감응하여 와서 춤을 춘 것이라 한다. 여기서는 태평성대가 도래하지 않는 현실을 비유한 것이다.

97 엄릉(嚴陵)이……있었고 : 엄광(嚴光)이 은둔했던 마음을 살펴야 한다는 말이다. 엄릉은 엄광으로, 그의 자가 자릉(子陵)이기 때문에 엄릉이라고 하였다. 458쪽 각주90 참조.

98 공자(孔子)께서……있네 : 노수(魯叟)는 공자를 가리키는 말이다. 《논어》〈공야장(公冶長)〉에 "도가 행해지지 않는다. 뗏목을 타고 바다를 항해하려 한다.〔道不行, 乘桴, 浮于海.〕"라고 하였다.

99 제갈량(諸葛亮)은……못했네 : 제갈량이 혼란한 세상에서 한(漢)나라의 부흥을 위해 신명을 다했지만 결국 뜻을 이루지 못했다는 말이다. 국궁(鞠躬)은 국궁진췌(鞠躬盡瘁)의 준말로, 마음과 몸을 다 바쳐 나랏일에 이바지하는 것을 뜻한다. 제갈량의 〈후출사표(後出師表)〉에 "신은 몸을 굽히고 수고로움을 다하여 죽은 뒤에야 그만둘 것이요, 성공과 실패, 유리함과 불리함에 대해서는 신의 지혜로 미리 예측할 수 있는 바가 아닙니다.〔臣鞠躬盡瘁, 死而後已, 至於成敗利鈍, 非臣之明所能逆覩也.〕"라고 하였다. 염(炎)은 한나라를 이르는 말이다. 오행가(五行家)들이 한나라가 화덕(火德)으로 왕업을 이루었다고 한 데에서 비롯되었다.

선달 그믐날 저녁에 빠르게 짓다

除夕走筆

1·2·3·4·5·6·7·8·9·10언(言)의 절구(絶句)로 짓다.

한 해가 歲
다 저물고 闌
이 밤도 宵
끝나가네 殘
일언(一言)

근심스레 앉아 愁坐
잠 못 이루니 不眠
온갖 감회가 百感
분분하네 紛然
이언(二言)

눈발이 문에 몰아치고 雪侵戶
등불조차 쓸쓸하여 燈正寒
한 병 술로는 一壺酒
기쁘기 어렵구나 難作歡
삼언(三言)

양 창자 같은 길도 험하지 않고 羊腸不險

촉 땅 가는 길도 어렵지 않나니[100] 蜀道非難
어찌 곳곳에 파도 이는 何如宦海
환해와 같겠는가 處處波瀾

사언(四言)

흰 머리 원래 멈추기 어려우니 白髮元難住
붉은 안색인들 어찌 항상 같을까 朱顏詎可常
내 나이 이제 칠십 吾年今七十
구레나룻 온통 희다 괴상히 여기지 마오 莫怪鬢全霜

오언(五言)

푸른 산 푸른 물 절로 있고 青山綠水自在
밝은 달 맑은 바람 누가 다투랴 明月淸風誰爭
눈앞의 즐거운 일 다 누리는데 且盡眼前樂事
어찌 죽은 뒤 헛된 명예 따지랴 何論身後浮名

육언(六言)

100 양 창자……않나니 : 양장(羊腸)은 구절양장(九折羊腸)의 준말로, 양의 창자처럼 구불구불하여 험난한 길을 말한다. 중국 하남성(河南省)에 태항산(太行山)은 험준하기로 유명한데, 삼국 시대 조조(曹操)가 〈고한행(苦寒行)〉에서 "북쪽으로 태항산을 오르니, 길도 험하여라 어쩌면 이리 높은가. 구절양장 구불구불한 길에, 수레바퀴가 부서지누나.〔北上太行山, 艱哉何巍巍. 羊腸阪詰屈, 車輪爲之摧.〕"라고 읊었다. 촉도(蜀道)는 지금의 사천성(泗川省)인 촉 땅으로 가는 길인데, 매우 험준한 것으로 유명하다. 이백(李白)의 〈촉도난(蜀道難)〉에 "아아 험하고도 높구나. 촉도의 험난함은 푸른 하늘 오르기보다 어려워라.〔噫吁嚱, 危乎高哉., 蜀道之難, 難於上青天.〕"라고 했다. 양장과 촉도는 거친 인생의 행로를 상징하는 말로 곧잘 쓰인다.

이 땅에 다행히 남자로 태어났으니 落地幸爲男子身
백년 인생 헛되이 살지 말라 莫敎虛作百年人
무공은 구십에도 오히려 경계했는데[101] 武公九十猶箴警
하물며 내 나이 칠십임에랴 何況吾生是七旬

칠언(七言)

묻노니 세상의 금빛 인장과 자주색 인끈이 爲問人間金章紫綬
어찌 세상 밖 아름다운 산림만 하겠는가 何如物外玉岫瓊林
풍진 세상에 지나치게 매몰되지 않았다면 不有塵中乾沒太甚
어찌 머리에 눈서리가 서둘러 침범했으랴 豈應頭上雪霜徑侵

팔언(八言)

본래 영수와 기산은 너무 고결했고 由來潁水箕山太孤絶
몇몇 으스대는 속인들 매우 탐욕스러웠지[102] 幾箇夸夫俗子多饞饕
다만 안락와의 강절 노인은 獨有安樂窩中康節老

101 무공(武公)은……경계했는데 : 무공은 춘추 시대 위(衛)나라의 군주이다. 95세의 나이에도 불구하고 나라 사람들에게 자신을 일깨울 만한 좋은 말을 해 달라고 당부할 정도로 훌륭한 덕을 지녔으므로 사람들이 그를 칭송했다고 한다. 《시경》〈기욱(淇奧)〉에 "저 기수 물굽이를 보니, 푸른 대나무가 야들야들하도다. 문채 나는 군자여, 잘라놓은 듯 다듬어 놓은 듯, 쪼아놓은 듯 갈아놓은 듯하도다〔瞻彼淇奧, 綠竹猗猗. 有匪君子, 如切如磋, 如琢如磨.〕"라고 하였다.

102 본래……탐욕스러웠지 : 세상에 대한 욕심을 완전히 버린 사람들과 세속적 욕심이 심한 사람들을 상대적으로 말한 것이다. 영수(潁水)와 기산(箕山)은 요 임금 때의 은자인 소보(巢父)와 허유(許由)가 숨어 살던 곳이다. 418쪽 각주5 참조.

일생의 자취 절로 맑고 높았지[103] 一生蹤跡自然淸而高

구언(九言)

내게 석 자의 붉은 줄 녹기금 있는데 我有朱絃綠綺三尺瑤琴
음조로 말한다면 옛것도 지금 것도 아니지 若論音調則非古亦非今
때로 바람 불거나 달뜨면 한 곡조 타는데 時復臨風弄月兮彈一曲
종자기가 듣고 알아주기 바라지는 않노라[104] 不願鍾子期聞之知此心

십언(十言)

103 안락와(安樂窩)의……높았지 : 허유와 소보처럼 세상을 완전히 등진 사람이나 세속적 욕심이 심한 사람들과 달리 소옹(邵雍)은 탐욕을 부리지 않으면서도 세상과 더불어 살았음을 말한 것이다. 강절(康節)은 송(宋)나라의 소옹으로, 자는 요부(堯夫), 시호(諡號)는 강절이다. 처음에 낙양(洛陽)에 와서 살 때, 비바람조차 가리지 못할 정도로 다 쓰러져 가는 초가집에서 자신이 직접 땔나무하고 밥을 지어 부모를 봉양하며 살았는데도, 자신이 사는 집을 안락와라고 부르면서 태연한 얼굴로 즐겁게 지냈다고 한다. 《宋史 卷427 邵雍列傳》

104 종자기(鍾子期)가……않노라 : 누군가 자신의 마음을 알아줄 사람이 있으리라 기대하지 않는다는 말이다. 거문고의 명인 백아(伯牙)가 자신의 거문고 소리를 알아주었던 벗 종자기가 죽자 거문고 줄을 끊고 다시는 타지 않았다는 고사를 인용하였다. 《列子 湯問》

중화[105]에게 주다 2수○경진년(1700, 숙종26)

贈仲和 二首○庚辰

세상 어디에서 눈썹 펼까[106]	塵寰何處可伸眉
오직 경치 빼어난 농암[107]이 있다네	唯有農巖物色奇
옥처럼 고운 산림과 눈처럼 깨끗한 달	玉岫瓊林仍雪月
목란과 가을 국화 그리고 강리[108]	木蘭秋菊又江蘺
게다가 멋진 시 천고에 전하리니	也應芳韻流千古
어찌 높은 풍모 한 시대만 풍미하랴	豈但高風動一時

105 중화(仲和) : 김창협(金昌協, 1651~1708)으로, 본관은 안동(安東), 자는 중화, 호는 농암(農巖)·삼주(三洲), 시호는 문간(文簡)이다. 김수항(金壽恒)의 아들로, 송규렴에게는 처조카가 된다.《三淵集 卷30 仲氏農巖先生墓表》

106 눈썹 펼까 : 신미(伸眉)는 눈썹을 편다는 뜻으로, 근심과 걱정을 떨쳐버림을 의미한다. 송(宋)나라 매요신(梅堯臣)의 글에 "머뭇거리던 진자도 과연 왔으니, 함께 작은 방에 앉아 애오라지 눈썹을 편다.〔逡巡陳子果亦至, 共坐小室聊伸眉.〕" 하였다.《宛陵集 卷8 醉中留別永叔子履》

107 농암(農巖) : 경기도 영평(永平)의 동쪽 백운산(白雲山) 아래에 위치한 지명으로, 본디 응암(鷹巖)이었으나 김창협이 임의로 바꾸었다. 김창협이 1679년(숙종5)에 아버지 김수항의 명에 따라 이곳에 터를 잡아 집을 짓고 들어가 살았다.《農巖集 卷35 年譜上》

108 목란(木蘭)과……강리(江蘺) : 목란은 향나무 이름이고, 강리는 향초 이름이다. 목란, 추국(秋菊), 강리는 은거하는 현자를 상징하는 말로 쓰인다. 〈이소(離騷)〉에 "강리와 벽지를 몸에 걸쳐 입고, 가을 난초를 꿰어서 허리에 찬다.……아침에는 목란의 떨어진 이슬 방울 마시고, 저녁에는 가을 국화의 떨어진 꽃잎을 먹도다.〔扈江蘺與辟芷, 紉秋蘭以爲佩.……朝飮木蘭之墜露兮, 夕餐秋菊之落英.〕"라고 하였다.

나는 따르고 싶어도 근력 다했으니 我欲往從筋力盡
늘그막의 인생사 탄식만 나오네 暮途人事足嗟咨

농암의 경치는 상수와 비슷하니 農巖物色似江湘
언덕의 지초와 물가의 난초 곳곳에 향기롭네[109] 岸芷汀蘭幾處芳
무엇보다 곤륜산이 불에 탄 뒤에 最是火炎崑岳後
한 줄기 맑은 구슬 더욱 빛나네[110] 一條寒玉倍輝光

109 농암(農巖)의……향기롭네 : 강상(江湘)은 상수(湘水)이다. 초나라 굴원(屈原)이 간신의 모함으로 조정의 요직에서 쫓겨나 상수 근처에서 쓸쓸한 나날을 보내다가 울분을 견디지 못한 나머지 상수의 멱라연(汨羅淵)에 몸을 던져 자살하였다. 김창협의 아버지 김수항이 기사환국(己巳換局)이 일어나 진도(珍島)에 유배된 뒤 사사(賜死)되자, 김창협이 영평(永平)의 산중에 은거하였으므로, 그의 꼿꼿한 지조를 굴원에 비유하여 읊은 것이다.

110 곤륜산(崑崙山)이……빛나네 : 환국(換局)으로 많은 사람들이 화를 당하는 상황에서 김창협이 지조를 지키며 살아가는 모습을 대나무에 비유한 것이다. 곤륜산이 불에 탄다는 것은 어떤 큰 환란을 만나면 사람이 선악(善惡)에 상관없이 모두 피해를 당함을 말한다. 《서경》 〈윤정(胤征)〉에 "불이 곤강을 태우면 옥과 돌이 모두 불탄다.〔火炎崑岡, 玉石俱焚.〕"라고 하였다.

백제 회고 2수

百濟懷古 二首

어디에서 다시 궁궐터 찾을까　何處重尋玉殿基
이제는 무성한 잡초만 보이는구나　到今惟見草離離
사람들아 전조의 일 묻지 마시라　行人莫問前朝事
궁중의 꽃이 스스로 지던 때를 차마 말하랴[111]　忍說宮花自落時

2

꽃은 졌어도 바위는 그대로 남았고　花落巖猶在
용은 죽고 자취만 홀로 남았네[112]　龍亡跡獨留
강산은 한을 띠고 있는 듯하고　江山如帶恨
바람과 달도 근심을 머금었네　風月亦含愁
옥 섬돌 있던 곳은 나무꾼의 길이 되고　玉陛樵爲路
구슬 누대 있던 언덕은 풀로 덮였네　瓊臺草沒丘
번화했던 옛 모습 물을 곳 없는데　繁華問無處
천고에 백마강만 부질없이 흐르네　千古水空流

111 궁중(宮中)의……말하랴 : 낙화암(落花巖)에서 삼천궁녀가 투신한 일을 말하기 어렵다는 의미이다.

112 꽃은……남았네 : 백제가 멸망할 때, 후궁들이 화를 면하지 못할 것을 알고 백마강(白馬江) 가의 낙화암(落花巖)에서 투신한 일과 당(唐)나라 장수 소정방(蘇定方)이 백제를 수호하는 용을 낚았다는 조룡대(釣龍臺)가 있기에 이렇게 읊었다.

제곡[113]에게 부치다

寄霽谷

가는 세월 본래 이러하니	逝者元如此
아아 어찌하면 좋을까	嗟哉可奈何
갈바람에 한 해 또 저무니	秋風歲又暮
떨어지는 해에 공연히 한이 많아라	落日恨空多
여든이 다 된 그대 안타깝고	大耋憐君逼
일흔이 넘은 나도 애석하네	稀年惜我過
오직 만년의 절조 힘써서	唯須勖晚節
속인의 구덩이에 떨어지지 마세나	免墜俗人科

113 제곡(霽谷) : 황세정(黃世楨, 1622~1705)으로, 본관은 회덕(懷德), 자는 주경(周卿), 호는 제곡이다. 송준길(宋浚吉)과 송시열(宋時烈)의 문하에서 수학하였다. 벼슬을 버리고 연기(燕岐)로 돌아와 조그만 집을 지었는데, 송시열이 제곡유거(霽谷幽居)라는 네 글자를 보내오자, 그것을 자신의 호로 삼았다. 《陶菴集 卷32 同知黃公墓碣》

김자익[114] 창흡 이 찾아왔다. 헤어진 뒤에 지어 부치다

金子益 昌翕 來訪 別後追寄

풍진세상에 십 년 넘게 만나지 못하다가	風塵契闊十年餘
뜻밖에 만나니 마음 먹먹했네	忽漫相逢意惘如
예부터 세상은 위험 많았지만	從古世途多險扼
지금의 인간사 탄식만 나오네	至今人事足噫歔
평생을 겪고도 몸은 아직 남았는데	平生閱歷身猶在
늘그막의 비환에 구레나룻 이미 성기네	末路悲歡鬢已疏
헤어진 뒤 가을 산에 다시 낙엽 지니	別後秋山更搖落
이때의 시름과 한을 없애기 어렵구나	此時愁恨正難除

114 김자익(金子益) : 김창흡(金昌翕, 1653~1722)으로, 본관은 안동(安東), 자는 자익, 호는 삼연(三淵), 시호는 문강(文康)이다. 김수항(金壽恒)의 아들이며, 김창집(金昌集)과 김창협(金昌協)의 아우이다. 기사환국 때 아버지가 사약을 받고 죽자 은거하였으며, 형 김창집이 신임사화(辛壬士禍)로 외딴 섬에 유배되었다가 사사(賜死)되자 그도 지병이 악화되어 죽었다. 《三淵集拾遺 卷32 附錄 行狀》

자익[115]의 운에 맞춰 짓다

次子益韻

고운 빛 그대로 달이 집에 가득한데 丰彩依然月滿堂
서로 만난 의기 긴 무지개를 토했네[116] 相看意氣吐虹長
백발이라 얼마 남지 않은 여생 안타깝고 還憐白髮餘年少
늦가을에도 향기로운 국화에 부끄럽네 却愧黃花晩節香
천기에도 오히려 결함이 있으니 自是天機猶有缺
사람 목숨만 홀로 끝이 없을 리 없지 未應人壽獨無疆
남은 인생 다시 만나기 어려운 줄 아노니 殘生後會知難再
서러운 이 한을 잠깐인들 잊을 수 있으랴 此恨忉忉可暫忘

원운

뜻밖에 오늘 제월당에 올라 不意今登霽月堂
거듭 덕스러운 풍모 보니 감회 깊어라 重瞻德宇感懷長
온갖 변화 겪고도 모진 목숨 남았는데 滄桑百變唯頑喘
서리 맞은 외로운 국화 늦가을까지 향기롭네 霜菊孤情自晩香
뒷날 다시 뵙기를 기약하기 어려우니 奉杖難言期在後

115 자익(子益) : 김창흡(金昌翕, 1653~1722)으로, 본관은 안동(安東), 자는 자익, 호는 삼연(三淵), 시호는 문강(文康)이다. 《三淵集拾遺 卷32 附錄 行狀》

116 서로……토했네 : 토홍(吐虹)은 무지개를 토해내듯이 강개한 기개를 떨치거나 훌륭한 문장을 지어 내는 것을 형용하는 말인데, 여기서는 김창흡 집안에 불우한 일이 있기에 강개한 심정을 토로했다는 뜻으로 보인다.

안장에 올라 만수무강 비옵니다 憑鞍更祝壽無疆
촛불 아래 간곡하신 하늘같은 가르침 丁寧燭下談天訓
마음을 환히 꿰뚫으니 어찌 잊으리오 洞徹靈臺詎可忘

가을날 즉흥적으로 짓다

秋日卽事

희고 깨끗한 구름 담담하고	皛皛雲容淡
처량하게 나뭇잎 시드네	騷騷木葉殘
거친 밭에 곡식이 아직 익지 않았는데	荒田秋未熟
오두막에 한 해가 장차 추워지네	蔀屋歲將寒
나라는 서둘러 세금 독려 계획하고	國計催科早
백성은 부세 내기 어려워 걱정하네	民憂應稅難
산 속 늙은이 또 무슨 일로	山翁亦何事
근심이 이다지도 끝이 없나	愁緒太無端

봄날에 신사년(1701, 숙종27)

春日 辛巳

첩자체(疊字體)[117]로 완성하였다.

몸이 있으면 모두 장부의 몸이니	有身勻是丈夫身
지금 사람이 옛사람과 다르다 말하지 마라	休道今人異古人
세상에 있다고 어찌 꼭 세상일에 얽매이랴	在世何須嬰世累
산으로 돌아와 산의 봄 경치 차지함도 좋으리	歸山且可領山春
바위의 꽃도 담장의 꽃과 함께 피고	巖花解共墻花發
뜨락의 풀도 냇가의 풀처럼 새롭네	庭草還將澗草新
만물이 얻은 때를 나도 얻어	萬物得時吾亦得
똑같이 참된 정취 누리니 이것이 천진이네	一般眞趣是天眞

117 첩자체(疊字體) : 잡체시(雜體詩)의 한 형태로, 하나의 시구에서 같은 글자를 반복해서 사용하는 형태이다.

참판 곡운 김연지[118] 만사

谷雲金參判延之挽

까닭 없이 하룻밤에 훌쩍 떠나시니	無端一夕去飄然
풍진세상에 신선이 오래 머물기 본래 어렵지	塵世元難久住仙
봉황이 단소에 출현하니 특이한 상서였고	鳳出丹霄曾異瑞
학이 현포로 돌아가니 참된 인연이라[119]	鶴歸玄圃卽眞緣
맑은 향기 만고에 바람처럼 길이 남을 테고	清芬萬古風長在
시원한 기상 천추에 달처럼 홀로 떠 있겠지[120]	爽氣千秋月獨懸
무엇보다 농수정[121] 작은 정자	最是小亭籠水處

118 김연지(金延之) : 김수증(金壽增, 1624~1701)으로, 본관은 안동(安東), 자는 연지, 호는 곡운(谷雲)이다. 김수항의 형이며 송규렴의 처남이다.《三淵集 卷30 伯父谷雲先生墓表》

119 봉황이……인연이라 : 김수증이 벼슬길에 올라 조정에서 활약한 사실과 별세하여 이승을 하직한 일을 읊은 것이다. 단소(丹霄)는 구소(九霄)의 하나로, 하늘에서 가장 높은 곳을 말하는데, 제왕이 거처하는 곳인 도성 또는 조정을 가리키는 말로 쓰인다. 현포(玄圃)는 위로 천계(天界)와 통한다고 일컬어지는 곤륜산(崑崙山)의 정상에 있다는 신선의 거처를 말한다. 그 위에는 금대(金臺), 옥루(玉樓)와 기화요초(琪花瑤草)가 만발해 있다고 하는데, 보통 선경(仙境)의 뜻으로 쓰인다. 현포(懸圃) 혹은 현포(縣圃)라고도 한다.

120 맑은……있겠지 : 김수증의 고결한 덕행과 호탕한 기개가 죽어서도 길이 후세에 전해질 것이라는 말이다.

121 농수정(籠水亭) : 강원도 화천(華川)에 김수증이 은거하며 지은 농수정사(籠水精舍)에 딸린 정자이다. 그는 젊어서부터 산수를 좋아하여 금강산 등 여러 곳을 유람하고, 1670년(현종11)에는 지금의 강원도 화천군 사내면(史內面) 영당동(影堂洞)에 농

안타깝다 누가 옛 임천의 주인이 될까　　　　　可憐誰主舊林泉

농수(籠水)는 정자의 이름이다.

수정사를 지었다. 그 뒤 1675년(숙종1)에 성천 부사(成川府使)로 있던 중, 아우 김수항이 송시열(宋時烈)과 함께 유배되자 벼슬을 그만두고 농수정사로 돌아가, 주희(朱熹)의 〈무이구곡(武夷九曲)〉을 모방하여 이곳을 곡운(谷雲)이라 하고 〈곡운구곡(谷雲九曲)〉을 지었다.《三淵集 卷30 伯父谷雲先生墓表》

삼청동의 옛 유람을 추억하며 감회가 있어서 3수○병소인
追憶三淸舊遊感懷 三首○幷小引

숭정(崇禎) 기원 후 신축년(1661, 현종2) 7월 어느 날, 권격(權格)[122] 정숙(正叔), 유지방(柳之芳)[123] 자화(子華), 김익렴(金益廉)[124] 원명(遠明), 이동명(李東溟)[125] 백종(百宗), 여성제(呂聖齊)[126] 희천(希天), 이민적(李敏迪)[127] 혜중(惠仲), 이익상(李翊相)[128] 필경(弼卿), 윤절(尹哲)[129] 자장(子章), 여증제(呂曾齊)[130] 여로(汝魯), 박증휘(朴

122 권격(權格) : 1620~1671. 본관은 안동(安東), 자는 정숙(正叔), 호는 육유당(六有堂)이다. 《寒水齋集 卷34 皇考執義府君行狀》

123 유지방(柳之芳) : 1623~? 본관은 진주(晉州), 자는 자화(子華)이다.

124 김익렴(金益廉) : 1622~? 본관은 광산(光山), 자는 원명(遠明), 호는 적곡(赤谷)이다.

125 이동명(李東溟) : 1624~1692. 본관은 덕수(德水), 자는 백종(百宗), 호는 학정(鶴汀)이다. 《丈巖集 卷15 府尹李公神道碑銘》

126 여성제(呂聖齊) : 1625~1691. 본관은 함양(咸陽), 자는 희천(希天), 호는 운포(雲浦), 시호는 정혜(靖惠)이다. 《藥泉集 第17 領議政靖惠呂公神道碑銘》

127 이민적(李敏迪) : 1625~1673. 본관은 전주(全州), 자는 혜중(惠仲), 호는 죽서(竹西)이다. 《陶谷集 卷10 大司憲竹西李公神道碑銘 幷序》

128 이익상(李翊相) : 1625~1691. 본관은 연안(延安), 자는 필경(弼卿), 호는 매간(梅磵)이다. 《芝村集 卷22 從祖季父左參贊梅澗公墓誌銘 幷序》

129 윤절(尹哲) : 1625~1662. 본관은 파평(坡平), 자는 자장(子章), 호는 한송(寒松)이다. 《明谷集 卷24 弘文館副修撰尹公墓碣銘》

130 여증제(呂曾齊) : 1626~? 본관은 함양(咸陽), 자는 여로(汝魯), 호는 동은(洞隱)이다.

增輝)[131] 회중(晦仲), 소두산(蘇斗山)[132] 망여(望如), 민주면(閔周冕)[133] 장오(章五), 유명윤(兪命胤)[134] 윤보(胤甫), 김만균(金萬均)[135] 정평(正平), 권두추(權斗樞)[136] 여강(汝綱), 이광직(李光稷)[137] 자휘(子輝), 이민서(李敏敍)[138] 이중(彝仲), 송창(宋昌)[139] 한경(漢卿)이 서로 약속하여 삼청동(三淸洞)에서 만났는데, 나 또한 그들을 따라 자리를 함께하였으니 모두 19인이었다. 각자 술병 하나, 소반 하나씩을 가지고 와서 술을 마시며 하루를 보냈다.

날이 저물자 문득 맑고 깨끗한 피리 소리가 들려 왔는데, 그를 찾아보니 정평이 피리 부는 사람을 데리고 와서 소나무 숲속 인적이 드문 곳에 숨기고 일부러 이처럼 연주하게 하여 좌중(座中)을 놀라게 하였

131 박증휘(朴增輝) : 1616~1662. 본관은 밀양(密陽), 자는 회중(晦仲), 호는 낙정(洛汀)이다.

132 소두산(蘇斗山) : 1627~1693. 본관은 진주(晉州), 자는 망여(望如), 호는 월주(月洲)이다. 《月洲集 卷4 墓誌》

133 민주면(閔周冕) : 1629~1670. 본관은 여흥(驪興), 자는 장오(章五), 호는 수월당(水月堂)이다.

134 유명윤(兪命胤) : 1629~1669. 본관은 기계(杞溪), 자는 윤보(胤甫)이다. 《明齋遺稿 卷43 吏曹正郎兪公行狀》

135 김만균(金萬均) : 1631~? 본관은 광산(光山), 자는 정평(正平), 호는 사휴(思休)·취선(醉仙)·이호(梨湖)이다.

136 권두추(權斗樞) : 1632~? 본관은 안동(安東), 자는 여강(汝綱)이다.

137 이광직(李光稷) : 1632~? 본관은 한산(韓山), 자는 자휘(子輝), 호는 희암(希菴)이다. 《北軒居士集 卷20 外王父通訓大夫行司憲府持平李府君行狀》

138 이민서(李敏敍) : 1633~1688. 본관은 전주(全州), 자는 이중(彝仲), 호는 서하(西河)이다. 《睡谷集 卷14 西河李公諡狀》

139 송창(宋昌) : 1633~1706. 본관은 진천(鎭川), 자는 한경(漢卿)이다.

던 것이다. 혜중이 지나치게 즐거운 것을 싫어하여 말을 전해 그칠 것을 청하였다. 그러자 그가 대답하기를 "어찌하여 이렇게 풍류 없는 말을 하는가. 그대가 만약 듣기 싫다면 그대 먼저 자리를 파하고 가는 것이 좋을 것이다." 하였다. 혜중이 말하기를 "어쩔 수 없군, 어쩔 수 없어." 하자, 사람들이 모두 큰소리로 껄껄 웃었다. 대개 정평은 성품이 풍류를 좋아하였는데, 혜중은 삼가고 조심하는 일이 많았기 때문에 그치게 하려 하였으나 듣지 않았던 것이다.

이제 와서 지난 일을 돌이켜 생각해보니 마치 어제 일처럼 생생한데, 어느덧 40여 년이 흘렀다. 그때 모였던 사람들은 차례로 세상을 떠났고 한경과 나만 남아 있을 뿐인데, 또한 다시 삼상(參商)처럼 멀리 떨어져 있으니,[140] 옛사람이 말한 "잠깐 사이에 과거의 일이 된다."[141]라고 한 것은 이를 두고 한 말인가 보다. 감정이 북받치지 않을 수 있겠는가.

비록 그렇지만 당시에 성대한 만남[142]과 친밀한 즐거움은 참으로 한 가지 멋진 일이었다. 오늘날 구하더라도 실상 쉽게 얻을 수 없으니 등한시할 수 없다. 병들고 야위어 무료하던 차에 우연히 생각이 여기에

140 삼상(參商)처럼……있으니 : 서로 멀리 떨어져 만나지 못한다는 말이다. 삼성(參星)은 동쪽 하늘에 있고 상성(商星)은 서쪽 하늘에 있어서, 각각 뜨고 지는 시각이 달라 영원히 서로 만날 수가 없는 데서 유래하였다. 《春秋左氏傳 昭公元年》

141 잠깐……된다 : 왕희지(王羲之)의 〈난정서(蘭亭序)〉에 "조금 전 기뻤던 것이 잠깐 사이에 벌써 묵은 자취가 되고 만다.〔向之所欣, 俛仰之間, 已爲陳迹.〕"라고 하였다. 《古今事文類聚 前集 卷8》

142 만남 : 잠합(簪盍)은 합잠(盍簪)과 같은 말로, 뜻이 맞는 이들이 서로 달려와 회동하는 것을 말한다. 《주역》 〈예괘(豫卦) 구사(九四)〉에 "의심하지 않으면 벗들이 모여들리라.〔勿疑, 朋盍簪.〕" 하였는데, 그 〈본의(本義)〉에 "마땅히 지성으로 하고 의심하지 않으면 벗들이 합하여 따를 것이다.〔當至誠不疑, 則朋類合而從之矣.〕" 하였다.

미쳐, 그 대략을 간단히 기록하고 칠언절구 세 수를 지었다. 모임에 참석했던 여러 사람들의 자손들이 본다면 대대로 사귀어 온 정의(情誼)를 돈독히 하는 데에 혹 조금이라도 도움이 없지 않을 것이다.

삼청동 신선들 몇 사람이었나	仙侶三淸問幾人
못난 나도 이 모임에 따라갔었지	疏庸於此亦追塵
이제는 헤어지고 생사 갈려 한스러운데	秪今離合存亡恨
사십 년 세월 어제 같구나	四十光陰若隔晨

열아홉 사람 가운데 고작 두 사람만	十九人中只二人
살아남아 귀밑머리 세었는데	餘生各復鬢如銀
더욱이 지금은 헤어져 바라만 보고 있으니	況今契闊徒相望
한 번 만나 흉금 펼칠 길 없구나	一握披襟未有因

죽어 이별이든 살아 이별이든 예부터 슬픈 일	死別生離古所悲
세상의 인생살이 본래 이와 같다오	世間人事本如斯
가련하다 마침내 함께 돌아가는 날	可憐畢竟同歸日
황천길에 만나길 혹 기약할 수 있을까	泉路相從倘有期

제월당에서 달을 마주하고

霽月堂對月

보잘것없는 이 육신 일곱 자 허약한 몸	眇此形骸七尺孱
평생 박복한 팔자 참으로 탄식할 만하지	平生薄相儘堪嘆
벼슬 길 밟자마자 발꿈치 먼저 지쳤고	名途乍踏跟先倦
세상 맛 맛보자마자 혀가 이미 시었지	世味初嘗舌已酸
폐에 병들어 술 즐겨도 마시지 못하고	肺病酒杯耽未把
눈이 어두워 글 좋아해도 보기 어렵네	眼昏文字愛難看
세상만사 도무지 흥이 없지만	人間萬事都無興
제월당 주변 갠 달빛 그나마 기쁘라	尙喜堂邊霽月寒

판서 이군실[143] 세화 만사 2수

李判書君實 世華 挽 二首

성균관에 있을 때 일찍 알게 되어　　芹泮當年早托知
평소 사귄 정의 겉치레 없었지[144]　　平生交誼去毛皮
재주와 계책은 등용되던 날 이미 알았고　　才猷已識登庸日
기개와 절의는 수립할 때 비로소 보았지　　氣節方看樹立時
여론이 언제나 나라의 인재로 추대하여　　輿論尋常推國器
관직의 등급 재상 자리에 매우 가까웠지　　官班咫尺近台司
어려운 시대에 현인이 죽었으니[145]　　云亡遽値艱虞際

143 이군실(李君實) : 이세화(李世華, 1630~1701)로, 본관은 부평(富平), 자는 군실, 호는 쌍백당(雙栢堂), 시호는 충숙(忠肅)이다.《竹泉集 卷32 行吏曹判書贈領議政忠肅李公墓表》1689년(숙종15) 인현왕후(仁顯王后)의 폐비설을 듣고 반대하는 소를 올렸다가 숙종(肅宗)의 분노를 사 친국당하고 정주(定州)로 유배되었으나, 곧바로 풀려 파산(坡山)의 선영 아래로 돌아왔다. 갑술환국(甲戌換局) 후 인현왕후 복위도감 제조로 차임되었고, 이어 세자빈객에 올라 청백리로 선정되었으며, 이조 판서 등을 역임하고 지중추부사에 이르렀다.

144 성균관(成均館)에……없었지 : 성균관에 있을 때부터 서로 꾸밈없이 사귀었다는 말이다. 송규렴은 1648년(인조26)에 사마시에 합격하였고, 이세화는 1652년(효종3)에 사마시에 합격하였다. 근반(芹泮)은 학교를 뜻한다. 고대 제후의 학교인 반궁(泮宮)의 못에 미나리가 난 데서 유래하였다.《시경》〈반수(泮水)〉에 "즐거운 반수에 잠깐 미나리를 뜯노라.〔思樂泮水, 薄采其芹.〕" 하였다. 거모피(去毛皮)는 모피를 제거한다는 뜻으로, 허례(虛禮)를 없앤다는 말이다.《오백가주창려문집(五百家注昌黎文集)》 권2〈귀팽성(歸彭城)〉에 "모피를 제거하지 못하였다.〔未能去毛皮〕"라고 하였는데, 그 주석에 "모피는 허례이다." 하였다.

애통함은 나라 때문이지 어찌 사정 때문이랴　　痛在公家豈獨私

그대처럼 강건한 이도 이미 운명 달리했는데　　如君强健已黃泉
하물며 쇠약한 내가 좀 더 살 수 있을까　　況我癃殘可少延
동문에서 헤어지던 날 기억나고　　尙憶東門分手日
북쪽 변방으로 전송하던 해 생각나네　　還思北塞送行年
세상에서 한 번 만남도 오히려 어려운데　　人間一會猶難得
지하에서 다시 만남 어찌 인연 있으랴　　地下重逢詎有緣
백발의 동갑내기 한없이 눈물 흐르니　　白首同庚無限淚
차마 무슨 말로 애도의 글 쓸까　　忍將何語寫哀篇

145 현인(賢人)이 죽었으니 : 운망(云亡)은 임금을 훌륭히 보좌할 현인이 없어 나라가 위태롭게 된 것을 말한다. 《시경》 〈첨앙(瞻卬)〉에 "선인이 없으니 나라가 끊기고 병들리로다.〔人之云亡, 邦國殄瘁.〕" 하였다.

대행왕비[146]전 만사 2수
大行王妃殿挽 二首

중전 자리에 다시 오름은 임금의 은혜였으니	壼位還陞是渥恩
지난날의 곤경을 어찌 다시 말하랴	向來屯否更何論
임금의 훌륭한 덕 광무보다 뛰어났고	九重盛德超光武
팔도의 환호성이 왕비로 추대했지[147]	八域歡聲戴聖嫄
누가 짐작이나 했으랴 궁궐에 요망한 일 생겨	孰料宮闈妖孼作
끝내 신하와 백성들 매우 슬프게 할 줄을[148]	終敎臣庶至哀呑

146 대행왕비(大行王妃) : 왕비가 죽은 뒤 시호(諡號)를 올리기 전에 높여 부르는 말로, 여기서는 숙종의 계비(繼妃) 인현왕후(仁顯王后)를 가리킨다. 인현왕후는 여양부원군(驪陽府院君) 민유중(閔維重)의 딸이다. 1689년(숙종15) 숙원(淑媛) 장씨가 낳은 왕자를 세자로 정호(定號)하는 문제로 기사환국(己巳換局)이 일어나 폐서인(廢庶人)되어 6년 동안 쫓겨나 있었다. 1694년 갑술환국(甲戌換局) 때 희빈 장씨의 몰락과 동시에 복위되었다. 그 후 7년이 지나 1년 동안 병고에 시달린 끝에 1701년 8월 14일 35세를 일기로 별세하였다. 《肅宗實錄 27年 11月 23日 大行王妃行錄》

147 임금의……추대했지 : 인현왕후가 폐비되었다가 임금의 훌륭한 덕과 팔도 백성들의 지지를 받아 중전의 자리에 다시 오르게 되었다는 말이다. 광무(光武)는 후한(後漢)의 광무제(光武帝)로, 여기서는 숙종을 가리킨다. 광무제는 진 황후(陳皇后)를 폐출하였으나, 곧 그 처사가 심했음을 뉘우치고 그들의 가문에 대해 끝까지 배려를 아끼지 않았다고 한다. 《漢書 卷97上 孝武陳皇后》 성원(聖嫄)은 주나라의 시조 후직(后稷)의 어머니 강원(姜嫄)으로, 여기서는 인현왕후를 강원에 비겨 말한 것이다. 《시경》 〈생민(生民)〉에 강원의 덕을 노래하여 "맨 처음 주나라 사람을 낳은 이가 바로 강원이시니, ……낳고 기르시니, 이가 후직이시니라. 산월인 열 달을 채워, 첫아이를 양 새끼처럼 순산하셨네.〔厥初生民, 時維姜嫄.……載生載育, 時維后稷. 誕彌厥月, 先生如達.〕" 하였다.

하늘도 도움을 주지 않았으니 旻天亦不垂冥佑
만고에 이처럼 원통한 일 없으리 萬古應無似此冤

왕비께서 이 년간 건강 잃었는데 坤度愆和二載間
늙고 병든 몸 홀로 문안드리지 못했네 疲癃獨阻起居班
님 향한[149] 일편단심 언제나 맺혔지만 葵忱耿耿長如結
가시는 수레 아득하여 끝내 잡지 못했네[150] 騩馭迢迢竟莫攀
좋은 소식 성한 덕[151] 간절히 사모하여 慕切徽音兼盛德
깊은 골짝 깊은 산에도 슬픔 서렸네 悲纏窮谷與深山
늙은 신하 유달리 한없이 아픈데 老臣別有無涯痛
또 교릉[152] 잃고 통곡하며 돌아가네 又失喬陵慟哭還

148 궁궐에……줄을 : 인현왕후 민씨가 복위된 뒤에 시름시름 앓다가 죽었는데, 그 후 희빈 장씨와 그의 오라비 장희재(張希載)가 인현왕후를 저주한 사실이 발각되었다.

149 님 향한 : 규침(葵忱)은 신하가 임금을 위하는 충정을 해바라기 꽃이 태양을 향하는 데에 비유한 말이다. 《도화선(桃花扇)》 〈무병(撫兵)〉에 "나의 일편단심이 해바라기가 해를 향하는 것과 같은 줄 뉘 알랴." 하였다. 여기서는 인현왕후를 향한 마음이라는 의미로 사용되었다.

150 가시는……못했네 : 인현왕후가 승하하였다는 말이다. 괴어(騩馭)는 여섯 필의 괴마(騩馬)가 끄는 수레라는 뜻으로, 황후가 타는 검은 말이 끄는 수레이다.

151 좋은……덕 : 인현왕후의 덕이 훌륭하였다는 말이다. 휘음(徽音)은 후비(后妃)의 아름다운 덕을 표현할 때 쓰인다. 《시경》 〈사제(思齊)〉에 "태사께서 태임의 아름다운 명성을 이으셨다.〔太姒嗣徽音〕"라고 한 데서 유래하였다.

152 교릉(喬陵) : 교산(喬山)에 있는 능으로, 옛날에 황제(黃帝)를 장사 지낸 곳인데, 지금의 섬서성(陝西省) 지역에 있다. 여기서는 인현왕후를 장사한 명릉(明陵)을 가리킨다.

옛 사람의 시에 "요순을 본받으면 저절르 태평하련만, 진시황은 무슨 일로 백성들 괴롭혔나. 재앙이 집안에서 일어날 줄 모르고,[153] 오랑캐 막으려고 헛되이 만리장성 쌓았네."[154]라고 하였다. 후인이 그 뜻을 뒤집어서 "하얀 성 종횡으로 만 리에 뻗어, 온 백성 오늘까지 편안히 살고 있네. 당시 진시황의 죄를 헤아린다면, 선비를 죽인 것이지 성 쌓은 것 아니라오." 라고 하였다. 두 시가 모두 진실로 아름다우나 뜻이 갖추어지지 않은 듯하여, 내가 이에 이어 짓는다 임오년(1702, 숙종28)

古人有詩曰 祖舜宗堯自太平 秦皇何事苦蒼生 不知禍起蕭墻內 虛築防胡萬里城 後人反其意曰 粉堞縱橫萬里平 齊民尙可賴安生 當年若數秦皇罪 只在坑儒不在城 二詩固皆佳而意似不備 余乃續之 壬午

엄한 형벌로 태평 이룰 수 있다 함부로 말하고　妄謂嚴刑可致平
게다가 어리석은 계책으로 오래 살려고 했네[155]　更將愚計欲長生
당시의 죄악 원래 하나가 아니니　當年罪惡元非一
어찌 선비 묻고 성 쌓은 일뿐이랴　豈但坑儒與築城

153 재앙이……모르고 : 진 시황이 진나라를 망하게 할 요인이 아들 호해(胡亥)에게 있을 줄 몰랐다는 말이다. 소장(蕭墻)은 임금과 신하가 회견하는 곳에 설치하는 병풍으로, 내적인 요인으로 발생하는 우환을 말한다. 459쪽 각주94 참조.

154 요순(堯舜)을……쌓았네 : 이 시는 당(唐)나라 호증(胡曾)이 지은 《영사시(詠史詩)》 권상에 〈장성(長城)〉이라는 제목으로 수록되어 있다.

155 어리석은……했네 : 진 시황이 봉래(蓬萊)·방장(方丈)·영주(瀛州) 등 삼신산(三神山)에 불사약(不死藥)이 있다는 방사(方士) 서복(徐福)의 말을 믿고 소년 소녀 수천 명과 함께 가서 구해오도록 한 일을 말한다. 《史記 卷6 秦始皇本紀》

더위가 너무 심하여 그 괴로움을 견딜 수 없었다. 문득 생각나는 바가 있어 율시 한 수로 기록하다

暑氣甚盛 不勝其苦 忽有所思 成一律志之

나는 냇가에 별도로 집을 짓고	我欲臨溪別構堂
집 앞에 모난 작은 못 파고서	堂前爲鑿小方塘
흐르는 물 대어 모래 위로 퍼지게 하고	注來活水鋪沙上
수양버들 심어 언덕에 그늘 드리우게 하고 싶네	栽得垂楊蔭岸傍
거기다가 산그늘이 번갈아 아른대면	更遣嶽陰交掩映
자연스레 천기가 더욱 서늘할 테니	自然天氣轉滄涼
이에 온종일 난간에 기대앉으면	於焉盡日憑欄坐
찌는 무더위의 사나운 기세도 못 느끼겠지	不覺炎蒸虐焰張

우연히 얻다

偶得

공자께서 당시 말하지 않으려 하셨으니	仲尼當日欲無言
이 의리에 지극한 이치 있음 누가 알랴[156]	斯義誰知至理存
거울에 먼지 쌓이면 그 밝음 쉽게 사라지고	鏡被塵侵明易失
물에 바람 불면 물결 도리어 일렁이지	水因風激浪還飜
이랬다저랬다 물태 꺼려 말고	休嫌物態多端緖
내 마음 돌이켜 본원을 확립해야지	且反吾心立本原
천고에 성인의 공부 오직 이 길 뿐이니	千古聖功惟此路
도를 구함에 다른 문 있다 말하지 마오	莫云求道有他門

156 공자(孔子)께서……알랴 : 도(道)는 말로 표현하기 어려우니 공자의 말씀 가운데 지극한 이치가 들어 있다는 말이다. 공자께서 "나는 말하지 않으려 하노라.〔予欲無言〕"라고 하시자, 자공(子貢)이 "스승께서 만일 말씀하지 않으시면 저희들이 무엇을 전술하겠습니까.〔子如不言, 則小子何述焉.〕"라고 하였다. 이에 공자께서 "하늘이 무슨 말씀을 하시는가. 사시가 운행되고 만물이 생장하나니, 하늘이 무슨 말씀을 하시는가.〔天何言哉. 四時行焉, 百物生焉, 天何言哉.〕"라고 답한 일이 있다. 《論語 陽貨》

단비가 내려 감상을 적다

好雨志感

아침에 따스한 바람과 함께 단비 내려	朝來好雨挾薰風
만물이 한바탕 내린 비에 소생하네	萬品昭蘇一霈中
하늘의 덕 원래 내게만 베푸는 건 아니지만	帝德元非於我獨
내 마음 절로 하늘과 더불어 같아라	吾心自可與天同
평생 남을 해치려는 마음 먹지 않았고	平生不作傷人意
평소의 뜻 오직 세상 구할 공 기약했건만	雅志唯期濟物功
터럭만큼도 공효 없이 몸만 이미 늙었으니	未效分毫身已老
한밤에 조용히 생각하매 한없이 부끄럽네	靜思中夜愧無窮

우연히 석실 선생[157]의 일이 생각나서 느낌을 적다
偶思石室先生事感題

청나라에 항복하던 날 통곡하였고	痛哭投書日
항소 올릴 때 충심 드러냈지[158]	輸忠抗疏時
이미 동해에 빠짐을 달게 여겼으니	已甘東海蹈
어찌 북풍이 분다고 두려워하랴[159]	寧怕北風吹

"북풍이 너에게 급히 불어, 부질없이 내 마음을 상하게 하는구나.〔北風吹汝急, 空使我心傷.〕" 이것이 당시 시인이 사용한 시구이다.

157 석실 선생(石室先生) : 김상헌(金尙憲, 1570～1652)으로, 본관은 안동(安東), 자는 숙도(叔度), 호는 청음(淸陰)·석실산인(石室山人)·서간노인(西磵老人), 시호는 문정(文正)이다. 그는 병자호란이 발발하고 남한산성이 포위되었을 때 척화론(斥和論)을 주장하다가 청나라에 잡혀가 모진 고초를 당하였으며, 귀국한 뒤에는 안동의 학가산(鶴駕山)에 은거하며 석실산인이라 칭하였다.《宋子大全 卷182 石室金先生墓誌銘 幷序》

158 항소(抗疏)……드러냈지 : 1639년(인조17) 김상헌은 명나라를 침범하는데 조선의 군대를 보내라는 청나라의 요구에 따라 조정에서 5천 명의 군병을 징발하려 하자, 이를 반대하는 상소를 올린다.《仁祖實錄 17年 12月 26日》 이때 올린 상소는《청음집(淸陰集)》 권21에 수록되어 있는〈청물조병심양소(請勿助兵瀋陽疏)〉이다. 김상헌은 이 상소로 인하여 심양으로 압송되었다.《仁祖實錄 18年 12月 9日》

159 이미……두려워하랴 : 김상헌이 청나라의 신하가 되느니 차라리 죽음을 택하겠다는 각오를 갖고 있었으므로 조금도 두렵지 않았다는 말이다. 전국 시대 제(齊)나라 노중련(魯仲連)이 "저 진나라가 방자하게 황제를 자칭하고 죄악으로써 천하에 정치를 행한다면, 나는 차라리 동해에 빠져 죽을지언정 차마 그 백성은 될 수 없다.〔彼卽肆然而爲帝, 過而爲政於天下, 則連有蹈東海而死耳, 吾不忍爲之民也.〕"라고 말한 고사가 전한다.《史記 卷83 魯仲連列傳》

2

눈에는 칼날에 대한 두려움 없었고 眼中無白刃
머리에 누런 관만 있었네[160] 頭上有黃冠
오랑캐들 오히려 놀라고 감탄하며 醜類猶驚歎
이 노인 굴복시키기 어렵다 다투어 칭송했지 爭稱此老難

3

육 년 동안 양을 치다가 六載看羊地
끝내 한나라 부절 잡고 돌아왔지[161] 終持漢節歸
고상한 풍모 천고에 떨치리니 英風動千古
일월과 빛을 다툴 만하여라 日月可爭輝

160 눈에는……있었네 : 오랑캐의 위협 앞에서도 조금도 굴하지 않는 김상헌의 태도를 읊은 것이다. 황관(黃冠)은 누런빛의 관을 말하는데, 1637년(인조15) 김상헌이 낙향한 뒤로 관직을 받지 않았기 때문에 이렇게 말하였으나, 오랑캐에게 굴복하지 않겠다는 의지의 표현이기도 하다. 송(宋)나라 문천상(文天祥)이 원(元)에 억류(抑留)되어 있을 때, 원제(元帝)가 그를 등용하려 하자, 문천상이 "우리나라가 망하였으니, 나는 한번 죽는 일만 남았을 뿐이다. 혹시라도 너그러운 용서를 받아 황관으로 고향에 돌아가게 된다면, 훗날에 방외(方外)로서 고문(顧問)에 대비하겠다." 하였으나 끝내 죽임을 당한 사실이 있다. 《宋史 卷418 文天祥列傳》

161 육 년……돌아왔지 : 간양(看羊)은 양을 친다는 말로, 한 무제(漢武帝) 때 흉노(匈奴)에 사신 갔던 소무(蘇武)가 억류되어 북해(北海)에서 양을 치며 지낸 데서 유래한 말이다. 《청음집(淸陰集)》 권11 〈문김이사동환(聞金二師東還)〉에 "누가 알랴 북해에 가서 양을 치던 나그네, 홀로 나는 기러기 향해 멀리 눈길 보낼 줄을.〔誰知海上看羊客, 獨向飛鴻送遠眸.〕"라고 하여, 청음이 자신을 간양객(看羊客)이라고 표현한 구절이 보인다. 김상헌은 1640년(인조18) 심양으로 압송되었다가 병으로 1641년 12월 의주(義州)로 보내졌다. 1643년 1월에 심양으로 다시 끌려갔다가 1645년 2월 소현세자(昭顯世子)가 귀국할 때 함께 돌아왔다.

사람 보는 법

觀人

사람 볼 때는 힘써 저울질함을 살펴야 하니	觀人須務審機衡
취하고 버림과 따르고 어김을 어찌 가벼이 하랴	取舍從違詎可輕
가랑이 밑 기어 나온 한신은 진정 큰 용기였고[162]	出胯淮陰眞大勇
허공에 글씨 쓴 은호는 본래 빈 명성이었지[163]	書空殷浩本虛名
말이 지나쳐 마침 가정의 일 그르치기도 했고[164]	言夸竟誤街亭事

162 가랑이……용기였고 : 한순간의 굴욕을 참아 성공한 것을 높이 평가한 말이다. 회음(淮陰)은 한(漢)나라의 명장(名將)으로 회음후(淮陰侯)에 봉해진 한신(韓信)을 가리킨다. 한신이 미천할 때 회음의 시장에 나갔는데, 시장의 무뢰배들이 한신을 모욕하면서 가랑이를 벌리고 서서 "네가 차고 있는 칼로 나를 찌르든가, 아니면 나의 가랑이 밑으로 기어 나가라." 하자, 한신이 그를 바라보다가 가랑이 밑으로 기어 나갔다. 이를 본 시장 사람들이 모두 한신을 보고 비겁하다고 비웃었다. 훗날 한신이 초왕(楚王)이 되어 자신에게 모욕을 준 사람을 불러 "그때에 한칼로 죽이기는 어렵지 않았으나, 죽이는 것이 명분이 없었으므로 내가 참은 것이다." 하였다. 《史記 卷92 淮陰侯列傳》

163 허공에……명성이었지 : 서공(書空)은 허공에 글씨를 쓴다는 뜻으로, 매우 어처구니없는 일을 당하였거나 억울하게 좌천당한 경우를 뜻한다. 진(晉)나라 때 은호(殷浩)가 중군장군(中軍將軍)으로 있다가 후에 남의 참소를 입고 쫓겨나 신안(信安)으로 유배되었으나, 낯빛이나 언어에 전혀 원망의 뜻을 드러내지 않은 채 종일 허공에 글씨를 쓰기에, 사람들이 자세히 살펴보았더니 "쯧쯧, 괴이한 일이로다."라는 뜻인 돌돌괴사(咄咄怪事) 넉 자였다고 한다. 《世說新語 黜免》

164 말이……했고 : 읍참마속(泣斬馬謖)의 고사를 인용한 것이다. 마속이 유비(劉備)를 따라 촉(蜀)으로 들어와 병법을 논하기 좋아하자, 유비가 그의 말이 실제와 달리 과장된 것을 보고 크게 써서는 안 된다고 하였다. 제갈량(諸葛亮)이 위(魏)나라를 정벌하기 위하여 기산(祈山)으로 출병할 때 마속을 선봉으로 삼았는데, 가정(街亭)의 싸움

비웃음 받았지만 끝내 초나라의 맹약 이루었지[165] 目笑終成楚國盟
이러한 일 예부터 한둘이 아니니 此類古來非一二
내 식감을 십분 밝아지게 하누나 且令吾鑑十分明

에서 마속이 지시를 따르지 않아 위나라 군대에게 대패하자, 제갈량이 눈물을 흘리며 마속을 참형에 처하였다.《三國志 卷35 蜀書 諸葛亮傳, 卷39 蜀書 馬良傳 馬謖》

165 비웃음……이루었지 : 모수자천(毛遂自薦)의 고사를 인용한 것이다. 전국 시대 조(趙)나라가 진(秦)나라의 공격을 받아 도성이 함락될 위기에 처하자, 조나라 왕은 평원군(平原君)에게 초(楚)나라에 가서 구원을 요청하게 하였다. 평원군은 수천 명의 식객 중에 문무(文武)의 재주를 겸비한 인재 20명을 뽑아 초나라에 함께 가기로 하였으나 1명이 부족하였다. 이때 모수(毛遂)가 자신을 추천하니, 나머지 19명이 모두 비웃었다. 평원군이 초나라에 가서 구원을 요청하였으나 초나라 왕은 쉽게 허락하지 않았다. 이에 모수가 칼을 차고 앞으로 나아가 초나라 왕을 꾸짖고 논리 정연한 구변으로 설득하여 합종의 맹약을 맺게 하였다.《史記 卷76 平原君列傳》

우연히 주희와 육구연의 논변[166]이 생각나서 천견을 기록하다
偶思朱陸辨 記淺見

덕성이 비록 존중받을 바 있다 해도	德性雖云在所尊
진실로 개발이 없다면 곧 불가[167]라네	苟無開發卽空門
빼어나고 슬기로운 자질 가진 이 원래 드무니	英姿睿質元來少
잠잠히 알고 마음으로 통할 자 몇이나 될까	默識心通幾箇存
이 때문에 옛사람 묻고 배우기를 숭상하고	所以古人崇問學
책에 써서 언론을 잘 갖추었는데[168]	著之方冊備言論
어찌 일종의 황당한 주장을 하여	如何一種荒唐說
치우친 주장으로 큰 근원을 삼으려 하는가	欲把偏流作大源

166 주희(朱熹)와 육구연(陸九淵)의 논변(論辨) : 주육(朱陸)은 주희와 육구연의 합칭이다. 여기서 말하는 주희와 육구연의 논변은 주희와 육구연이 아호(鵝湖)에서 회강(會講)한 것을 말한다. 논변의 주제는 《중용장구》 제27장에 "군자는 덕성을 높이고 학문을 말미암는다.〔君子尊德性而道問學〕"라고 한 존덕성(尊德性)과 도문학(道問學)에 관한 것이었는데, 주희는 도문학을 통해서 존덕성으로 갈 수 있다는 생각이고, 육구연은 존덕성을 중히 여겨 차이를 보였다.

167 불가(佛家) : 공문(空門)은 불문(佛門)이나 불가를 뜻하는 말로, 불교의 교리에서 공(空)을 중요한 개념으로 보기 때문에 이렇게 칭하였다.

168 옛사람……갖추었는데 : 여기서 말하는 옛사람은 주희를 말하는데, 주희는 도문학과 존덕성을 각각 지(知)와 행(行)의 내용으로 이해하면서 도문학이 존덕성에 앞서 이루어져야 한다는 선지후행론(先知後行論)을 주장하였다. 그러나 또한 "지가 행보다 앞서지만 중요성은 오히려 행에 있다."라고 하여 지와 행을 함께 힘써야 한다는 지행병진론(知行竝進論)을 주장하였다.

잡시 2수

雜詩 二首

이미 향초도 아니고 띠풀도 아니라면 既非蘭茝又非茅
그런 품격은 사람들에게 조롱 받지 品格應爲衆所嘲
세상에 나를 알아주는 사람 어찌 쉽게 얻으랴 知己世間那易得
산과 물 가지고 정신의 친구 삼으리라 且將山水作神交

몇 칸의 초가집 구름 낀 바위 옆에 있고 數椽茅屋傍雲巖
다시 맑은 시내와 푸른 삼나무도 있네 更有淸流與碧杉
야인의 성품 평소 이들을 매우 좋아했는데 野性平生偏愛此
그동안 의미 없는 조복이 부끄럽네 向來乾沒愧朝衫

기린과 봉황과 거북과 용 4수

麟鳳龜龍 四首

숨고 나타남 본래 때가 있으니　　隱見由來自有時
서주의 융성하던 때가 바로 그때였지　　西周盛際固其宜
모르겠다 노나라에서 무슨 일로 잡혀　　不知魯獲緣何事
다만 공자를 소매 적시며 슬프게 했나[169]　　徒惹宣尼反袂悲

순 임금 조정과 기산 이후로 몇 천 년인가[170]　　虞庭岐岳幾千年
한 번 떠난 신령한 자취 문득 아득하여라　　一去靈蹤便杳然
단산을 향해 소식 묻고 싶지만[171]　　欲向丹山問消息

169 노(魯)나라에서……했나 : 선니(宣尼)는 공자의 별칭으로, 한 평제(漢平帝) 원시(元始) 원년에 공자를 추시(追諡)하여 포성선니공(褒成宣尼公)이라 하였다. 춘추시대 노나라 애공(哀公) 14년 봄에 공자께서 성왕(聖王)의 상서인 기린이 난세에 잘못 나와 잡혀 죽은 것을 보고 몹시 상심(傷心)하여 흐르는 눈물을 옷소매로 닦으면서 "나의 도가 곤궁하도다.〔吾道窮矣〕"라고 말하고, 마침내 《춘추(春秋)》를 지으면서 "14년 봄에 서쪽으로 사냥을 나가 기린을 잡다.〔十有四年春, 西狩獲麟.〕"라는 말로 끝을 맺었다. 《春秋公羊傳 哀公14年》

170 순(舜) 임금……년인가 : 순 임금의 조정과 주(周)나라 문왕(文王) 때 봉황이 나타난 이후로 수천 년 동안 봉황이 나타나지 않았다는 말이다. 우정(虞庭)은 순 임금의 조정이다. 《서경》 〈익직(益稷)〉에 "소소의 음악을 아홉 번 연주하자, 봉황이 와서 춤을 추었다.〔簫韶九成, 鳳凰來儀.〕"라는 내용이 보인다. 소소(簫韶)는 순 임금의 음악으로, 봉황새가 이 음악에 감응하여 와서 춤을 춘 것이라 한다. 기악(岐岳)은 기산(岐山)으로, 성군(聖君)인 주나라 문왕 때 봉황이 기산 아래에 날아와 울었다 한다. 《國語 周語上》

171 단산(丹山)을……싶지만 : 단산은 봉황이 산다는 전설적인 산으로, 단혈(丹穴)

되레 불길한 기운이 하늘에 가득하여 걱정이네 却愁氛翳滿中天

등껍질 구우면 길흉이 분명히 판단되니 背火分明判吉凶
의심나는 것은 다만 너의 신령함에 의지했지[172] 稽疑只靠爾靈鍾
이 법 사라진 지 오래 되어 안타까우니 堪嗟此法淪亡久
어찌 그림 주어 저 용 본받게 하지 않는가[173] 何不呈圖效彼龍

하수에서 당시 신령한 그림 나왔으니 河中當日效靈圖
이로부터 하늘과 사람의 도리 베풀어졌지 自此天人理數敷
비 부르고 구름 일으킴 원래 하찮은 일이지만 致雨興雲元末事
지금은 어찌 하찮은 일마저도 없는가 到今胡乃末猶無

이라고도 한다. 《산해경(山海經)》 〈남산경(南山經)〉에 "단혈의 산에……새가 있는데, 그 모양은 닭과 같고 오색 무늬가 있으니, 이름을 봉황이라고 한다.〔丹穴之山……有鳥焉, 其狀如雞, 五采而文, 名曰鳳皇.〕" 하였다.

172 의심나는……의지했지 : 거북의 등껍질로 길흉화복(吉凶禍福)을 점쳤던 것을 말한다. 계의(稽疑)는 점을 쳐서 의심나는 것을 결정한다는 뜻으로, 《서경》 〈홍범(洪範)〉에 "밝히기를 계의로써 하는 것이다.〔明用稽疑〕"라고 한 말에서 유래하였다.

173 어찌……않는가 : 거북점을 치는 법이 사라지고 하늘이 이른바 하도(河圖)와 낙서(洛書)를 내려 주어 시초점(蓍草占)을 치게 하였다는 말이다. 복희씨(伏羲氏)가 황하(黃河)에 출현한 용마(龍馬)의 무늬를 숫자로 환치하여 하도를 만든 뒤 팔괘(八卦)를 그었으며, 하우(夏禹)가 치수(治水)할 때 낙수(洛水)에 출현한 신귀(神龜)의 반점을 본받아 구주(九疇)를 만들었다고 한다. 《주역》 〈계사전 상(繫辭傳上)〉에 "하수에서 도가 나오고, 낙수에서 서가 나오자, 성인이 이를 본받았다.〔河出圖, 洛出書, 聖人則之.〕" 하였다.

심회를 쏟아 내다

瀉懷

평소 마음이 구름 낀 숲에 있었다 말하지 마라　　休言雅志在雲林
다만 늙은 몸이라 병도 감당하지 못해서라네　　自是殘骸病不任
사람들에게 이르노니 모름지기 세밀히 살펴　　爲報世人須細着
모래와 자갈을 아름다운 옥으로 알지 마라　　莫將沙礫認璆琳

우연히 동봉[174]과 허암[175]의 일이 생각나 부질없이 짓다 2수
偶思東峯虛庵事漫題 二首

외모는 겨우 여섯 자 남짓이나	型範看纔六尺强
가슴에는 분명 큰 곳집 있었지	胸中自有大囷倉
문장만 어찌 도사를 따랐으랴	文詞豈但追陶謝
학문도 응당 제왕을 보좌할 만하였네[176]	學術應堪佐帝王

174 동봉(東峯) : 김시습(金時習, 1435~1493)으로, 본관은 강릉(江陵), 자는 열경(悅卿), 호는 매월당(梅月堂)·청한자(淸寒子)·동봉·벽산청은(碧山淸隱)·췌세옹(贅世翁), 법호는 설잠(雪岑), 시호는 청간(淸簡)이다. 허목(許穆)의 《기언(記言)》 권11 〈청사열전(淸士列傳)〉에 의하면, 김시습은 태어난 지 8개월 만에 글을 읽을 줄 알고, 5세에 《대학장구》와 《중용장구》에 통달하였다. 그러나 1455년(세조1) 계유정난(癸酉靖難)이 일어나자, 책을 모두 불사르고 승려가 되어 속세와 인연을 끊었다고 한다. 그 뒤 환속하기도 하였으나 끝내 그 천재성을 살리지 못하고 죽었다고 한다.

175 허암(虛庵) : 정희량(鄭希良, 1469~?)으로, 본관은 해주(海州), 자는 순부(淳夫), 호는 허암이다. 《기언(記言)》 권26 하 〈허암사(虛庵事)〉에 의하면, 정희량은 박학다식하고 특히 역수(易數)에 조예가 깊어 점을 잘 쳤다. 무오사화 때 의주(義州)에 유배되었다가 3년 만에 김해(金海)로 이배되고 이듬해 풀려났다. 그 해 어머니가 작고하여 덕수(德水)에서 시묘를 살았는데, 늘 "갑자의 화는 무오보다 심할 것이다."라고 하더니, 하루아침에 자취를 감추고 사라졌다고 한다.

176 문장만……만하였네 : 김시습의 문장이 도잠(陶潛)과 사영운(謝靈運)처럼 뛰어났을 뿐만 아니라, 임금을 보좌할 만큼 학문이 뛰어났다는 말이다. 도사(陶謝)는 진(晉)나라 도잠과 남조(南朝) 송(宋)나라의 사영운을 가리킨다. 두보(杜甫)의 〈강상치수여해세료단술(江上值水如海勢聊短述)〉에 "어찌하면 시상이 도잠과 사영운 같은 이를 얻어서, 그로 하여금 시 짓게 하고 함께 노닐꼬.〔焉得思如陶謝手, 令渠述作與同遊.〕" 하였다.

머리 깎음은 원래 불교 즐겨서가 아니라	削髮元非耽釋佛
한 몸으로 강상을 자임해서지	將身只是任綱常
율옹이 전을 지었으니[177] 어찌 뜻이 없었으랴	栗翁立傳寧無意
향기로운 이름 만고에 길이 남기려 해서겠지	留與芳名萬古長

진실로 총명함이 빼어나지 않다면	苟不聰明自絕倫
어찌 점성술이 귀신처럼 오묘했을까	詎能星法妙如神
천시는 삼형 만날 때를 알았고	天時已覺三刑值
신수는 육해 이를 것을 보았네[178]	身數仍看六害臻
재앙 피해 오직 함정에서 벗어날 생각이었을 뿐	脫禍唯思超阱罟
불교로 도피함 어찌 군친을 버리려 했음이랴[179]	逃空豈欲捨君親

177 율옹(栗翁)이 전(傳)을 지었으니 : 율옹은 이이(李珥, 1536~1584)로, 본관은 덕수(德水), 자는 숙헌(叔獻), 호는 율곡(栗谷)·석담(石潭)·우재(愚齋)이다. 이이는 김시습에 대해 "절의를 세우고 윤기를 붙들어서 그의 뜻은 일월과 그 빛을 다툴 만하고, 그의 풍도를 들은 이는 나약한 사람도 자립할 것이니, 백세의 스승이라 하여도 지나친 말이 아닐 것이다. 애석한 것은 시습의 영특한 자질로써 학문과 실천을 갈고 닦았더라면, 그가 이룰 것을 어찌 헤아릴 수 있었으랴.[標節義扶倫紀, 究其志, 可與日月爭光, 聞其風, 懦夫亦立, 則雖謂之百世之師, 亦近之矣. 惜乎以時習英銳之資, 礱磨以學問踐履之功, 則其所成就豈可量乎.]"라며 애석해하였다.《栗谷全書 卷14 金時習傳》

178 천시(天時)는……보았네 : 정희량이 역리(易理)로 천시의 변화와 그 변화가 몸에 미치는 운세를 파악하여 갑자사화를 예견하고 미리 자취를 감췄다는 말이다. 삼형(三刑)과 육해(六害)는 점을 쳤을 때 나오는 일종의 점괘로, 매우 좋지 않은 시기나 상황을 가리킨다. 음양가(陰陽家)에서 십이지(十二支)를 사방에 배당하고, 그것으로 형살(刑殺)을 따져 좋을 때와 나쁠 때를 점치는데, 삼형과 육해는 그 중 서로 화합하지 못하고 충돌하는 매우 좋지 않은 때이다.

179 재앙……했음이랴 : 정희량이 불교에 귀의한 것은 다만 재앙을 피하기 위함이지

애석하다 승려 되어 세상 떠돌며	可憐一衲浮游地
팔십 년간 눈물은 얼마나 자주 흘렸을까	八十年間淚幾頻

불충불효(不忠不孝)를 저지르기 위한 것이 아니라는 말이다. 《기언(記言)》 권26 하 〈허암사(虛庵事)〉에 정희량으로 여겨지는 한 노승과 퇴계 이황이 만나 서로 대화를 나눈 이야기가 전해진다. 그 이야기에서 이황이 노승에게 세상에 다시 나올 것을 은근히 청하자, 노승이 "그 사람은 사라져서 어머니가 돌아가셨는데도 삼년상을 다 치르지 않았으니 불효이며, 군주를 섬기다가 군주의 명을 저버렸으니 불충입니다. 어찌 불충불효한 자가 세상에 나올 수 있겠습니까."라고 하였다고 한다. 그리고 이황이 정희량이라 생각하여 후한 예우를 하려고 하자 노승이 일어나 떠났는데, 간 곳은 알 수 없다는 이야기가 실려 있다.

술을 마시며 읊어서 제곡[180]에게 부치다

酒吟寄霽谷

무엇이 좋다고 맹가는 술을 즐겼고[181]	酒有何好孟嘉嗜
또 무엇이 해로워 연명은 술을 끊었나[182]	又有何害淵明止
연명은 처음에 즐기다가 나중에 끊었지만	淵明始嗜終則止
맹가는 처음과 끝이 달랐다는 말 듣지 못했네	孟嘉不聞殊終始
푹 빠져 돌아올 줄 모르는 것보다	與其沈冥不知返
어찌 홀연히 지금이 옳은 줄 앎만 같겠는가[183]	曷若幡然覺今是
통달한 식견 남들은 미칠 수 없으니	所以達識人莫及
당시 어찌 다섯 말만 부끄러워했으랴[184]	豈獨當年五斗恥

180 제곡(霽谷) : 황세정(黃世楨, 1622~1705)으로, 본관은 회덕(懷德), 자는 주경(周卿), 호는 제곡이다. 470쪽 각주113 참조.

181 맹가(孟嘉)는 술을 즐겼고 : 맹가는 진(晉)나라 환온(桓溫)의 참군(參軍)으로, 술을 매우 좋아하였다. 이런 맹가에게 환온이 술에 무슨 좋은 것이 있어서 그토록 좋아하느냐고 묻자 "공께서는 술 속에 담긴 멋을 아직 모를 따름이다."라고 대답했다고 한다. 《晉書 卷98 孟嘉列傳》

182 연명(淵明)은 술을 끊었나 : 연명은 진(晉)나라 도잠(陶潛)으로 술을 대단히 좋아하였는데, 늘그막에 금주를 결심하며 지은 시에 "평생 술을 끊지 못했으니, 술 없으면 즐거움도 없없지.……비로소 금주가 좋음을 알고, 오늘 아침 진짜로 끊어 버렸네.〔平生不止酒, 止酒情無喜.……始覺止爲善, 今朝眞止矣.〕" 하였다. 《陶淵明集 卷3 止酒》

183 푹……같겠는가 : 술을 끊을 줄 모르는 맹가보다 술을 끊는 것이 옳은 줄을 아는 도잠이 낫다는 말이다. 도잠의 〈귀거래사(歸去來辭)〉에 "지금이 옳고 예전은 잘못됨을 깨달았다.〔覺今是而昨非〕"라는 말이 있으므로 원용한 것이다.

184 통달한……부끄러워했으랴 : 도잠이 훌륭한 식견을 지니고 있었기에 벼슬을 그

첫 구는 계곡(谿谷)의 시[185]를 차용하여 말을 일으키는 말로 삼았다.

만두고 전원으로 돌아갈 수 있었을 것이라는 말이다. 도잠이 팽택 현령(彭澤縣令)으로 있을 때 "내가 쌀 다섯 말 때문에 허리를 꺾어 향리의 애숭이에게 굽실거릴 수는 없다." 라며, 즉시 수령의 인끈을 풀어 놓고 고향으로 돌아간 고사가 전한다. 《晉書 卷94 陶潛列傳》

185 계곡(谿谷)의 시 : 계곡은 장유(張維, 1587～1638)로, 본관은 덕수(德水), 자는 지국(持國), 호는 계곡·묵소(默所)이다. 《계곡집(谿谷集)》 권26 〈용문산승만익……(龍門山僧萬益……)〉의 1·2구에 "무엇이 좋다고 맹가는 술을 즐겼고, 무슨 허물 있다고 연명은 술을 끊었나.〔酒有何好孟嘉嗜, 酒有何過淵明止.〕"라고 하였으므로, 1구가 송규렴의 시와 같음을 알 수 있다.

어떤 사람이 누군가에게 묻기를 "듣자하니 아무개는 매우 엄하다는데 사실인가?"라고 하자, 대답하기를 "아니다. 지극히 온순하다."라고 하였다. 그렇게 대답한 사람이 내게 와서 그 사실을 말하였다. 내가 웃으며 "나는 불선한 사람에게는 엄하지만 선한 사람에게는 순하다. 그러니 두 사람의 말이 모두 옳다."라고 하였다. 이어서 장난 삼아 시를 완성하다

人有問於人者曰 聞某也甚緊峻 信否 答曰否 極其平順 其答者來言于余 余笑曰 吾於不善則峻 而善則順 兩言皆是矣 仍成戲句

내 몸은 하나의 모습일 뿐인데	吾身只是一形模
어찌하여 연월처럼 다르게 보이는가[186]	看得如何燕越殊
물이 평평한 시내에서는 비단결 같아도	水在平川雖似練
어지러운 바위 만나면 물방울 내뿜지	逢來亂石輒噴珠

186 내 몸은……보이는가 : 송규렴 자신을 두고 서로 다른 평가가 있었기에 한 말이다. 연월(燕越)은 연나라와 월나라인데, 연나라는 북쪽 끝에 있고 월나라는 남쪽 끝에 있어서 거리가 매우 멀기 때문에 현격하게 다름을 비유하는 말로 사용된다.

큰 비가 개고 나니 바람이 매우 시원하였다
大雨初晴 風氣甚涼

늦가을인 양 풍광 쓸쓸하니	風光蕭瑟九秋如
막 비 갠 산중 참으로 좋구나	好是山中雨歇初
맑게 앉아 삼복더위도 모른 채	淸坐不知三伏暑
책 펴고 때로 몇 줄 글 읽노라	短編時閱數行書

중(中)은 창(窓)으로도 쓴다.

고사리
薇蕨

수양산 고사리 모름지기 의심할 수 없는데 首陽薇蕨不須疑
어떤 호사가가 함부로 글을 지었나 好事何人謾有詞
천지는 지극히 공평하여 이 물건 냈으니 天地至公生此物
본래 주나라가 사사로이 할 바 아니라네 本非周國所能私

성근보(成謹甫)의 〈제이제묘(題夷齊廟)〉에 "초목이 모두 주나라의 비와 이슬에 젖었으니, 그대들 수양산 고사리 캐어 먹은 일 괴이하구나.〔草木盡沾周雨露, 怪君猶食首陽薇.〕"라고 하였다.[187]

187 성근보(成謹甫)의……하였다 : 근보는 성삼문(成三問, 1418~1456)으로, 본관은 창녕(昌寧), 자는 근보·눌옹(訥翁), 호는 매죽헌(梅竹軒), 시호는 충문(忠文)이다. 사육신(死六臣)의 한 사람으로, 문집에 《성근보집(成謹甫集)》이 있다. 이제묘(夷齊廟)는 백이(伯夷)와 숙제(叔齊)를 모신 사당이다. 백이와 숙제는 주(周)나라 무왕(武王)이 은나라의 주왕(紂王)을 치려는 것을 말렸으나 무왕이 듣지 않자, 수양산(首陽山)에 들어가 고사리를 캐어 먹으며 숨어 살다가 죽었다. 성삼문은 세종에게 발탁되어 신숙주(申叔舟) 등과 훈민정음 창제에 참여하며 명(明)나라에 여러 번 다녀왔는데, 〈제이제묘(題夷齊廟)〉는 이때 지은 시이다. 《성근보집》 권1에 수록된 내용과 송규렴이 여기에서 인용하고 있는 내용은 글자의 출입이 있다.

호희[188]

胡姬

천 년의 공안 고정에 있어	千秋公案考亭存
눈 쌓인 움집의 호희는 논하지도 않았네[189]	雪窖胡姬獨不論
만약 여와와 비교한다면 응당 더 중하니	若比梨媧應有重
담암이 여기에 어찌 원망 없으랴[190]	澹庵於此豈無冤

188 호희(胡姬) : 원래 호인(胡人)의 주점에서 술을 파는 여자를 가리키는데, 여기서는 범범하게 오랑캐 여인을 가리키는 말로 쓰였다.

189 천 년의……않았네 : 주희(朱熹)가 한나라 소무(蘇武)를 논하면서 소무의 아이를 낳은 흉노(匈奴)의 여자인 호아(胡娥)는 언급하지 않았다는 말이다. 고정(考亭)은 복건성(福建省) 건양(建陽) 서남쪽에 있는 정자로, 주희를 가리킨다. 주희가 만년에 이곳에 거처하며 창주정사(滄洲精舍)를 지었는데, 이종(理宗)이 고정서원(考亭書院)이라는 명칭을 하사하였다. 《朱子大全 附錄 卷7》 설교(雪窖)는 눈 쌓인 움집이라는 뜻으로, 한나라 무제(武帝) 때 흉노(匈奴)에 사신 간 소무가 갇혀 있던 곳이다. 소무는 한나라의 정절(旌節)을 지키다가 19년 만에 고국으로 돌아오는데, 그 사이에 흉노 여자인 호아에게서 통국(通國)이라는 아들을 낳았다. 《漢書 卷54 蘇建傳 蘇武》

190 만약……없으랴 : 주희가 호아의 일은 말하지 않고 여와(黎渦)를 거론하여 호전(胡銓)을 책망하였으니, 호전으로서는 억울할 것이라는 말이다. 담암(澹庵)은 호전의 호이다. 송 고종(宋高宗) 때 금(金)나라와의 화친을 주장하는 진회(秦檜) 등을 탄핵한 죄로 귀양 갔다가 10년 만에 풀려났다. 돌아오는 길에 매계관(梅溪館)의 기생인 여와를 건드렸는데, 이를 추잡하게 여긴 주인이 밥 대신 여물을 주었다. 그 뒤에 주희가 그곳을 지나다가 "십 년 동안 호해에선 한 몸 한가했는데, 풀려나 돌아오다 여와를 보고 욕정 일었네. 세상에 사람의 욕망처럼 험한 것 없으니, 몇몇이나 이로 인해 일생을 그르쳤나.〔十年湖海一身輕, 歸對黎渦却有情. 世路無如人欲險, 幾人到此誤平生.〕"라는 시를 남겼다. 《朱子大全 卷5 宿梅溪胡氏客館觀壁間題詩自警二絶》

주자(朱子)가 호담암(胡澹庵)을 나무라는 시에 "세상에 사람의 욕망처럼 험한 것 없으니, 얼마나 많은 사람이 이로 인해 일생을 그르쳤나.〔世上無如人慾險, 幾人到此誤平生.〕"라고 하였다.

자식들에게 보이다

示兒輩

이 세상에 남자로 태어났으니　落地爲男子
천금 값이라 진실로 가볍지 않도다　千金儘不輕
아리따운 여자는 본성을 해치고　嬌妖應伐性
맛있는 술은 생명을 해치지[191]　麴糵定傷生
교만하고 사치스러운 생각 통렬히 끊고　痛絶驕奢念
두려워하고 경계하는 마음 언제나 간직해야지　恒存畏懼情
어두운 가운데는 더욱 경계해야 하니[192]　暗中尤可戒
천지신명의 눈은 본래 밝으니라　神目本昭明

191 아리따운……해치지 : 한(漢)나라 매승(枚乘)의 〈칠발(七發)〉에, 초(楚)나라 태자가 병에 걸리자 오객(吳客)이 찾아가서 "아름다운 여인은 본성을 해치는 도끼요, 맛좋은 술과 안주는 위장을 썩히는 약물이다.〔皓齒蛾眉, 命曰伐性之斧, 甘脆肥醲, 命曰腐腸之藥.〕"라고 했다는 내용이 보인다.

192 어두운……하니 : 《중용장구》 제1장에 "보지 않는 바에도 조심하며, 듣지 않는 바에도 두려워하는 것이다.〔戒愼乎其所不睹, 恐懼乎其所不聞.〕"라고 하였다.

비가 내릴 기미

雨意

비가 오려고 온 하늘 어두워　　雨意連空暗
만상이 모두 희미해지려 하네　　都將萬象迷
마을 연기가 숲을 뒤덮고　　村煙渾羃樹
골짝 안개가 시내에 자욱하네　　洞霧盡籠溪
적막하게 매미 소리도 없고　　寂寂蟬無響
그윽하여 새도 울지 않으니　　冥冥鳥不啼
천기가 이와 같음을 보지만　　天機看若此
누가 다시 실마리를 알겠는가　　誰復識端倪

글자의 뜻

字義

물고기와 양이 한 곳에 있는 일 드물고[193]	魚羊鮮共處
아들 딸은 함께 살길 좋아하지[194]	子女好同居
글자 뜻 이런 경우가 많으니	字義多如此
미루어 나가면 나머지도 알 수 있다네	旁推可識餘

193 물고기와……드물고 : 물고기〔魚〕와 양(羊)이 합해져서 드물다는 의미의 선(鮮)이 되기에 한 말이다.

194 남자와……좋아하지 : 호(好)에 대한 풀이이다.

경치를 보며 입으로 부르다

即景口占

오랜 비가 저물녘에 그치고	積雨晚來歇
서늘한 기운 저절로 생기네	微涼猶自生
제비는 점점 게을리 날고	燕飛看漸倦
매미는 더욱 맑게 울어대네	蟬響覺逾淸
안개 걷히자 산색 드러나고	霧罷山呈色
시내 흐르는 소리 골짝에서 보내오네	溪喧壑送聲
숲의 비둘기는 무슨 마음으로	林鳩亦何意
때때로 다시 갠 날을 불러오나[195]	時復喚新晴

195 숲의……불러오나 : 비 갠 상쾌함을 비둘기에 빗대어 읊은 것이다. 비둘기가 울면 비가 온다는 속설이 있어서 비둘기를 환우구(喚雨鳩)라고 하는데, 한편으로는 "비가 개면 비둘기가 기뻐한다.〔雨晴鵓鳩喜〕"라는 말도 있다. 남송(南宋) 심여구(沈與求)의 〈청명일만청(淸明日晚晴)〉에 "우는 비둘기 절로 있어 닭은 날씨 불러올 줄 안다.〔自有鳴鳩解喚晴〕"라고 하였다. 《宋詩鈔 卷40》

스스로 탄식하다

自歎

오랫동안 지리한 세상에서	久在支離世
헛되이 젊은 시절 보냈구나	虛經少壯年
자취가 기꺼이 지금 세상에 섞였으니	迹甘今俗混
이름이 옛 사람의 현명함에 부끄럽네	名愧古人賢
그만이로다 몸에는 병이 많고	已矣身多病
속절없이 머리에 백발만 가득한데	徒然雪滿顚
갈바람이 홀연히 또 불어오니	秋風忽又至
시름을 더욱 덜기 어렵구나	愁緖轉難蠲

지진
地震

땅의 도가 고요함에 근본함은	地道本乎靜
애초에 이치로 한번 정해졌는데	原初理一定
어찌하여 정해진 것이 변하여	奈何定者變
어그러짐이 때때로 나타나나	乖盭或時現
그 변화를 과연 누가 일으키나	其變果誰致
마음 아프지만 사람이 하는 것이니	感傷人所使
사람의 도리가 진실로 잘못 있다면	吾猷苟有忒
땅의 길도 법칙 따르기 어렵지	彼軌難循則
때문에 주나라 말기에	所以周衰日
성인께서 특히 많이 기록하셨고[196]	特書多聖筆
한나라 성제 때는 더욱 어지러운 시대였으니	漢成尤亂代
세 배나 더 일어나도 괴이할 게 없지만[197]	無怪加三倍
지금 세상은 태평성세에 속하는데	今世屬昌辰
어찌하여 이런 재앙 이르렀나	胡然斯害臻

196 사람의……기록하셨고 : 사람이 도리를 다하지 못하면 땅도 이치를 따르지 못하여 지진을 일으키는데, 주나라 말기에 공자께서 특히 지진에 대해 많이 기록하신 것은 이 때문이라는 것이다.

197 한(漢)나라……없지만 : 한나라 성제(成帝) 때는 더욱 어지러워져 지진에 관한 기록이 매우 많다는 말이다. 이때 유난히도 가뭄과 지진 등의 재해가 많았는데, 이를 슬기롭게 극복하지 못하여 결국 왕망(王莽)에게 권력이 넘어가게 되었다.

깊이 생각해도 오랫동안 풀리지 않아 沈吟久不釋
근심스레 밤새도록 앉았노라 悄悄坐終夕

아들 상유의 〈총림기〉[198] 뒤에 쓰다

題維兒叢林記後

늙고 병든 몸 슬프게도 다리 힘 빠져　　老病空悲脚力孱
풍류 삼아 등반할 길이 없었는데　　風流無計辦登攀
누워 노닌다[199]는 옛말 이제 비로소 증명되니　　臥遊古語今方驗
이름난 사찰과 암자 반은 여기에 있네　　勝刹名庵半此間

198 아들 상유(相維)의 총림기(叢林記) : 송상유(宋相維, 1668~1740)는 송규렴의 둘째 아들로, 본관은 은진(恩津), 자는 지경(持卿), 호는 안졸헌(安拙軒)이다. 〈총림기〉는 미상이다. 총림(叢林)은 대개 말사(末寺)를 거느린 큰 사찰을 가리키는데, 〈총림기〉는 시의 내용으로 추론해 보면 송상유가 전국의 주요 사찰을 유람하며 쓴 글로 여겨진다.

199 누워 노닌다 : 와유(臥遊)는 산수화(山水畫)를 감상하며 유람을 대신하는 것을 말한다. 금(琴), 서(書), 화(畫) 삼절(三絶)로 유명한 남조 송(南朝宋)의 은자(隱者) 종병(宗炳)이 노년에 병이 들어 명산을 유람하지 못하게 되자, 그동안 다녔던 명승지를 그림으로 그려 걸어 놓고 누워서 감상하며 노닐었던〔臥以游之〕 고사가 전한다. 《宋書 卷93 宗炳列傳》

학포에서의 옛 유람을 추억하다

憶鶴浦舊遊

흐르는 물 같은 세월 누가 막을 수 있으랴	流水光陰孰可禁
구레나룻에 흰머리만 무성하네	鬢邊唯覺白森森
평생 산수의 승경 가장 좋아했는데	平生最愛湖山勝
이제는 깊이 늙고 병들어 어찌 감당하랴	此日那堪老病深
분주히 세상에 얽매일 생각 비록 없지만	奔走縱無當世念
오르고 임하면 젊을 적 마음 아직도 있도다	登臨尙有少年心
늘 그리워라 학포에서 조각배 띄울 때	每思鶴浦扁舟泛
밝은 달 푸른 파도 가슴 가득 시원했지	明月滄波爽滿襟

가을날의 회포

秋懷

어느덧 가을 저물어가니	已覺秋光晩
성긴 귀밑머리 어이 감당하랴	那堪鬢髮疏
동산에 매미 이미 떠났고	山園蟬去後
물가에 기러기 막 날아오네	水國雁來初
북쪽 산기슭에 단풍이 물들려 하고	北麓楓將染
동쪽 울타리에 국화가 피려 하네	東籬菊欲舒
삶이 이만하면 족하니	生涯此已足
굳이 벼슬 그리워할 필요 없어라	不必戀簪裾

가을날을 보내며

送秋日

세상사 자세히 따져보니	細數人間事
진실로 물위의 거품 같구나	眞同水上漚
뽕밭이 오히려 바다로 변하고	桑田猶變海
재택이 또한 폐허가 되었지[200]	梓澤亦成丘
달은 겨우 하룻밤만 차고	月廑單宵滿
꽃은 열흘을 머물지 못하네	花無十日留
가는 세월을 어찌 잡으랴	流光那可挽
다시 이 늦은 가을을 보내노라	又送此殘秋

200 재택(梓澤)이……되었지 : 화려하던 곳도 폐허가 되었다는 말이다. 재택은 하남성(河南省) 낙양(洛陽) 서쪽 계곡으로, 동진(東晉)의 부호 석숭(石崇, 249~300)의 별장이 있던 곳이다. 석숭이 재택에 금곡원(金谷園)이라는 별장을 짓고 잔치를 베풀며 시회를 열어 시를 짓지 못하면 벌주로 술 석 잔을 마시게 하며 놀았다고 한다.《金谷園詩序》왕발(王勃)의 〈등왕각서(滕王閣序)〉에 "난정은 이미 버려졌고, 재택은 폐허가 되었네.〔蘭亭已矣, 梓澤丘墟.〕"라고 하였다.

《격양집》[201]을 읽고 4수

讀擊壤集 四首

하나의 이치에 수 또한 존재하니	一理中間數亦存
이 둘은 본래 뿌리가 같도다	由來二者本同根
누가 이것과 저것을 다 잘 이해했나	誰將彼此俱融會
안락와 어른의 도가 가장 높도다[202]	安樂窩翁道最尊

하늘이 이 어른 낸 것이 어찌 우연이랴	天挺斯翁豈偶然
총명하고 예지한 이 이전에는 없었지	聰明睿智認無前
능히 한 손으로 현묘한 이치 탐색하여	能將隻手探玄窟
건곤의 오묘한 변화를 남김없이 열었네[203]	闡盡乾坤妙奥權

201 격양집(擊壤集) : 북송(北宋)의 소옹(邵雍, 1011~1077)이 지은《이천격양집(伊川擊壤集)》을 가리킨다.

202 누가……높도다 : 이(理)와 수(數)를 잘 이해한 학자로는 소옹이 으뜸이라는 말이다. 안락와옹(安樂窩翁)은 소옹을 가리킨다. 소옹의 자는 요부(堯夫), 자호(自號)는 백원(百源), 시호는 강절(康節)이다. 범양(范陽) 사람으로 소문산(蘇門山)의 백원에 거처를 정하고 안락와라고 하였는데, 이곳에서 학문을 탐구하고 제자들을 가르쳤기 때문에 그를 안락선생이라고 부르고 그의 학파를 백원학파(百源學派)라 하였다. 그는 상수학(象數學)으로 일가를 이루어 선천역학(先天易學)을 체계화시켰다. 저서로《황극경세(皇極經世)》,《어초문대(漁樵問對)》,《이천격양집(伊川擊壤集)》 등이 전한다.

203 능히……열었네 : 소옹이《주역》의 상수(象數)를 밝혀 복희(伏羲)의 괘획(卦劃)과 그 유래(由來)의 근거(根據)가 되는 건곤음양(乾坤陰陽)의 변화 작용을 모두 관통(貫通)했다는 뜻이다. 고대에 중국인들은 달이 나가고 들어오는 곳을 월굴(月窟)이라

원래 티끌만큼도 가슴에 막힌 것이 없고　元無一芥𢠳胸中
도도히 흐르는 물처럼 가는 곳마다 통했지　活水滔滔到處通
어찌 어리석은 사람들만 막힌 것 열었으랴　豈獨群蒙開蔽塞
하늘도 그 덕에 신묘한 공효 드러냈네　皇穹亦賴顯神功

크게는 제패와 황왕의 일이요[204]　大而帝伯皇王事
작게는 풍화와 설월의 변화로다　小則風花雪月權
한 거울이 몸 안에 높이 걸려 있으니　一鑑高懸腔子裏
개벽과 이전의 혼돈까지 두루 보았네[205]　平看開闢混沌前
전(前)은 천(天)으로도 쓴다.

고 하였는데, 달이 차고 이지러지는 이치로부터 우주 만물의 생성 변화를 찾아내는 것을 탐현굴(探玄窟)로 이해하고 있다. 소옹의 〈대필음(大筆吟)〉에 "발로 천근을 밟고, 손으로 월굴을 더듬는다.〔足躡天根, 手探月窟.〕"라고 하였다. 《伊川擊壤集 卷14》

204 크게는……일이요 : 소옹의 《황극경세서(皇極經世書)》에 의하면 역사는 황(皇)·제(帝)·왕(王)·패(覇)의 변화를 겪는다고 한다. 이는 고대의 삼황오제(三皇五帝)로부터 왕도(王道)와 패도(覇道)의 역사적 단계를 가리킨다.

205 한 거울이……보았네 : 소옹이 한 몸에서 마음으로 천지개벽과 그 이전 혼돈의 이치까지 다 밝혔다는 말이다. 거울은 마음을 비유한다. 소옹은 《황극경세서(皇極經世書)》에서 "마음이 태극이다.〔心爲太極〕"라고 하였다. 강자(腔子)는 창자로, 몸을 가리킨다. 북송(北宋)의 정호(程顥)가 "마음은 요컨대 몸 안에 있어야 한다.〔心要在腔子裏〕"라고 하여, 마음이 외물(外物)에 유혹되지 않고 항상 몸 안에 안주할 것을 말하였다. 《二程全書 卷7》

밤에 앉아 있다가
夜坐

눈 쌓인 빈산의 밤	積雪空山夜
차가운 등불 아래 홀로 앉았네	寒燈獨坐時
한 조각 마음이야 비록 굳세어도	片心雖自壯
양쪽 귀밑머리 먼저 세니 어이하랴	雙鬢奈先衰
뒤숭숭하여 잠들지 못하고	忽忽仍無寐
울적하게 생각만 많아라	忉忉却有思
뜬 구름과 흐르는 물처럼	浮雲與流水
만사가 한결같이 개탄스럽네	萬事一嗟咨

눈 내린 뒤에

雪後

눈빛 엉겨 더욱 차갑고　雪色凝逾冷
하늘은 막혀 풀리지 않네　天容鬱不舒
차츰차츰 한해가 저물려 하니　看看歲欲暮
뒤숭숭한 마음 어찌할까　忽忽意何如
백발에 몸은 완전히 늙었고　白髮身全老
청운의 자취 이미 멀어졌어도　青雲跡已疏
붉은 마음은 여전히 변치 않아　丹心猶未改
밤낮으로 임금 계신 궁궐을 향하네　日夕拱宸居

밤에 앉아 있다가 회포를 써서 자익[206]에게 보이다
夜坐書懷 示子益

반가운 눈빛으로 만나도 기쁘질 않고	靑眸邂逅不成歡
백발 늙은이 삶과 죽음에 눈물만 흐르네[207]	白首存亡涙獨潸
부부의 정 처음부터 끝까지 한결같았고	琴瑟恩情終似始
가난한 살림 괴롭고 초라했지[208]	糟糠活計苦兼酸
난새 같은 인물 저승으로 감을 차마 말하랴	鸞儀忍說重泉隔
학 같은 머리 외로운 그림자 공연히 슬퍼라	鶴髮空悲隻影孱
시름겨워 한밤의 창을 마주하고 있노라니	愁絶夜窓相對地
하늘 가득 눈보라치고 등불은 차가워라	滿天風雪一燈寒

206 자익(子益) : 김창흡(金昌翕, 1653~1722)으로, 본관은 안동(安東), 자는 자익, 호는 삼연(三淵)이다. 《三淵集拾遺 卷32 附錄 行狀》

207 반가운……흐르네 : 송규렴이 처조카인 김창흡을 만나 반갑기는 한데, 처남 김수항의 죽음을 생각하니 기쁨보다 눈물이 앞선다는 말이다. 청모(靑眸)는 반가워하는 눈빛을 의미한다. 진(晉)나라 완적(阮籍)이 달갑지 않은 사람에게는 백안(白眼)을 보이고 반가운 사람에게는 청안(靑眼)을 보였던 고사에서 유래했다. 《晉書 卷49 阮籍列傳》

208 부부의……초라했지 : 김수항이 부부의 정이 변함없었고 가난한 살림에 고생이 많았다는 말이다. 금슬(琴瑟)은 거문고와 비파라는 말로, 부부간의 화목을 비유한다. 《시경》 〈관저(關雎)〉에 "요조숙녀를 거문고와 비파로 친애하도다.〔窈窕淑女, 琴瑟友之.〕"라고 한 데서 유래하였다. 조강(糟糠)은 술지게미와 쌀겨라는 말로, 가난한 살림살이를 뜻한다. 《후한서보일(後漢書補逸)》 권4 〈송홍(宋弘)〉에 "가난할 때 사귄 친구는 잊어서는 안 되고, 술지게미와 쌀겨를 먹으며 고생한 아내는 집에서 내보내지 않는다.〔貧賤之交不可忘, 糟糠之妻不下堂.〕"라고 하였다.

촛불을 노래하다

詠燭

안은 비고 밖은 곧으니 좋은 자질이고	中通外直是良姿
문채까지 빛나니 또한 매우 기이하네	文彩光華又絶奇
뱃속에 가득한 정신 안에서 나오고	滿腹精神由內出
한 몸의 쓰임새는 심지에서 나오네	一身功用自心推
금각에서 밤에 거문고 타기 아주 적당하고	偏宜琴閣宵彈地
서재 창에서 책 읽을 때 가장 좋아라	最好書窓夜讀時
게다가 시 짓는 마루나 술자리에서	況乃詩軒與酒席
그대 없이 어찌 즐거울 수 있겠나	捨君何以作歡怡

며칠 동안 조금 따뜻하더니 쌓인 눈이 다 녹았다
數日稍溫 積雪盡消

한 해의 겨울 끝나려 하고	歲欲窮陰盡
산에 쌓인 눈 녹네	山還積雪消
천기는 스스로 밀고 당기고	天機自推盪
사물의 변화는 성하고 시들 때가 있네	物化有榮凋
도는 예와 지금이 다르지 않은데	道不殊今古
사람은 어찌 도척과 요[209]의 차이가 있는가	人胡異跖堯
공공과 환도를 제거하지 못한다면	共驩倘不去
어찌 옛 소소를 들을 수 있으랴[210]	那得故簫韶

209 도척(盜跖)과 요(堯) : 척요(跖堯)는 고대의 큰 도적인 도척과 태평성세를 이끈 성왕(聖王)인 요 임금을 말한다. 《사기(史記)》 권61 〈백이열전(伯夷列傳)〉에 도척에 대하여 "날마다 무고한 사람을 죽이고 사람의 간을 회쳐서 먹었으며, 포악한 행동을 자행하면서 수천 명의 무리를 모아 천하를 횡행하였다.〔日殺不辜, 肝人之肉, 暴戾恣睢, 聚黨數千人, 橫行天下.〕"라고 하였다.

210 공공(共工)과……있으랴 : 악한 사람들을 없애야 태평성대가 온다는 뜻으로, 여기서는 눈이 녹아 사라지는 것을 악한 사람이 없어지는 것과 같은 것으로 본 것이다. 공환(共驩)은 공공과 환도(驩兜)의 병칭인데, 삼묘(三苗)와 곤(鯀)을 포함하여 요순(堯舜) 시대의 사흉(四凶)으로 일컬어진 인물이다. 순 임금이 공공을 유주(幽州)에 유배 보내고, 환도를 숭산(崇山)으로 추방하고, 삼도를 삼위(三危)에서 죽이고, 곤(鯤)을 우산(羽山)에서 죽이자 천하가 복종했다고 한다. 《書經 舜典》 소소(簫韶)는 순임금이 지었다는 음악을 말한다. 순 임금이 태평성대를 이룩하고 이 음악을 지어 연주하자 봉황이 와서 춤을 추었다는 고사가 전한다.

어떤 사람이 내게 와서 박계긍[211]의 시를 외워 "좀벌레가 책 속에서 살면서, 여러 해 글자 먹어 눈이 잠깐 밝아졌네. 그래도 결국 미물일 테니 누가 귀히 여기랴. 다만 경전 망쳤단 이름만 가득 얻겠지."[212] 하였으니, 아마도 자기 스스로를 비유한 것으로 보인다. 애오라지 절구 한 수를 완성하다

人有來誦朴季肯詩曰 蠹魚身向卷中生 食字多年眼乍明 畢竟物微誰見貴 只應贏得毁經名 蓋以自況也 聊成一絶

좀벌레가 경전의 글자 다 먹어 치워도	蠹雖食盡經中字
그 본지를 어찌 한 터럭만큼인들 망치랴	本旨何曾毁一毫
세상에 길 헤매는 선비들에게 말하노니	寄語世間迷路士
일찍 돌아와 육왕의 무리 되지 마오[213]	早歸無作陸王曹

211 박계긍(朴季肯) : 박세당(朴世堂, 1629~1703)으로, 본관은 반남(潘南), 자는 계긍, 호는 서계(西溪)·잠수(潛叟)·서계초수(西溪樵叟)이다.

212 좀벌레가……얻겠지 : 이 시는 《서계집(西溪集)》 권4에 〈두어(蠹魚)〉라는 제목으로 실려 있다. 다만 《서계집》에는 只가 秪로, 贏得이 長負로 되어 있다.

213 육왕(陸王)의……마오 : 양명학(陽明學)에 빠지지 말라는 말이다. 육왕은 육구연(陸九淵)과 왕양명(王陽明)을 병칭하는 말로, 이들이 주창한 유학의 한 갈래인 양명학을 일컫는다.

우연히 짓다
偶成

박쥐 발톱은 바위에 매달리기 좋고 蝠爪利巖掛
새 날개는 물에서 헤엄치기 어렵지 鳥翼難水泅
사물의 실상 어찌 같을 수 있으랴 物情詎可一
한 치 나무가 높은 누각은 아닌데[214] 寸木非岑樓
어찌하여 칠원의 늙은이는 奈何漆園老
같지 않은 걸 억지로 같게 하려 했나[215] 强欲齊不齊
건과 곤이 본래 두 가지 바탕이듯 乾坤本二質
둥근 굴대는 모난 끝과 다르다네[216] 圓軸殊方倪

2

필통과 책 상자 쓰임은 다르지만 箙籙用雖異

214 한 치……아닌데 : 《맹자》 〈고자 하(告子下)〉에 "근본을 헤아리지 않고 끝만을 가지런히 한다면, 한 치 되는 나무를 높은 누각보다 높게 할 수 있다.〔不揣其本而齊其末, 方寸之木, 可使高於岑樓.〕"라고 하였다.

215 어찌하여……했나 : 칠원(漆園)의 늙은이는 장자(莊子)를 가리킨다. 장자가 몽(蒙) 땅의 칠원에서 하급관리로 있었기 때문에 이렇게 부른 것이다. 이것은 《장자(莊子)》 〈제물론(齊物論)〉에 관한 것인데, 제물(齊物)은 만물이 본질적으로 차별이 없다는 의미이다.

216 건(乾)과……다르다네 : 원축(圓軸)과 방예(方倪)는 각각 하늘과 땅을 지칭한 것으로 보인다. 《주역》 〈설괘전(說卦傳) 본의(本義)〉에 "하늘은 둥글고 땅은 네모나다.〔天圓地方〕" 하였다.

그 공은 원래 서로 의지하지[217] 厥功元相須
하나만으로는 홀로 이루기 어려우니 一也難獨遂
둘은 진실로 없어선 안 되네 二固不可無
하나가 낳고 또 둘이 낳기도 하니[218] 一生又二生
때문에 삐걱대기도 하지만 所以成轇轕
삐걱댄들 무엇이 문제이랴 轇轕亦何傷
오묘한 기틀이 또한 잘 돌아가느니 妙機且善斡

217 필통(筆筒)과……의지하지 : 필통은 붓을 넣고 책 상자는 책을 넣는 데 쓰이지만, 문인들에게 필통과 책 상자가 모두 있어야 일을 해낼 수 있다는 말이다. 복(箙)은 원래 화살통〔箭筒〕을 뜻하지만, 여기서는 필통을 지칭하는 것으로 보인다.

218 하나가……하니 : 하늘과 땅의 작용으로 만물이 생성됨을 말한 것인데 "하늘이 1로써 물을 낳고 땅이 6으로써 이루어 주며, 땅이 2로써 불을 낳고 하늘이 7로써 이루어 준다.〔天以一生水而地以六成之, 地以二生火而天以七成之.〕"라고 하였다.《性理大全書 卷14》

큰 눈이 내림을 보고 급히 쓰다 계미년(1703, 숙종29)

大雪走筆 癸未

계유년 정월	癸酉之年歲首月
스무이레 날 큰 눈이 내렸지	二十七日天大雪
지금 계미년에 눈이 더욱 많이 내리는데	如今癸未雪尤壯
달과 날짜까지 다름이 없어라	又是月日無差爽
한 기운이 십 년 동안 운행하다가	一氣推遷十稔中
기틀이 앞뒤로 다시 서로 같아졌네	機緘前後還相同
내려서는 보리 뿌리를 덮어 살리고	鋪來覆活麥牟根
녹아서는 못의 근원을 윤택하게 하네	幻去消爲膏澤源
지난번에 가을 벼에서 이미 징험했으니	往者秋禾已可徵
어찌 금년이라고 흉년이 들겠는가	何獨今年穀不登

계유년(癸酉年) 가을에 풍년이 들었으므로 마지막 구에서 말했다.

자익이 고봉정에 올라 시를 지었는데[219] 주인 구건경이 나에게 화운을 요청하였다

子益登孤峯亭賦詩 主人具健卿 要余和韻

애통해라 세 현인의 일[220]	盡矣三賢事
처량해라 아홉 굽이 병풍이여[221]	悽然九曲屛
달빛은 예전처럼 희고	月光依舊白
산색은 지금도 푸르네	山色至今靑

219 자익(子益)이……지었는데 : 자익은 김창흡(金昌翕, 1653～1722)으로, 본관은 안동(安東), 자는 자익, 호는 삼연(三淵)이다.《三淵集拾遺 卷32 附錄 行狀》 고봉정(孤峰亭)은 충청북도 보은군 마로면에 있는 정자이다. 김정(金淨)이 학문을 연마하던 삼파연류봉(三派連溜峯) 정상에 최수성(崔壽城)이 고봉정을 세우고 은거하였다. 후에 병암(屛菴) 구수복(具壽福)이 이어받았다. 김창흡이 여기서 지은 시는《삼연집습유(三淵集拾遺)》 권6에 〈고봉정에 머물며 주인에게 지어 주다.〔孤峯亭留贈主人〕〉라는 제목으로 2수가 실려 있다.

220 세 현인의 일 : 김정(金淨, 1486～1521), 김태암(金泰巖, 1480～1554), 최수성(崔壽城, 1487～1521)이 기묘사화(己卯士禍)와 신사무옥(辛巳誣獄)에 관련되어 죽은 것을 말한다. 김정의 본관은 경주(慶州), 자는 원충(元冲), 호는 충암(冲菴)ㆍ고봉(孤峯)이다. 기묘사화 때 유배되었다가 신사무옥에 연루되어 사사되었다. 김태암의 본관은 보은(報恩), 자는 탁이(卓爾), 호는 희암(希庵)이다. 기묘사화로 쫓겨나 고향으로 돌아와 있다가 죽었다. 최수성의 본관은 강릉(江陵), 자는 가진(可鎭), 호는 원정(猿亭)이다. 기묘사화로 동지들이 처형되자 관직을 떠나 명산을 유람하던 중, 신사무옥에 관련되어 사형을 당했다.

221 아홉 굽이 병풍이여 : 구곡병(九曲屛)은 충청북도 보은군의 속리산면, 장안면, 마로면의 경계에 있는 구병산을 말하는데, 산 모양이 아홉 폭 병풍을 쳐 놓은 것 같다고 하여 붙여진 이름이다.

땅에 이미 아름다운 자취 남겼으니	地旣留芳躅
이분들 응당 하늘의 별이 되었겠지	人應返列星
장홍의 피 여전히 푸르니[222]	萇弘血猶碧
남은 한이 이 정자에 가득하네	遺恨滿斯亭

222 장홍(萇弘)의……푸르니 : 김정, 김태암, 최수성의 억울한 죽음을 말한다. 주(周)나라 경왕(敬王) 때에 장홍이 참소를 당하여 촉(蜀)으로 쫓겨나 자살하였는데, 그 피가 맺혀 3년 만에 벽옥(碧玉)으로 변했다고 한다. 《莊子 外物篇》

봄밤에 달을 마주하고

春夜對月

시원한 샘물 소리 골짝을 울리고　爽籟泉鳴壑
맑은 달빛이 하늘에 가득하네　淸光月滿天
밤이 서늘하니 사람은 잠 못 이루고　夜涼人不寐
숲이 적막하니 새는 막 잠들었네　林寂鳥初眠
귀밑머리는 봄이 다 지난 뒤이고　鬢髮三春後
마음의 기약은 백대의 앞에 있네　心期百代前
거칠고 게으르니 진정 우스워라　疏慵眞可笑
일이라고는 시 짓는 일 뿐이라네　事業只詩篇

쌍청당[223]에서 옛날을 회상하며
雙淸堂感舊

세상만사에 마음 아파	萬事傷心地
묵은 자취 닿는 곳마다 슬퍼라	陳蹤觸處哀
다시 화표의 학이	還如華表鶴
천 년 뒤에 홀로 돌아온 것 같네[224]	千載獨歸來

223 쌍청당(雙淸堂) : 대전광역시 대덕구에 있는 건축물이다. 쌍청당 송유(宋愉, 1389~1446)가 지은 별당이다.

224 다시……같네 : 송규렴이 오랜만에 돌아보며 느낀 감정이 마치 학이 일천 년 뒤에 돌아와 화표주(華表柱)에 앉은 것과 흡사하다는 말이다. 요동(遼東) 사람 정영위(丁令威)가 신선이 된 뒤, 천 년 만에 학으로 변해 다시 고향을 찾아와 요동 성문의 화표주 위에 내려앉았는데, 소년 하나가 활로 쏘려 하자 허공으로 날아올라 배회하면서 "옛날 정영위가 한 마리 새가 되어, 집 떠난 지 천 년 만에 이제 처음 돌아왔소. 성곽은 의구한데 사람은 모두 바뀌었나니, 신선술 왜 안 배우고 무덤만 이리도 즐비한고.〔有鳥有鳥丁令威, 去家千年今始歸, 城郭如故人民非, 何不學仙冢纍纍.〕"라고 탄식하며 사라졌다고 한다.《搜神後記 卷1》

마음으로 이해함을 입으로 부르다
意會口占

물은 동쪽으로 흐르고 해는 서쪽으로 기우는데	逝水東流落日西
저물녘 노을 속 기러기 오르락내리락 하네	暮天霞鶩更高低
꽃은 빛바래 붉음 다 사라지고	花纔褪色紅全歇
나무는 무성해져 점차 모두 초록빛으로 변하네	樹已敷榮綠漸齊
만물이 저절로 서로 번갈아 대신하니	萬物自能相遞代
음양이 어찌 각각의 단서를 해치랴	兩儀何害各端倪
구덩이도 골짜기도 모두 꽉 찼으니	在坑在谷皆塡滿
조용히 앉아 바라보매 눈 희미하지 않네	靜坐看來眼不迷

사위 이겸숙 익명 을 보내며

送李郎謙叔 益命

오랜만에 왔다가 어찌 이리 서둘러 가는가　　來何稀也去何忙
만나는 날 많지 않고 헤어짐은 길구나　　會合無多契闊長
오늘 이별의 회포 그대 묻지 말라　　今日別懷君莫問
늙은이 오직 살쩍에 서리 내렸을 뿐이네　　老翁唯有鬢邊霜

미호 강변 정자[225] 잡영

渼湖江榭雜詠

푸른 산 빽빽하고 물이 굽이도는 곳	靑山如簇水如彎
안팎으로 단장하여 별천지 넉넉하네	表裏粧成別界寬
다행히도 늘그막에 이곳을 만났으니	自幸老來逢此境
남은 삶 어찌 터럭 세는 것을 애석해하랴	餘生肯惜鬢毛殘

225 미호(渼湖) 강변 정자 : 취백정(翠白亭)으로, 지금의 대전광역시 대덕구 미호동에 있다. 1701년(숙종27)에 미호서원(美湖書院)의 부속 건물로 건립되었으며 송규렴이 만년에 제자들을 모아 강학하던 곳이다.

문곡[226] 상공을 이장할 때의 만사
文谷相公遷葬挽

상해가 뒤집히던 날 桑海傾飜日
태형이 흔들리던 때[227] 台衡震蕩時
누가 알았으랴 하늘이 일찍 정하여 孰知天早定
곧바로 세상이 거듭 밝아짐 보게 될 줄을 旋見世重熙
굴신은 내리고 오름에 관계되고 伸屈關隆汚
생사로 성하고 쇠함 점쳤네[228] 存亡卜盛衰
생각건대 천고의 한이 惟應千古恨
길이 옥주의 사당[229]에 맺혔으리 永結沃州祠

226 문곡(文谷) : 김수항(金壽恒, 1629~1689)으로, 본관은 안동(安東), 자는 구지(久之), 호는 문곡이다. 김상헌(金尙憲)의 손자이며, 김광찬(金光燦)의 아들이다. 저서로 《문곡집(文谷集)》이 있다. 《農巖續集 卷上 先府君行狀》

227 상해(桑海)가……때 : 김수항이 1680년(숙종6) 경신환국(庚申換局) 이후 영의정으로 정국을 주도하다가, 1689년에 기사환국(己巳換局)으로 남인이 재집권하자 진도(珍島)에 유배된 뒤 사사된 상황을 말한 것이다. 상해(桑海)는 상전벽해(桑田碧海)의 준말로, 뽕나무 밭이 변하여 바다가 될 정도로 세상일이 변천되었다는 뜻이다. 태형(台衡)은 정승을 가리킨다. 하늘의 삼태성(三台星)은 인간의 정승을 맡은 별이라 하고, 정승은 세상을 저울질하는 권한이 있다고 하여 이렇게 비유한 것이다.

228 굴신(屈伸)은……점쳤네 : 김수항이 조정에 중용되느냐 그렇지 못하느냐에 따라 세도(世道)의 수준이 결정되고, 그의 생사에 따라 나라의 융성(隆盛)과 쇠퇴(衰退)가 점쳐질 정도였다는 말로, 김수항이 그 정도로 중요한 인물이었다는 의미이다.

229 옥주(沃州)의 사당 : 옥주는 전라남도 진도(珍島)의 옛 이름이다. 김수항은 진도의 봉암사(鳳巖祠)에 배향되었다.

희미한 등불

殘燈

희미한 등불 마주하고 앉으니 그림자 흔들리고	殘燈坐對影幢幢
외로운 밤 시름만 갈수록 가슴에 가득하네	獨夜愁懷轉滿腔
천고에 안개와 구름은 원래 어지러운 형국이고	千古霧雲元亂局
한 해 겨울의 눈보라가 또 차가운 창에 부딪히네	一冬風雪又寒窓
세월이 비록 사람의 얼굴은 바꾸어도	光陰縱使容顏改
세상일이 의기마저 꺾을 수는 없지	世故難教意氣降
문득 떠올려 보니 난간에 기대 흥이 나던 곳에	却憶憑欄乘興地
푸른 봉우리 수없이 맑은 강 두르고 있었지	碧峯無數繞淸江

세모의 감회

歲暮感懷

하늘의 운행 끊임없고 물은 동으로 흐르는데	天機滾滾水東流
늙은이 한 해가 또 다하니 어찌 감당하나	白首那堪歲又遒
북극의 성신은 어디에 있으며	北極星辰何處是
서강의 물결은 언제나 그칠까[230]	西江波浪幾時休
친한 벗들은 한 시대에 다 없어졌어도	親朋一代人雖盡
현달한 이들의 자취는 천년토록 구할 수 있지	賢達千秋迹可求
호방한 흥취 늙어도 전혀 줄지 않으니	豪興老來渾不減
술동이 들고 다시 높은 누대에 기대고 싶네	綠樽還欲倚高樓

230 북극(北極)의……그칠까 : 임금이 덕정(德政)을 펴서 태평한 세상을 만들어 주기를 바라는 소망을 읊은 것이다. 《논어》 〈위정(爲政)〉에 "정사를 덕으로 하는 것은 비유하면 북극성이 제자리에 머물러 있으면 뭇별들이 그에게로 향하는 것과 같다.〔爲政以德, 譬如北辰居其所, 而衆星共之.〕"라고 하였다. 서강(西江)은 촉강(蜀江) 또는 양자강의 중하류(中下流)를 가리킨다. 두목(杜牧)이 장호(張祜)에게 답한 시에 "북극의 누대 언제나 꿈속에 들어오고, 서강의 물결 멀리 하늘을 삼킨다.〔北極樓臺長掛夢, 西江波浪遠呑空.〕"라고 하여, 서강의 거센 풍랑으로 평탄치 못한 인간 세상을 비유하였다. 《御定全唐詩 卷253 酬張祜處士見寄長句四韻》

외손 이중지[231]의 운자에 맞춰 짓다 갑신년(1704, 숙종30)

次李孫 重之 韻 甲申

이 세상에서 헛되이 산 내가 부끄러우니	愧我虛生此世間
한갓 부질없는 자취를 풍진 세상에 맡겼구나	徒將浪跡寄塵寰
우연히 이름을 황갑에 올렸지만[232]	偶然名字題黃甲
끝내 마음 속 기약은 푸른 산에 있었네	畢竟心期在碧山
어찌 저자와 조정에 오래도록 빠져 있었나	肯向市朝長汨沒
다행히 고향에 돌아와 편안함을 얻었네	幸從丘壑得安閒
저물녘 노을 속 기러기 석양 밖에 있는데	暮天霞鶩斜陽外
앉아서 앞 숲 바라보니 지친 새 돌아오네	坐看前林倦鳥還

231 이중지(李重之) : 1681~1715. 송규렴의 사위 이익명(李益命)의 아들로, 본관은 전주(全州), 자는 사위(士威)이다. 499쪽 각주67 참조.

232 우연히……올렸지만 : 문과에 급제했다는 말이다. 황갑(黃甲)은 과거의 갑과(甲科)에 급제함을 의미한다. 갑과 급제자의 이름을 시권(試券)의 끝에 황지(黃紙)를 써서 붙인 데서 비롯되었다.《宋史 卷105 選擧志》 송규렴은 1653년(효종4)에 별시에서 1등으로 합격하였다.《玉吾齋集 卷15 先府君行狀》

천기
天機

분명한 하늘의 운행 멈추지 않아 歷歷天機也不迷
풀싹이 뜨락에 이미 온통 돋았네 草芽庭畔已全齊
들보 사이 제비는 쌍쌍이 지저귀고 樑間燕子雙雙語
버들 위 꾀꼬리는 짝지어 우지지네 柳上鶯兒兩兩啼
만물은 때를 얻어야 모두 즐거움 있고 萬物得時俱有樂
사람은 분수 따라야 또한 편안히 살지 一身隨分且安棲
어여쁘다 담장 아래 매화 먼저 피어 最憐墻下梅先發
하늘거리는 성긴 그림자 낮은 달빛 띠었네 疏影婆娑帶月低

장동[233] 가는 길에

長洞途中

제월당(霽月堂)에서 미호(渼湖)[234]로 갈 때 이곳을 지난다.

산천 곳곳에 녹음이 새로운데	溪山處處綠陰新
늙은 버들 시든 꽃은 아직도 봄빛이네	老柳殘花尙有春
나귀 타고 시 지어 읊조리며 가노라니	驢背覓詩吟過地
가랑비에 두건 젖는 줄도 모르네	不知微雨濕綸巾

233 장동(長洞) : 현재의 대전광역시 대덕구 장동 일대이다.

234 미호(渼湖) : 현재의 대전광역시 대덕구 미호동 일대를 말한다. 송규렴 사후 그의 학문과 덕행을 기리기 위하여 1718년(숙종44) 이곳에 미호서원(渼湖書院)을 세웠다.

아들의 〈범강〉을 차운하다 2수

次兒子泛江韻 二首

눈에 들어오는 강산 정말 어여쁜데	入眼江山正可憐
게다가 갠 날 바람과 연기 고와라	況兼晴日媚風煙
어디선가 저물녘에 피리 소리 들리니	一聲何處斜陽笛
모래밭에 잠자던 백로가 놀라 일어나네	驚起沙頭宿鷺眠

2

봄바람이 강 가 목란 배에 불고	春風江上木蘭舟
십 리에 자욱한 안개 물결 흐르지 않네	十里煙波湛不流
어둠 내려 저물녘 모래톱 겨우 보이는데	暝色纔看洲渚暮
산꼭대기로 떠오른 새 달에 문득 놀라네	忽驚新月又峯頭

즉흥적으로 짓다

卽事

한가한 가운데 그윽한 일이 곧잘 맞으니	閒中幽事動相宜
거문고와 책 장기와 바둑 좋아하지	好是琴書與奕棋
풀 향긋하고 꽃 지니 봄 저문 뒤요	芳草落花春暮後
안개 엷고 날 개니 새 우는 때라	淡煙晴日鳥吟時
끊임없는 하늘의 운행 어찌 쉬랴	天機滾滾何曾息
번거로운 세상일 스스로 알지 못하노라	世故滔滔不自知
북쪽 창으로 옮겨 오래 맑게 앉아 있으니	徙倚北窓淸坐久
더디고 더딘 처마 그림자 문득 어여뻐라	却憐簷影正遲遲

강동 현감 김수능[235] 만사
金江東 壽能 挽

본래 글 솜씨 훌륭하여	自有詞華在
문단의 좋은 명성 차지했지	堪爲藝苑英
용문과 안탑에	龍門與雁塔
젊은 나이에 높은 이름 날렸네[236]	妙歲擅高名
보잘것없는 벼슬은 재주 다하기 어려웠는데	薄宦才難盡
타향에서 갑자기 병에 걸렸네	殊鄕病忽嬰
차마 서쪽 변방 길 바라보랴	忍看西塞路
쓸쓸한 햇살이 명정 비추네	寒日照丹旌

235 김수능(金壽能) : 1644～? 본관은 안동(安東), 자는 능지(能之)이다. 김광찬(金光燦)의 서자이며 송규렴의 처남이다. 《승정원일기》 숙종 28년 1월 10일 기사에 김수능을 강동 현감에 임명한 기록이 있다.

236 용문(龍門)과……날렸네 : 김수능이 젊은 나이에 과거에 합격한 것을 말한다. 김수능은 1666년(현종7)에 진사시에 합격하였고, 1675년에는 춘당대시(春塘臺試) 병과(丙科)에 합격하였다. 용문은 황하 상류의 물이 급격히 쏟아져 내리는 협곡의 이름인데, 세 계단으로 되어 있는 그 폭포수를 물고기가 뛰어 오르면 용이 된다는 고사에서 유래하여, 과거 급제를 비유하는 말로 쓰인다. 안탑(雁塔)은 당(唐)나라 도성인 장안(長安)의 남쪽 자은사(慈恩寺)에 있는 탑 이름인데, 새로 진사에 급제한 자들은 곡강(曲江)에서 잔치한 다음 그들의 이름을 안탑에 기록하였다. 《唐摭言 慈恩寺題名游賞賦詠雜記》

병중에 회포를 쓰다

病中述懷

우습다 쓸모없이 늙고 병든 몸	笑此支離老病身
헛되이 칠십오 년 세월 보냈네	虛經七十五年春
가련해라 백발 늙은이 저승길 가깝지만	自憐白髮隣黃壤
임금 향한 일편단심 누가 알랴	誰識丹心拱紫宸
감히 바닷가로 돌아간 백란에 견주고	敢擬伯鸞歸海曲
장수 가에 누운 유간과 같도다[237]	却同劉幹臥漳濱
임금의 은혜에 비록 조금도 보답하지 못했으나	洪恩縱蔑涓埃報
한 생각이 언제나 나라와 백성에게 걸려 있네	一念長懸國與民

237 바닷가로……같도다 : 초야에서 지내는 자신의 처지를 말한 것이다. 백란(伯鸞)은 한(漢)나라 양홍(梁鴻)의 자이다. 양홍은 아내 맹광(孟光)과 함께 패릉산(霸陵山) 속에 들어가 밭을 갈아 먹고 살면서도 서로 공경한 것으로 알려져 있는데, 은거한 선비를 가리키는 말로 쓰인다. 《後漢書 卷83 梁鴻列傳》 유간(劉幹)은 삼국 시대의 건안칠자(建安七子) 중 한 사람인 유정(劉楨)이다. 위 문제(魏文帝)가 태자로 있을 때 그를 총애하여 항상 동궁으로 불러 주연(酒宴)을 베풀며 즐겼다고 한다. 유정의 〈증오관중랑장(贈五官中郎將)〉에 "내가 고질병에 걸려 맑은 장수 물가에 몸을 숨겼노라.〔余嬰沈痼疾, 竄身淸漳濱.〕"라고 하였으므로, 후세에 장빈(漳濱)은 병들어 누워 있는 은거지를 지칭하게 되었다. 《文選 卷23 贈答》

아들 상기의 〈강정잡영〉을 차운하다 3수

次琦兒江亭雜詠韻 三首

비온 뒤에 창문은 한결 더 깨끗하고　雨後軒窗一倍淸
나무 그늘에서 다시 저물녘 서늘한 바람 이네　樹陰還復晩涼生
목동은 시인의 마음을 가장 잘 알아　牧童最解騷人意
석양에 소 등 타고 젓대 한 곡 부는구나　牛背斜陽一笛橫

한 줄기 맑은 강물 길게 난간을 감싸고　一帶澄江繞檻長
푸른빛 만 봉우리에 석양까지 기우네　萬峯蒼翠又斜陽
이런 풍광에 흉금이 시원해짐을 느끼니　風光自覺胸襟爽
자장 노래한 왕유가 우습구나[238]　却笑王維賦蔗漿

산색과 강빛이 어우러진 가운데　岳色江光掩映中
외로운 봉우리에 걸린 석양 정말 좋구나　偏宜斜日揭孤蓬
낚시 즐김은 오히려 나머지 일일 뿐이니　垂綸取適猶餘事
답답한 가슴을 저녁 바람에 씻노라　且使煩襟濯晩風

238 풍광에……우습구나 : 아름다운 경치에 저절로 시원함을 느끼니, 몸을 차게 하는 자장도 필요 없다는 말이다. 왕유(王維)의 〈어명으로 백관에게 앵도를 하사하다〔勅賜百官櫻桃〕〉에 "앵도를 실컷 먹어 뱃속이 뜨거울까 걱정 말라, 대관에는 몸을 차게 하는 자장 있나니.〔飽食不須愁內熱, 大官還有蔗漿寒.〕"라고 하였다.

만사

萬事

집은 푸른 산 아래에 있고	家在青山下
창은 푸른 시냇물에 임해 있네	窓臨碧澗流
이 한 몸 살아가기 편안하고	生涯一身穩
경치는 사시에 빼어나네	光景四時優
높은 벼슬 끝내 부끄러우니	軒冕終堪愧
시골은 또한 쉴 만한 곳이지	丘園且可休
백 년 인생 며칠이나 남았나	百年餘幾日
만사 모두 아득하여라	萬事摠悠悠

부질없이 읊다

漫吟

얻어도 기쁘지 않고 잃어도 슬프지 않으니	得不爲欣失不哀
이 늙은이의 게으름 우습구나	此翁疏懶也堪咍
백 년 동안 흥 있어 시가 천 수나 되고	百年有興詩千首
세상만사 관심 없어 술 한 잔 마시네	萬事無心酒一杯
북쪽 창으로 서늘한 바람 솔솔 불고	北牖輕涼風瑟瑟
동쪽 처마에 갠 달빛 하얗게 비치네	東簷霽色月皚皚
하늘이 나에게 보내 줌을 언제 그만둘까	天公餉我何時已
경물이 순환하여 갔다가 다시 돌아오네	景物循環去復廻

최자후의 집이 동지산 아래에 있는데 산기슭 해안에 정자 터가 있다. 소나무 여섯 그루를 심고 육송정이라 하였으니 좋은 경치를 상상할 수 있어 시를 지어 부치다 절구 2수

崔子厚家在同志山下 山麓海岸有亭基 栽松六株 名以六松亭 勝槩可以想像 寄題 二絶

동지산이 푸른 바닷가에 있는데	同志山臨碧海涯
이 사이에 동지는 과연 누구인가	此間同志果爲誰
어부도 동지 삼기에 해롭지 않을 터	漁翁不害爲同志
이끼 낀 바위에 함께 앉아 낚싯줄 드리우겠지	共坐苔磯下釣絲

여섯 그루 새로 심은 바닷가 정자	六榦新栽海上亭
언제나 가지와 잎 골고루 푸를까	幾時枝葉碧勻停
멀리 바닷물 압도함은 말할 것도 없고	無論逈壓滄溟水
무엇보다 맑은 그늘에 달빛과 별빛 머무르겠지	最是淸陰逗月星

학관 김수칭[239] 만사
金學官 壽稱 挽

슬프고 슬프다 김 학관이여	哀哀金學官
가고 가서 장차 어디로 가려는가	去去將安之
저승은 멀어 아득한데	九原夐冥漠
어디에 곧은 자품 묻을까	何處埋貞姿
예전에 내가 처가에서 지낼 때[240]	昔我在甥館
그대 나이 일곱 살이었지	君年方七歲
맑고 고아함 어려서부터 그랬으니	沖雅自少然
좋은 옥처럼 티끌 없었지	良玉無塵穢
자라며 더욱 갈고 닦았으니	長益加琢磨
정훈을 진실로 힘입었네[241]	庭訓寔有賴

239 김수칭(金壽稱) : 1642~1704. 본관은 안동(安東), 자는 칭지(稱之)이다. 김광찬(金光燦)의 후처 소생이며, 송규렴의 처남이다. 《霽月堂集 卷14 庶舅金學官墓誌銘》

240 처가(妻家)에서 지낼 때 : 생관(甥館)은 처가살이하는 것을 일컫는 말이다. 생(甥)은 사위를 지칭하는 말로, 《맹자》 〈만장 하(萬章下)〉에 "순이 위로 올라가 요 임금을 뵙자, 요 임금이 사위인 순을 이궁에 머물게 하셨다.〔舜尙見帝, 帝館甥于貳室〕"라는 말에서 유래하였다.

241 정훈(庭訓)을 진실로 힘입었네 : 김수칭이 아버지의 가르침을 받았다는 말이다. 정훈은 뜰에서 내린 교훈이라는 뜻으로, 공자(孔子)의 제자 진강(陳亢)이 공자의 아들 백어(伯魚)에게 선생님에게서 특이한 들음이 있느냐고 묻자, 공자께서 일찍이 홀로 서 계실 때에 백어가 종종걸음으로 뜰을 지나가는데 시(詩)와 예(禮)를 배웠느냐고 물은 일이 있다고 대답한 고사에서 유래하였다. 《論語 季氏》

훌륭한 문장은 여사일 뿐이었지만 詞華是餘事
작은 흠도 없는 비단 수 같았고 錦繡絶纖纇
그림과 글씨[242]까지 丹靑與篆籒
뭇 재예에 다 능하였지 衆藝無不能
시인은 궁하다 예부터 탄식했지만[243] 詩窮古所歎
운명의 통달함을 하늘이 어찌 미워했나[244] 命達天胡憎
그에게 많은 재주 주고서 畀之旣云豐
보답은 어찌 그리 인색했나[245] 報也何太嗇
장길처럼 비록 재주 높았으나[246] 長吉縱才高

242 글씨 : 전주(篆籒)는 서체 가운데 하나인 대전(大篆)으로, 주(周)나라 선왕(宣王) 때 태사(太史)로 있었던 주(籒)가 창시하였다.

243 시인(詩人)은……탄식했지만 : 시인은 삶이 불우하다는 말이 있는데, 김수칭 역시 불우한 삶을 살았기에 한 말이다. 시궁(詩窮)은 시인이 불우하여 생활이 곤궁한 것을 말한다. 구양수(歐陽脩)의 〈매성유시집서(梅聖兪詩集序)〉에 "시가 사람을 궁하게 하는 것이 아니라, 자못 궁한 다음에야 시에 능해지는 것이다.〔非詩之能窮人, 殆窮者而後工也.〕"라고 하였다.

244 운명(運命)의……미워했나 : 김수칭이 문장(文章)에 뛰어난 선비였지만 운명이 기박하여 불우하게 살았다는 말이다. 두보(杜甫)의 시에 "문장은 운명의 통달함을 미워하고, 악귀는 사람이 오는 걸 기뻐하도다.〔文章憎命達, 魑魅喜人過.〕"라고 하였다. 《杜少陵詩集 卷7 天末懷李白》

245 그에게……인색했나 : 하늘이 김수칭에게 많은 재주를 주었지만, 그 능력을 발휘하여 크게 쓰이게 하지는 않았다는 말이다.

246 장길(長吉)처럼……높았으나 : 김수칭의 문장이 장길처럼 뛰어났다는 말이다. 장길은 당(唐)나라 이하(李賀)의 자이다. 이하는 겨우 일곱 살에 문장으로 세상에 이름이 알려졌는데, 당시의 문장가였던 한유(韓愈)와 황보식(皇甫湜)이 이를 믿지 않고 직접 찾아가 시를 짓게 하여 시험하였더니, 이하가 즉석에서 〈고헌과(高軒過)〉라는 시를 지어 귀빈이 찾아왔다는 뜻을 읊었다고 한다. 《舊唐書 卷137 李賀列傳》 이하는

낭선처럼 운수 곤궁했으니 어이하랴[247] 浪仙奈數厄
슬프고 슬프다 김 학관이여 哀哀金學官
이렇게 운명할 줄 누가 생각했으랴 孰謂終於此
돌아보면 내가 남달리 그대 아꼈으니 顧余眷愛偏
두 집안의 정 때문만은 아니었지[248] 不獨潘楊誼
사람의 일이야 변할 수 있다지만 人事足推遷
서로 헤어질 때 많아 늘 한스러웠네 每恨睽離多
세월이 흐르는 사이 星霜荏苒間
우리 둘 다 터럭 모두 세었지만 鬢髮俱已皤
편지는 여전히 주고받았고 書札尚聯翩
때로는 어울려 걷기도 했지 步屧時追隨
지난여름 찾아왔을 때 떠올려 보니 却憶前夏訪

27세에 죽었는데, 천상에서 붉은 옷을 입은 사람이 붉은 용을 타고 내려와서 "상제(上帝)께서 백옥루를 완성하고, 지금 그대를 불러다가 기문(記文)을 짓도록 명하셨다." 하고 데려갔다고 한다. 《昌谷集 李長吉小傳》

247 낭선(浪仙)처럼……어이하랴 : 김수칭의 삶이 박복했다는 말이다. 낭선은 중당의 시인 가도(賈島)로, 그의 자가 낭선이며 일찍이 중이 되어 무본(無本)이라 하였다. 한유(韓愈)에게 시재(詩才)가 알려져 환속해 장강 주부(長江主簿)가 되었지만, 역시 곤궁하게 살았다.

248 내가……아니었지 : 송규렴이 김수칭을 아낀 것은 처남이라는 이유 때문만은 아니었다는 말이다. 반양(潘楊)은 반악(潘岳)과 양중무(楊仲武)이다. 두 사람은 인척으로 교분이 좋았다. 반악이 양중무를 애도한 시에 "이기 3세나 대대로 인척이 된 데다 그대의 고모가 나의 부인이 되었다.……반씨와 양씨의 화목함이 유래가 있었고 더구나 오늘날까지 처음처럼 잘 지내고 있으니, 말할 것이 있겠는가."라고 하였다. 《文選 卷56 楊仲武誄》

담소 나누며 흉금을 털어놓았지	笑晤肝膽披
그때의 말과 모습이 마치 어제 같은데	音容怳如昨
어찌 이리 갑자기 운명 달리했단 말인가	存沒一何遽
반가운 눈길[249] 이미 다시 볼 수 없으니	青眸已難再
늘그막을 나는 누구와 함께 할까	白首吾誰與
슬프고 슬프다 김 학관이여	哀哀金學官
만사가 영영 그만이로다	萬事長已矣
누가 알랴 제월당 늙은이	誰知月堂老
만시 쓰며 눈물만 흘리는 줄을	寫挽唯涕淚

249 반가운 눈길 : 청모(青眸)는 반가운 눈길을 뜻한다. 삼국 시대 진(晉)나라 완적(阮籍)의 고사에서 유래하였다. 525쪽 각주207 참조.

세모에 미호[250]를 추억하다

歲暮憶渼湖

외진 산에 또 한 해 저무니 견디기 어려워	叵耐窮山歲又遒
나그네 회포 쓸쓸하여 절로 시름겹네	客懷寥落自生愁
붉은 마음 늘 궁궐 바라보느라 괴롭고	丹忱每爲瞻宸苦
흰 터럭 부쩍 임금 그리다 세었네	白髮偏從戀闕稠
예부터 천기는 구름처럼 쉽게 합하고	終古天機雲易合
지금의 인사는 물처럼 부질없이 흐르네	只今人事水空流
미호의 풍경 상상해 보니	渼湖風物還馳想
눈 속의 일천 봉우리가 누대 감쌌겠지	雪裏千峯擁一樓

250 미호(渼湖) : 현재의 대전광역시 대덕구 미호동 일대를 말한다. 송규렴 사후 그의 학문과 덕행을 기리기 위하여 1718년(숙종44) 이곳에 미호서원(渼湖書院)을 세웠다.

한 해가 다하다
歲盡

제월당 늙은이 귀밑머리 온통 희고	月堂老子鬢全皤
세모의 외진 산에서 시름 더욱 많아라	歲盡窮山愁更多
평생의 장한 뜻 아직 없어지지 않아	平生壯志尚不磨
손으로 서강의 물결을 틀 것 같네[251]	謾擬手決西江波
서강의 물결 어떠한가	西江波勢問如何
온 세상 뒤흔들고 은하수 기울인 듯하지	震盪六合傾天河
옆 사람이 나를 향해 비웃으며 꾸짖기를	傍人向我笑且訶
네 어찌 분수도 모르고 경솔히 뻐기느냐며	爾胡不量輕自詑
푸른 산 움집에 한가로이 누워	莫如高臥碧山窩
매일 흠뻑 취해 길이 노래함만 못하다 하네	日日大醉仍長歌

251 평생의……같네 : 비록 나이는 들었지만 의지는 굳세므로 어지러운 세상을 바로 잡을 수 있을 것 같다는 말이다. 서강(西江)은 촉강(蜀江) 또는 양자강의 중하류(中下流)를 가리킨다. 두목(杜牧)이 장호(張祜)에게 답한 시에 "북극의 누대 언제나 꿈속에 들어오고, 서강의 물결 멀리 하늘을 삼킨다.〔北極樓臺長掛夢, 西江波浪遠吞空.〕"라고 하였는데, 서강의 거센 풍랑으로 평탄치 못한 인간 세상을 비유하였다. 《樊川詩集 卷4》

우연히 얻다

偶得

예부터 이 이치 본래 자연스러우니	從來此理本天然
인위적으로 천착하지 말아야 하네	莫把人爲鑿又穿
마음이 통쾌할 때는 응당 후회가 있지만	意到快時應有悔
말을 삼가면 절로 허물이 없지	言能訒處自無愆
그친 물에 바람 잘 때 그 물결 더욱 고요하고	風恬止水波逾靜
고운 꽃에 햇빛 비칠 때 색깔 더욱 곱지	日照穠葩色更姸
우선 허다한 문과 길 제쳐 두고	且置許多門與路
다만 노력하여 단전을 보호해야 한다네	只須努力護丹田

삼가 임금께서 지으신 시를 차운하다 을유년(1705, 숙종31)

伏次御製韻 乙酉

우리 임금님 나라 다스려	我后御家邦
태평성대 삼십 년 넘었네	升平踰卅稔
나라에는 전란 걱정 없고	國無金革虞
백성들은 여문 곡식 있다오	民有稻粱飪
만백성의 기원 오직 한결같고[252]	率土祝惟均
세자의 정성 더욱 두텁네	春宮誠更甚
겸손하신 성덕 훌륭하여	謙謙聖德隆
태평할 때도 위태로운 듯이 하시네	處泰猶危懍

252 만백성의……한결같고 : 만백성이 한결같이 태평성대와 임금의 안녕을 위해 기도한다는 말이다. 솔토(率土)는 온 나라의 모든 땅을 뜻하는데, 천하의 모든 사람을 가리키는 말로 쓰인다. 《시경》 〈북산(北山)〉의 "너른 하늘 아래가 왕의 땅 아닌 곳이 없으며, 땅을 따른 해내가 왕의 신하 아님이 없다.〔溥天之下, 莫非王土, 率土之濱, 莫非王臣.〕"라고 한 데서 유래하였다.

한식일에. 서정신의 운자[253]를 써서 지어 김징지[254] 수징 에게 부치다

寒食日 用徐鼎臣韻 寄金徵之 壽徵

쓸쓸하고 시름겨워 귀밑머리 이미 허연데	牢落窮愁鬢已華
게다가 친애하는 이와 멀리 떨어짐 견디랴	況堪親愛隔天涯
어제 청명에는 오히려 비가 많았는데	淸明昨日猶多雨
오늘 한식에는 꽃을 볼 수 없구나	寒食今朝不見花
경물은 봄철에 기후 따라 다르고	景物三春風候異
소식은 천 리 먼 길이라 뜸하네	音塵千里道途賒
오직 어여쁘게도 적막하고 한가로운 곳에	唯憐寂寞寬閒地
끝없는 구름 산이 내 집 지켜 주네	無限雲山護我家

253 서정신(徐鼎臣)의 운자(韻字) : 서정신은 송(宋)나라 양주(揚州) 광릉(廣陵) 사람 서현(徐鉉)으로, 자는 정신이다. 벼슬이 산기상시(散騎常侍)에 이르렀고, 문자학(文字學) 및 전례(篆隷)에 밝았다. 《宋史 卷441 徐鉉列傳》 송규렴이 차운한 서정신의 시는 《기성집(騎省集)》 권3의 〈한식성판관수방인증(寒食成判官垂訪因贈)〉이다.

254 김징지(金徵之) : 김수징(金壽徵, 1636~?)으로 본관은 안동(安東), 자는 징지이다. 문곡(文谷) 김수항(金壽恒)의 서제(庶弟)이다. 《宋子大全 隨箚 卷13 目錄》

명도 선생의 시[255]를 차운하다
次明道先生韻

건곤의 직분 모든 걸 포용함에 있으니	乾坤職在竝包容
버들은 푸르고 작약은 붉다오	楊柳靑兼芍藥紅
짐 싣는 말과 밭 가는 소의 공이 어찌 다르랴	馬載牛耕功豈異
나는 솔개와 뛰는 물고기의 이치 같다네[256]	鳶飛魚躍理還同
무리가 나뉠 때 비록 천 가지로 구별되지만	千區縱列群分際
만물이 모두 일관의 가운데로 돌아오지	萬品都歸一貫中
끓는 물과 얼음도 뜨겁고 차갑게 할 수 있으니	且可湯氷調燠冷
굳이 까마귀의 암수 비교할 필요 없다네[257]	不須烏鳥較雌雄

255 명도 선생(明道先生)의 시(詩) : 명도 선생은 송(宋)나라 낙양(洛陽) 사람 정호(程顥, 1032~1085)로, 자는 백순(伯淳), 호는 명도이다. 《宋史 卷427 程顥列傳》 송규렴이 차운한 시는 정호의 〈추일우성(秋日偶成)〉이다.

256 나는……같다네 : 연비어약(鳶飛魚躍)은 솔개가 날고 물고기가 뛴다는 뜻으로, 만물이 각기 제자리를 얻어 이치가 환히 드러남을 형용한 말이다. 《중용장구》 제12장에 "《시경》에 이르기를 '솔개는 날아서 하늘에 이르고 물고기는 연못에서 뛰논다.' 하였으니, 상하에 이치가 밝게 드러남을 말한 것이다.〔詩云, 鳶飛戾天, 魚躍于淵, 言其上下察也.〕"라고 하였다. 여기서는 솔개가 날고 물고기가 뛰노는 현상은 다르지만, 그 이치는 같다는 뜻으로 쓰였다.

257 끓는……없다네 : 하늘과 땅이 만물을 포용하듯이 모두가 조화를 이룬다면 굳이 시비와 선악을 가릴 것도 없다는 말이다. 《시경》 〈정월(正月)〉에 "모두 말하기를 '내가 성인이다.' 하는데, 누가 까마귀의 암수를 알까.〔具曰予聖, 誰知烏雌雄.〕"라고 하였는데, 이는 까마귀의 암수를 가려내기 어려운 것과 마찬가지로 시비를 분간하기 어려움을 말한 것이다.

즉흥적으로 짓다
卽事

계절은 벌써 봄 지났는데	節旣三春過
나는 지금 병이 깊네	人今一病深
한가한 가운데 사물의 변화를 보고	閒中觀物化
고요한 곳에서 내 마음 징험하네	靜處驗吾心
푸른 버들에서 가벼운 솜털 흩날리고	綠柳飄輕絮
노란 꾀꼬리 고운 소리로 지저귀네	黃鸝弄好音
불현듯 맑은 흥취 일어나니	居然淸興動
산에 오르고 물에 다가가고 싶어라	山水憶登臨

가을 꾀꼬리

秋鶯

칠월인데도 그대로 머물러 있으니 七月猶留滯
아직 시들지 않은 버들이 좋아서겠지 應憐柳未凋
가을 맑아 소리 더욱 유창하고 秋淸聲更滑
한 해가 저무는 때라 혀 더욱 부드럽다 歲晏舌逾嬌
늙은 제비와 애오라지 친구 되고 老燕聊爲伴
늦매미와 기꺼이 동료 되었네 殘蟬肯作僚
어찌하여 봉황을 따라가 如何不隨鳳
함께 순 임금의 음악[258]을 듣지 않는가 共聽舜簫韶

258 순(舜) 임금의 음악 : 《서경》〈익직(益稷)〉에 "소소를 아홉 번 연주하자, 봉황이 와서 춤을 추었다.〔簫韶九成, 鳳凰來儀.〕"라고 하였는데, 소소(簫韶)는 순 임금의 음악 이름이다.

만사
萬事

세상만사 풍진 속에 귀밑머리 이미 허연데　萬事風塵鬢已斑
돌아오니 이 강산은 남아 있구나　歸來賴有此江山
악양의 누각도 사람 사는 곳이요　岳陽樓閣猶人境
반곡의 원림도 속세이지[259]　盤谷園林亦世寰
대은은 본래 성시의 안이 마땅하고[260]　大隱本宜城市裏
자취 숨김은 초나라 범나라 사이도 괜찮지[261]　冥蹤且可楚凡間

259 악양(岳陽)의……속세이지 : 악양루(岳陽樓)나 반곡(盤谷)의 원림(園林)에 은둔한다고 해도 마음이 속세에 있으면 은둔했다고 할 수 없다는 말이다. 악양루는 호남성(湖南省) 악양현(岳陽縣)에 있는 누각으로, 이곳에서 동정호(洞庭湖)를 한눈에 내려다 볼 수 있다. 송(宋)나라 범중엄(范仲淹)의 〈악양루기(岳陽樓記)〉에 "조정의 높은 지위에 있으면 백성들을 걱정하고, 물러나 멀리 강호에 거처하면 임금을 걱정했다. 조정에 나아가서도 걱정이요 물러나서도 걱정이었으니, 어느 때인들 즐거울 수 있었겠는가.〔居廟堂之高則憂其民, 處江湖之遠則憂其君, 是進亦憂, 退亦憂, 然則何時而樂耶.〕" 하였다.《古文眞寶 後集 卷5》 반곡은 당(唐)나라 임담(臨潭) 사람 이원(李愿)이 은거했던 곳이다. 한유(韓愈)가 이원을 반곡에 보내면서 지어 준 〈송이원귀반곡서(送李愿歸盤谷序)〉에 "반곡이 이렇듯 막혀 있으니, 그대의 처소를 누가 와서 다투겠는가.〔盤之阻, 誰爭子所.〕" 하였다.《古文眞寶 後集 卷4 送李愿歸盤谷序》

260 대은(大隱)은……마땅하고 : 사람이 많은 도회지에 있어도 마음이 속세를 떠났다면 진정 은거했다고 할 수 있다는 말이다. 대은은 몸은 조시(朝市)에 있어도 뜻은 멀리 산림에 두는 것인데, 이렇게 하는 것이 진정한 은자라는 뜻이 내포되어 있다. 진(晉)나라 왕강거(王康琚)의 〈반초은(反招隱)〉에 "작은 은자는 산림에 숨고, 큰 은자는 조시에 숨는지라, 백이는 수양산에 숨었고, 노자는 주하사 벼슬에 숨었다네.〔小隱隱陵藪, 大隱隱朝市, 伯夷竄首陽, 老聃伏柱史.〕" 하였다.《文選 卷22》

어찌해야 흰 돌과 푸른 사초 길을 何如白石靑莎路

암수와 탄옹[262]과 함께 오갈까 巖叟灘翁共往還

261 자취……괜찮지 : 진정으로 은거한다면 혼란한 나라에서도 가능하다는 말이다. 춘추 시대에 초나라는 강대국이었고 범나라는 약소국이었다. 두 나라 임금이 함께 앉아 이야기하는데, 초왕의 좌우에서 "범나라는 망한다."라고 말하였다. 이에 범군이 말하기를 "범나라가 망한다 해도 내 존재를 잃는 것은 아니다. 범나라가 망한다 해도 내 존재를 잃는 것이 아니라면, 초나라가 존재하는 것도 나의 존재와는 상관이 없는 것이다. 이로써 본다면 범나라가 처음부터 망한 것이 아니요, 초나라가 처음부터 존재한 것도 아니다." 라고 하였다. 《莊子 田子方》 여기서는 초나라든 범나라든 어디에 은거해도 관계없음을 말하였다.

262 암수(巖叟)와 탄옹(灘翁) : 미상이다. 두 사람의 호를 일컬은 것으로도 보이고, 바위와 여울을 이렇게 표현한 것으로도 보인다.

부질없이 짓다 병술년(1706, 숙종32)

漫題 丙戌

강과 산은 공공의 물건이니	江山是公物
차지해도 혐의할 바 아니고	管領非所嫌
바람과 달은 본래 주인 없으니	風月本無主
가져도 청렴을 손상시키지 않지	取之不傷廉
나는 이 네 가지를 다 가진 사람이니	得兼玆四者
삶이 가난하다 말하지 말라	莫道生涯貧
게다가 다시 좋은 계절 만났으니	況復值佳節
때는 바야흐로 춘삼월이라	時維三月春
밝은 빛이 참으로 화창하고	韶光正澹蕩
꽃과 버들은 어찌 이리도 많은가	花柳何紛繽
조물주가 어찌 끝내 멈추랴[263]	橐籥豈終息
따뜻한 봄기운 응당 다시 새로워지겠지	陽和應更新
만물과 내가 함께 흘러가니	同流物與我
인사가 천지에 참여하는 것이지	人事參天地
오직 저 기수 가의 선비만이	惟彼沂上士

263 조물주가……멈추랴 : 조물주의 작용이 멈추지 않고 계속될 것이라는 말이다. 탁약(橐籥)은 대장간에서 불을 피울 때 바람을 일으키는 풀무를 말하는데, 조물주나 대자연을 비유하는 말로 쓰인다. 《노자(老子)》에 "하늘과 땅 사이에 일어나는 운동을 보면, 마치 풀무질을 하는 것과 같다.〔天地之間, 其猶橐籥乎.〕"라고 한 말에서 유래하였다.

또한 능히 이러한 뜻 알았고[264]	也能知此意
독락원에서 술잔 기울인 사람	樽觴獨樂園
또한 사마광이 있었지[265]	亦有司馬子
마음의 운용이 어찌 일정하랴만	操捨顧何常
그칠 곳에 그치는 것이 귀하지[266]	貴乎止所止

264 오직……알았고 : 증점(曾點)만이 조물주의 작용을 알아서 대자연과 하나가 되었다는 말이다. 기상(沂上)은 기수(沂水)의 물가이다. 공자께서 여러 제자들에게 각기 자기의 뜻을 말해 보라고 하셨을 때, 증점이 "늦봄에 봄옷이 이미 이루어지면 관을 쓴 어른 대여섯 사람과 동자 예닐곱 사람과 함께 기수에서 목욕하고 무우에서 바람을 쐰 다음 노래하며 돌아오겠습니다.〔莫春者, 春服旣成, 冠者五六人, 童子六七人, 浴乎沂, 風乎舞雩, 詠而歸.〕"라고 하였다. 《論語 先進》

265 독락원(獨樂園)에서……있었지 : 독락원은 송(宋)나라 사마광(司馬光)의 동산이다. 사마광의 자는 군실(君實), 호는 제물자(齊物子), 시호는 문정(文正)이다. 일찍이 왕안석(王安石)의 신법을 반대하다가 뜻대로 되지 않자, 관직에서 물러나 낙양에 독락원을 짓고 15년 동안 한가로이 지냈다. 《宋史 卷336 司馬光列傳》 소식(蘇軾)의 〈사마군실독락원(司馬君實獨樂園)〉에 "동이 술로 남은 봄을 즐기고, 바둑으로 긴 여름을 보내는구나.〔樽酒樂餘春, 棋局消長夏.〕"라고 하였다.

266 마음의……귀하지 : 마음이 가는 방향을 알기 어려우니, 마음을 잘 잡아 자신이 있어야 할 자리에서 최선을 다해야 한다는 말이다. 《맹자》 〈고자 상(告子上)〉에 "공자께서 '잡으면 보존되고 놓으면 잃어서 나가고 들어옴이 일정한 때가 없으며 그 방향을 알 수 없는 것은 오직 사람의 마음을 말함일 것이다.' 하셨다.〔孔子曰, 操則存, 舍則亡, 出入無時, 莫知其鄕, 惟心之謂與.〕"라고 하였는데, 이에 대하여 정이(程頤)가 "마음이 어찌 출입함이 있겠는가. 이 또한 잡아두는 것과 놓음으로써 말씀하셨을 뿐이니, 마음을 잡는 방법은 경하여 마음을 곧게 하는 것일 뿐이다.〔心豈有出入, 亦以操舍而言耳. 操之之道, 敬以直內而已.〕"라고 하였다. 《시경》 〈면만(綿蠻)〉에 "꾀꼴꾀꼴 꾀꼬리여, 높은 언덕에 있도다.〔綿蠻黃鳥, 止于丘隅.〕" 하였는데, 이에 대하여 공자께서 "그침에 그 그칠 곳을 아나니, 사람으로서 새만도 못해서야 되겠는가.〔於止, 知其所止, 可以人而不如鳥乎.〕"라고 해설하였다. 《大學章句 傳3章》

즉흥적으로 읊다
卽事

산 중턱으로 지는 해 강 어귀에 비치고	半峯斜日映江門
먼 물가 가벼운 안개에 비 내린 흔적 남았네	遙渚輕煙尙雨痕
산 속에 꽃소식 늦었다고 말하지 말라	莫道山中花事晩
따뜻한 바람에 이제 매화 피어나나니	暖風今已動梅魂

오자서[267]

伍子胥

당시 오나라에 투항함은 단지 원수 때문이었으니	當日投吳只爲讎
원수 제거하고 분노 풀었으니 다시 무엇을 구하랴	讎除憤洩更何求
가련하다 촉루검에 맺힌 천추의 한	可憐屬鏤千秋恨
응당 동호에 뜬 범려의 배에는 부끄럽겠지[268]	應愧東湖范蠡舟

267 오자서(伍子胥) : 춘추 시대 초(楚)나라 사람으로, 이름은 원(員)이다. 부친 오사(伍奢)와 형 오상(伍尙)이 초나라 평왕(平王)에게 피살되자, 오(吳)나라로 도망쳐 그 군대를 이끌고 초나라를 쳐서 원수를 갚았다.

268 촉루검(屬鏤劍)에……부끄럽겠지 : 원수를 갚겠다는 본래의 목적을 달성한 뒤에 물러나지 못하고 죽임을 당한 오자서의 처신이 공을 세우고 자리를 떠나 천명을 누린 범려(范蠡)에 못 미친다는 말이다. 오왕(吳王) 부차(夫差)는 태재(太宰) 비(嚭)의 참소(讒訴)를 듣고 오자서에게 촉루검을 내려 자결하게 하였다. 《史記 卷66 伍子胥列傳》 범려는 춘추 시대 월(越)나라 대부로 월왕(越王) 구천(句踐)을 도와 적국인 오나라를 멸망시킨 다음, 고소대(姑蘇臺)에 있던 미인 서자(西子)를 데리고 공명을 피하여 오호(五湖)에 배를 띄워 월나라를 떠나 한가히 살았다. 《史記 越王句踐世家》

굴 삼려[269]

屈三閭

예부터 세상에서 제일 원통한 사람 중에	終古人間第一冤
누가 물고기 배에 장사 지낸 충혼만 하랴[270]	誰如魚腹葬忠魂
슬프고 슬프다 칠 척의 몸 강에 던지던 날	哀哀七尺投江日
하늘은 무슨 마음으로 구원하지 않았나	天獨何心不肯援

269 굴 삼려(屈三閭) : 초(楚)나라 회왕(懷王) 때 삼려대부(三閭大夫)를 지낸 굴원(屈原)으로, 모함을 받아 유배된 후 자신의 억울한 심정을 읊은 〈이소(離騷)〉를 짓고 상강(湘江)에 투신하여 자살하였다. 《史記 卷84 屈原列傳》

270 물고기……하랴 : 굴원이 죽으면서까지 충혼을 간직했다는 말이다. 어복(魚腹)에 장사 지낸다는 말은 강물에 빠져 죽음을 뜻한다. 굴원의 〈어부사(漁父辭)〉에 "차라리 소상강으로 달려가, 물고기의 배에 장사 지내리라.〔寧赴湘流, 葬於江魚之腹中.〕"라고 한 구절이 있다.

삼재의 노래

三才吟

가볍고 맑음과 무겁고 탁함이　輕淸與重濁
나뉘어 상하가 되어 나타났는데[271]　判爲上下察
상하가 비록 다름이 있어도　上下縱有殊
하나의 이치로 실상 관철되지　一理實貫徹
그 중간에 가장 신령한 기운 있어　中有最靈氣
사람에게 부여된 것이 특별하네　賦於人者別
이를 삼재라 하니　是之謂三才
하나라도 진실로 없을 수 없네[272]　一固不可缺
사람의 도리와 만물의 법칙에　民彝與物則
비록 떳떳한 규칙이 있다고 하지만　縱云有常規

271 가볍고……나타났는데 : 두 기(氣)로 나뉘어 천지가 되었다는 말이다. 중국의 전통적인 우주관은 가볍고 맑은 기는 위로 올라가 하늘이 되고, 무겁고 탁한 기는 아래로 내려와 땅이 되었다고 본다. 《중용장구》 제12장에 "《시경》에 이르기를 '솔개는 날아 하늘에 이르는데, 물고기는 연못에서 뛰논다.' 하였으니, 상하로 이치가 밝게 드러남을 말한 것이다.〔詩云, 鳶飛戾天, 魚躍于淵, 言其上下察也.〕"라고 하였다.

272 중간에……없네 : 중국의 전통적인 우주관에 의하면, 천지가 나누어지고 그 중간에 천지가 상호 교섭하며 만물이 만들어지는데, 인간이 가장 영험하다고 한다. 이 천·지·인 세 가지를 합하여 삼재(三才)라 하여 하나라도 빠질 수 없는 것으로 보았다. 《주역》 〈설괘전(說卦傳)〉에 "하늘의 도를 세움은 음과 양이요, 땅의 도를 세움은 유와 강이요, 사람의 도를 세움은 인과 의이니, 삼재를 겸하여 두 번 하였다.〔立天之道曰陰與陽, 立地之道曰柔與剛, 立人之道曰仁與義, 兼三才而兩之.〕"라고 하였다.

진실로 참여하여 돕는 공이 없다면	苟無參贊功
위육을 어찌 기약하랴[273]	位育焉可期
천지가 사람을 얻지 못했다면	天地不得人
이는 다리 하나 없는 세발솥 같고	是猶無足鼎
사람이 천지를 얻으면	人而得天地
이는 물이 가득한 우물 같다네	是似水滿井
서로 도움이 이처럼 크니	相須般如許
응하고 합함 진실로 우연이 아니네	應合誠非偶
이런 기틀 어디에서 비롯하나	厥機何所肇
무극이 중심축이로다	無極是樞紐

273 진실로……기약하랴 : 천지 만물의 화육에 사람의 역할이 중요함을 말한 것이다. 위육(位育)은 만물이 모두 제자리에서 안정되어 길러짐을 뜻하는데, 《중용장구》 제1장의 "중과 화를 지극히 하면 천지가 제자리를 편안히 하고 만물이 잘 생육한다.〔致中和, 天地位焉, 萬物育焉.〕"라고 하였다.

오색의 노래

五色吟

태일이 오행을 낳음에	太一生五行
정기가 나뉘어 색이 달라지니	分精却異色
그 색은 어떠한가	其色問何如
청색 황색 적색 백색 흑색이지	青黃赤白黑
만물이 각각 정기를 받았으니	萬物各稟精
마땅히 한 가지 법칙 아니지	宜乎非一則
얼굴이 한신처럼 누런 이도 있고	面有韓信黃
또 장창처럼 흰 이도 있으며	又有張蒼白
노기는 쪽빛처럼 파랗고	盧杞青似藍
덕용은 먹처럼 검었는데	德用黑如墨
기이하다 관우여	異哉漢壽亭
찐 대추처럼 홀로 매우 붉었도다[274]	蒸棗獨深赤

274 만물이……붉었도다 : 하늘에서 받은 만물의 정기가 각기 다름을 낯빛을 들어 읊었다. 장창(張蒼)은 한(漢)나라 사람으로, 한 고조(漢高祖) 유방(劉邦)을 도와 한나라의 건국에 공을 세웠는데, 피부가 매우 희었다. 노기(盧杞)는 당(唐)나라 사람으로, 음험한 성격에 전횡을 일삼았는데, 귀신같은 외모에 얼굴빛이 푸르스름했다고 한다. 덕용(德用)은 송(宋)나라 왕덕용(王德用)으로, 흑왕상공(黑王相公)이라는 별칭이 있을 정도로 얼굴이 검고 목 아래는 희었다고 한다.《宋史 卷278 王德用列傳》한수정(漢壽亭)은 삼국 시대 촉(蜀)나라 관우(關羽)의 봉호(封號)이다. 백마(白馬) 전투에서 원소(袁紹)의 대장 안량(顔良)을 죽이며 승리로 이끈 공으로 한수정후에 봉해졌다.《三國志 卷36 蜀書 關羽傳》관우의 얼굴은 잘 익은 대추처럼 붉었다고 한다.

벌레와 물고기와 새와 짐승 蟲魚與鳥獸
꽃과 풀과 금과 옥 花卉與金玉
그리고 구름과 안개 以至雲與霧
모래와 돌에 이르기까지 曁夫沙與石
갖가지가 모두 오색으로 種種皆五色
하나하나 어긋남이 없다네 箇箇無差忒
간색이 비록 또 많지만 間色雖又多
또한 오색이 서로 섞인 것이지 亦其所相錯
섞임은 어떤 이치인가 錯也是何理
기가 저절로 발산되어 氣自有噴薄
혹은 합하여 순색이 되고 或合而爲純
혹은 흩어져 잡색이 되네 或散而爲駁
요컨대 다섯 가지 색은 要之五般色
아름답고 추함을 논할 수 없으니 未可論美惡
아름답고 추함이 진실로 존재하나 美惡固有在
색을 기준으로 삼지는 말라 休將色爲式

아름다움과 추함의 노래

美惡吟

기는 음과 양으로 나뉘어	氣分陰與陽
양은 맑고 음은 탁한데	陽淸陰則濁
오직 그 맑고 탁함이 있기 때문에	惟其有淸濁
아름다움과 추함이 다르다	所以殊美惡
유행하여 섞이는 사이에	流行雜糅間
품부한 바에 많고 적음이 있는데	所稟有多寡
많은 것이 최고가 되고	多者乃其最
적은 것이 다음이 되지	寡者斯爲亞
아름다움은 진실로 한 가지가 아니고	美固非一般
추함도 하나의 품격 아니니	惡亦非一格
상지와 하우는	上智及下愚
일정하여 바꿀 수 없지[275]	一定不可易
생각건대 저 중간의 자질은	惟彼中品資
관계된 바가 오직 배움에 달렸으니	所係唯在學
성인이 되는 것도 항상 여기에 있고	作聖恒於斯
광자가 되는 것도 여기에 있다네[276]	爲狂亦於斯

275 상지(上智)와……없지 : 《논어》 〈양화(陽貨)〉에 "오직 지극히 지혜로운 자와 가장 어리석은 자는 변화되지 않는다.〔唯上知與下愚, 不移.〕"라고 하였다.

276 성인(聖人)이……있다네 : 《서경》 〈다방(多方)〉에 "성인이라도 생각하지 않으면

바라건대 우리 고을의 선비들아	願言吾黨士
저녁까지 두려워하고 부지런히 힘쓰라[277]	夕惕勤孳孳

광인이 되고, 광인이라도 능히 생각하면 성인이 된다.〔惟聖罔念作狂, 惟狂克念作聖.〕" 라고 하였다.

277 저녁까지……힘쓰라 : 항상 조심하고 노력하라는 말이다. 석척(夕惕)은 아침부터 저녁까지 종일토록 삼가고 조심함을 뜻한다. 《주역》〈건괘(乾卦) 구삼(九三)〉에 "군자가 종일토록 힘쓰고 힘써 저녁까지 두려워하면 위태로우나 허물이 없으리라.〔君子終日乾乾, 夕惕若, 厲, 無咎.〕"라고 하였다. 자자(孳孳)는 부지런히 힘쓰며 삼가는 모습이다. 《맹자》〈진심 상(盡心上)〉에 "닭이 울면 일어나 부지런히 선을 행하는 자는 순 임금의 무리요, 닭이 울면 일어나 부지런히 이익을 추구하는 자는 도척의 무리이다. 순 임금과 도척의 구분을 알고자 한다면, 다른 것이 없다. 이와 선의 사이인 것이다.〔鷄鳴而起, 孳孳爲善者, 舜之徒也. 鷄鳴而起, 孳孳爲利者 蹠之徒也. 欲知舜與蹠之分, 無他, 利與善之間也.〕"라고 하였다.

하늘과 사람의 노래

天人吟

하늘과 사람은 본래 서로 참여하는데　天人本相參
어찌 서로 이기고 지는가　胡乃互勝負
하늘이 이기는 경우는 겨우 한두 번이고　天勝厪一二
사람이 이기는 경우는 항상 여덟아홉 번이지　人勝常八九
묻노니 이는 무슨 까닭인가　借問此何故
하늘은 느리고 사람은 빨라서라네　天徐人則疾
느린 것은 반드시 매우 둔하고　徐者必重遲
빠른 것은 반드시 엄청 빠르지　疾者必飄忽
엄청 빠르고 매우 둔한 사이에　飄忽重遲間
더디고 빠름이 여기서 결정되네　淹速於斯決
빠른 자는 매양 앞자리 차지하고　速者每居先
더딘 자는 반드시 그에게 빼앗기지　淹必爲所奪
어찌 다만 빠르고 느림만 다르랴　豈惟疾徐殊
다시 그릇됨과 올바름도 다르네　又復邪正異
올바름은 응당 곧은 도를 간직하고　正應存直道
그릇됨은 응당 거짓으로 채워지지　邪應足詐僞
거짓이 멋대로 현혹하고 농락하면　詐僞恣幻弄
곧은 도라도 속임을 면하기 어렵다네　直道難免欺
이 때문에 사람이 이기는 것은　所以人也勝
대부분 뜻을 얻었을 때이지　率多得意時

비록 그렇지만 하늘은 상도가 있으니　　雖然天有常
상도의 운행이 끝내 한번 정해지지　　常運終一定
한번 정해지면 과연 어떠할까　　定後果何如
분명하게 그 올바름을 행하여　　赫赫行其正
간사하고 요망한 것들이　　妖腰與亂領
모조리 죽임을 당하지[278]　　莫不蒙顯戮
재앙이 자신에게만 미치는 것이 아니라　　非徒殃及身
때로는 구족까지 연좌된다네　　往往連九族
비록 간혹 이를 면하더라도　　雖或免乎此
후손이 늘 끊어지고　　後嗣恒滅絶
악명이 영원히 전해져　　惡名流千秋
남겨진 추악함 길이 씻기 어려우니　　遺醜永難雪
뚜렷하게 청사에서　　班班青史上
하나하나 증험할 수 있지　　歷歷皆可徵
앞 수레를 뒤의 수레가 마땅히 경계해야 하는데[279]　　前車後宜戒
어찌하여 일찍 경계하지 않는가　　奈何憯莫懲

278 간사하고……당하지 : 요요난령(妖腰亂領)은 허리를 자르고 목을 베어 죽여야 할 악한 자들을 말한다. 현륙(顯戮)은 처형한 뒤에 그 시체를 전시하는 것을 의미한다. 《서경》 〈태서 하(泰誓下)〉에 "공이 많으면 후한 상이 있고, 과감하게 행하지 않으면 드러난 죽임이 있을 것이다.〔功多, 有厚賞, 不迪, 有顯戮.〕" 하였다.

279 앞……하는데 : 지난 일을 거울삼아 잘못을 되풀이하지 말아야 한다는 말이다. 《한서(漢書)》 권48 〈가의전(賈誼傳)〉에 "속담에 '앞의 수레가 엎어지는 것을 보고 뒤의 수레가 경계한다.' 하였습니다. 진나라가 빨리 망한 까닭도 그 바퀴자국을 볼 수 있습니다. 그런데도 피하지 않는다면, 뒤의 수레도 엎어지고 말 것입니다.〔鄙諺曰, 前車覆後車戒. 秦氏所以亟絶者, 其轍跡可見. 然而不避, 是後車又將覆也.〕" 하였다.

우연히 얻다

偶得

상제의 덕은 본래 온순하고 완전하니	帝德由來順且全
내 마음이 어찌 홀로 하늘을 어기랴	吾心那可獨違天
주리면 먹고 목마르면 마심이 어찌 거짓이랴	飢餐渴飲寧容僞
여름에 갈옷 입고 겨울에 갖옷 입음이 자연이지	夏葛冬裘是自然
물이 진흙에 채워지면 응당 흐려지고	水被淤塡應見汩
불이 젖은 땔감 만나면 어찌 타겠는가	火遭薪濕豈能燃
정녕 실제 이치 모두 이와 같으니	丁寧實理渾如許
사사로이 억지로 천착하지 마라	莫遣私爲强鑿穿

세모에 감회를 풀다
歲暮遣懷

백발이 되고 한 해가 감도 기약 있는 듯	白髮窮陰似有期
천기와 인사 둘 다 한탄스럽다	天機人事兩堪噫
시절 아파하며 부질없이 원안의 눈물 뿌리고	傷時漫灑袁安淚
나라 걱정하며 길게 두보의 시 읊조리네[280]	憂國長吟杜老詩
의기는 이미 당대의 비웃음 달게 여기는데	意氣已甘當世笑
문장을 감히 후인들이 알아주기 바라랴	文章敢蘄後人知
정녕 맹자는 참으로 먼저 깨달아서	丁寧孟氏眞先獲
매양 평생 공자를 배운다고 말했지[281]	每道平生學孔尼

280 시절……읊조리네 : 당시의 나라 상황을 걱정하며 읊은 것이다. 원안(袁安)은 후한(後漢) 화제(和帝) 때의 충신이다. 당시 천자는 유약하고 두태후(竇太后)의 오라비인 두헌(竇憲) 형제가 권력을 전횡할 때, 늘 나라 걱정에 눈물을 흘렸다고 한다. 《후한서(後漢書)》 권45 〈원안열전(袁安列傳)〉에 "공경들과 국가의 일에 대해 이야기할 때면 일찍이 탄식하며 눈물을 흘리지 않은 적이 없었으니, 천자로부터 대신에 이르기까지 모두가 그를 믿고 의지하였다.〔與公卿言國家事, 未嘗不噫嗚流涕, 自天子及大臣皆恃賴之.〕"라고 하였다. 당(唐)나라의 시인 두보(杜甫)는 우국시인(憂國詩人)으로 명성이 높다. 그가 안록산(安祿山)의 난으로 점령당한 장안(長安)에 억류되어 있을 때 지은 〈춘망(春望)〉에 "나라는 파괴되었으나 강산은 남아, 성에도 봄이 오니 초목이 우거졌네, 시절을 느끼며 꽃에 눈물 뿌리고, 이별이 한스러워 새소리에도 마음 놀라네.〔國破山河在, 城春草木深. 感時花濺淚, 恨別鳥驚心.〕"라고 하였다.

281 맹자(孟子)는……말했지 : 맹자께서 백이(伯夷)와 이윤(伊尹)에 대하여 말한 다음, 공자(孔子)에 대하여 "벼슬할 만하면 벼슬하고, 그만둘 만하면 그만두고, 오래 머무를 만하면 오래 머무르고, 빨리 떠날 만하면 빨리 떠난 분은 공자이시다.〔可以仕則

仕, 可以止則止, 可以久則久, 可以速則速, 孔子也.〕"라고 하고 "원하는 것은 공자를 배우는 것이다.〔乃所願, 則學孔子也.〕"라고 밝힌 바 있다.《孟子 公孫丑上》 이것은 시의(時義)에 맞게 적절히 대처하는 공자의 정신을 본받고자 한 것이다.

백발

白髮

백발은 거울에서 슬퍼하고	白髮悲明鏡
단심은 임금을 그리네	丹忱戀紫宸
몸은 유정처럼 병들었고[282]	身同劉幹病
집은 두보처럼 가난하네[283]	家似杜陵貧
세상에는 다 새로운 사람들이고	世路皆新輩
저승으로 친구들 다 돌아갔네	泉塗盡故人
빈산에 한 해가 또 저무니	空山歲又暮
시름만 갈수록 많아지네	愁緒轉紛繽

282 몸은 유정(劉楨)처럼 병들었고 : 송규렴이 자신의 늙고 병든 처지를 유정에 비유한 것이다. 유간(劉幹)은 삼국 시대 건안칠자(建安七子) 가운데 한 사람인 유정이다. 그의 〈증오관중랑장(贈五官中郎將)〉에 "내가 고질병에 걸려 맑은 장수 물가에 몸을 숨겼노라.〔余嬰沈痼疾, 竄身淸漳濱.〕" 하였다. 《文選 卷23 贈答》

283 집은 두보(杜甫)처럼 가난하네 : 송규렴의 집이 매우 가난함을 두보에 비유한 것이다. 두릉(杜陵)은 두릉야로(杜陵野老)의 준말로, 당나라 시인 두보의 호이다. 두보의 〈모옥위추풍소파가(茅屋爲秋風所破歌)〉에 "팔월이라 한가을에 바람이 거세게 불어, 우리 지붕 세 겹 띠 이엉을 다 말아갔네.……침상 머리의 지붕은 새서 마른 곳이 없는데, 삼대 같은 빗줄기는 끊이지 않는구나.〔八月秋高風怒號, 卷我屋上三重茅.……牀頭屋漏無乾處, 雨脚如痲未斷絶.〕"라고 한 데서 그의 가난한 삶을 엿볼 수 있다. 《杜少陵集 卷10》

남풍
南風

봄에는 이슬이 내리고 여름에는 바람이 불며, 가을에는 서리가 내리고 겨울에는 눈이 내린다. 이것이 만물이 자라고 성숙해지는 기틀인데, 바람의 덕이 더욱 성대하다. 어째서 그런가? 바람이 있은 뒤에 비가 또한 따라 내려서 자라게 하기 때문이다. 이른바 "훈훈한 남풍〔南風之薰〕",[284] "따뜻한 바람 남에서 부네.〔凱風自南〕",[285] "훈풍이 남에서 불어오네.〔薰風自南來〕"[286]라고 한 것이 모두 바람이다. 자란 연후에 비로소 성숙할 수 있는데, 자라는 공은 오로지 이 바람에 의지한다. 그러므로 옛 사람이 이를 중시했다.

284 훈훈한 남풍 : 순(舜) 임금이 오현금(五絃琴)을 처음으로 만들어 〈남풍가(南風歌)〉를 지어 부르면서 "훈훈한 남풍이여, 우리 백성의 수심을 풀어 주기를. 제때에 부는 남풍이여, 우리 백성의 재산을 늘려 주기를.〔南風之薰兮, 可以解吾民之慍兮. 南風之時兮, 可以阜吾民之財兮.〕"라고 하였다. 《禮記 樂記》

285 따뜻한……부네 : 《시경》 〈개풍(凱風)〉에 "개풍이 남쪽으로부터 저 극심에 불어오도다. 극심이 여리고 여리거늘 어머니 매우 수고하셨도다.〔凱風自南, 吹彼棘心. 棘心夭夭, 母氏劬勞.〕"라고 하였다. 개풍은 따뜻한 남풍을, 극심은 여리고 작은 나무를 말한다. 개풍을 어머니에, 극심을 어린 아들에 비겨서 장성한 아들이 어머니가 자신들을 기르느라 매우 고생한 것에 대해 감사의 뜻을 나타낸 것이다.

286 훈풍이 남에서 불어오네 : 당(唐)나라 문종(文宗)이 여름날 유공권(柳公權)과 연구(聯句)로 시를 지을 때, 문종이 "사람들은 모두 더위에 괴로워하나, 나는 여름해가 길어서 좋다.〔人皆苦炎熱, 我愛夏日長.〕"라고 하자, 유공권이 "훈풍이 남에서 불어오니, 전각에 서늘한 기운이 생기네요.〔薰風自南來, 殿閣生微凉.〕"라고 하였다. 《舊唐書 卷165 柳公權列傳》

이뿐만이 아니다. 이 바람이 때에 맞은 후에 절기(節氣)가 순조로우니, 그렇지 않으면 다만 겨울에 큰 눈이 없을 뿐만 아니라, 봄의 이슬과 가을의 서리 또한 풍족하지 않다. 지금 보는 것으로도 그것이 반드시 그러함을 더욱 믿을 수 있다. 이 기운이 한번 어긋나면 반복해서 어그러지고 뒤엉켜 홍수와 가뭄 같은 재앙이 멋대로 발생하여 있지 않은 것이 없다. 옛날에 이른바 "쌓인 눈으로 풍년을 징험한다."라고 한 것은 특별히 쉽게 볼 수 있는 것에 나아가 말한 것이니, 이슬과 서리인들 어찌 홀로 그렇지 않겠는가. 내 어린 시절을 기억해 보면 오히려 남풍이 많았는데, 지금은 점점 드물어지다가 완전히 없어진 지 거의 4, 50년이 되었다. 이런 이유가 무엇인가? 괴이할 따름이다.

하늘은 무슨 일로 어그러짐이 몹시 많은가	天工何事苦多愆
여름에도 남풍이 오래도록 불지 않았네	夏節南風久寂然
게다가 다시 겨우내 쌓인 눈 없으니	況復三冬無積雪
해마다 연이은 가뭄 피해 괴이하다 마오	年年休怪旱荒連

남은 인생
殘生

남은 인생 살쩍만 은빛 같을 뿐	殘生只覺鬢如銀
만사에 무엇인들 고인에게 부끄럽지 않으랴	萬事誰非愧古人
감히 한 마음에 후회 없다고 말하랴	敢道一心無秖悔
하물며 석 달 동안 인을 떠나지 않음을 논할까[287]	況論三月不違仁
아침에 듣고 저녁에 죽는다면 괜찮지만	朝聞夕死斯爲可
상자를 사고 구슬 돌려줌이 어찌 참이랴[288]	櫝買珠還是豈眞
천 년 전의 무공이 오히려 나를 일깨우니	千載武公猶起我
구십 넘은 나이에도 사업이 더욱 새로웠네[289]	齒過耄耋業逾新

287 하물며……논할까 : 안회(顔回)의 경지에 이르렀다고 감히 말할 수 없다는 말이다. 《논어》 〈옹야(雍也)〉에 “안회는 그 마음이 석 달 동안 인을 떠나지 않고, 그 나머지 사람들은 하루나 한 달에 한 번 이를 뿐이다.〔回也, 其心三月不違仁, 其餘則日月至焉而已矣.〕”라고 하였다.

288 아침에……참이랴 : 조문석사(朝聞夕死)는 《논어》 〈이인(里仁)〉에 “아침에 도를 들으면 저녁에 죽어도 괜찮다.〔朝聞道, 夕死可矣.〕”라고 한 것을 가리킨다. 독매주환(櫝買珠還)은 근본은 모르고 말단을 좇는 행위를 비유한다. 초(楚)나라 사람이 옥으로 꾸미고 향기를 쐰 목란(木蘭) 상자에 보배 구슬을 담아 정(鄭)나라에 가서 팔자, 어떤 사람이 상자만 사고 구슬을 돌려주었다는 고사에서 유래하였다. 《韓非子 外儲》

289 천 년……새로웠네 : 위 무공(衛武公)의 고사를 들어 늙었음에도 불구하고 새로이 의지를 다진다는 말이다. 무공은 95세에 사람들에게 자신을 일깨울 좋은 말을 해달라고 당부했다 한다. 무공이 스스로를 경계하며 지은 시에 “말을 함부로 하지 말아서, 구차히 하지 말지어다. 내 혀를 잡아 주는 이가 없는지라, 말을 함부로 해서는 안 되느니라.〔無易由言, 無曰苟矣. 莫捫朕舌, 言不可逝矣.〕” 하였다. 《詩經 抑》

신미년(1691, 숙종17)에 백함이 서울에 있으면서 시를 보내왔는데 곧 운경의 운에 맞춰 지은 것이었다.[290] 그 후 두 사람이 한두 해 사이에 연이어 죽었다. 오늘 우연히 상자 속을 살피다가 그 시를 발견했는데 필적이 완연하여 나도 모르게 서글픈 느낌이 들었다. 더욱이 운경은 북관으로 유배되어 죽었으니 더욱 슬프다. 애오라지 그 운에 맞춰 지어 감회를 푼다 정해년(1707, 숙종33)

辛未歲 伯涵在京寄詩 卽次雲卿韻也 其後一二年間 相繼而逝 今日偶閱篋中而得之 手蹟宛然 不覺愴感 況雲卿則謫歿于北關 尤可悲也 聊次其韻以抒懷 丁亥

글 잘하고 아담한 호곡옹	文雅壺谷翁
자유분방한 금화 노인	跌宕金華老
평생 교제한 우의 있었고	平生有交誼
늘그막까지 흉금 같았지	末路同襟袍

290 백함(伯涵)이……것이었다 : 백함은 홍만용(洪萬容, 1631~1692)으로, 본관은 풍산(豐山), 자는 백함, 호는 금화(金華), 시호는 정간(貞簡)이다. 선조의 외동딸인 정명공주(貞明公主)의 아들이다. 기사환국(己巳換局)이 일어나자 사직하고 낙향하였다. 운경(雲卿)은 남용익(南龍翼, 1628~1692)으로, 본관은 의령(宜寧), 자는 운경, 호는 호곡(壺谷), 시호는 문헌(文憲)이다. 1689년(숙종15) 숙종이 소의 장씨(昭儀張氏)가 낳은 왕자를 원자로 삼으려 하자 반대하였다. 이때 지은 반교문(頒敎文) 때문에 1691년 명천(明川)으로 유배되고 그곳에서 이듬해에 죽었다.《陶菴集 卷27 判書壺谷南公神道碑》 저서로《호곡집(壺谷集)》이 있다. 남용익의 시는《호곡집》권10에 실린〈사금화혜주(謝金華惠酒)〉이다.

헤어짐과 만남 어찌 일정하랴	離合詎可常
세상사 홀연 뒤집히지	世事忽顚倒
이제 생사 갈린 한스러움	秖今存沒恨
관산의 풀에 맺히누나	最結關山草

상국 신완[291] 만사

申相國 琓 挽

봉황처럼 원래 대단히 상서롭고	鸞鷟元奇瑞
천리마처럼 빼어난 자질 지녔지[292]	驊騮是俊姿
조정에 있을 때는 온화하였고	雍容廊廟日
경연[293]에서는 부지런히 힘썼는데	密勿廈氈時
누가 생각이나 했으랴 어려운 때에	孰謂艱虞際
갑자기 진췌의 시 읊조릴 줄을[294]	翻吟殄瘁詩

291 신완(申琓) : 1646~1707. 본관은 평산(平山), 자는 공헌(公獻), 호는 경암(絅庵), 시호는 문장(文莊)이다. 박세채(朴世采)의 문인으로, 1703년(숙종29) 영의정에 오르고 평천군(平川君)에 봉해졌다. 1706년에 앞서 세자(世子) 모해설이 있을 당시에 참국(參鞠) 대신으로서 사건 규명을 잘못했다는 책임을 지고 파직되었다가, 다시 세자를 시해하려 했다는 탄핵을 받고 대죄(待罪) 중에 병사하였다. 저서에 《경암집(絅菴集)》이 있다. 《性潭集 卷17 領議政申公神道碑銘 幷序》

292 원래……지녔지 : 신완의 훌륭한 인품과 자질을 예찬한 말이다. 난작(鸞鷟)은 상서로운 시절에 나타난다는 봉황이며, 화류(驊騮)는 주 목왕(周穆王)의 팔준마(八駿馬) 중의 하나로, 모두 훌륭한 인물을 비유한다.

293 경연(經筵) : 하전(廈氈)의 하(廈)는 큰 집이고 전(氈)은 가는 털방석으로, 원래 임금이 거처하는 대궐 또는 왕좌를 일컫는다. 여기서는 경연의 강석을 일컫는 말로 쓰였다.

294 누가……줄을 : 신완의 갑작스러운 죽음을 예상하지 못했다는 말이다. 진췌시(殄瘁詩)는 임금을 훌륭히 보좌할 현인이 없어 나라가 위태롭게 된 것을 말한다. 《시경》 〈첨앙(瞻卬)〉에 "선인이 없으니, 나라가 끊기고 병들리로다.〔人之云亡, 邦國殄瘁.〕"라고 하였다.

이제부터 임금을 보필하는 자리에　　從今輔弼地
누가 다시 나라 안위 책임질까　　誰復佩安危

2

생각해 보니 예전 승정원의 밤에[295]　　憶昔銀臺夜
술상 놓고 함께 시 지었지　　呼觴共賦詩
삼십 년 동안 부침 겪었는데　　升沈卅年事
하루아침에 생사 갈리니 슬프구나　　存沒一朝悲
지난 자취 모두 꿈만 같고　　往跡渾如夢
남은 생애 문득 의심스럽네　　餘生却自疑
지리함이 홀로 어찌 이리 심한가　　支離獨何甚
또 이렇게 애사 짓다니　　又作此哀詞

295 승정원(承政院)의 밤에 : 1682년(숙종8) 9월 송규렴은 동부승지(同副承旨), 신완은 좌부승지(左副承旨)로 승정원에서 함께 근무하였다.

우연히 얻다

偶得

물은 이미 흘러 천 번을 돌고	水旣流千轉
산은 응당 우뚝 솟아 백 층이네	山應峙百層
만일 어두운 구름 없다면	苟無雲黯黮
어찌 맑은 달이 있으랴	安有月淸澄
닫히고 열리며 천기가 변하고[296]	闔闢機須變
융통해야 도가 넓어지지	融通道乃弘
삼재에 참여한 사람 또한 그러하니	參三人亦爾
어찌 삼가 받들지 않을 수 있겠는가	那可不恭承

만물이 형체가 나뉘고, 흥망성쇠는 서로 번갈아 기다리니, 본체와 공용은 하늘과 사람이 한 이치이다.

296 닫히고……변하고 : 《주역》 〈계사전 상(繫辭傳上)〉에 "문을 닫음을 곤이라 이르고, 문을 엶을 건이라 이르며, 한 번 닫고 한 번 엶을 변이라 이르고, 왕래하여 다하지 않음을 통이라 이른다.〔闔戶謂之坤, 闢戶謂之乾, 一闔一闢謂之變, 往來不窮謂之通.〕"라고 하였다.

부질없이 짓다
漫題

만물은 원래 종류가 많아　萬品元多種
수많은 것들이 각각 같지 않지만　林林各不同
재단하고 성숙시킴 절로 방법 있으니　裁成自有術
그 적중을 씀이 귀중하리라　貴在用其中

2

모든 식물이 모양은 비록 달라도　衆植形雖異
모두 형통하는 이치는 같지[297]　咸亨理則同
다만 크고 작음에 합당해야　唯應合巨細
태화[298] 중에 함께 생장하지　竝育太和中

3

하늘이 고르게 부여하여　皇穹均賦予
나의 본성 옛 현인과 같으니　吾性古賢同
진실로 어그러짐 없게 한다면　苟使無違悖

297 모두……같지 : 《주역》 〈곤괘(坤卦) 단(彖)〉에 "지극하다, 곤(坤)의 원(元)이여. 만물이 의뢰하여 생겨나니, 이에 순히 하늘을 받들도다. 곤의 두터움이 물건을 실음은 덕이 무강에 합하며, 포용하고 너그러우며 빛나고 위대하여 만물이 다 형통한다.〔至哉坤元, 萬物資生, 乃順承天. 坤厚載物, 德合无疆, 含弘光大, 品物咸亨.〕"라고 하였다.
298 태화(太和) : 천지 사이에 가득한 충만하고 조화로운 기운을 말한다.

어찌 옥루 가운데 부끄러우랴[299] 何慙屋漏中

4

성인의 공부 특별한 방법 없으니 聖功無別道

요순도 보통 사람들과 한 가지라오 堯舜與人同

의당 먼 데서 구하지 말고 且莫求諸遠

다만 일상생활 속에서 따라야지 唯循日用中

299 어찌……부끄러우랴 : 아무도 모르는 자신의 마음속에 부끄러울 것이 없다는 말이다. 옥루(屋漏)는 집에서 가장 어두운 서북쪽의 방구석을 가리킨다. 《시경》 〈억(抑)〉에 "네 궁실에 있음을 보건대, 거의 옥루에 부끄럽지 않게 하라.〔相在爾室, 尙不愧于屋漏.〕"라고 하였다. 저본에는 屋滿으로 되어 있는데, 의미를 고려하여 屋漏로 수정하였다.

늙은이

老翁

늙은이 신세 실로 안타까우니	老翁身事實堪傷
눈은 침침하고 살쩍은 세었네	眼着昏花鬢着霜
다만 작은 정성만은 끝내 변하지 않아	獨有寸忱終不改
임금 그리고 나라 걱정하는 마음 잊기 어렵네	戀君憂國自難忘

거문고

琴

줄 있어야 비로소 거문고 소리 나는데	有絃方始有琴聲
괴이해라 줄 없다니 너무 가당치 않네[300]	却怪無絃太不情
내 거문고에는 줄이 일곱 있으니	可是吾琴絃有七
정을 부치기가 연명보다 낫지 않을까	寓情無乃勝淵明

300 줄……않네 : 줄 없는 거문고가 말이 안 된다는 말이다. 진(晉)나라 도잠(陶潛)은 본래 음률을 몰랐는데, 평소 줄 없는 거문고 하나를 옆에 두고 벗들과 만나 술을 마실 때면 이 거문고를 연주하여 자신의 뜻을 부치면서 "거문고의 정취만 알면 되지, 무엇하러 번거롭게 줄을 당겨 소리를 내겠는가.〔但識琴中趣, 何勞絃上聲.〕"라고 했다는 일화가 전한다.《晉書 卷94 陶潛列傳》

옳음
是

하늘과 땅이 세워진 이래　從來立天地
다만 하나의 옳음만 있었으니　只在一箇是
사람인들 어찌 홀로 그렇지 않으랴　人何獨不然
삼가 이것을 어기지 말아야지　愼莫違乎此
옳음이 있다면 어찌 그름이 없으랴　有是豈無非
붉은색이 혹 자주색에게 빼앗기지[301]　朱或奪於紫
분별해서 혹시 조금이라도 어긋나면　卞之倘小差
하늘과 땅이 그 자리가 바뀌리라　穹壤易其位

301 붉은색이……빼앗기지 : 붉은 색 중에서도 주색(朱色)은 정색(正色)이고, 자색(紫色)은 간색(間色)이어서 예부터 주색을 올바른 색으로 여기고, 자색은 다른 색과 섞여 있기 때문에 올바른 색으로 여기지 않았다. 《논어》〈양화(陽貨)〉에 "자색이 주색을 빼앗음을 미워한다.〔惡紫之奪朱也〕"라고 하였다.

스스로 탄식함

自歎

끝내 무슨 일을 이루었나	畢竟成何事
평생의 삶 참으로 마음 아파라	平生儘可傷
감히 삼불후[302]를 논하랴	敢論三不朽
도리어 가당치 않은 백 가지가 부끄럽네	還媿百無當
장차 스스로 두려워하고 조심하여	且自存兢惕
물욕에 얽매어 망치게 하지는 말아야지[303]	毋令致梏亡
먼 길에 해는 이미 저물었으니	長途日已暮
삼가 다시 방황하지 말아야지	愼莫更彷徨

302 삼불후(三不朽) : 후세에 영원히 전해지는 세 가지를 이른다. 진(晉)나라에 사신 간 숙손표(叔孫豹)에게 진나라 경(卿)인 범선자(范宣子)가 불후에 대해 묻자, 숙손표가 이르기를 "최상은 덕행을 세움이고, 그 다음은 공업을 세움이고, 그 다음은 후대에 전할 만한 말을 남김이다. 이는 세월이 아무리 오래 흐르더라도 없어지지 않으니, 이것을 불후라고 한다.〔太上有立德, 其次有立功, 其次有立言. 雖久不廢, 此之謂不朽.〕"라고 하였다. 《春秋左氏傳 襄公24年》

303 물욕(物欲)에……말아야지 : 곡망(梏亡)은 물욕의 구속을 받아 본성을 잃어버리는 것이다. 《맹자》 〈고자 상(告子上)〉에 "낮에 하는 소행이 또 이것을 곡망하니, 곡망하기를 반복하면 야기가 보존될 수 없고, 야기가 보존될 수 없으면 행실이 금수와 거리가 멀지 않게 된다.〔旦晝之所爲, 有梏亡之矣, 梏之反覆, 則其夜氣不足以存. 夜氣不足以存, 則其違禽獸, 不遠矣.〕"라고 하였다.

옛일을 조문함

弔古

끝없는 충성의 굴원	衮衮衷誠屈正則
당당한 의기의 관우[304]	堂堂意氣關雲長
하늘이 뛰어난 선비 냄은 실로 우연 아닌데	天生特士實非偶
어찌 그 마침을 상서롭지 못하게 했나	胡使其終惟不祥
물고기 뱃속 충신의 원한 어찌 차마 말하랴	魚腹忠寃豈忍說
맥성의 장한 분노 참으로 마음 상하네[305]	麥城壯憤眞堪傷
때는 쇠한 운세 만나 장차 끝나려 하니	時丁頹運欲將訖
몸이 궁한 처지 만나 어찌 죽지 않으랴	身値窮途寧不亡
내 지금 붓을 떨쳐 괴로운 한 쓰노니	奮筆吾今寫苦恨
비통한 바람 참담하고 구름은 아득해라	悲風慘惔雲蒼茫

304 끝없는……관우 : 굴정칙(屈正則)은 전국 시대 초(楚)나라 굴원(屈原)을 가리킨다. 굴원의 이름은 평(平)이고, 원(原)은 자이다. 정칙은 굴원의 어릴 적 이름이라고 한다. 관운장(關雲長)은 삼국(三國) 시대 촉한(蜀漢)의 으뜸가는 용장(勇將) 관우(關羽)를 말하는데, 운장은 그의 자이다.

305 물고기……상하네 : 굴원은 삼려대부(三閭大夫)로 있다가 모함을 받아 뜻을 이룰 수 없게 되자 나라의 장래를 걱정하면서 〈이소(離騷)〉를 짓고 상강(湘江)에 몸을 던져 자살하였다. 그러므로 어복(魚腹)이라고 한 것이다. 《史記 卷84 屈原賈生列傳》 관우는 형주를 지키고 있었는데, 위(魏)나라와 전쟁하는 틈에 오(吳)나라 대장 여몽(呂蒙)의 습격을 받아 형주를 빼앗긴 뒤에 맥성(麥城)으로 패주하였다가 전사하였다. 《三國志 卷36 蜀書 關羽傳》

청음 선생의 운[306]을 써서 강문통의 〈한부〉[307]를 모방하다
用淸陰先生韻 擬江文通恨賦

백년 인생 감개할 만하고 百年足感慨

천고의 일 슬픈 노래 할 만하네 千古堪悲歌

봉황은 끝내 어디에 있나 鳳鳥竟何在

푸른 바다에 부질없이 물결만 이네 滄溟空自波

2

어진 세 신하[308]는 이미 불행했고 三良旣不幸

다섯 아우는 어찌하여 노래 불렀나[309] 五子胡爲歌

306 청음 선생(淸陰先生)의 운(韻) : 청음은 김상헌(金尙憲)의 호이다. 청음의 시는 《청음집(淸陰集)》 권11에 수록된 〈조 시어가 새로 흰 장막을 마련하였기에 재미삼아 절구 한 수를 짓는다〔曹侍御新具白幕 戲作一絶〕〉이다.

307 강문통(江文通)의 한부(恨賦) : 강문통은 강엄(江淹, 444~505)으로, 문통(文通)은 그의 자이다. 그는 문장을 잘 지었는데, 특히 〈한부〉와 〈별부(別賦)〉를 통해 당대의 혼란한 현실을 드러내었다. 〈한부〉는 위로는 황제·왕후·장군으로부터 아래로는 재자(才子)·가인(佳人)·서민·천민에 이르기까지 죽음에서 벗어날 수 있는 사람은 아무도 없으며, 결국 모두 원한을 품고 통곡 속에서 생을 마감해야 한다는 내용이다. 《文選 卷16》

308 세 신하 : 진 목공(秦穆公)의 어진 신하인 자거씨(子車氏)의 세 아들 엄식(奄息), 중행(仲行), 침호(鍼虎)를 말한다. 이들은 진 목공이 죽었을 때 순장(殉葬) 당했다. 《시경》 〈황조(黃鳥)〉에 이들의 죽음에 대해 "누가 목공을 따르는가, 자거 엄식이로다. 이 엄식이여, 백 부 중에 뛰어난 자로다.〔誰從穆公, 子車奄息. 維此奄息, 百夫之特.〕"라고 하였다.

세상사 이런 일들 있었으니 世事有如此
어찌 푸른 바다의 물결을 논하랴 奚論滄海波

3

양을 치던 북쪽 변방의 한[310] 看羊北塞恨
고사리 캐던 서산의 노래[311] 採薇西山歌
슬프고 슬프다 정위조 哀哀精衛鳥
힘껏 바다를 메우려 했지[312] 力盡塡溟波

309 다섯……불렀나 : 하(夏)나라 임금 태강(太康)이 안일에 빠지지 말라는 우 임금의 교훈을 생각지 아니하고, 낙수(洛水) 밖으로 사냥을 나가 100일이 지나도록 돌아오지 않자, 유궁(有窮)의 임금인 예(羿)가 하북(河北)에서 태강을 막아 돌아오지 못하게 하고 폐위시켜 버렸다. 태강의 다섯 아우들이 낙수 가에서 기다리다가, 우 임금이 남긴 교훈으로 태강을 원망하는 노래를 지어 불렀다. 《書經 五子之歌》

310 양을……한(恨) : 소무(蘇武)는 서한(西漢)의 충신으로 흉노족에 사신 갔다가 구류되었다. 흉노가 여러 차례 투항을 종용했지만 거절하고 북해(北海)에서 양치기를 하며 고생하다가 19년 만에 탈출하였다. 《漢書 卷54 蘇建傳 蘇武》

311 고사리……노래 : 백이(伯夷)와 숙제(叔齊)는 주(周)나라 무왕(武王)이 은(殷)나라를 멸망시키고 천자의 지위에 오르자, 주나라의 녹봉을 먹는 것을 부끄러워하여 수양산(首陽山)에 은둔하였다. 당시 〈채미가(採薇歌)〉를 지어 불렀는데, 그 노래에 "저 서산에 올라가 고사리를 캐도다. 폭력으로 폭력과 바꾸면서 자기의 그릇됨을 모르도다. 신농과 우순과 하우가 이제는 없으니, 나는 어디로 돌아갈까.〔登彼西山兮, 採其薇矣. 以暴易暴兮, 不知其非矣. 神農虞夏忽焉沒兮, 我安適歸矣.〕"라고 하였다. 《史記 卷61 伯夷列傳》

312 슬프고……했지 : 정위조(精衛鳥)는 신화에 나오는 물새로, 염제씨(炎帝氏)의 작은 딸인 여와(女娃)가 동해에서 놀다가 빠져 죽은 화신이라 한다. 이 새는 원한이 사무쳐 서산(西山)의 나무와 돌을 물어다 동해를 메운다고 한다. 《山海經 北山經》

4

한 사람이 부르면 세 사람이 탄식하니[313] 一唱起三嘆
천년토록 구가[314]를 슬퍼하네 千秋悲九歌
지금도 물고기 뱃속에 한이 있는지 至今魚腹恨
상강의 물결도 흐느끼누나 嗚咽湘江波

5

황곡이 어찌 그물을 걱정하랴[315] 黃鵠豈憂網
〈자지가〉를 누가 지었나[316] 紫芝誰作歌

313 한 사람이……탄식하니 : 일창삼탄(一唱三嘆)은 한 사람이 먼저 부르면 세 사람이 화답한다는 뜻으로, 훌륭한 음악이나 시문을 칭찬하는 말로 쓰인다. 《순자(荀子)》〈예론(禮論)〉에 "청묘의 노래는 한 사람이 부르면 세 사람이 화답하네.〔淸廟之歌, 一唱而三嘆也.〕"라고 한 데서 유래하였다.

314 구가(九歌) : 초(楚)나라 굴원(屈原)이 조정에서 쫓겨난 뒤에, 민간에서 여러 귀신에게 제사 지내며 부르는 노래를 가공하여, 충군애국(忠君愛國)의 뜻을 부친 시가이다.

315 황곡(黃鵠)이……걱정하랴 : 초야의 현사(賢士)는 세망(世網)을 염려하지 않아도 된다는 말이다. 황곡은 노란 고니로, 속세를 벗어나 은거하는 높은 재주를 가진 현사를 비유한다. 《문선(文選)》 권33에 수록된 굴원(屈原)의 〈복거(卜居)〉에 "차라리 황곡과 날개를 나란히 할까. 장차 닭이나 오리와 먹이를 다툴까.〔寧與黃鵠比翼乎, 將與雞鶩爭食乎.〕"라고 하였는데, 유량(劉良)의 주에 "황곡은 일사(逸士)를 비유한다." 하였다.

316 자지가(紫芝歌)를 누가 지었나 : 상산사호(商山四皓)가 남전산(藍田山)에 들어가 은거할 때 불렀다는 〈자지가〉에 "높고 높은 산에 깊은 골짜기 완만하니, 붉은 지초로 주림을 달랠 만하네. 요순의 시대 아득하니 내 장차 어디로 돌아갈까. 사마가 끄는 높은 수레는 그 근심 매우 크나니, 부귀를 누리며 남을 두려워하느니, 빈천할지언정 내 뜻대로 살리라.〔莫莫高山, 深谷逶迤. 曄曄紫芝, 可以療饑. 唐虞世遠, 吾將何歸. 駟

나는 오호의 배를 어여삐 여기나니	吾憐五湖艇
좋을시고 푸른 물결 타고 갔지[317]	好去淩滄波

馬高蓋, 其憂甚大. 富貴之畏人, 不如貧賤之肆志.]"라고 하였다. 《高士傳 卷上 四皓》

317 나는……갔지 : 관직과 명예에 연연하지 않고 물러난 범려(范蠡)를 칭찬한 말이다. 오호정(五湖艇)은 오호(五湖)의 배라는 의미인데, 범려가 월왕(越王) 구천(句踐)을 도와 오(吳)나라를 멸하고 패자(霸者)를 칭하게 한 다음, 일엽편주를 타고 오호로 나가서 이름을 바꾸고 은거하였다. 뒤에 제(齊)나라에 들어가 거부(巨富)가 되었다고 한다. 《史記 卷41 越王句踐世家》

재종 송계응[318] 규운 의 초당에 쓰다 4수
題再從季應 奎運 草堂 四首

좋구나 동쪽 하늘의 달　　好是東天月
맑은 빛이 우리 마루에 가득하네　　淸光滿我軒
내 마음도 함께 깨끗해져　　胸襟共灑落
번뇌가 사라짐을 새삼 느끼노라　　頓覺滌昏煩

이상은 동쪽 처마에서의 달 감상이다.

서쪽 난간의 경치 즐기면서　　樂此西軒勝
술을 불러 몇 차례나 돌았나　　呼觴問幾巡
도리어 가엾구나 초나라 굴원이여　　還憐楚屈子
부질없이 홀로 깬 사람 되었네[319]　　空作獨醒人

이상은 서쪽 난간에서 술 마심이다.

318 송계응(宋季應) : 송규운(宋奎運)으로, 본관은 은진(恩津), 자는 계응이다. 송남수(宋柟壽, 1537~1626)의 증손으로, 송규렴과 6촌간이며 송준길(宋浚吉)의 문인이다. 《同春堂集 續集 卷12 門人錄》《玉吾齋集 卷13 送從叔季應奎運氏遊金剛山序》

319 도리어……되었네 : 굴원이 소인의 참소로 인해 조정에서 쫓겨나 늪가를 다니며 시문을 지을 때 안색은 초췌하고 형용(形容)은 수척했으므로, 어부(漁父)가 굴원을 보고 조정에서 쫓겨난 까닭을 물었다. 이에 굴원이 대답하기를 "온 세상이 다 흐리거늘 나 홀로 맑고, 모든 사람이 다 취했거늘 나 홀로 깨었는지라, 이 때문에 쫓겨나게 되었다.〔擧世皆濁我獨淸, 衆人皆醉我獨醒, 是以見放.〕"라고 했다는 고사가 전한다. 《楚辭 漁父辭》

활쏘기는 진실로 남아의 일이니 射固男兒事
별 일 아니라고 말하지 마라 休言是等閒
허리춤의 화살 세 대로도 腰間三箇箭
천산을 평정할 수 있었지[320] 倘可定天山

이상은 남쪽 계단의 활쏘기이다.

북쪽 창에 맑은 바람 들어올 때 北牖清風入
연명의 흥취 높았겠지[321] 淵明興致高
명아주 침상에 누워 何如臥藜榻
다시 솔바람 소리 들음과 비교해 어떠한가 也復聽松濤

이상은 북쪽 창에서 솔바람 소리 듣기이다.

320 허리춤의……있었지 : 당나라의 장수 설인귀(薛仁貴)가 천산(天山)의 돌궐(突厥)을 공격할 때에 화살 세 발을 발사하여 세 명을 잇달아 사살하자, 10여 만이나 되는 돌궐의 군사들이 사기가 꺾여 모두 항복했는데, 이에 군중(軍中)이 "장군이 화살 셋으로 천산을 평정하니, 장사들이 길이 노래하며 한관에 들어가네.〔將軍三箭定天山, 壯士長歌入漢關.〕"라고 노래했다는 고사가 전한다.《新唐書 卷111 薛仁貴列傳》

321 북쪽……높았겠지 : 연명(淵明)은 진(晉)나라 도잠(陶潛)의 자이다. 도잠의 글에 "오뉴월 여름철에 북창 아래에 누워 있다가, 서늘한 바람이 잠깐 불어오면 스스로 복희씨 시대의 사람이라고 여기곤 했다.〔五六月中, 北窓下臥, 遇涼風暫至, 自謂是羲皇上人.〕"라고 하였다.《陶淵明集 卷7 與子儼等疏》

사인 윤원[322] 만사

士人尹愿挽

유도가 일찍이 궁궐 앞에서 곡했는데	劉陶曾哭九門前
그대 보니 기개와 절의 더욱 드높아라[323]	氣節看君又嶷然
보답 받을 날 있으리라 늘 여겼는데	每謂報施應有日
죽어서 끝내 하늘이 없을 줄 어찌 알았으랴[324]	那知奄忽竟無天
가련해라 재주와 운명 원래 함께하기 어렵고	可憐才命元難耦
애석해라 세월은 기다려 주지 않았네	最惜光陰太不延

322 윤원(尹愿) : 본관은 함안(咸安), 호는 반계(盤溪)이며, 윤익상(尹翊商)의 아들이다. 윤원은 숙종 때 인현왕후의 폐비론이 대두되자 수백 명의 유생을 인솔, 대궐 앞에서 이의 부당함을 주장했다.

323 유도(劉陶)가……드높아라 : 인현왕후의 폐비에 반대 입장을 피력한 윤원의 기개와 절의를 칭찬한 말이다. 영흥(永興) 원년에 황하가 넘쳐 많은 백성이 수재를 입고 기주(冀州)에 도적이 넘쳐나자, 주목(朱穆, 100~163)을 기주 자사로 삼았다. 주목은 감찰을 엄히 하여 권귀(權貴) 및 환관들의 비리를 척결하는 데 주력하였다. 환관 조충(趙忠)이 부친상에 여번(璵璠)과 옥갑(玉匣) 등 사치한 물건을 쓰자, 주목이 관리를 시켜 조사하게 하였다. 그 관리는 주목을 두려워하여 무덤을 파헤치고 관을 쪼개기까지 하여 엄히 조사하였는데, 황제가 이 소식을 듣고 노하여 주목을 법관에게 넘겼다. 태학생 유도 등 수천 명이 주목이 권신들의 횡포에 맞서 충직함으로 임무를 수행했음을 간언하며 자신들이 대신 처벌을 받겠다고 청하자, 황제가 주목을 사면하였다. 《後漢書 卷43 朱穆列傳》《史略 卷3 東漢》

324 보답(報答)……알았으랴 : 윤원이 기개와 절의를 지킨 인물이므로 하늘이 그에게 복을 내려줄 것이라고 여겼는데, 끝내 그런 보답을 받지 못하고 운명하였으니, 이것은 하늘의 바른 이치가 아니라는 말이다.

남은 경사를 훌륭한 자손들에게 징험하리니[325] 餘慶獨徵群玉樹
우선 이를 가리켜 황천의 넋 위로하노라 且須指此慰重泉

325 남은……징험하리니 : 윤원은 하늘의 보답을 받지 못하고 운명했지만, 그의 음덕(陰德)에 힘입어 자손들이 훌륭하게 될 것이라는 말이다. 《주역》 〈곤괘(坤卦) 문언(文言)〉에 "선을 쌓은 집안은 반드시 남은 경사가 있다.〔積善之家, 必有餘慶.〕"라고 하였다. 옥수(玉樹)는 지란옥수(芝蘭玉樹)의 준말로, 남의 집안의 우수한 자제를 예찬하는 말이다. 진(晉)나라 사안(謝安)이 자제들에게 어떤 자제가 되겠느냐고 묻자, 조카 사현(謝玄)이 "비유하자면 지란옥수가 뜰 안에 자라게 하고 싶습니다.〔譬如芝蘭玉樹, 欲使其生於庭階耳.〕"라고 답한 데서 유래하였다. 《晉書 卷79 謝安列傳 謝玄》

미호[326]를 추억하며 무자년(1708, 숙종34)

憶渼湖 戊子

비 그치면 산 더욱 푸르렀고	雨歇山增翠
바람 솔솔 불면 물결 출렁였지	風微水漾波
난간에 기대면 시흥이 넉넉하고	憑欄詩興足
주렴 밖에는 석양이 화려했지	簾外夕陽多

2

구름이 숲을 덮어 산이 어두워지고	山暗雲沈樹
달빛이 물결에 일렁여 강물 밝았지	江明月涌波
높은 누대에서 이런 밤 만나면	高樓當此夜
호방한 흥취 십분 넘쳐났지	豪興十分多

326 미호(渼湖) : 현재의 대전광역시 대덕구 미호동 일대를 말한다. 송규렴 사후 그의 학문과 덕행을 기리기 위하여 1718년(숙종44) 이곳에 미호서원(渼湖書院)을 세웠다.

병중에 화기가 성하여 밤에 잠을 잘 수 없었다. 억지로 시구를 찾아 완성하다

病中火盛 夜不得做睡 强索成句

용렬한 나무가 어찌 기둥이 될 수 있으랴[327]	樗櫟焉能作幹楨
부끄럽게도 젊은 나이에 과거에 올랐네[328]	却慙年少忝科名
세 임금의 두터운 은혜 어찌 갚으랴	三朝厚渥曾何報
팔십의 깊은 병 이미 오래 전에 걸렸네	八耋沈痾久已嬰
가부는 헛되이 나라 걱정하는 눈물 흘렸고[329]	賈傅空流憂國涕
화봉은 다만 요 임금 축원하는 정성 간절했지[330]	華封徒切祝堯誠

327 용렬한……있으랴 : 저력(樗櫟)은 저력산목(樗櫟散木)의 줄임말로, 가죽나무와 상수리나무처럼 쓸모없는 나무라는 뜻이다. 흔히 자기의 재주를 겸손히 낮추는 말로 쓰인다. 《莊子 人間世》 간정(幹楨)은 담을 쌓는데 쓰는 주된 버팀대로, 양옆에 대는 것을 간(幹), 양 끝에 세우는 것을 정(楨)이라 한다. 전의되어 버팀목〔支柱〕의 뜻으로 쓰인다. 양웅(揚雄)의 《양자법언(揚子法言)》 권6 〈오백(五百)〉에 "궁실을 경영하고 성곽을 세운 뒤에 간정이 능히 설 수 있는 지 알 수 있다.〔經營然後, 知幹楨之克立也.〕" 라고 하였다.

328 젊은……올랐네 : 송규렴은 19세에 사마시(司馬試)에, 25세에 명경과(明經科)에 합격하였다.

329 가부(賈傅)는……흘렸고 : 가부는 전한(前漢) 장사왕(長沙王)의 태부(太傅)를 지낸 가의(賈誼)이다. 가의가 문제(文帝)에게 상소한 글에 "오늘날 시국에 통곡할 만한 것이 한 가지요, 눈물을 흘릴 만한 것이 두 가지요, 긴 한숨을 지을 만한 것이 여섯 가지입니다.〔今之事勢, 可爲痛哭者一, 可爲流涕者二, 可爲長太息者六.〕"라고 하였다. 《漢書 卷48 賈誼傳》 여기서는 이 고사를 인용하여 나라를 걱정하는 소회를 읊었다.

330 화봉(華封)은……간절했지 : 화봉은 화(華) 땅에 봉해진 사람이다. 요 임금이

공사 간 온갖 걱정으로 마음 쓰이는 터에	公私百慮關心地
말똥말똥 뜬 눈으로 잠 못 드니[331] 어이할까	耿耿那堪睡不成

그곳으로 유람 갔을 때, 요 임금에게 장수와 부귀와 아들이 많을 것을 축원하였다고 한다. 《莊子 天地》 여기서는 이 고사를 인용하여 임금의 강녕(康寧)을 기원하는 뜻을 나타냈다.

331 말똥말똥……드니 : 《시경》 〈백주(柏舟)〉에 "두둥실 떠 있는 저 잣나무 배여, 또한 흐르는 물에 떠 있도다. 말똥말똥 잠을 이루지 못하여 애통하고 근심함이 있는 듯하노라.〔汎彼柏舟, 亦汎其流. 耿耿不寐, 如有隱憂.〕"라고 한 것을 변용하였다.

수명시[332]

數名詩

한 기운이 처음에 시작하는데	一氣肇乎初
묻노니 누가 이를 주재하는가	問誰主張是
이의[333]가 곧바로 다시 갖추어지니	二儀旋復具
이것이 진실로 자연의 이치로다	斯固自然理
삼재[334]가 또 아울러 서니	三才又竝立
그 기미 지극히 깊고 오묘해라	厥機至深邃
사상이 어찌 없을 수 있나	四常胡可無
삼삼하게 창자 안에 있네[335]	森然腔子裏

332 수명시(數名詩) : 숫자 一에서 十까지를 첫머리에 배치하여 짓는 시 형식이다. 현존하는 수명시의 최고(最古) 작품은 위진남북조 시대의 포조(鮑照)가 지은 것이다. 숫자의 유희처럼 보이지만, 깊은 우의(寓意)와 풍자(諷刺)가 내재되어 있는 방식으로 평가받는다.

333 이의(二儀) : 음양(陰陽)을 말하니, 천지(天地), 혹은 일월(日月)을 가리키기도 한다.

334 삼재(三才) : 천(天)·지(地)·인(人)을 가리킨다. 자연적 구성 요소의 대표라 할 수 있는 천지(天地)에 인간을 참여시킨 것으로서, 인간의 위치를 천지와 같은 수준으로 끌어 올린 인간 중심적 사조가 사상적 배경을 이루고 있다.

335 사상(四常)이……있네 : 사상은 인(仁)·의(義)·예(禮)·지(智)의 사덕(四德)을 말한다. 강자(腔子)는 가슴과 배 사이에 있는 빈 곳으로 심장 부근을 지칭하던 말인데, 우리 몸의 내면을 뜻하는 말로 쓰인다. 《근사록(近思錄)》 권1 〈도체(道體)〉에 "강자에 가득 찬 것이 측은지심이다.〔滿腔子是惻隱之心〕"라고 하였다.

오행[336]이 또한 모두 관통하니	五行亦該貫
원래 위아래의 차이가 없지	原無上下異
육려가 법도를 따르지 않음은	六沴不順度
오로지 우리 사람이 초래한 것이지[337]	專由吾所致
칠 년 동안 가뭄이 너무 심했으니	七年旱太甚
걸이 빌미인 줄 누가 알았으랴[338]	誰知桀爲祟
팔역에 응당 큰 비 내렸으니	八域應滂霈
자신 탓한 탕왕의 덕 지극해라[339]	責躬湯德至

336 오행(五行) : 우주 만물을 이루는 다섯 가지 원소. 즉 금(金)·수(水)·목(木)·화(火)·토(土)를 말한다.

337 육려(六沴)가……것이지 : 자연의 재앙이 발생하는 것은 사람들의 선하지 못한 정치와 행실 때문이라는 말이다. 육려는 나쁜 기운으로, 대개 기후가 고르지 못하여 생긴다고 한다. 재화(災禍)나 병마(病魔)를 가져오는 여섯 가지의 악한 기운을 말하기도 하며, 또는 음(陰)·양(陽)·풍(風)·우(雨)·회(晦)·명(明)의 여섯 가지 기운이 화합(和合)하지 못한 상태를 이르기도 한다.

338 칠 년……알았으랴 : 탕왕(湯王) 때의 7년 가뭄이 하(夏)나라 걸왕(桀王)이 포악했기 때문이라는 것이다. 《한서(漢書)》 권58 〈공손홍전(公孫弘傳)〉에 "탕왕 때의 가뭄으로 말하자면, 걸의 여파입니다.〔若湯之旱, 則桀之餘烈也.〕" 하였다.

339 팔역(八域)에……지극해라 : 은(殷)나라 탕왕(湯王)이 즉위한 뒤에 7년의 가뭄을 만났는데, 그 뒤에 비가 내린 것은 탕왕의 성덕(盛德) 때문이라는 말이다. 《사략(史略)》 권1 〈은왕성탕(殷王成湯)〉에 "7년 동안 큰 가뭄이 드니, 태사가 점을 쳐 '사람으로 제물을 바치고 기도해야 합니다.'라고 하자, 탕 임금은 '내가 기우제를 지냄은 백성을 위함인데, 만약 사람으로 제물을 삼는다면 내가 스스로 감당하리라.'라고 하였다. 그리하여 목욕재계하고 손톱을 깎고 머리를 자르고 흰 띠풀로 몸을 묶어 자신을 희생으로 삼아, 상림의 들판에서 기도를 올리며 여섯 가지 일로 자신을 책망하기를, '정사가 절도를 잃었습니까, 백성이 직업을 잃었습니까. 궁궐이 너무 컸습니까. 여인의 청탁이 성행했습니까. 뇌물이 횡행했습니까. 참소하는 자가 많았습니까.〔政不節歟, 民失職歟, 宮

구호[340]가 비록 멀다고 하지만	九昊縱云遠
아주 가까워 지척과도 같지	密邇猶尺咫
시월에 천둥 번개 치는 일	十月雷震作
사람 때문이지 하늘이 아니라네[341]	人也非天耳

室崇歟, 女謁盛歟, 苞苴行歟, 讒夫昌歟.〕'라고 하자, 말이 끝나기도 전에 큰비가 내려 수천 리를 적셨다."라고 하였다.

340 구호(九昊) : 구호는 구천(九天), 구소(九霄), 구중천(九重天)이라고도 하는데, 하늘의 가장 높은 곳을 가리킨다. 여기서는 일반적으로 하늘을 가리키는 말로 쓰였다.

341 시월에……아니라네 : 10월에 천둥 번개가 치는 것은 하늘이 변고를 보이고 재이(災異)를 내리는 것인데, 이는 사람의 요망한 행동에서 기인한 것이지, 자연의 이치가 아니라는 것이다. 《시경》 〈시월지교(十月之交)〉에 "번쩍번쩍 천둥 번개, 편안하지 못하며 좋지 못하도다. 온 시내가 비등하며, 산마루의 높은 곳이 무너지도다.〔爗爗震電, 不寧不令. 百川沸騰, 山冢崒崩.〕"라고 하였다.

5월 21일에 단비가 내렸다

五月二十一日 得喜雨

수명체(數名體)[342]로 지었다.

이때에 오랫동안 가물어 비가 내리지 않았다. 삼가 들으니 임금께서 18일에 몸소 태묘(太廟)에서 기도를 올렸다는데, 20일 밤에 비가 내리기 시작하여 다음날까지 연달아 내렸다.

한 번의 비가 문득 가뭄[343] 씻어 내니	一雨居然滌旱魃
두 기운이 이제부터 어긋나지 않으리	二氣從此無愆忒
세 가지 농사[344] 거의 풍년 들 것이니	三農庶可致豐登
사방 들녘의 노래에 기쁨 넘치겠지	四野歌謳歡意足
다섯 임금[345] 이후로 사람 일이 잘못되었는데	五帝以後人事非
여섯 가지 책망 다만 탕왕의 덕이었지[346]	六責獨有成湯德

342 수명체(數名體) : 숫자 一에서 十까지를 첫머리에 배치하여 짓는 시 형식이다. 610쪽 각주332 참조.

343 가뭄 : 한발(旱魃)은 가뭄을 뜻한다. 《시경》〈운한(雲漢)〉에 "가뭄이 너무 심한지라, 산천을 씻어낸 듯하도다. 한발이 사나워 속이 타는 듯하며 불을 놓은 듯하도다.〔旱旣大甚, 滌滌山川. 旱魃爲虐, 如惔如焚.〕"라고 하였다.

344 세 가지 농사 : 삼농(三農)은 봄에 논밭을 갈고 여름에 김을 매어 가을에 거두는 세 가지의 농사를 말하므로 보통 농사라는 말로 사용한다. 그리고 평지의 농사, 산지(山地)의 농사, 소택지(沼澤地)의 농사를 일컫기도 한다.

345 다섯 임금 : 오제(五帝)는 상고 시대의 전설적인 다섯 제왕인 소호(少昊)·전욱(顓頊)·제곡(帝嚳)·요(堯)·순(舜)을 가리킨다.

칠 년 재앙 마침내 저절로 그쳤으니　七年災禍終自弭
팔역에 흡족히 내리는 단비 곧바로 보았네[347]　八域旋看甘霈渥
구중의 정성 옛날보다 뛰어나니[348]　九重誠感邁古昔
열 번 절하며 우리 임금의 은택 송축하네　十拜頌祝吾王澤

346 여섯……덕이었지 : 육책(六責)은 은(殷)나라의 성탕(成湯)이 7년 동안 큰 가뭄이 계속되었을 때에 비를 빌기 위해 상림(桑林)에서 여섯 가지 일로 자책(自責)했던 일을 말한다. 611쪽 각주339 참조.

347 칠 년……보았네 : 탕왕이 상림에서 자신을 자책하며 기우제를 지내자 비가 내렸던 일을 말한 것이다. 611쪽 각주339 참조.

348 구중(九重)의……뛰어나니 : 숙종(肅宗)이 몸소 기도를 올리자 비가 내렸으므로, 숙종의 정성이 탕왕에 못지않다고 말한 것이다.

중화[349]를 애도하다 2수

悼仲和 二首

하늘이 어찌 그리 후하게 부여하셨던가　皇穹賦與一何厚
문채롭고 문채롭다 우리의 중화여　有斐有斐吾仲和
상서로운 봉황과 기린 스스로 씨가 있고　瑞鳳祥麟自有種
수주와 형벽 본래 하자가 없지[350]　隋珠荊璧元無瑕
백이의 맑은 절개와 유하혜의 화함도　夷之淸節惠之和
좁거나 공손하지 못해 치우침 있었고[351]　隘與不恭猶有偏
더욱이 넓고 깊었던 황숙도도　況彼汪汪黃叔度
문장과 업적은 전혀 전하지 않았네[352]　文章行業都無傳

349 중화(仲和) : 김창협(金昌協, 1651~1708)으로, 본관은 안동, 자는 중화, 호는 농암(農巖)·삼주(三洲), 시호는 문간(文簡)이다. 아버지 김수항(金壽恒)이 기사환국으로 사사(賜死)되자 영평(永平)의 산중에 은거하였다. 문집에 《농암집(農巖集)》, 저서에 《농암잡지(農巖雜識)》·《주자대전차의문목(朱子大全箚疑問目)》 등이 있다.

350 상서로운……없지 : 김창협이 전통이 있는 훌륭한 가문에서 태어났으며, 한 시대의 뛰어난 인재였다는 말이다. 수주(隨珠)는 수후(隨侯)의 구슬이라는 뜻으로, 수후가 외출 중에 큰 뱀이 다쳐서 괴로워하는 것을 보고 치료해 주게 하였는데, 나중에 그 뱀이 밤에도 달처럼 환히 비치는 구슬을 바쳐 보은(報恩)했다는 이야기가 전한다. 명월주(明月珠) 혹은 영사주(靈蛇珠)라고도 한다. 《搜神記 卷20》 형벽(荊璧)은 춘추 시대 초(楚)나라 사람 변화(卞和)의 화씨벽(和氏璧)을 말한다. 《韓非子 和氏》

351 백이(伯夷)의……있었고 : 맹자(孟子)는 백이를 '성인의 맑은 자〔聖之淸者〕', 유하혜(柳下惠)를 '성인의 화한 자〔聖之和者〕'라고 하면서, 그들의 단점을 지적하여 "백이는 좁고, 유하혜는 공손하지 못하니, 좁음과 공손하지 못함은 군자가 행하지 않는다.〔伯夷隘, 柳下惠不恭, 隘與不恭, 君子不由也.〕" 하였다. 《孟子 萬章下》《孟子 公孫丑上》

고인과 금인 같기도 하고 다르기도 하지만　古人今人同不同
그대처럼 넉넉한 사람 진실로 드무네　富有如君眞罕倫

부여한 것이 이미 두터운데　畀之旣云厚
빼앗기는 어찌 그리 빠른가[353]　奪也胡乃遄
기운의 운행에 실로 관계있으니　運氣實相管
삶과 죽음 우연이 아니로다　存亡非適然
단소로 봉황이 홀연 떠났으니　丹霄鳳忽去
현포에 학이 처음 돌아왔으리[354]　玄圃鶴初旋
넋이 응당 오래 남아　精爽應長在
천년토록 달과 함께 걸려 있겠지　千秋月共懸

352 더욱이……않았네 : 황숙도(黃叔度)는 후한(後漢) 낙양(洛陽) 사람인 황헌(黃憲)으로 인품이 훌륭하기로 소문이 났었다. 곽태(郭泰)가 그를 평가하여 "숙도는 너무나 드넓어 마치 천 이랑 물결의 저수지와 같아서, 맑게 하려 해도 맑아지지 않고 흐리게 하려 해도 흐려지지 않으니, 참으로 헤아릴 수 없다.〔叔度汪汪, 若千頃陂, 澄之不淸, 淆之不濁, 不可量也.〕"라고 하였다.《後漢書 卷83 黃憲列傳》황헌은 도량이 매우 넓고 컸었지만, 김창협처럼 후세에 전할 만한 문장을 남기지 못했다는 말이다.

353 부여해……빠른가 : 하늘이 김창협에게 많은 재주를 부여해 주고도 그의 목숨을 일찍 앗아갔다는 말이다.

354 단소(丹霄)로……돌아왔으리 : 김창협이 세상을 떠났다는 말이다. 단소는 구소(九霄)의 하나로, 하늘에서 가장 높은 곳이다. 현포(玄圃)는 위로 천계(天界)와 통한다고 일컬어지고 곤륜산(崑崙山)의 정상에 있다는 신선의 거처를 말한다.

인생
人生

사람이 천지 사이에 태어나	人生天地間
창고 안의 낱알처럼 미묘하지[355]	眇若太倉粟
뜻과 기백 진실로 낮아지면	志氣苟低垂
가슴 속 회포 응당 움츠러들 테니	胸懷應局促
어찌 공을 세울 수 있으랴	何能立事功
분명 다시 보잘것없이 되리라	定復歸庸碌
나는 실로 평범한 사람이니	而我實凡材
감히 아름다운 옥과 같다 말하랴	敢言同美玉
옛 경전에서 찌꺼기를 훔쳐	前經竊粃糠
이른 나이에 과거에 급제했지[356]	早歲忝科目
세상에서 부질없이 부침 겪으며	世路漫浮沈
명예의 굴레에 드디어 속박되었지	名繮遂縛束
비록 끝이 삐져나온 송곳에 부끄럽지만	雖慙脫穎錐
도리어 구슬 없는 상자를 샀네[357]	反買無珠櫝

355 사람이……미묘하지 : 범준(范浚)의 〈심잠(心箴)〉에 “아득하고 아득한 하늘과 땅이여, 굽어보고 우러러봄에 끝이 없도다. 사람이 그 사이에서 자그마하게 몸을 두었으니, 이 몸의 작음은 큰 창고의 낱알과 같도다.〔茫茫堪輿, 俯仰無垠, 人於其間, 渺然有身, 是身之微, 太倉稊米.〕”라고 하였다.

356 옛……급제했지 : 송규렴이 경서를 깊이 이해하지도 못했는데, 명경과(明經科)를 통해 이른 나이에 과거에 합격했다는 겸사이다. 그는 25세에 명경과에 합격하였다.

처지는 낮고 음습한 곳에 있는 것처럼 괴로웠고	處地苦卑湫
신명은 모욕을 당할까 두려웠지	身名怕汚辱
바라는 것은 옛사람에게 있었으니	所希在古人
즐기는 것이 시속과 어긋났지	所樂乖時俗
벼슬길에 빠짐은 본래 마음 아니었기에	汨沒非素心
돌아와 초복을 입었네[358]	歸來是初服
한가한 가운데 칠 척의 몸	閒中七尺軀
세상 밖 세 칸의 집에 살아가네	物外三椽屋
늦가을에는 국화가 언덕에 피고	秋晩菊綻崖
맑은 봄에는 꽃들이 골짝에 가득하네	春晴花滿谷
눈 덮인 푸르른 솔 어여쁘고	松憐帶雪蒼
안개와 어우러진 푸른 버들 사랑스러워라	柳愛和煙綠
이런 경치 무궁하니	景物自無窮

357 비록……샀네 : 능력도 부족하면서 헛된 명성을 얻었다는 말이다. 탈영추(脫穎錐)는 탈영낭추(脫穎囊錐)와 같은 말로, 송곳의 끝이 주머니에서 삐져나온다는 뜻인데, 재능이 마침내 드러남을 비유한다. 전국 시대 평원군(平原君)의 식객(食客)이었던 모수(毛遂)가 "나를 주머니 속에 있게 하였다면, 송곳 전체가 다 삐져 나왔을 것이요, 그 끝만 보일 뿐이 아니었을 것이다.〔使遂蚤得處囊中, 乃穎脫而出, 非特其末見而已.〕"라며 스스로를 추천했던 고사에서 유래하였다. 《史記 卷76 平原君列傳》 무주독(無珠櫝)은 구슬 없는 빈 상자라는 뜻으로, 옛날에 초(楚)나라 사람이 정(鄭)나라에서 화려한 상자에 구슬을 담아 팔았는데, 정나라 사람이 상자만 사고 구슬은 되돌려 주었다는 고사에서 유래하였다. 《韓非子 外儲》

358 벼슬길에……입었네 : 본래 관직에 뜻이 없었으므로 고향으로 돌아와 지내게 되었다는 말이다. 초복(初服)은 벼슬하기 이전의 복장이다. 굴원(屈原)의 〈이소(離騷)〉에 "나아갔으나 들어가지 못하고 허물만 입었으니, 물러나 다시 나의 처음 옷을 닦으리라.〔進不入以離尤兮, 退將復修吾初服.〕"라고 하였다.

이내 삶도 만족스러운데	生涯亦云足
안타깝게도 병에 걸렸고	飜嗟疾病纏
다시 빠른 세월도 애석해라	更惜光陰速
팔십 늙은이 죽을 날[359] 가까우니	大耋迫桑楡
쇠잔한 몸 침상에 의탁하네	殘骸托床褥
청춘을 헛되이 보내고	青年任擲虛
늙어서 한갓 부끄러움만 남았네	白首徒懷恧
위나라 무공은 나이 구십이 되어서도	衛武齒雖耄
공부하는 일 나날이 더욱 독실했으니[360]	工程日彌篤
시인은 우아한 노래를 지었고	詞人作雅歌
학업은 기수의 대나무 자랑했지[361]	學業誇淇竹
예전 현인들이 모범을 보였으니	前哲揭規模
이 마음 더욱 부끄럽고 위축되네	此心增愧縮
시를 지어 게으르고 혼매함 경계하니	題詩警惰昏
어둠을 깨뜨리는 밝은 촛불 같도다	破暗擬明燭

359 죽을 날 : 상유(桑楡)는 뽕나무와 느릅나무라는 뜻으로, 해가 떨어질 때는 빛이 뽕나무와 느릅나무의 가지 끝에 걸린다고 하여 만년을 뜻한다. 《회남자(淮南子)》에 "해가 서쪽으로 기울어져 그림자가 나무 끝에 있는 것을 상유라 한다." 하였다.

360 위(衛)나라……독실했으니 : 위나라 무공(武公)은 95세에 사람들에게 자신을 일깨울 좋은 말을 해달라고 당부했다 한다. 586쪽 각주289 참조.

361 시인은……자랑했지 : 《시경》 〈기욱(淇奧)〉에 '저 기수 벼랑을 보니, 푸른 대가 아름답고 무성하도다. 문채 나는 군자여, 잘라 놓은 듯 다듬어 놓은 듯, 쪼아 놓은 듯 갈아 놓은 듯하도다.〔瞻彼淇奧, 綠竹猗猗. 有匪君子, 如切如磋, 如琢如磨.〕"라고 한 데서 온 말로, 이 시는 본디 위 무공(衛武公)의 높은 학문과 덕행을 칭찬하여 노래한 것인데, 여기서는 곧 학문과 덕행을 절차탁마하는 것을 의미한다.

대도는 본래 평이한 것	大道本平夷
모름지기 옛사람의 자취를 따라야지	且須遵舊躅

즉흥적으로 읊다

卽事

깊은 산 속 온갖 소리 고요한데	深山萬籟空
골짜기 새 때때로 한 번씩 지저귀네	谷鳥時一哢
무엇이 가장 마음에 드는가	何物最怡心
흰 구름이 옛 골짝에 이누나	白雲生古洞

첨지 박선일 만사

朴僉知 善一 挽

화락한 천성 지녔고	愷悌元天性
강녕한 땅 위의 신선[362]이었지	康寧是地仙
오직 선만 쌓았으니	惟其善有積
이 때문에 복이 온전할 수 있었지	所以福能全
빛나는 비초에 잠시 기뻐했는데	乍喜緋貂煥
먼저 세상 등지니 문득 놀라워라[363]	飜驚薤露先
어찌 견디랴 백발 늙은이의 눈물	那堪白首淚
새 무덤 향해 뿌리네	揮灑向新阡

362 땅 위의 신선 : 지선(地仙)은 몸을 지닌 채 명산에서 노니는 신선을 가리킨다. 진(晉)나라 갈홍(葛洪)의 《포박자(抱朴子)》 권1 〈논선(論仙)〉에 "상사는 육신을 지닌 채 하늘로 올라가니 이를 천선이라 하고, 중사는 명산에 노니니 이를 지선이라 하고, 하사는 죽은 뒤에 몸을 벗어 버리니 이를 시해선이라 한다.〔上士擧形昇虛, 謂之天仙. 中士遊於名山, 謂之地仙. 下士先死後蛻, 謂之尸解仙.〕" 하였다.

363 빛나는……놀라워라 : 벼슬의 은전을 받은 기쁨도 잠시, 갑자기 세상을 떠나 안타깝다는 말이다. 비초(緋貂)는 붉은 관복과 담비 가죽으로 만든 갖옷이다. 해로(薤露)는 풀잎에 맺힌 이슬을 말하는데, 흔히 사람이 죽었을 때 부르는 만가(挽歌)를 가리킨다. 《고금주(古今注)》에 "해로와 호리는 사람이 죽었을 때 부르는 노래이니, 전횡의 문인에게서 시작되었다. 전횡이 자살하자 문인들이 슬퍼하여 그를 위해 슬픈 노래를 지었으니, 사람의 목숨이 풀 위의 이슬처럼 쉽게 사라지는 것을 노래한 것이다.〔薤露蒿里, 竝喪歌也, 出田橫門人. 橫自殺, 門人傷之, 爲之悲歌, 言人命如薤上之露, 易晞滅也.〕" 하였다.

독우 이강중[364] 언순 에게 주다

酬李督郵剛仲 彦純

독우(督郵)는 바로 고(故) 군수(郡守) 이성린(李聖麟)[365] 공의 맏아들이다. 이공은 나보다 한 살 적었는데, 나와 함께 무자년(1648, 인조26) 사마시(司馬試)에 합격하였다. 하루는 독우가 술을 들고 나를 찾아와 소매에서 시 두 편을 꺼냈다. 하나는 그의 맏아들이 은문연(恩門宴)[366]에서 지은 것이고, 다른 하나는 바로 그가 직접 화답한 것이었다. 이어서 말하기를 "금년은 바로 선친께서 성균관에 오르신 지 60년이 되는 해인데, 마침 제 아들이 또 사마시(司馬試)[367]에 합격하였습니다. 지금과 옛날을 돌아보니, 절로 어버이를 여읜 슬픔[368]이 큽

364 이강중(李剛仲) : 이언순(李彦純, 1662～1713)으로, 본관은 전주(全州), 자는 강중이다. 《승정원일기》 숙종 34년 5월 6일 기사에 "이언순을 율봉 찰방(栗峯察訪)으로 삼는다."라는 기록이 있다.

365 이성린(李聖麟) : 1631～? 본관은 전주(全州), 자는 문징(文徵)이다. 여산 군수(礪山郡守)를 지냈다. 《約軒集 卷13 礪山郡守李公墓誌銘》

366 은문연(恩門宴) : 과거에 함께 급제한 사람들이 시험관을 접대하는 연회이다. 은문은 해당 과거에 급제한 사람이 시험관을 일컫는 말이다.

367 사마시(司馬試) : 연방(蓮榜)은 조선 시대 사마시인 생원과(生員科)와 진사과(進士科)에 합격한 사람의 이름을 게시하는 방(榜)이다. 대과(大科)인 문과에 급제한 자에게는 월계화(月桂花)를 하사하고, 소과(小科)인 사마시에 합격한 자에게는 연꽃을 하사하였으므로 문과 급제를 계방(桂榜), 사마시 합격을 연방이라 하였다.

368 어버이를 여읜 슬픔 : 고로(孤露)는 외톨이여서 감싸 주거나 도와줄 사람이 없다는 뜻으로, 곧 아버지나 어머니, 또는 어버이를 모두 여읜 사람을 이른다.

니다. 제 아들이 삼청동(三淸洞)의 은문연에서 율시 한 수를 지어 은문(恩門)과 과거에 함께 급제한 사람들에게 화답을 요구하고, 또 제게 편지를 보내 '반드시 모공(某公 송규렴을 가리킴)의 화답시를 얻고 싶습니다.'라고 하였습니다. 그것은 아마도 선친(先親)과 함께 과거에 급제했던 분들이 모두 이미 별세하시고, 오직 공만이 생존해 계시기 때문일 것입니다. 공께서도 이에 대해 또한 어찌 감회가 없으시겠습니까. 이에 감히 공을 뵙고 삼가 부탁을 드리는데, 마땅히 먼저 베푸는 의리가 있어야 하겠기에 삼가 아들의 시를 차운하였으니, 원작(原作)과 함께 살펴 주시고 시 한 수를 얻어 후세에 전하는 자료로 삼게 해 주시기 바랍니다." 하였다. 아, 후세에 전하는 것은 내가 감당할 수 있는 것이 아니지만, 마음 씀이 매우 정성스러우니 끝내 저버릴 수가 없다. 마침내 보잘것없는 시를 지어 주어 산양(山陽)의 감회[369]를 부친다.

이백 명 중에 누가 신선 되지 않았나	二百人誰不上仙
괴이하게도 나만 수명 오로지했네	怪來年壽我能專
산양의 눈물 당시의 피리 소리에 다했고	山陽淚盡當時笛
술잔 나누는 정 이 날 연회에서 깊었지	樽酒情深此日筵
옛 생각에 남아 있는 늙은이 어찌 견디랴만	感舊那堪餘白首

369 산양(山陽)의 감회 : 이미 죽은 친구를 몹시 그리워하는 마음을 의미한다. 혜강(嵇康)은 하내(河內)의 산양에 살았는데, 왕융(王戎)·상수(向秀) 등과 친하게 지냈다. 혜강과 왕융이 죽자, 상수가 그곳을 지나다가 누군가가 부는 젓대 소리를 듣고, 죽은 친구를 그리워하며 〈사구부(思舊賦)〉를 지은 데서 유래하였다. 《魏氏春秋》

가업 이어 청전 보전한 것 도리어 기쁘라[370]	承家却喜保青氈
그대의 아들 다시 뛰어난 재질 지녔으니	阿郎更有奇毛蔚
아름다운 명성 대대로 전해짐을 넉넉히 보겠네	剩看芳聲世世傳

370 가업(家業)……기쁘라 : 이언순의 아들이 할아버지, 아버지를 이어 과거에 급제한 것이 기쁘다는 말이다. 청전(青氈)은 선대(先代)로부터 전해진 귀한 유물을 가리키는데, 여기서는 과거에 급제하여 가업을 이은 것을 말하였다. 진(晉)나라 왕헌지(王獻之)가 누워 있는 방에 도둑이 들어와서 물건을 모조리 훔쳐 가려 하자, 그가 "도둑이여, 그 푸른 모포는 우리 집안의 유물이니, 그것만은 두고 가는 것이 좋겠다.〔偸兒, 青氈我家舊物, 可特置之.〕"라고 하자, 도둑이 질겁하고 도망쳤다는 고사에서 유래하였다.《太平御覽 卷499》

삼월에 기축년(1709, 숙종35)

三月 己丑

삼월의 안개 속 꽃이 골짝 어귀 빙 둘러　三月煙花繞洞門
하늘 가득 아름다운 기운 넘쳐나네　滿空佳氣正氤氳
염계의 향기로운 풀 창 앞에 푸르고[371]　濂溪芳草窓前碧
명도의 봄바람 자리 위에 따사롭다[372]　明道春風座上暄
출사했던 것은 처음 계획 잘못된 줄을 아노니　簪紱自知初計謬
경전 공부 예전에 부지런히 한 적 있던가　典墳安有宿工勤
한스럽다 자잘한 기예 끝내 쓸모없으니　飜嗟小技終無賴
일천 수 시편 어찌 논할 것 있으랴　千首詩篇豈足論

371 염계(濂溪)의……푸르고 : 염계는 주돈이(周敦頤, 1017~1073)로, 자는 무숙(茂叔), 호는 염계, 시호는 원공(元公)이다. 주돈이가 창 앞의 풀을 베지 않아 풀이 무성하게 자랐었기에 봄에 새로 자라는 풀들을 이 고사를 인용하여 읊은 것이다. 《근사록(近思錄)》 권14에 "주무숙이 창 앞에 있는 풀을 제거하지 않기에 그 이유를 물었더니, 말하기를 '나 자신의 의사와 똑같기 때문이다.' 하였다.〔周茂叔牕前草不除去, 問之, 云與自家意思一般.〕"라고 하였는데, 그 주(註)에 "천지의 생의가 유행하고 발육하니, 오직 인자는 낳고 낳는 뜻이 가슴속에 충만하므로, 이것을 볼 때 마음에 맞음이 있는 것이다.〔天地生意, 流行發育, 惟仁者, 生生之意, 充滿胸中, 故觀之有會於其心者.〕"라고 하였다.

372 명도(明道)의……따사롭다 : 명도는 정호(程顥, 1032~1085)로, 자는 백순(伯淳), 호는 명도, 시호는 순공(純公)이다. 《근사록(近思錄)》 권14에 "주공섬이 명도를 여주에서 뵙고 돌아와 사람들에게 말하기를 '내가 한 달 동안 봄바람 속에 앉아 있었다.' 하였다.〔朱公掞見明道於汝, 歸謂人曰, 光庭在春風中, 坐了一箇月.〕"라고 하였다. 공섬(公掞)은 송(宋)나라 주광정(朱光庭)의 자이다. 여기서는 따사로운 봄바람을 정호의 온화한 덕성에 비유하여 읊은 것이다.

봄날에

春日

꽃 한창 절정이고 버들 짙으니 花意方酣柳意濃
한 해의 봄빛이 한창 융성할 때라오 一年春事正熙隆
태평은 끝내 형상 없다 말하지 말라 太平休道終無象
예부터 사람 하는 일이 조화의 운행 도왔지[373] 從古人工協化工

373 태평(太平)은……도왔지 : 만물이 생의 의지를 발휘하고 사람들이 때에 맞춰 일하는 봄날인 지금이야말로 태평한 세상이라는 말이다. 태평무상(太平無象)은 태평 시대란 특별한 표준이나 조짐이 없음을 뜻한다. 당 문종(唐文宗)이 어느 때가 태평한 시대에 해당되는지를 묻자, 우승유(牛僧孺)가 "태평한 세상은 일정한 형상이 없습니다. 지금 사방 오랑캐가 쳐들어오지 않고 백성들은 떠돌아다니지 않으니, 비록 매우 잘 다스려졌다고는 할 수 없으나 조금은 평안하다 할 만합니다. 만약 폐하께서 특별히 태평함을 구하신다면 신들은 할 수가 없습니다.〔太平無象, 今四夷不至交侵, 百姓不至流散, 雖非至理, 亦謂小康. 陛下若別求太平, 非臣等所及.〕"라고 변명한 데서 유래하였다.《資治通鑑 卷244》

부질없이 배구로 지어 질병의 고통을 잊고 시름을 달래는 자료로 삼다

漫題俳句 作忘病抒悁資

산속 늙은이 득의한 곳	山翁得意地
시냇가의 두어 칸 집이네	溪上數間楹
집 주위의 맑은 샘물 메아리지니	遶屋晴泉響
온통 푸른 옥 소리인가 하노라	渾疑碧玉鳴

2

산속 늙은이 득의한 곳	山翁得意地
책상 위의 옛 사람 책이라네	床上古人書
베개에 기대 탐독하는 맛은	倚枕耽看味
낮잠 잔 뒤에 가장 좋다오	偏宜午睡餘

3

산속 늙은이 득의한 곳	山翁得意地
병 속에 시골 막걸리 담아 놓은 것이라네	壺裏貯村醪
주량 따라 석 잔 기울이면	隨量傾三酌
약간의 취기 따라 흥취 높아지지	微醺發興高

4

산속 늙은이 득의한 곳	山翁得意地

상자 속에 거문고 있으니 匣裏有幽琴
손 가는 대로 삼첩[374] 연주하며 隨手成三疊
귀한 음악[375]에 깊이 흥취 맡기네 希音寄趣深

5
산속 늙은이 득의한 곳 山翁得意地
꽃과 버들이 한창 봄이라네 花柳十分春
무엇보다 노란 꾀꼬리 最是黃鸝子
그 맑은 노래가 비 온 뒤에 새롭구나 淸歌雨後新

6
산속 늙은이 득의한 곳 山翁得意地
단풍과 국화가 한창 가을이구나 楓菊十分秋
무엇보다 맑은 하늘의 달 最是晴天月
그 금빛 물결이 난간 밖에 흐르네 金波檻外流

374 삼첩(三疊) : 세 가지 곡조라는 뜻으로, 여기서는 거문고와 관련이 있는 것으로 보아 도가(道家)의 금심삼첩(琴心三疊)을 의미하는 것으로 보인다. 《황정경(黃庭經)》에 "금심삼첩에 신선의 태를 길렀다.〔琴心三疊化胎仙〕"라고 하였고, 이군옥(李群玉)의 〈대증위십사(對贈魏十四)〉에 "일찍이 환단을 복용해 속세의 정 없고, 금심삼첩에 도가 막 이루어졌네.〔早服還丹無世情, 琴心三疊道初成.〕"라고 하였다.

375 귀한 음악 : 희음(希音)은 보통 사람이 듣지 못하는 귀한 음악이라는 뜻이다. 《노자(老子)》 41장의 "큰 소리는 소리가 들리지 않으며, 큰 형상은 그 모양을 볼 수 없다.〔大音希聲, 大象無形.〕"라는 말에서 유래하였다.

아들 상기의 속리산 운[376]에 맞춰 짓다 3수

次琦兒俗離山韻 三首

웅장한 형세 본래 조선의 으뜸이라	雄勝由來冠大東
구름 뚫고 높이 솟아 반공에 떠 있네	穿雲高起半天中
우뚝 솟은 푸른 벼랑 천년의 골격이고	蒼崖矗矗千年骨
상쾌한 푸른 하늘에 만고의 바람이라	碧落泠泠萬古風
태산에 올라 굽어보던 공자 생각나고[377]	泰岳登臨思魯聖
형산을 날아 내려가던 주자 떠오르네[378]	衡山飛下憶文公
당당하게 홀로 서서 가슴 여나니	軒然獨立開胸地
광활하게 펼쳐져 끝도 보이지 않네	曠豁何曾眼力窮

뾰족뾰족 높고 높은 문장대 오르는데	矗矗亭亭上上臺

376 상기(相琦)의 속리산 운(韻) : 송규렴의 시 가운데 세 번째 시의 운자는 송상기의 《옥오재집(玉吾齋集)》 권3에 수록된 〈운장대(雲藏臺)〉의 운자와 동일하다. 그러나 나머지 두 수와 같은 운자를 사용한 시를 《옥오재집》에서 발견할 수 없다. 아마도 송상기의 시도 본래 3수였는데, 《옥오재집》에 1수만 수록된 것으로 보인다.

377 태산(泰山)에……생각나고 : 《맹자》 〈진심 상(盡心上)〉에 "공자께서 노나라 동산에 올라서는 노나라를 작게 여기셨고, 태산에 올라서는 천하를 작게 여기셨다.〔孔子登東山而小魯, 登太山而小天下.〕"라고 하였다.

378 형산(衡山)을……떠오르네 : 주희(朱熹)가 남헌(南軒) 장식(張栻)과 형산에 올랐을 때 읊은 〈취하축융봉작(醉下祝融峯作)〉에 "탁주 석 잔에 호탕한 흥이 발동하여, 낭랑히 시 읊으며 축융봉을 내려오네.〔濁酒三盃豪興發, 朗吟飛下祝融峯.〕"라고 하였다. 《古今事文類聚 前集 卷13》

푸른 하늘에 층층이 옥 같은 산봉우리　　碧空層疊玉崔嵬
주위에 맑은 이슬 있으니 삼청에 가깝고[379]　　身邊沆瀣三淸近
눈 아래 세상에는 만물이 펼쳐지네　　目下寰丘萬象開
약목과 부상이 서로 마주하여 솟아 있고　　若木扶桑相對起
남해와 북극은 서로 굽이굽이 둘러 있네[380]　　南溟北極互縈回
오직 응당 맑은 기운 천년토록 쌓였을 터　　唯應灝氣千年積
몇 명의 영웅호걸이 이 기운 받았을까　　幾箇英豪稟得來

상서로운 바람 솔솔 불어 갓 먼지 떨어내고　　祥飆習習拂塵冠
시원한 바람 숲을 뚫고 다시 산에 가득하네　　爽籟穿林更滿山
본래 신령한 곳이라 매우 뛰어나니　　自是靈區標絶特
선계는 속세와 먼 줄을 알겠네　　也知眞界隔人寰
눈앞의 우주 마음에 오히려 좁게 느껴지고　　眼邊宇宙心猶窄
머리 위 별들을 손으로 잡을 수 있을 듯　　頭上星辰手可攀
생학[381] 소리가 하늘 밖에서 들려오니　　笙鶴況聞天外響

379 주위에……가깝고 : 산 정상에 올라 선경에 온 듯한 느낌을 표현하였다. 항해(沆瀣)는 맑은 밤이슬을 뜻하는데, 옛날에는 신선이 이것을 마신다고 여겼다. 문장대에는 실제로 샘이 있다. 삼청(三淸)은 도가(道家)에서 인정하는 인천(人天) 양계(兩界) 밖에 별도로 삼청이 있다고 한다.

380 약목(若木)과……있네 : 시야가 넓어 동서남북 아득한 곳까지 한 눈에 들어옴을 읊은 것이다. 굴원(屈原)의 〈이소(離騷)〉에 "약목의 가지를 꺾어 태양이 지지 못하게 후려쳐서, 잠시 동안 여기저기 한가하게 소요해 볼까.〔折若木以拂日兮, 聊逍遙以相羊.〕"라는 말이 나오는데, 약목은 서쪽의 곤륜산 끝 해가 지는 곳에 있는 나무이고, 부상(扶桑)은 동녘의 태양이 떠오르는 곳에 있다는 전설상의 나무이다.

381 생학(笙鶴) : 신선이 타는 선학(仙鶴)을 말한다. 주(周)나라 영왕(靈王)의 태자

노는 신선이 응당 오색구름 사이에 있겠지　　遊仙應在五雲間

(太子) 왕자 교(王子喬)가 학을 타고 젓대를 불며 하늘로 올라가 신선이 되었다고 한다. 《列仙傳》

석담[382] 이곡

石潭二曲

율곡(栗谷) 선생[383]이 일찍이 〈석담구곡가(石潭九曲歌)〉[384]를 지었는데, 우재(尤齋) 선생이 고정(考亭)의 무이십절구(武夷十絶句)에 나아가, 스스로 그 첫 절구의 운자를 따라 무이의 뜻을 석담에 담았다.[385]

382 석담(石潭) : 해주(海州)의 고산(高山)에 있으며 이이(李珥)가 도를 강구했던 곳이다. 그 아홉 굽이 계곡의 암천(巖泉)은 세상에서 주희(朱熹)의 무이구곡(武夷九曲)에 견주는 곳이다. 《農巖集 卷22 送李同甫牧海州序》

383 율곡(栗谷) 선생 : 이이(李珥, 1536~1584)로, 본관은 덕수(德水), 자는 숙헌(叔獻), 호는 율곡·석담, 시호는 문성(文成)이다. 《栗谷全書 卷36 諡狀》

384 석담구곡가(石潭九曲歌) : 《율곡전서(栗谷全書)》 권2에 수록된 〈고산구곡가(高山九曲歌)〉를 말한다. 구곡담(九曲潭)은 황해도 해주에 있는 아홉 개의 승경(勝景)으로, 관암(冠巖)·화암(花巖)·취병(翠屛)·송애(松厓)·은병(隱屛)·조계(釣溪)·풍암(楓巖)·금탄(琴灘)을 이른다. 이이가 일찍이 이곳에서 강학하며 주희의 〈무이구곡(武夷九曲)〉을 모의하여 〈고산구곡가〉를 지었다.

385 우재(尤齋)……담았다 : 우재는 송시열(宋時烈, 1607~1689)로, 본관은 은진(恩津), 자는 영보(英甫), 호는 우암(尤菴)·우재이다. 고정(考亭)은 주희가 만년에 거처했던 곳으로, 고정서원(考亭書院)의 사액(賜額)을 받으면서 그를 일컫는 말이 되었다. 무이십절구(武夷十絶句)는 주희의 〈순희 갑진년 중춘에 정사에서 한가롭게 있다가 재미삼아 무이도가 열 수를 지어 함께 유람한 여러 사람에게 주어 서로 더불어 한번 웃었다〔淳熙甲辰中春 精舍閒居 戲作武夷櫂歌十首 呈諸同遊 相與一笑〕〉를 말하는데, 그 중 첫 절구에 "무이산 위에는 신선이 있고, 산 아래에는 찬 냇물이 굽이굽이 맑아라. 그 속의 멋진 경치 알고 싶거들랑, 뱃노래 두세 가락 한가히 들어 보소.〔武夷山上有仙靈, 山下寒流曲曲淸, 欲識箇中奇絶處, 櫂歌閒聽兩三聲.〕" 하였다. 《晦庵集 卷9》 송시열은 이 운자에 맞춰 "오백 년 만에 하늘과 땅 영기를 모아, 율곡의 자품 빼어나고

그 다음의 구곡(九曲)은 문인과 친구들로 하여금 운자를 나누어 각자 화운하게 하였고,[386] 유독 이곡(二曲)의 시는 퇴우(退憂)[387]와 노봉(老峯)[388]에게 맡겼으나 모두 미처 짓지 못하였는데, 권치도(權致道)[389] 상하(尙夏)가 그 뜻을 이루기 위하여 나에게 대신 짓게 하니,[390] 감히 사양하지 못하고 보잘것없는 시를 지어 올린다.

이곡 선암의 꽃이 봉우리에 비치고 二曲仙巖花映峯
푸른 시내 흐르는 물에 봄 풍경 일렁이네 碧溪流水漾春容
붉은 꽃잎 떨어져 어부도 알게 했으니 落紅解使漁郎識

청아하도다. 고산의 아홉 굽이 그윽한 곳에, 잔잔히 흐르는 증점의 비파 소리인 듯.〔五百天鍾地炳靈, 栗翁姿稟粹而淸. 高山九曲幽深處, 汨瀄寒流點瑟聲.〕"라고 하였다.《宋子大全 卷2 詠高山九曲歌 寄示權致道 尙夏》

386 구곡(九曲)은……하였고 : 1687년(숙종13)에 송시열이 주희의 〈무이구곡가(武夷九曲歌)〉 첫 수를 차운하여 〈고산구곡시(高山九曲詩)〉의 첫 수를 지은 다음, 나머지 아홉 수에 대해서는 김수항(金壽恒), 송규렴(宋奎濂), 정호(鄭澔), 이여(李畬), 김수증(金壽增), 김창흡(金昌翕), 권상하(權尙夏), 이희조(李喜朝), 송주석(宋疇錫)에게 짓게 하였다.《栗谷全書 附錄續編 高山九曲詩》

387 퇴우(退憂) : 김수흥(金壽興, 1626~1690)으로, 본관은 안동(安東), 자는 기지(起之), 호는 퇴우당(退憂堂)이다.《農巖集 卷28 仲父退憂先生墓表》

388 노봉(老峯) : 민정중(閔鼎重, 1628~1692)으로, 본관은 여흥(驪興), 자는 대수(大受), 호는 노봉이다.《老峯集 卷12 墓表陰記》

389 권치도(權致道) : 권상하(權尙夏, 1641~1721)로, 본관은 안동(安東), 자는 치도, 호는 수암(遂菴)·한수재(寒水齋)이다.《陶谷集 卷12 左議政寒水齋權先生神道碑銘 并序》

390 대신 짓게 하니 : 대착(代斲)은 대장(代匠)과 같은 말로, 곧 목수를 대신한다는 뜻인데,《노자(老子)》 74장에 "무릇 큰 장인을 대신하여 깎는 자는 그 손을 상하지 않는 자가 드물다.〔夫代大匠斲, 希有不傷其手矣.〕"라고 한 데서 유래하였다.

도원이 만 겹으로 막혀 있다 말하지 말라[391]　　休說桃源隔萬重

391 붉은……말라 : 도잠(陶潛)의 〈도화원기(桃花源記)〉에 나오는 무릉도원(武陵桃源)의 고사를 인용한 것이다.

즉흥적으로 읊다

卽事

당시(唐詩)의 구절을 모아 짓다.

북쪽 땅은 내가 원하는 곳 아니니[392]	北土非吾願
남쪽 산의 낡은 집으로 돌아왔네[393]	南山歸弊廬
골짜기 안에 해와 달 열리니[394]	洞中開日月
사람들 모두 진나라 겪은 나머지인가[395]	人物似秦餘

2

간밤에 내리던 비 아침에 그치고[396]	宿雨朝來歇
쓸쓸한 풍경 차갑기만 하네[397]	蕭蕭風景寒

392 북쪽……아니니 : 맹호연(孟浩然)의 〈진중감추기원상인(秦中感秋寄遠上人)〉 가운데 세 번째 구이다. 《孟浩然集 卷3》

393 남쪽……돌아왔네 : 맹호연의 〈세모귀남산(歲暮歸南山)〉 가운데 두 번째 구이다. 《孟浩然集 卷3》

394 골짜기……열리니 : 왕유(王維, 699~759)의 〈봉화성제행옥진공주산장…… (奉和聖製幸玉眞公主山莊……)〉 가운데 일곱 번째 구이다. 《御定全唐詩 卷127》

395 사람들……나머지인가 : 맹호연의 〈숙무양천(宿武陽川)〉 가운데 여덟 번째 구이다. 《御選唐詩 卷15》 이 구를 인용하여 자신의 고향이 무릉도원(武陵桃源)처럼 평화롭다고 읊은 것이다. 도잠(陶潛)의 〈도화원기(桃花源記)〉에서 일컬어진 무릉도원은 진(秦)나라의 화를 피해 들어간 사람들이 살았던 세상 밖의 별천지이다.

396 간밤에……그치고 : 이단(李端)의 〈무릉산행배위금부(茂陵山行陪韋金部)〉 가운데 첫 번째 구이다. 《唐詩紀事 卷30》

술잔 멈추고 북녘 바라보는데[398] 停杯試北望

어디가 서울인가[399] 何處是長安

397 쓸쓸한……하네 : 한유(韓愈)의 〈사자연(謝自然)〉 가운데 열여섯 번째 구이다. 《韓昌黎集古 卷1》

398 술잔……바라보는데 : 가지(賈至)의 〈악양루연왕원외폄장사(岳陽樓宴王員外貶長沙)〉 가운데 일곱 번째 구이다. 《御定全唐詩 卷235》

399 어디가 서울인가 : 장호(張祜)의 〈소군원(昭君怨)〉 가운데 네 번째 구이다. 《御定全唐詩 卷511》

한스러운 생각 3수

恨思 三首

당시(唐詩)의 구절을 모아 짓다.

문 나선들 어디에서 서울 바라보나[400]	出門何處望京師
만 리에 초나라 나그네의 슬픔만 남았네[401]	萬里惟留楚客悲
방초를 짝해도 도리어 쉬 늙어[402]	芳草伴人還易老
거울 가운데 다시 소년 시절 없구나[403]	鏡中無復少年時

외로운 구름과 외로운 학 모두 아득하고[404]	孤雲獨鶴共悠悠
풍경 처량한데 내리던 비 그쳤네[405]	風物凄凄宿雨收

400 문……바라보나 : 대숙륜(戴叔倫)의 〈상남즉사(湘南卽事)〉 가운데 두 번째 구이다. 《御定全唐詩 卷274》

401 만 리에……남았네 : 유장경(劉長卿)의 〈과가의택(過賈誼宅)〉 가운데 두 번째 구이다. 《唐詩品彙 卷85》 초객(楚客)은 유배되어 객지를 떠돌았던 굴원(屈原)을 가리키는데, 일반적으로 고향을 떠난 나그네를 가리키는 말로 쓰인다. 여기서는 조정을 떠나 고향으로 내려온 송규렴 자신이 임금을 그리워하는 마음을 읊은 것이다.

402 방초(芳草)를……늙어 : 이가우(李嘉祐)의 〈모춘의양군재수좌홀문왕유칠시어신시인이수답(暮春宜陽郡齋愁坐忽聞枉劉七侍御新詩因以酬答)〉 가운데 세 번째 구이다. 《御定全唐詩 卷207》

403 거울……없구나 : 유장경(劉長卿)의 〈적관후와병관사간하란시랑(謫官後臥病官舍簡賀蘭侍郎)〉 가운데 네 번째 구이다. 《御定全唐詩 卷151》

404 외로운……아득하고 : 엄유(嚴維)의 〈송설거사화주독서(送薛居士和州讀書)〉 가운데 첫 번째 구이다. 《文苑英華 卷230》

405 풍경……그쳤네 : 한굉(韓翃)의 〈동제선유관(同題仙遊觀)〉 가운데 두 번째 구이

어디서 서로 그리워하며 만나지 못하는가[406] 何處相思不相見
안개 낀 강가에서 사람을 시름겹게 하네[407] 煙波江上使人愁

동쪽에 노닐며 오랫동안 벗들과 헤어져[408] 東遊久與故人違
찬 연못가 집에서 외로이 사립문 닫았네[409] 家在寒塘獨掩扉
나이 늙고 마음 한가한데 일도 없으니[410] 年老心閒無外事
관복이 연잎 옷보다 낫다 하지 말라[411] 莫將簪弁勝荷衣

다. 《御定全唐詩 卷245》

406 어디서……못하는가 : 허혼(許渾)의 〈경구한거기경락우인(京口閒居寄京洛友人)〉 가운데 일곱 번째 구이다. 《唐詩鼓吹 卷1》

407 안개……하네 : 최호(崔顥)의 〈황학루(黃鶴樓)〉 가운데 여덟 번째 구이다. 《唐百家詩選 卷4》

408 동쪽에……헤어져 : 유장경(劉長卿)의 〈송황보증부공부(送皇甫曾赴工部)〉 가운데 첫 번째 구이다. 《御選唐詩 卷17》

409 찬……닫았네 : 유장경(劉長卿)의 〈송육풍창조서상(送陸灃倉曹西上)〉 가운데 여섯 번째 구이다. 《唐詩品彙 卷85》

410 나이……없으니 : 영철(靈澈)의 〈답위단(答韋丹)〉 가운데 첫 번째 구이다. 《唐詩品彙 卷55》

411 관복(官服)이……말라 : 사공서(司空曙)의 〈수이단교서견증(詶李端校書見贈)〉 가운데 여덟 번째 구이다. 《唐詩品彙 卷86》 관직 생활보다 초야에서 한가롭게 지내는 삶이 편안하다는 표현이다. 하의(荷衣)는 숨어 지내는 은자의 옷을 상징한다. 굴원의 〈이소(離騷)〉에 "연꽃을 잘라 윗도리를 해 입고, 부용 잎 모아 치마를 만들었네.〔製芰荷以爲衣兮, 集芙蓉以爲裳.〕"라고 하였다.

그림에 쓰다

題畫

당시(唐詩)의 구절을 모아 짓다.

아침 해가 높은 숲 비추고[412]	初日照高林
흰 구름이 고요한 물가에 의지했네[413]	白雲依靜渚
시내 따라 길이 더욱 깊어지더니[414]	緣溪路轉深
반쯤 도화원으로 들어갔네[415]	半入花源去

412 아침……비추고 : 상건(常建)의 〈파산사후선원(破山寺後禪院)〉 가운데 두 번째 구이다. 《唐詩品彙 卷63》

413 흰……의지했네 : 유장경(劉長卿)의 〈심남계상도사(尋南溪常道士)〉 가운데 세 번째 구이다. 《唐詩品彙 卷64》

414 시내……깊어지더니 : 배적(裴迪)의 〈목란시(木蘭柴)〉 가운데 세 번째 구이다. 《唐詩品彙 卷40》

415 반쯤 도화원(桃花源)으로 들어갔네 : 전기(錢起)의 〈죽간로(竹間路)〉 가운데 두 번째 구이다. 《御選唐詩 卷26》

즉흥적으로 읊다

卽事

두보(杜甫)의 시구(詩句)를 모아 짓다.

들 나그네의 초가집 작지만[416] 野客茅茨小
산중 사립문에 꽃과 대나무 그윽하네[417] 山扉花竹幽
흥이 나면 오히려 지팡이 짚고 거니니[418] 興來猶杖屨
쇠약해도 그만둘 수 없어라[419] 衰謝不能休

2

골짜기 가득 산 구름이 일고[420] 滿谷山雲起
외로운 성에 물 기운 어둡네[421] 孤城水氣昏

416 들……작지만 : 두보의 〈좌환산후기(佐還山後寄)〉 가운데 다섯 번째 구이다. 《杜少陵集 卷8》

417 산중……그윽하네 : 두보의 〈유수각사(遊修覺寺)〉 가운데 두 번째 구이다. 《杜少陵集 卷9》

418 흥이……거니니 : 두보의 〈사남석망(祠南夕望)〉 가운데 세 번째 구이다. 《杜少陵集 卷22》

419 쇠약해도……없어라 : 두보의 〈강상(江上)〉 가운데 여덟 번째 구이다. 《杜少陵集 卷15》

420 골짜기……일고 : 두보의 〈시질좌(示姪佐)〉 가운데 다섯 번째 구이다. 《杜少陵集 卷8》

421 외로운……어둡네 : 두보의 〈수좌(愁坐)〉 가운데 네 번째 구이다. 《杜少陵集 卷12》

소와 양이 내려오는 저녁이라[422] 牛羊下來夕
마침 작은 쑥대문 닫았다오[423] 正掩小蓬門

422 소와……저녁이라 : 두보의 〈일모(日暮)〉 가운데 첫 번째 구이다. 《杜少陵集 卷20》

423 마침……닫았다오 : 두보의 〈진주잡시(秦州雜詩)〉 20수 중 열 번째 수의 여덟 번째 구이다. 다만 두보의 시에는 掩이 閉로 되어 있다. 《杜少陵集 卷7》

즉흥적으로 읊다

即事

당시(唐詩)에서 세 구를 모아 짓다.[424]

산에 걸린 달이 창문 가까이 비치고[425]	山月臨窓近
시냇가 바람이 맑게 난간 휘감네	溪風遶檻清
우연히 숲속 노인 만나[426]	偶然値林叟
마주하고 큰 술잔 기울인다	相對倒深觥

424 당시(唐詩)에서……짓다 : 첫 번째 구와 세 번째 구는 당시(唐詩)에서 가져왔는데, 나머지 한 구는 미상이다. 三句가 二句의 오자로 추정된다.

425 산에……비치고 : 심전기(沈佺期)의 〈야숙칠반령(夜宿七盤嶺)〉 가운데 세 번째 구이다. 《唐詩品彙 卷57》

426 우연히……만나 : 왕유(王維)의 〈종남별업(終南別業)〉 가운데 일곱 번째 구이다. 《唐詩品彙 卷9》

즉흥적으로 읊다

即事

당시(唐詩)에서 두 구를 모아 짓다.

꾀꼬리 푸른 숲 깊은 곳에서 울고[427] 鶯啼綠樹深
구름은 푸른 산 저물녘에 이네 雲起蒼山暮
술잔 들고 뽕나무 삼 이야기하니[428] 把酒話桑麻
생애는 만난 대로 따라가지 生涯隨所遇

2

석양이 가을 산에 가득하고[429] 落日滿秋山
자려는 새는 고목에 자리 잡네 宿禽投古木
술을 보내오는 사람 없으니[430] 無人送酒來
누가 다시 고독한 마음 위로할까 誰復慰幽獨

427 꾀꼬리……울고 : 왕애(王涯)의 〈규인증원(閨人贈遠)〉 4수 가운데 두 번째 수의 첫 번째 구이다. 《唐詩品彙 卷43》

428 술잔……이야기하니 : 맹호연(孟浩然)의 〈과고인장(過故人莊)〉 가운데 여섯 번째 구이다. 《唐詩品彙 卷60》

429 석양이……가득하고 : 왕유(王維)의 〈귀숭산작(歸嵩山作)〉 가운데 여섯 번째 구이다. 《唐詩品彙 卷61》

430 술을……없으니 : 잠삼(岑參)의 〈행군구일사장안고원(行軍九日思長安故園)〉 가운데 두 번째 구이다. 《唐詩品彙 卷40》

3 미호(渼湖)를 추억하다

골짜기 고요하여 샘물 소리 더욱 울리고[431]　谷靜泉逾響
구름 깊어 산 더욱 그윽해라　雲深山更幽
석양이 한없이 좋으니[432]　夕陽無限好
다시 높은 누대에 기대고 싶어라　還欲倚高樓

431 골짜기……울리고 : 왕유(王維)의 〈봉화성제행옥소공주산장……(奉和聖製幸玉霄公主山莊……)〉 가운데 열세 번째 구이다. 《唐詩品彙 卷74》

432 석양이 한없이 좋으니 : 이상은(李商隱)의 〈등락유원(登樂遊原)〉 가운데 세 번째 구이다. 《唐詩品彙 卷44》

즉흥적으로 읊다

即事

두보(杜甫)의 시에서 두 구(句)를 모아 짓다.

인간 만사 그릇됨을 탄식하노라니[433]	歎息人間萬事非
석양에 시름겨운 생각 끝이 없네	夕陽愁思轉依依
아득한 강 하늘에 새 한 쌍 날아가고[434]	江天漠漠鳥雙去
푸르른 고개 나무에 구름만 돌아오네	嶺樹蒼蒼雲獨歸

433 인간(人間)……탄식하노라니 : 두보의 〈송한십사강동성근(送韓十四江東省覲)〉 가운데 두 번째 구이다. 《杜少陵集 卷10》

434 아득한……날아가고 : 두보의 〈염예(灩澦)〉 가운데 세 번째 구이다. 《杜少陵集 卷19》

지은이 **송규렴(宋奎濂)**

1630(인조8)～1709(숙종35). 송국전(宋國銓)의 아들로, 본관은 은진(恩津), 자는 도원(道源), 호는 제월당(霽月堂), 시호는 문희(文僖)이다. 1654년(효종5) 식년 문과에 을과로 합격하였다. 내직(內職)으로 대사간, 예조・이조・호조・병조・형조 참의, 우부승지, 도승지, 대사성, 병조・예조・공조 참판, 대사헌 등을 역임하였고, 외직(外職)으로 무장 현감(茂長縣監), 서천 군수(舒川郡守), 안변 부사(安邊府使), 충청 감사(忠淸監司)를 지냈다. 1699년 아들 송상기(宋相琦)가 시종신(侍從臣)으로 있어 자헌대부(資憲大夫)에 오르고 기로소(耆老所)에 들어갔다. 1709년 숭정대부(崇政大夫)에 오르고 지돈녕부사(知敦寧府事)가 되었다. 학문이 뛰어나 송시열・송준길 등과 동종(同宗)・동향(同鄕)으로 함께 삼송(三宋)으로 일컬어졌고, 전서(篆書)・주서(籒書)에 능하였다. 회덕의 미호서원(美湖書院)에 제향되었다. 저서로 《제월당집》이 있다.

옮긴이

강원모(姜元模)

1957년 충남 예산에서 태어났다. 공주사범대학, 한국교원대학교, 충남대학교에서 교육학을 전공하였다. 현재 충남대학교 한자문화연구소 책임연구원으로 재직 중이다. 공역으로 《기려수필》, 《동주집》이 있고, 역해서로 《얘야 논어를 읽었느냐》가 있다.

김문갑(金文甲)

1960년 충남 논산에서 태어났다. 한남대학교 대학원에서 동양철학 박사학위를 받고, 아당 이성우 선생에게 수학하였다. 현재 충남대학교 한자문화연구소 선임연구원으로 재직 중이다. 번역서로 《전례문답》, 《고산유고》 예송 관련 부분이 있고 공역으로 《동주집》이 있다.

이규춘(李圭椿)

1959년 충남 논산에서 태어났다. 충남대학교 국어국문학과를 졸업하고 동대학원에서 석사・박사학위를 취득하였다. 현재 충남대학교 한자문화연구소 연구원으로 재직 중이다. 역주서로 《사법품보》가 있다.

권역별거점연구소협동번역사업
충남대학교 한자문화연구소 연구진

연구책임자 이향배(충남대학교 한문학과 교수)
공동연구원 박우훈(충남대학교 한문학과 교수)
자문위원 이성우(한국고전번역원 자문위원)
책임연구원 강원모
정만호
선임연구원 김문갑
오승준
연구원 이규춘
이재숙

제월당집 1
송규렴 지음 | 강원모 · 김문갑 · 이규춘 옮김
2018년 12월 28일 초판 1쇄 발행
편집 · 발행 문진 | 등록 2002. 5. 6. 제2006-000011호
주소 (34168) 대전광역시 유성구 대학로 31 한진리조트오피스텔 2004호
전화 042-933-6510 | 팩스 042-367-5510
인쇄 현대그래픽스 | 제본 은정제책사

값 30,000원
ISBN 979-11-87638-27-8 94810
979-11-87638-26-1 (세트)

이 도서의 국립중앙도서관 출판예정도서목록(CIP)은 서지정보유통지원시스템 홈페이지(http://seoji.nl.go.kr)와 국가자료공동목록시스템(http://www.nl.go.kr/kolisnet)에서 이용하실 수 있습니다.(CIP제어번호: CIP2018040322)